国家出版基金项目
NATIONAL PUBLICATION FOUNDATION

「禮學新論」叢書／楊華　主編

清代官修禮書研究

彭孝軍　著

武漢大學出版社
WUHAN UNIVERSITY PRESS

本叢書爲國家社會科學基金重大項目
“中國傳統禮儀文化通史研究”（18ZDA021）階段性成果

目　　録

緒　　言

一、官修禮書的發展源流及本書的研究價值

　　先秦時期，體系龐雜的"禮治"思想和禮制儀文必須記録於文本之上，方能突破時間與空間限制，作爲後世官方禮儀實踐的理論依據和儀式手册，這一點是不言自明的，如果説禮儀展演是一種包含着諸多象徵元素的文化叙事，那麽禮儀文本則可以稱作對"文化叙事"的叙事。具體言之，禮儀文本不僅能以文字的形式記載禮制沿革，闡發禮儀内涵，而且能够記録儀式展演過程，圖文並茂地描述禮器規格、車輿服飾等與儀式展演密切相關的内容，與其他偏重説教式的經學原典相比，禮儀文本對於指導統治集團的政治文化建構具有更多實踐層面的意義。可以説，禮樂制度是中國古代政治文化傳統的重要載體之一，禮儀文本則是這一載體的儲存器和使用説明書。

　　總體來看，禮儀文本的撰著形式經歷了從經學著作到正史、政書，再到禮制專書的歷史演變過程。早在商周時期，與禮儀活動相關的文字記載已經能够在甲骨文、金文之中得見，然而其内容還只是與具體禮儀事件相關的叙事體記録，尚未形成具有普適性、指導性意義的禮儀制度文本。《左傳》《論語》《孟子》《荀子》等先秦典籍之中也記載了大量宣揚"禮"的政治與社會功用的論説，然而其内容多偏重理論説教，尚未形成指導官方禮儀實踐的系統文本。禮儀制度真正實現系統化、文本化，乃是由"三禮"典籍即《周禮》《儀禮》《禮記》發其端，"三禮"是由孔子、孔子後學以及後世儒生對前代禮制儀文進行整理、改訂和議論彙編而成的典籍，並成爲後世各類官私禮儀文本修纂的權威參考文本。

　　秦漢以降，自司馬遷撰《史記·禮書》始，禮儀文本首次被編入史書，雖然其内容未記載具體禮制儀節，僅僅是"空論其理"①，但司馬遷首創紀傳體

---

　　①　《漢書·禮樂志》對漢朝具體禮制儀文仍未涉及，僅簡述了叔孫通制禮事蹟以及儒臣們關於禮制的議論，對禮儀制度進行詳細記載始自《後漢書·禮儀志》。詳參詹子慶：《禮學與中國傳統史學》，《史學史研究》1996 年第 2 期。

史書，並將《禮書》位列於"八書"之首，開創了修纂禮制史之先河，可謂意義深遠。此後伴隨歷代正史編纂的逐步官方化，除個別史書外，皆延續《史記》體例，設立禮類專卷，只是名稱與内容編排略有差別而已，禮儀樂章遂成爲紀傳體正史中必不可少的組成部分。唐朝杜佑所著《通典》開我國典章制度通史之首創，該書將"禮典"列入其中，且内容約占全書一半，標志着禮儀文本延伸至典制體史書之中，彌補了正史記載禮制沿革之不足。繼《通典》之後，馬端臨的《文獻通考》以及"續三通""清三通"等政書，都列有"禮典"專章。此外，唐宋《會要》、明清《會典》等官修政書也都對歷代禮制沿革有詳細記載。

儘管禮儀文本在正史、典制體史書中的記載不斷發展完善，然而自漢代以降，隨着國家意識形態由氏族民主的分封制向中央集權的君主專制轉變，無論是"三禮"典籍還是史籍中所記載的禮制儀文，都難以滿足以皇權專制爲核心的國家禮制建設的需要，統治集團需要一部更能突顯天子、貴族、官僚地位和等級差別的專門禮書。雖然兩漢禮制尚能依靠"推士禮(《儀禮》)而至於天子"來勉強維持局面，到魏晉之際，以五禮體系(形式源自《周禮》)爲框架的禮制專書便呼之欲出了。西晉荀顗所撰《晉禮》(又名《新禮》)是最早按"五禮"之序修纂的專門禮書，① 此後歷朝皆重視以"五禮"之序修纂禮制專書，並形成傳統，賡續不斷。其中，已佚的官修禮制專書有《晉禮》、梁《五禮儀注》、《後魏儀注》、《隋朝儀禮》、《江都集禮》、《貞觀禮》、《顯慶禮》等，至今尚存的有唐朝《大唐開元禮》，宋朝《太常因革禮》《政和五禮新儀》，金朝《大金集禮》，明朝《明集禮》，清朝《欽定大清通禮》等。②

從上述歷代禮書製作的發展脈絡可見，自漢代將儒學抬升爲統治思想之後，禮儀制度對以皇權專制爲核心的政治文化建設愈顯重要，禮儀文本也得以從最初的經學典籍逐步融入史籍之中，並衍生出禮制專書，足可證章學誠在《文史通義》中所言"六經皆史也。古人未嘗離事而言理，六經皆先王之政典也"論斷之精當。史學史專家謝貴安在《試論儒學思想在史學實踐中的貫徹》一文中，從儒學指導史學實踐這一角度出發，闡述了儒學與史學之間的關

---

① 魏晉南北朝時期雖然分裂割據，且經學雖退居次要地位，然而這一時期門閥士族崛起，遂將禮制綱常視爲維護等級特權的重要依據，這促使當時禮學研究極爲發達，以至於唐長孺先生稱東晉以後的學風爲"禮玄雙修"，這一時代背景可以説是專門禮書誕生於此時的主要原因之一。

② 有關禮制沿革以及歷代禮典修纂概況，參見楊志剛：《中國禮儀制度研究》，華東師範大學出版社 2000 年版，第 89、177 頁。

係。該文認爲，自從漢武帝確立儒學思想爲主流意識形態後，史學便自覺成爲儒家思想的載體，"史學能够理解和執行儒家强調的大一統理論和正統觀念"，例如，實録體史書就是"以皇權强化爲特徵的中央集權制的代言工具，實踐着儒家'尊君'和'大一統'的思想觀念"。全國性地理總志的撰寫則開歷代"一統志"撰寫之先聲，"突出了儒家的中央集權制觀念和國家大一統思想"。這"對於促進中國社會的和諧、政治穩定與大一統國家的形成，起到了不可磨滅的重要作用"。① 筆者認爲，作爲中國禮制史重要組成部分的官修禮書，同樣是中國古代中央集權制、"大一統"理論以及正統觀念的重要"代言工具"，儒學思想與禮書撰寫、官方政治文化建設三者之間有着千絲萬縷的聯繫，值得深入研究。

清朝是中國古代最後一個大一統王朝，與前代不同，作爲少數民族政權入主中原，清朝統治政策更加多元，多有創建，其中最爲關鍵的是清朝以全新的民族觀、"大一統"觀，衝破了中原王朝延續兩千餘年的"華夷之辨"民族偏見，不僅推動清朝的皇權專制達到頂峰，實現了前所未有的疆域與民族大一統，而且對中國統一多民族國家的最終形成影響深遠。在清代前中期，爲强調自身統治的正統性、合法性，清統治者一方面長期堅持文治方略，崇儒重禮，以此消弭漢人對清統治者在文化素養上的夷夏之別，另一方面又時時强調"滿語騎射"，悉心維護自身的滿洲特質。在清統治者精心布局之下，清朝實現了滿漢文化制衡，在保持本民族特質的同時，將儒家文治理念應用於權力建構之中，這正是清代前中期清廷取得"盛世"之功的關鍵所在，欲探究其具體運作情況，禮制建設不失爲一個極好的切入點，而禮制建設的基礎和總綱正是官修禮書。

羅志田先生曾在美國學者何偉亞所著《懷柔遠人：馬嘎爾尼使華的中英禮儀衝突》一書的中譯本序言中講道："在'法家'思想長期居於邊緣且'法律'主要謂刑法律例的古代中國，禮儀與實際政治的關聯是整個中國古代史研究中一直注意不够而今後大有可爲的研究領域。"②他進而提出了幾個有待深入研究的議題，即清代"禮學"的興起在多大程度上可從權勢關係與權力運作的角度去考察？清代修纂"五禮"典籍者在當時的言論心態如何，所修禮典是否真的以指導"政治"爲目的？即使清廷起初修纂禮書只是延續歷代制禮作樂傳統的"文

---

① 謝貴安：《試論儒學思想在史學實踐中的貫徹》，《學習與實踐》2012 年第 5 期。
② ［美］何偉亞：《懷柔遠人：馬嘎爾尼使華的中英禮儀衝突》，鄧長春譯，社會科學文獻出版社 2015 年版，第 6~7 頁。

化形象工程"，並没有實際政治訴求，所修禮典及禮儀實踐在此後歷史發展過程中是否在客觀上對政治權力建構發揮了作用，其程度幾何？羅氏此篇序言撰寫於 2001 年，當時後現代主義研究方法尚未在國内史學領域廣泛運用，該序言的主題之一正是對何偉亞此書的後現代主義史學取向和方法進行評介。筆者在此無意評騭後現代主義史學研究方法，而是想强調，官方禮儀活動可能是中國古代王朝極爲罕見的、表面看來實用性不强，卻極受歷代統治者重視的政治行爲，可見其内涵之豐富，研究意義之重大。羅氏對"清修禮典與清代政治權力互動關係研究"所提出的展望距今已時隔 20 餘年，當下目力所及，學界對清代官修禮書的修纂概况、内容特色、流傳情况及其政治與社會影響等問題的研究仍有待拓展，① 反而是人類學與政治學界學者捷足先登，運用儀式理論對相關議題多有探討，但相關研究成果往往是論述有餘，而史料佐證不足，② 因此筆者試圖在這一研究領域做一嘗試。

本書的學術價值和應用價值可總結如下：

第一，系統梳理清代官修禮書文獻，爲清代禮制史研究拓展史料，開拓研究視角。目前學界對清代官修禮書的整理和發掘工作還很欠缺，相關研究成果寥寥，尤其是對研究清代禮制史極爲重要的禮制專書《欽定大清通禮》，目前還没有點校本問世，筆者近年來對該書進行了詳細的點校和注釋，在此基礎上，嘗試對該書以及《皇朝禮器圖式》《欽定滿洲祭神祭天典禮》三部禮制專書作一系統梳理，希望能够對相關研究的史料採擇有所助益。此外，以往對清代官修禮書所進行的研究，大多只是粗略交代禮書種類、修纂背景、卷數、後人評價等，對禮書内容及其流傳、實踐情况，及其學術、政治與社會影響等問題則缺乏深入探討。有鑒於此，本書嘗試對清廷組織人員修纂禮書的時代背景、目的、過程，修纂特色、修纂體例及其對後世官私典籍撰寫的影響等問題進行系統考察，以期對清代官修禮書在學術、政治與社會方面的影響進行全面評估，也爲清代禮制史研究提供更加多元的研究視角。

第二，運用人類學儀式理論對禮書内容進行文本闡釋。前人相關研究多局限於對官修禮書修纂情况作宏觀梳理，即使論及具體禮儀展演過程及其因革損益，也多與統治集團之間的政治鬥争作因果聯繫式論證，很少對儀式過程和内容進行微觀闡釋，探究其中所藴含的象徵意義和政治訴求，如此便無法對禮儀

---

① 詳參下文"研究現狀與留存問題"。
② 詳參下文"研究現狀與留存問題"。

文本的價值和實踐功能有一個清晰的理解和認識。① 有鑒於此，筆者針對禮儀文本内容的研究，試圖將宏觀歷時性的思考方式暫時擱置，轉而借用人類學儀式理論，從共時性的微觀視角(當然儀式過程也以時間爲載體，但與長時段的歷史時間不可等量齊觀)對儀式展演過程中的諸象徵要素進行分析，進而探討禮儀實踐中政治權力建構的具體過程。②

─────────────

　　① 山東大學胡新生教授指出：“(禮制史研究)已取得的成績主要集中在史實考察方面，而對禮制基本問題的研究則没有取得明顯進展。諸如‘禮’概念的内涵，‘禮儀’‘禮制’概念的界定，禮制史研究的對象和範圍，禮制的本質屬性和基本特徵，禮制高度發達對中國文化的影響等，都是禮制研究者經常涉及的問題，但一直缺乏令人滿意的解釋和説明。……禮制研究的上述欠缺，就研究方法而言主要是由於忽略概念分析所致。古代禮家和近現代學者論及禮制時，大多憑借長期形成的學術感覺和專業經驗來把握這些基本問題，一般不對相關概念作邏輯分析，尤其不習慣給一些重要概念作出定義。如此處理，自然可以避免下定義帶來的種種弊病，但也容易造成語義含混籠統，無法真正解决問題。”(參見胡新生：《禮制的特性與中國文化的禮制印記》，《文史哲》2014 年第 3 期)筆者認爲上述觀點切中肯綮，並且認爲除了上述引文所强調的概念界定外，還必須對儀式過程及其所蘊含的諸象徵要素做詳細解讀，方可探求禮儀文本及官方禮制實踐的政治、社會與文化影響，對一代禮制構建有更爲深刻的了解和認識。
　　② 美國人類學家大衛·科澤認爲，國家並無實形，欲使國家被“看見”、被認知，必須首先將其人格化、形象化。權力必須披着象徵的外衣才能得以展示，象徵是支持政治統治秩序的必需品，而政治儀式正是權力象徵的主要表現形式，是國家權力的“顯影劑”。(參見[美]大衛·科澤：《儀式、政治與權力》，王海洲譯，江蘇人民出版社 2014 年版，第7、203 頁)這一觀點與最近全球矚目的以色列新鋭歷史學家尤瓦爾·赫拉利所提出的觀點異曲同工，他在闡述人類遠古時代第一次革命——“認知革命”時講道：“就算是大批互不相識的人，只要同樣相信某個故事，就能共同合作。”一個社會團體所共同相信的“故事”也就是後來的宗教、國家等想象出來的現實，即擁有共同的神明、祖先或者圖騰。(參見[以色列]尤瓦爾·赫拉利：《人類簡史·從動物到上帝》，林俊宏譯，中信出版集團 2017 年版，第 26、33 頁)對“想象的共同體”或“想象的秩序”的認同與信仰主要是通過儀式的不斷上演才得以强化。尤瓦爾·赫拉利關注的是人類文明起源時期的“認知革命”(革命性在於創造了人類合作互信的基礎)，而大衛·科澤的主要研究對象則是當代政治儀式，我們可以看到，從人類文明發展初露曙光的遠古時代直至科學技術飛速發展的當代社會，政治儀式始終是建構國家權力、整合社會共同體的永恒主題。以上理論在一定程度上也可以用來解讀中國古代宫廷禮儀，中國古代宫廷禮儀展演的目的同樣是通過一整套象徵系統展示傳統的天人宇宙圖式，進而明辨尊卑等級秩序，彰顯統治政權的合法性，實現權力整合。清統治者繼承前代遺緒，通過政治儀式展演，利用人們對傳統宇宙秩序的宗教性情感，將政治權力投射到一個宇宙論的層面上，使空前廣大的疆域内，多元文化背景的各民族能够認同清朝統治權威。在這一過程中，統治者成功地將人們對强權的被動屈服轉化爲對神聖的主動尊崇，從而實現權力的合法性建構。總之，國家意識形態作爲“想象的秩序”需要政治儀式進行建構和展示，而政治儀式則需要以文本爲載體方能進行準確表達和展演，並突破時間與空間限制流傳後世，這正是借用人類學儀式理論解讀官修禮書文本的必要性所在。

第三，對"新清史"的錯誤觀點有所回應。有關清代邊疆問題，"新清史"學者向來忽視清朝對歷代中原王朝"儒化"邊疆政策的繼承與創新，以及儒家文化傳播對清朝發展邊疆民族"大一統"的巨大推動作用，反而一味強調清統治者的"滿洲特性"和清朝的"内亞邊疆"屬性。① 與此觀點不同，本書試圖證實，在清代特別是清代前中期，清統治集團通過修纂禮制專書和展開禮儀實踐，推動了儒學與禮教在邊疆地區的傳播，並且在廣度和深度上都成就空前，這對於加強邊疆少數民族對清王朝的政治與文化認同，實現邊疆與内地思想文化"大一統"，乃至多元一體的中華民族的最終形成都具有重要意義。針對這一問題，本書將採取個案研究方法，着重還原清廷以官修禮書爲指導進行禮儀實踐，向邊疆地區推廣中原禮文化的歷史圖景，例如通過朝觀禮儀展演，清廷將儒家政治文化傳統中的"天下觀""大一統"等思想傳遞給邊疆少數民族首領，使其尊奉清帝爲"天子"，認同"大一統"理念下的尊卑等級秩序和多元一體的王朝建構。通過上述研究得出結論：清朝在治邊理念和實踐上依舊是儒家文化的捍衛者和代言人，清朝對前代王朝的"儒化"邊疆政策並未背離，而是在全面繼承的基礎上多有創建。總之，從官方禮制建設視角探討清代的"儒化"邊疆政策，可以在很大程度上糾正"新清史"觀點之偏頗。

二、研究對象與寫作思路

本書題名爲《清代官修禮書研究》，相關研究自然是圍繞官修禮書文本的修纂、流傳、影響，以及官方禮儀實踐及其背後的權力建構來展開論述。在時間斷限上，由於乾隆朝正值清代君主專制制度的頂峰，在政治、經濟、軍事諸方面的發展已進入全盛期，遂得以大興文治，因此清代官修禮書主要是在乾隆朝集中修纂並完成的，對這一時期的禮書製作和禮儀實踐進行重點考察，更有利於釐清禮儀文本製作、儀式展演實踐與政治權力建構之間的互動關係，因此本書研究的時段將以乾隆朝爲中心。此外，對禮書修纂背景的介紹將上溯至順治、康熙、雍正三朝，而對禮書的續修、流傳及其影響的考察，將會延伸至清

① 參見劉鳳雲、劉文鵬編：《清朝的國家認同——"新清史"研究與争鳴》，中國人民大學出版社 2010 年版；定宜莊、歐立德：《21 世紀如何書寫中國歷史："新清史"研究的影響與回應》，載於彭衛主編：《歷史學評論（第 1 卷）》，社會科學文獻出版社 2013 年版；李治亭：《"新清史"："新帝國主義"史學標本》，《中國社會科學報》2015 年 4 月 20 日；［美］衛周安：《新清史》，董建中譯，《清史研究》2008 年第 1 期；［美］米華健：《嘉峪關外：1759—1864 年新疆的經濟、民族和清帝國》，賈建飛譯，香港中文大學出版社 2017 年版；［美］歐立德：《傳統中國是一個帝國嗎?》，《讀書》2014 年第 1 期。

代中晚期乃至清末，具體寫作思路如下：

第一，進行文本梳理。官修禮制專書發展至清代，除了以傳統"五禮"之序修纂的《欽定大清通禮》之外，還修纂了具有滿洲少數民族文化特色的《欽定滿洲祭神祭天典禮》和圖文兼備的《皇朝禮器圖式》，這三部專門禮書將成爲本書的主要考察對象。此外，如《國朝宮史》《南巡盛典》《幸魯盛典》等書雖然並非嚴格意義上的禮制專書，但對宮廷禮儀制度規定多有記錄，對於了解有清一代官方禮制至關重要，也是本書着重參考的禮儀文本。其他諸如《大清會典》《大清會典則例》《大清會典圖》《禮部則例》，"清三通"的"禮典""禮略""禮考"，《清史稿》等正史和典章制度體史書中的禮志專卷，由於卷帙浩繁，難以進行通盤梳理，只能作選擇性考察。總之，本書將對上述三部禮制專書的修纂情況進行系統梳理，與前代官修禮書進行縱向比較研究，闡明清修禮典在體例、内容等方面的修纂特色；並將清代禮制專書與上述清代不同性質的禮儀文本進行橫向比較研究，考察二者的獨特性與互補性。通過縱橫比較，力爭對清代官修禮制專書的修纂有一個全面系統的認識。此外，本書還將對清代官修禮書内容在地方社會的普及流傳及其影響做一初步考察。

第二，考察禮儀實踐成效。本書將通過對相關歷史文獻的解讀，從微觀視角考察不同儀式在宮廷以及地方社會的展演過程及其成效，解讀其中所蘊含的象徵元素與政治訴求。在史料運用方面，本書將以官修禮書爲主要參考文本，盡可能還原禮儀展演場景，但又不局限於此。由於官方史料偏重對禮儀程式的記載，往往忽略對儀式場景細節的描述，如行禮者的身體動作、儀態神情、儀式氛圍以及參與者的心理活動等，就難以從中得到了解。並且清廷爲宣揚天朝上國威風，對禮儀内容及其實踐情況的記載往往有避諱和過度粉飾之處，想要真正了解官方禮儀的展演過程和效果，可以從地方士紳所撰筆記文集和外國來華使節的記述中，以旁觀者的視角獲取更爲豐富的歷史信息。①

第三，聚焦清代禮制建設的多元文化特色。清統治者作爲少數民族入主中原，帶來了一套多元的政治文化理念和政策措施。面對比自身遠爲發達的中原漢文化，清廷既强調滿洲自我認同，堅守民族特質，又積極吸收歷史悠久、系

---

① 以一年一度的元旦朝覲禮儀爲例，作爲與清朝關係最爲密切的藩屬國，朝鮮國每年都要派出使節進京慶賀元旦，相比於身處清廷權力關係網中心的滿漢臣工，朝鮮使節在《燕行録》中對禮儀場景的觀察與記載要更爲詳細、客觀。又如乾隆朝馬嘎爾尼使團來華成員在北京和熱河覲見乾隆帝、參加宮廷宴會以及萬壽節慶典等見聞，在相關回憶録中也多有記載和評論，相關資料同樣值得借鑒。詳參拙文彭孝軍：《禮儀、權力與邊疆秩序——從清代蒙古年班朝覲禮儀説起》，《人文論叢》2018年第1輯，武漢大學出版社2018年版。

統完備的儒家文化和禮儀制度，兩條進路的根本目的皆在於强化清朝統治的合法性和加强社會控制，這一政治文化理念突出表現在禮制建設方面。有鑒於此，本書將對清廷運用滿漢兩套風格完全不同的禮書進行權力建構的過程做一考察，以探究清朝統治政策的多元性及其實踐效果。例如，一方面，在頗具滿洲民族特色的《欽定滿洲祭神祭天典禮》一書的序言中，清高宗通篇表達了對滿人漸失"國語騎射"之風的危機感，而以該禮書爲指導的宮廷薩滿祭祀儀式在坤寧宮内經年累月地上演，賡續不斷。另一方面，在每年元旦的朝覲儀式與宴會上，清廷又以官方禮書爲指導，在太和殿、紫光閣、中正殿内熟練地運用漢族禮制儀節，同化遠道而來的邊疆諸藩部首領，使他們自願尊奉"替天行道"的清帝爲"天子"，認同"天下觀"理念下的尊卑等級秩序，紫禁城儼然成爲清廷進行禮儀展演和多元文化、權力展示的絕佳場所。

三、研究現狀與留存問題

"禮"源於宗教，内化爲倫理道德，外化爲社會制度，而歸宗於政治，①在中國古代社會具有無所不包的特性和功能，故禮學研究自先秦以至清代始終長盛不衰。它以"三禮"典籍爲主要研究對象，以名物訓詁、考證注疏爲主要研究内容，屬於經學範疇。直到 20 世紀初，受西學範式傳入和考古發掘資料出土的影響，傳統禮學研究才開始向近代人文科學研究模式轉變，從史學視角對禮俗、禮法關係以及中西禮儀比較等問題展開討論。然而由於五四運動的衝擊以及西方民主與科學思想的傳入，傳統禮文化被當作腐朽落後的"封建"流毒，遭到猛烈抨擊，相關研究長期受到冷落。中華人民共和國成立後，由於學界在價值取向和學術視角方面的轉變，導致古禮研究仍舊無人問津，相關論題的零星探討，也只是在研究孔子、荀子等人思想時才順帶提及。"文革"期間，學術研究停滯，古禮作爲"封建"禮制更是遭到猛烈抨擊，遑論研究。直至改革開放後，隨着傳統文化研究的復興，古禮研究才逐漸回歸學術視野，並取得豐碩成果。20 世紀 80 年代以後，西方和日本漢學界也掀起了研究中國禮學思想和禮儀制度的熱潮。總體來看，古禮研究以先秦兩漢時期爲主，對中古時期的禮制研究也在逐漸升溫。相比之下，有關清代禮學、禮制、禮俗等問題的研究起步較晚，且基礎更爲薄弱，進入 21 世紀，相關著作和論文才相繼問世，

---

① 詳參田君：《論"禮"的字源、起源、屬性與結構》，《四川大學學報》(哲學社會科學版)2014 年第 5 期。

下面將按禮儀文本問世時間的先後順序，分別對相關研究成果加以回顧和述評。①

（一）史學與多學科視野下的"三禮"研究

"三禮"（《儀禮》《周禮》《禮記》）雖非官修禮書，但作爲最早的禮儀文本彙編，既有先秦禮儀制度條文的記載，又有儒家先哲的禮義闡發，是後世歷代禮書修纂的大經大法和主要參考文本。學界對"三禮"文本進行的相關研究，對本書研究清代官修禮書的思路與方法頗具啓發意義，因此有必要對相關研究成果作一梳理。需要指出的是，"三禮"研究浩如煙海，以傳統經學視角研究爲主，舉凡文字校勘、訓詁、注音、成書年代、篇章目次考證以及"三禮"譜系與名物考辨等，不一而足。② 這些研究成果與本書主題相去甚遠，因此不在考察範圍之内，以下僅就史學、人類學與社會學視角下的相關研究成果作一述評。

1. 史學史著作中的整體研究

《左傳》有言："國之大事，在祀與戎。"③章學誠在《文史通義》中説："六經皆史也……六經皆先王之政典也。"④漢學名家饒宗頤先生也曾言："史所以紀人事，故必以禮爲其紀綱"，"春秋是據禮來判斷是非，春秋之義法即是約禮的事例"，"史不能離乎禮"。⑤ 可見禮制對古代經國理政意義之重大，對史學發展影響之深遠。

率先在史學史著作中提及"三禮"典籍的是金毓黻的《中國史學史》一書，金氏本着"六經皆史"的學術理念，在該書第二章"古代之史家與史籍"的開篇即叙述了"三禮"典籍的内容特色，並對"典禮之史"下了定義。金氏認爲："自

---

① 以上所述古禮研究脈絡，參見吳麗娛主編：《禮與中國古代社會》（全四卷），中國社會科學出版社 2016 年版；湯勤福主編：《中國禮制變遷及其現代價值研究》（東南卷、東北卷、西北卷），上海三聯書店 2015 年、2016 年、2017 年版；惠吉興：《近年禮學研究綜述》，《河北學刊》2000 年第 2 期。

② 詳參潘斌：《二十世紀中國三禮學史》（全二册），南京大學出版社 2016 年版。

③ 語出《春秋左傳正義·春秋正義序》，載《十三經註疏》，中華書局 1980 年版，第 1698 頁。

④ 章學誠：《文史通義校注》卷一《内篇一》，葉瑛校注，中華書局 1985 年版，第 1 頁。

⑤ 饒宗頤：《史與禮》，載陳其泰等編：《二十世紀中國禮學研究論集》，學苑出版社 1998 年版，第 57、59、61 頁。

周以來，有吉、凶、軍、賓、嘉五禮，而唐有開元禮、宋有政和五禮，而溯其源多本於《儀禮》，及《大戴》《小戴》二記，合以《周禮》，可稱四禮，研其沿革，是爲典禮之史。如《通典》《文獻通考》《五禮通考》諸書是，而非謂《周禮》《儀禮》爲史。"①可見金氏這裏將源自"三禮"、以五禮之序編排的禮制專書，以及典制體史書中的禮志部分看作史書，但並不包括"三禮"。

朱維錚的《中國史學史講義稿》在首章"從記神事到記人事"中，介紹了"古禮與古文獻"概況。朱氏認爲，最晚至西周時，"禮"已經成爲統治集團的根本大法，史官保存和傳授的主要是關於"禮"的學問。"國之大事，在祀與戎"，留存至今的文獻，與宗教祭祀(祀)相關的即《周易》和"三禮"，與軍事(戎)相關的則是《尚書》和"三禮"中的軍禮。②

在吳懷祺的《中國史學思想史》一書中，作者認爲，從歷史編纂學的角度看，六經中除《書》和《春秋》以外，《易》《詩》《禮》《樂》難稱史書，但從史學思想角度看，中國史學思想溯其源頭，皆要尋至六經，因此可以説"六經皆史"。在該書第三章"'三禮'和典制上的損益觀"一節中，作者概述了"三禮"典籍的主要內容，認爲"三禮"把禮制當作歷史事物來看待，提供了一整套禮制模式以維持社會等級秩序，其中蘊含着因革損益的歷史觀，對後世史學思想的發展變化以及人們的治學、理政產生了深遠影響。③ 此外，日本學者內藤湖南所著《中國史學史》④以及白壽彝主編的《中國史學史》(第一卷)⑤也對"三禮"的成書先後問題、編纂過程及其主要內容作了概述，值得關注。

2. 有關"三禮"典籍的專題研究

首先來介紹傳統歷史學視角的研究成果，周世輔、周文湘在《周禮的政治思想》⑥一書中，將《周禮》與中國歷代政治制度、各學派學説以及西方政治思想作了比較研究，見解獨到。楊向奎在《〈周禮〉的內容分析及其成書年代》一

① 金毓黻：《中國史學史》，上海古籍出版社 2013 年版，第 26 頁。

② 朱維錚著，廖梅、姜鵬整理：《中國史學史講義稿》，復旦大學出版社 2015 年版，第 26~27 頁。

③ 吳懷祺：《中國史學思想史》，北京師範大學出版社 2016 年版，第 34 頁，第 47~51 頁。

④ [日]內藤湖南：《中國史學史》，馬彪譯，上海古籍出版社 2008 年版，第 43~47 頁。

⑤ 白壽彝主編：《中國史學史》(第一卷)，上海人民出版社 2006 年版，第 169~170 頁。

⑥ 周世輔、周文湘：《周禮的政治思想》，臺灣東大圖書股份有限公司 1981 年版。

文中認爲，《周禮》作者的撰寫理念是建構一個强力的中央集權政府，由君主獨操權柄。他還認爲，《周禮》所載"八柄"體現的就是新興地主階級對集權和統一的訴求。① 鄒昌林所著《中國古禮研究》②一書，以《禮記》爲核心參考文本，對古禮的起源與整合、結構、功能與價值作了詳細闡述。龔建平《意義的生成與實現——〈禮記〉哲學思想》③一書，在第四章和第六章分別對《禮記》中所蘊含的天道觀、宇宙觀以及儒家政治哲學及理想作了探討。上述研究成果對禮儀文本修纂、内容架構及其背後所體現的儒家政治哲學和理想所進行的探討，對筆者頗有啓發。

下面介紹多學科視野下的"三禮"文本研究成果，李安宅所著《〈儀禮〉與〈禮記〉之社會學的研究》一書從社會學研究視角出發，將《儀禮》與《禮記》兩部禮書看作社會產物而非聖人天啓，着重探討其對社會生活及古人行動的影響，並對兩部禮書的社會價值進行考察和評估，而對史學史與文獻學所關注的成書時代背景、撰者何人、書中細節細目則未予探討。正如作者所言，該書是"大體上的歸納，不是章句的考證"④。作者將兩部禮書中的禮制、儀節材料穿插於文化的"普遍型式"中加以論述，分別對兩書中的禮、樂定義和功用，物質文化（衣食住行等），宗教與儀式（冠婚喪祭等），知識（對"演化"、宇宙、地理的認識），政治（政令、政治理想等），語言，社會組織加以論述。該書的亮點在於作者一改傳統研究方法，將《儀禮》《禮記》兩部經典禮書按照功能主義的觀點重新進行分門別類的編排，以便對當時國粹主義賦予兩書的神秘性進行批判，其社會學研究視角和方法值得借鑒。

荆雲波所著《文化記憶與儀式叙事：〈儀禮〉的文化闡釋》一書，採用文化人類學的儀式理論對《儀禮》進行了闡釋研究。在該書的第五章，作者從權力話語叙事角度對《儀禮》所載内容進行闡釋，揭示了儀式尊卑等級差序的社會控制功能。作者結合當代祭祖儀式，闡明古禮所蘊含的象徵元素、符號系統、禮儀展演過程是對政治話語的表達，是對個人和群體實施社會控制的意識形態方式。第六章"作爲表演的禮儀"，則將儀式表演理論用於分析古禮的表演功能和作用。作者認爲，"作爲一種文化現象，儀式的表演就是文化的表

---

① 楊向奎：《〈周禮〉的内容分析及其成書年代》，見氏著《繹史齋學術文集》，上海人民出版社 1983 年版，第 264 頁。

② 鄒昌林：《中國古禮研究》，文津出版社 1992 年版。

③ 龔建平：《意義的生成與實現——〈禮記〉哲學思想》，商務印書館 2005 年版。

④ 李安宅：《〈儀禮〉與〈禮記〉之社會學的研究》，上海人民出版社 2005 年版，第 1 頁。

演。……通過儀式叙事機制，可以在行爲、符號和意義之間建立起一座橋梁，可以看到儀式中體現的文化習俗、社會價值、權力關係，看到儀式當中隱含的豐富的象徵意義"①。作者强調，相比於語言叙事，儀式叙事更爲客觀地保存了歷史過往的諸多資訊，這爲本書進一步闡述禮儀文本中的儀式過程提供了新思路。唐啓翠所著《禮制文明與神話編碼：〈禮記〉的文化闡釋》②與荆氏著述異曲同工，作者尤其側重對冠禮、廟、明堂等儀式展演的空間叙事進行闡釋，書中還對《禮記》文本中所記載的災異記憶與儀式功能作了闡述。

以上兩部著作從文化人類學視角對禮儀文本的編纂者進行儀式叙述的動機及其文化編碼進行研究，對筆者頗有啓發。然而這一研究方法目前多出現在文學、人類學研究領域，其關注點主要是先秦兩漢典籍中與神話相關的内容，且存在理論闡述有餘而史料支撐不足的弊端；並且對秦漢以降歷代官修禮書的修纂，尤其是特定時代背景下統治者修纂禮書的政治訴求缺乏關注。

(二)歷代官修禮書研究概况

在清代以前的中國古代歷史長河中，幾乎每一個王朝都要修纂數量不等的官修禮書，對清代官修禮書的體例、内容、内涵的闡釋，必須建立在對歷代官修禮書修纂經驗總結的基礎之上，因此有必要對相關研究情况作一簡要概述。受篇幅所限以及本書研究導向影響，將着重介紹如下幾類研究成果：第一，從史學史和文獻學視角對禮書修纂時代背景、體例編排、内容特色等進行研究的成果；第二，着重探討禮書修纂所反映統治者政治訴求的研究成果；第三，運用人類學儀式理論對禮書内容進行分析和闡釋的研究成果。對於專門探討禮學思想史、學術史的相關研究成果則不予介紹。

1. 史學史著作中的整體研究

筆者目力所及，對歷代官修禮書進行系統介紹的史學史著作僅有金毓黻所著《中國史學史》一書，作者在第六章"唐宋以來設館修史之始末"中，詳細介紹了歷代"典禮之書"的撰述情况及其分類標準，作者將"典禮之書"分爲"經禮"和"曲禮"兩類，"經禮"乃典章制度之屬，"始於周之官禮，後世之《通典》《通考》《會典》《會要》，皆其流也"。金氏講到，在上古中國，"禮"本是治國

---

① 荆雲波：《文化記憶與儀式叙事：〈儀禮〉的文化闡釋》，南方日報出版社 2010 年版，第 4~5 頁。

② 唐啓翠：《禮制文明與神話編碼：〈禮記〉的文化闡釋》，南方日報出版社 2010 年版。

之大經大法，政典與禮典是融爲一體的，後世《通典》《會典》等也多設禮制一門，故此類雖名"經禮"，實際上是包括以職官爲綱目的禮書在内的政典。"曲禮"則是節文儀注之屬，始於《儀禮》，"後世之《集禮》《通禮》諸書，皆其流也"。此類"曲禮"可稱得上是禮制專書。綜上所述，作者認爲，清代《四庫書目》將職官列爲一類，將儀注合於政書，混淆了古人成法，因此主張將職官一類合於政書，稱作政典，禮制之書則別爲一類，仍稱儀注。① 上述金氏觀點頗爲精當，值得借鑒，本書受此啓發，亦將研究對象分爲以儀注爲主的專門禮書與政書中所記載的禮制沿革及相關條例兩類。此外，金氏在書中對歷代官私"經禮"和"曲禮"著述的撰著者、卷數一一羅列，述其梗概，並略作評價，有助於筆者對歷代禮書的修纂概況有一個宏觀了解。

其他一些史學史著作對禮儀文本的介紹主要限於正史和典制體史書中的禮志部分，對專門禮書則多有忽略。白壽彝主編的《中國史學史》對《漢書·禮樂志》有很高評價，認爲《漢書·禮樂志》在《史記》禮書、樂書的基礎上做了大量改訂增補，是闡述國家典章制度的重要篇章，其修纂水準與後世正史禮志相比，首屈一指。② 作者還談及《通典》的編纂缺陷，認爲《通典》的《禮典》部分占據全書半數，内容過於繁複，使全書各門比例失衡，而且《禮典》的繁文縟節也影響到了《通典》在經世致用方面的社會價值。③ 喬治忠的《中國史學史》對《通典·禮典》也作了簡要介紹，但只是一筆帶過。④ 謝貴安的《中國史學史》在介紹清代典章制度體史書時，對清代禮儀文本有所涉及，在探討《清朝通典》的取材問題時，提了《欽定大清通禮》和《皇朝禮器圖式》兩部禮制專書，還介紹了《清會典圖》的内容，認爲該書"用圖像的形式，對壇廟、鑾輿、武備、樂器、冠服、器皿、天文、輿地等進行形象説明"。⑤

2. 禮制史著作的縱向梳理研究

陳戍國所著六卷本《中國禮制史》⑥是一部禮制通史研究著作。作者梳理、構建了自先秦至清代禮制發展史的整體框架。該書以"三禮"、正史和《會典》《會要》爲主要參考資料，旁及考古學、民族學資料，對歷代禮制沿革作了全

①　金毓黻：《中國史學史》，上海古籍出版社 2013 年版，第 136~140 頁。
②　白壽彝主編：《中國史學史》（第二卷），上海人民出版社 2006 年版，第 218 頁。
③　白壽彝主編：《中國史學史》（第三卷），上海人民出版社 2006 年版，第 303~304 頁。
④　喬治忠：《中國史學史》，中國人民大學出版社 2011 年版，第 188 頁。
⑤　謝貴安：《中國史學史》，武漢大學出版社 2012 年版，第 476~478 頁。
⑥　陳戍國：《中國禮制史》，湖南教育出版社 2000 年版。

面而深入的研究。值得注意的是，作者對歷代禮儀文本做了詳細的考證、辨僞工作，例如在《宋遼夏金卷》，作者通過與《通典》對比，指出了《大金集禮》卷十爲僞作。美中不足的是，這一大部頭著作對歷代禮制專書的修纂情況、内容特色與政治訴求並未詳細討論。

楊志剛所著《中國禮儀制度研究》①作爲一部簡明禮制通史著作，有助於筆者從宏觀視角梳理歷代官修禮書修纂的歷史沿革，特別是該書對清代官方制禮活動的介紹，使筆者受益頗多。然而由於該書體量不大，要叙述自先秦至民初跨越幾千年的禮制發展史，難免失之簡略，涉及清代官修禮書時也僅僅是對其修纂背景和主要内容作了簡單介紹，並未進行深入探討。

甘懷真《皇權、禮儀與經典詮釋：中國古代政治史研究》一書，是與書名主題相關的論文集結，書中文章將禮儀文本中的語言符號作爲主要研究對象，探討了唐以前皇帝制度中的權力關係。作者認爲，"禮制是研究國家意識形態與正當性的最好材料"，"禮制中的諸符號不只是政治權力的反映、工具與裝飾，其本身就是權力"。作者試圖論證："在政治的領域中，儒家學説不只是作爲現實政治正當化的工具，也同時提供了儒者在建構政治秩序時'創造性'的來源。"②值得一提的是，書中《"制禮"觀念的探析》一文，探討了西漢至西晉時期國家組織制禮活動的動機和目的，進而了解當時的政治與文化，這對筆者提出"禮書製作與統治者政治訴求之間的關係"這一議題啓發很大。

吳麗娛主編的四卷本《禮與中國古代社會》是一套近年出版的禮制史創新之作，該書以史學研究視角探討了中國禮制諸問題。該書的創新之處在於，以往的禮制史研究大多從禮制典籍中爬梳相關資料，僅就禮制源流與興革作單一探討。而該書則强調"將禮制更替與國家、社會變遷相結合作爲主要關注點"③，探討各時代禮制的特點、作用及其影響，打破了政治史、思想史、文化史等各類專史研究的界限，並運用多視角的研究方法，力求更宏觀、更深層次地探究禮制變遷與社會演進之間密切的互動關係。該書在史料運用上也不拘一格，除了"三禮"、正史中的禮志，以及各類禮制專書等傳統史料外，還對

---

① 楊志剛：《中國禮儀制度研究》，華東師範大學出版社 2000 年版。

② 甘懷真：《皇權、禮儀與經典詮釋：中國古代政治史研究》，華東師範大學出版社 2008 年版，第 3~9 頁，第 59 頁。

③ 吳麗娛主編：《禮與中國古代社會》（先秦卷），中國社會科學出版社 2016 年版，第 4 頁。

甲骨文、金文、簡帛、碑刻等考古資料和新史料加以採擇和運用。

　　湯勤福主編的《中國禮制變遷及其現代價值研究》①集結了禮學研究各領域學者的代表性文章，集中探討了古代風俗與習俗如何向禮制發展演變、以儒家思想爲主體的禮制内容及其變遷、以"五禮"爲核心的傳統禮制的形成及其向社會各階層的擴散、禮制變遷與社會變化和社會穩定之間的關係等問題。其中，《從唐代禮書的修訂方式看禮的型制變遷》《書儀——中古時代簡便實用的"禮經"》等文章對禮書的修纂與政治、社會生活的關係進行了深入探討，對筆者多有啓發。

　　3. 有關正史和典制體史書禮志部分的研究

　　相關研究從宏觀層面進行梳理和介紹的有如下兩篇文章。詹子慶的《禮學和中國傳統史學》②一文從史學研究視角出發，對禮學與中國傳統史學的關係進行了詳細論述。作者對歷代史籍中的禮志部分作分門別類的梳理，並總結出相關禮志典籍編纂的三大原則：第一，歷代禮志典籍皆"宗於'三禮'"；第二，"遵循'五禮'爲叙次的原則"；第三，"歷朝的禮書是各史禮志編寫的基礎"。作者認爲，禮志典籍在中國傳統史學中的地位主要體現在它開創了禮制史的編纂體例，對於研究我國古代社會政治、經濟、軍事和思想文化皆有裨益。彭林的《從正史所見禮樂志看儒家禮樂思想的邊緣化》一文，對禮樂志在《二十五史》中排序的變化、名稱的變化以及内涵的變化進行梳理和研究，認爲自秦漢以後，歷代統治階層對禮樂思想的理解不斷偏離正軌，漸失禮樂本義。"先秦時期政與教合一，兩者都要通過禮來實施，因此不僅禮的地位相當之高，而且非常貼近民生日用。後世將兩者分離，將'事物名數、降登揖讓、拜俯伏興之節'等'禮之末節'當作禮的本體。"③

　　專題研究方面，其一是對正史禮志文本標點、人名、記時的考誤研究。張家英的《〈史記·禮書、樂書〉的標點舉誤》，姚遠的《中華書局標點本〈漢書·郊祀志〉及〈後漢書·禮儀志〉、〈祭祀志〉標點商兑》，楊英的《〈晉書·禮志〉標點勘誤一則》，牛明鐸的《〈宋史·禮志〉時間考誤》，郭培貴、王志躍的

　　①　湯勤福主編：《中國禮制變遷及其現代價值研究》（東南卷、東北卷、西北卷），上海三聯書店 2015 年、2016 年、2017 年版。

　　②　詹子慶：《禮學和中國傳統史學》，《史學史研究》1996 年第 2 期。

　　③　彭林：《從正史所見禮樂志看儒家禮樂思想的邊緣化》，載浙江大學古籍研究所編：《禮學與中國傳統文化：慶祝沈文倬先生九十華誕國際學術研討會論文集》，中華書局 2006 年版，第 347 頁。

《〈明史·禮志〉人名考誤五則》和《〈明史·禮志〉記時考誤》諸文皆屬此類。①
其二是有關禮志史源、史實、史料價值以及編纂得失的研究，主要成果有許繼
起的《關於〈元史·禮樂志〉的幾個文獻問題》，王志躍、歐磊的《〈明史·禮
志〉編纂考述》，郭培貴、王志躍的《〈明史·禮志〉史實考誤》，王志躍的《宋
代禮制專篇〈宋史·禮志〉編纂得失考論》《宋代禮制專篇——〈宋史·禮志〉的
史料價值初探》，湯勤福的《〈宋史·禮志〉的主要缺陷》等文章。② 其三是探討
正史禮志内容的禮儀思想和實踐情況，如高敏芳的《〈史記·禮書〉中的禮儀思
想及其啓示》，王志躍的《宋代國家、禮制與道教的互動——以〈宋史·禮志〉
爲中心的考察》《宋代官方禮制實施情況考述——以〈宋史·禮志〉爲中心》，靳
惠的《宋代官方禮制的實施情況考察——以〈宋史·禮志〉爲中心》等文章。③
有關典制體史書禮志部分的專題研究鳳毛麟角，僅見張影的碩士學位論文
《〈通典·禮典·吉禮〉研究》和龍坡濤的《〈文獻通考·王禮考〉疑誤辨析》④兩
篇文章。以上可見，正史與典制體史書中有關禮志部分的專題研究，主要側重
考證、辨誤，對禮志文本内容及其背後所藴含的統治集團的政治訴求則缺乏深
入探討。

---

① 張家英：《〈史記·禮書、樂書〉的標點舉誤》，《綏化師專學報》1994 年第 1 期；
姚遠：《中華書局標點本〈漢書·郊祀志〉及〈後漢書·禮儀志〉、〈祭祀志〉標點商兑》，《合
肥師範學院學報》2011 年第 1 期；楊英：《〈晉書·禮志〉標點勘誤一則》，《中國史研究》
2003 年第 4 期；牛明鐸：《〈宋史·禮志〉時間考誤》，《圖書館雜志》2016 年第 5 期；郭培
貴、王志躍：《〈明史·禮志〉人名考誤五則》，《古籍整理研究學刊》2007 年第 2 期；郭培貴、
王志躍：《〈明史·禮志〉記時考誤》，《清華大學學報》(哲學社會科學版)2008 年第 4 期。
② 許繼起：《關於〈元史·禮樂志〉的幾個文獻問題》，《史學史研究》2013 年第 4 期；
王志躍、歐磊：《〈明史·禮志〉編纂考述》，《平原大學學報》2006 年第 6 期；郭培貴、王
志躍：《〈明史·禮志〉史實考誤》，《古籍整理研究學刊》2008 年第 4 期；王志躍：《宋代禮
制專篇〈宋史·禮志〉編纂得失考論》，《信陽師範學院學報》(哲學社會科學版)2011 年第 2
期；王志躍：《宋代禮制專篇——〈宋史·禮志〉的史料價值初探》，《湖南大學學報》(社會
科學版)2011 年第 3 期；湯勤福：《〈宋史·禮志〉的主要缺陷》，《史學集刊》2011 年第 5
期。
③ 高敏芳：《〈史記·禮書〉中的禮儀思想及其啓示》，《渭南師範學院學報》2014 年
第 10 期；王志躍：《宋代國家、禮制與道教的互動——以〈宋史·禮志〉爲中心的考察》，
《殷都學刊》2011 年第 2 期；王志躍：《宋代官方禮制實施情況考述——以〈宋史·禮志〉爲
中心》，《船山學刊》2011 年第 2 期；靳惠：《宋代官方禮制的實施情況考察——以〈宋史·
禮志〉爲中心》，《河南師範大學學報》(哲學社會科學版)2011 年第 1 期。
④ 張影：《〈通典·禮典·吉禮〉研究》，東北師範大學碩士學位論文，2006 年；龍坡
濤：《〈文獻通考·王禮考〉疑誤辨析》，《新世紀圖書館》2017 年第 11 期。

4. 有關歷代禮制專書的專題研究

如前所述，以"五禮"之序修纂禮制專書雖然肇始於西晉，然而唐以前諸禮書皆已佚失，以下僅就尚存於世且對於是代禮制影響較大的官修禮制專書《大唐開元禮》、宋《太常因革禮》、《大金集禮》、《明集禮》的研究情况作一概述。

《大唐開元禮》是我國現存最早的一部官修禮制專書，它承前啓後，是後世官方修纂禮書的典範，相關研究成果豐富。方百壽的《人類學視野下的〈大唐開元禮〉封禪儀式分析》①一文，以《大唐開元禮》爲考察對象，運用文化人類學的儀式理論和象徵理論，對封禪儀式過程、空間象徵、禮器象徵，以及參加人員的角色轉換等問題進行闡述，認爲封禪活動對於加强皇權、政體的運作以及文化延續等都發揮了積極作用。楊華所撰《論〈開元禮〉對鄭玄和王肅禮學的擇從》②一文，選取了《大唐開元禮》中廟數、郊祀、喪服、婚齡等禮制内容，對鄭、王之説進行檢視，結果是王學略占優勢，這與鄭學在當時的主導優勢不符。作者通過考證和分析，認爲唐朝禮制整合、統一的歷史過程非常複雜，絶非南北選擇或鄭王選擇那麽簡單。導致這一複雜狀况形成的原因是唐人制禮的三原則："稽周、漢之舊儀""考圖史於前典"和"因時制範"。《大唐開元禮》經過幾次修纂，"已是一個南、北綜彙，鄭、王雜糅的產物"。劉安志所撰《關於〈大唐開元禮〉的性質及行用問題》③一文認爲，唐人對《大唐開元禮》極爲尊崇，將其定位爲禮經，而非具體儀注，《大唐開元禮》與儀注是體用關係。作者還通過列舉敦煌、吐魯番兩地所出土的《大唐開元禮》殘片以及詳盡的文獻考證和分析得出結論，認爲《大唐開元禮》並非唐代文人吕溫所説的那樣"鬱而未用"，雖然個別禮儀如"養老禮"在唐代未能施行，一些禮儀也曾因各種原因廢止，但《大唐開元禮》在當時基本得到了行用，且在唐代中後期的禮儀生活中發揮了重要作用。吳麗娛在《營造盛世：〈大唐開元禮〉的撰作緣起》一文中，詳細討論了《大唐開元禮》的撰作緣起問題，認爲《大唐開元禮》以取代"三禮"、改撰《禮記》爲目標，有着從疑注到改經的思想基礎和學術淵源。在修纂《大唐開元禮》之前，禮儀使的設立和一系列禮儀活動的舉行都爲《大唐開元禮》的創作奠定了實踐基礎和理論準備。《大唐開元禮》折衷貞觀、顯慶二

---

①　方百壽：《人類學視野下的〈大唐開元禮〉封禪儀式分析》，《甘肅社會科學》2002年第 1 期。

②　楊華：《論〈開元禮〉對鄭玄和王肅禮學的擇從》，《中國史研究》2003 年第 1 期。

③　劉安志：《關於〈大唐開元禮〉的性質及行用問題》，《中國史研究》2005 年第 3 期。

禮，並"解決和協調對《禮記》經傳認識的矛盾，實現對於本朝新禮的吸收，體現了唐朝禮制的時代化和創新精神"①。甘懷真所撰《〈大唐開元禮〉中的天神觀》②一文，以《大唐開元禮》所記載的祭天儀式爲研究對象，詳細闡述了儒教的國家祭祀制度與觀念特點。作者指出，儒學諸天神的形象是具有神格的自然神，而非佛道教那樣的人格神，天子祭祀的目的亦非祈福除穢，而是爲了促進天地諸氣的和諧運轉。除上述研究外，學界還就《大唐開元禮》的具體内容，如賓禮、喪葬禮儀等展開研究，並對《大唐開元禮》的史料内容進行考證，此處不贅述。③

宋《太常因革禮》主要記載北宋前四朝的禮制沿革，全書體系嚴整，内容豐富，史料價值頗高，是了解北宋禮制最重要的文獻資料。王美華在《〈太常因革禮〉與北宋中期的禮書編纂》④一文中，率先對《太常因革禮》的修纂緣起與宗旨、篇目設定和體例、修纂特色及對後世産生的影響等問題進行了初步探討。稍後對該禮書做出系統研究的是尹承的博士學位論文《〈太常因革禮〉研究》⑤，作者對《太常因革禮》的修纂背景、内容範疇，書中頗具特色的《新禮》和《廟議》的構成等問題作了詳細考察，並對重要散佚禮儀進行了復原研究。張志雲在《"告哀"列入〈太常因革禮·廢禮〉質疑》⑥一文中認爲，《〈太常因革禮〉廢禮》是前代因革下來不再施行的、僅停留在文本層面的禮儀，但"告哀"禮在北宋前期仍在行用，列入"廢禮"並不妥當。

金朝所修《大金集禮》並未依照中原王朝傳統的"五禮"之序進行編纂，保留了許多女真族的傳統禮俗，例如金朝沒有採納漢族的祭天禮（但採納了祭地

① 吳麗娛：《營造盛世：〈大唐開元禮〉的撰作緣起》，《中國史研究》2005 年第 3 期。
② 甘懷真：《皇權、禮儀與經典詮釋：中國古代政治史研究·自序》，華東師範大學出版社 2008 年版，第 131 頁。
③ 詳參王美華：《唐宋禮制研究》，東北師範大學博士學位論文，2004 年；羅娟娟：《〈大唐開元禮〉喪葬禮辭彙研究》，四川大學碩士學位論文，2007 年；趙衛東：《禮制禮儀禮俗的互動與中國傳統社會——以〈儀禮〉〈唐開元禮〉〈文公家禮〉喪葬祭禮爲中心的影響考察》，山西大學碩士學位論文，2011 年；李麗艷：《唐代賓禮研究——以〈大唐開元禮〉爲研究視角》，遼寧大學碩士學位論文，2015 年；趙晶：《唐令復原所據史料檢證——以〈大唐開元禮〉爲中心》，《文史哲》2018 年第 2 期。
④ 王美華：《〈太常因革禮〉與北宋中期的禮書編纂》，《古籍整理研究學刊》2014 年第 1 期。
⑤ 尹承：《〈太常因革禮〉研究》，山東大學博士學位論文，2015 年。
⑥ 張志雲：《"告哀"列入〈太常因革禮·廢禮〉質疑》，《延安大學學報》（社會科學版）2017 年第 3 期。

的部分儀制），並建立了原廟和別廟制度，可以説頗具少數民族特色。該禮書對漢族禮制中朝會、尊號、册謚等内容選擇性吸收，以助推統治者構建皇權專制制度。學界目前没有關於《大金集禮》的專門研究，但學者在探討金朝祭祀之禮和漢制封爵之禮時，對《大金集禮》有所發掘。陳成國在《大金祭祀與相關問題》①一文中，通過對《金史·禮志》和《大金集禮》等典籍的詳細考證對比，做出了《大金集禮》卷十抄自《通典》的準確論斷，且認爲女真人受到了德運觀的影響，女真祭祀之禮更接近趙宋而非契丹。此外，徐潔的《金代祭禮研究》②和孫紅梅的《金代漢制封爵研究》③兩篇博士論文，在探討金弋禮制的過程中，對《大金集禮》也有一定程度的發掘和闡釋。有關遼朝官修禮書的修纂，李月新的《遼朝禮典編修鈎沉》④一文以《遼史》爲核心史料，對遼太祖時期的禮典編修以及重熙年間禮典的重新修訂與完善問題進行了探討。

　　《明集禮》是明代最爲重要的一部官修禮制專書，學界對該禮書的專題研究尚不充分，以單篇學術論文爲主，分别爲趙克生《〈大明集禮〉的初修與刊布》⑤、吳洪澤《略談〈明集禮〉的纂修》⑥、向輝《消逝的細節：嘉慶刻本〈大明集禮〉著者與版本考略》⑦、梁健《〈大明集禮〉撰刊與行用考述》③，以上文章對《明集禮》的修纂背景與修纂時間、修纂過程、修纂人員、内容特色及其行用與影響等問題作了重點考察，然而有關《明集禮》全面系統的研究，目前仍然付之闕如。

（三）清代官修禮書研究概況

　　中國古代禮制史研究以先秦、兩漢爲重心，近年來中古禮制史研究也有迎頭趕上之勢，相比之下，明清禮制史則少有人問津，有關清代官修禮書的整理

---

①　陳成國：《大金祭祀與相關問題》，《湖南師範大學社會科學學報》2000 年第 3 期。
②　徐潔：《金代祭禮研究》，吉林大學博士學位論文，2012 年。
③　孫紅梅：《金代漢制封爵研究》，吉林大學博士學位論文，2014 年。
④　李月新：《遼朝禮典編修鈎沉》，《史志學刊》2018 年第 1 期。
⑤　趙克生：《〈大明集禮〉的初修與刊布》，《史學史研究》2004 年第 3 期。
⑥　吳洪澤：《略談〈明集禮〉的纂修》，載舒大剛主編：《儒藏論壇》（第 6 輯），四川大學出版社 2012 年版。
⑦　向輝：《消逝的細節：嘉慶刻本〈大明集禮〉著者與版本考略》，《版本目録學研究》（第 7 輯），2016 年。
⑧　梁健：《〈大明集禮〉撰刊與行用考述》，《西南大學學報》（社會科學版）2020 年第 1 期。

與發掘工作更是欠缺，相關研究成果大多是對禮書種類、修纂背景、編纂體例、内容框架等進行簡短、概括式的介紹，對禮書内容的闡釋以及禮書的學術與社會影響則缺乏深入探討，以下詳述之。

1. 禮制通史著作中的宏觀研究

陳戍國所著《中國禮制史》（元明清卷）①的"清代禮儀禮制"一章，分別叙述了清代宗法觀念與傳承制度，清代祭典之禮，清代喪葬之禮，清代的軍禮、射禮與秋獮之禮，清代的外交及其禮儀，清代朝會、巡幸、筵宴與王宫以下諸相見禮及其他，清代藉田、養老、尊師及相關諸禮，清代冠婚之禮，清代宫室、輿服、樂舞制度。作者還將《大清律》與清代禮制作比較研究，總結出清代"由禮生法，以禮入法，以法護禮，行法即行禮"的禮法關係特色。作者依靠深厚的文獻學功底，在該書中徵引了極爲豐富的史料，包括《清實錄》《清史稿》以及各種政書、詔令、類書、名人筆記文集等，其中以徵引《清史稿》的《禮志》《本紀》《列傳》部分中與禮制相關的内容最多，作者還搜集了大量考古資料，運用二重證據法進行翔實考辨。美中不足的是，該書作爲禮制通史著作，卻忽略了《欽定大清通禮》《皇朝禮器圖式》以及《欽定滿洲祭神祭天典禮》這樣的禮制專書，這也爲本書着重考察這三部禮書留下了研究空間。

胡戟所撰《中華文化通志·禮儀志》②對中國傳統禮儀的起源與歷史沿革依縱向時間順序進行了回顧與反思，對歷代禮書的修纂情況也做了概括式介紹，但清代部分只介紹了《欽定大清通禮》和《聖諭廣訓》，且内容失之簡略，闡述也不夠深入。

邱源媛所著《清前期宫廷禮樂研究》③一書以清代宫廷禮制發展爲主題，以"大樂"製作爲論述主體，運用"禮""樂"相輔的論述方式，通過探討"樂"制的具體形態，勾勒出"禮"文化的變化脈絡。書中概述了清入關前努爾哈赤時期直至乾隆朝（1616—1795 年）清代宫廷禮樂的建置沿革，主要包括禮儀文本的製作以及相關禮儀展演的實踐情況。該書對漢族儒家禮樂與滿洲禮樂分別進行探討，彰顯了作爲少數民族的清統治者在政治文化建設方面的多元化特徵。該書對漢族儒家禮樂制度的研究偏重於對清代官修典籍中所記載的樂制、樂理知識及樂器的探討，對禮制建設則少有涉及。雖然書中以表格形式對明清祭祀、朝會典禮内容進行了詳細比較，但缺乏進一步的分析和闡述。

---

① 陳戍國：《中國禮制史》（元明清卷），湖南教育出版社 1991 年版。
② 孫長江主編，胡戟撰：《中華文化通志·禮儀志》，上海人民出版社 1998 年版。
③ 邱源媛：《清前期宫廷禮樂研究》，社會科學出版社 2012 年版。

　　吳麗娛在其主編的《禮與中國古代社會》(明清卷)①"清代章"，對順治、康熙、雍正、乾隆四帝的文治理念和禮學素養、清廷以禮爲治的政治文化取向以及由此引發的禮書興作進行了詳細闡述。該書主要圍繞禮書的修纂背景、內容編排作概括式的介紹，雖然對清代禮制建設的政治與社會需求也作了探討，但對具體的禮儀展演過程、儀式象徵元素的内涵及其權力建構訴求等深層次問題，未能進行深入闡述，對《欽定大清通禮》《皇朝禮器圖式》《欽定滿洲祭神祭天典禮》等禮制專書與《大清會典》《禮部則例》等政書在體例編排、内容架構上的互補關係也缺乏探討。

　　2. 對清代禮制專書的專題研究

　　清代系統、專門的禮書有三部：繼承中原漢文化禮制傳統的《欽定大清通禮》，禮圖典籍《皇朝禮器圖式》，以及具有滿洲少數民族特色的《欽定滿洲祭神祭天典禮》。這三部專門禮書對清朝官方禮制實踐具有重要指導意義，是本書的主要考察對象。有關上述三部專門禮書的相關研究成果並不多，主要集中於數篇學位論文和期刊論文之中，以下詳述之。

　　(1) 對《欽定大清通禮》(以下簡稱《大清通禮》)的研究。

　　目前所見對《大清通禮》進行最爲全面、系統考察的研究成果，是劉芳所撰碩士學位論文《從〈大清通禮〉看清代禮制》②。該文首先對《大清通禮》的成書過程及其主要内容作了概述，將《大清通禮》與《明集禮》《大清律例》的體例和内容架構進行了縱向和橫向的比較研究，闡明了清代禮制建設在承襲明代的基礎之上所彰顯的時代特色與民族特色，以及清代禮與法、禮與俗之間的關係。其次，作者闡述了該禮書中禮與樂的關係問題，認爲清代禮制建設具有禮主樂輔的特色，即重視禮制條文的規範作用，忽視了樂制的内化與調和作用。作者最後通過對《大清通禮》中吉禮、嘉禮、賓禮的重點考察，闡述了儒家倫理綱常與禮制建設的密切聯繫，認爲二者的有機結合保證了清政權的穩定，是清代官方政治文化功能加强、皇權專制發展至頂峰的重要推動力量。上述研究内容對於了解《大清通禮》一書的概況多有助益，但作爲碩士學位論文，其史料支撐略顯單薄，且各章論述皆點到爲止，並未進行深入探討。

　　其他有關《大清通禮》的研究成果主要以探究清代禮法關係爲主題。張金

---

　　①　吳麗娛主編：《禮與中國古代社會》(明清卷)，中國社會科學出版社 2016 年版，第 217 頁。

　　②　劉芳：《從〈大清通禮〉看清代禮制》，湖北大學碩士學位論文，2011 年。

平的碩士學位論文《清代禮典與政典、律典的關係探討——以〈大清通禮〉爲視角》①，將《大清通禮》與《大清會典·禮部》以及《大清律例》做了比較研究，探討了《大清通禮》與《大清會典》在編纂體例、編纂思想等方面的差異和互補之處。特別是通過對《大清通禮》與《大清律例》進行比較研究，列舉吉禮、嘉禮、凶禮等禮制規定，闡述"違禮入律"的原因，突出了以法護禮的必要性，但對於"以禮入法"，即禮典對法典的指導作用，則缺乏深入研究。吕麗、張金平所撰《大清通禮的法律地位》②與上文可謂異曲同工，通過闡述禮典《大清通禮》與政典《大清會典》以及律典《大清律例》的内在關聯，闡明了《大清通禮》的法律地位。如《大清會典·禮部》秉持"以官舉職，以職舉政"的原則，依照所司執掌進行"禮部"編纂，所述亦爲宏綱巨目，而《大清通禮》則依照五禮之序，撰述"零節細目"，羽翼會典，二者是相輔相成、互爲補充的關係。《大清律例》則記載了不少關於違反《大清通禮》相關禮儀規定的懲罰措施。因此該文認爲，以《大清通禮》爲首構成的禮儀規範系統是清代國家法律體系的重要組成部分。

　　蘇鑫的碩士學位論文《清朝服制對法律的調整和制約——以〈大清通禮〉和〈大清律例〉爲視角》③以喪服制度作爲切入點，探討了清朝官方制定法典時"以禮入法"的取向。該文從分析《大清通禮》中的喪服制度入手，通過列舉法律條文和具體案例分析，探討了服制對於《大清律例》中法律條文的制定所產生的影響。作者試圖闡述清朝官方"以禮入法，以法護禮"的禮法觀念，只不過相關史料與論證都過於單薄。趙維維的碩士學位論文《中國古代祭祀制度的禮法規制——以〈大清通禮〉與〈大清律例〉爲研究視角》④，以《大清通禮》和《大清律例》作爲研究對象，探討古代祭祀制度的禮法規制。作者於《大清通禮》的大祀、中祀、群祀中列舉具有代表性的祭祀活動，詳細分析其禮制儀文，並探討了《大清律例》對於祭祀制度的法律保障作用，最後對祭祀禮法進行了綜合分析與評價。其中，對《大清律例》與《大清通禮》二者之間關係的探

---

① 張金平：《清代禮典與政典、律典的關係探討——以〈大清通禮〉爲視角》，吉林大學碩士學位論文，2014 年。

② 吕麗、張金平：《大清通禮的法律地位》，《當代法學》2014 年第 4 期。

③ 蘇鑫：《清朝服制對法律的調整和制約——以〈大清通禮〉和〈大清律例〉爲視角》，吉林大學碩士學位論文，2013 年。

④ 趙維維：《中國古代祭祀制度的禮法規制——以〈大清通禮〉與〈大清律例〉爲研究視角》，吉林大學碩士學位論文，2013 年。

討以及對祭祀制度價值功能的評價頗有見地，值得借鑒。

（2）對《皇朝禮器圖式》的研究。

目前學界對《皇朝禮器圖式》的研究成果寥寥。劉潞所撰《一部規範清代社會成員行爲的圖譜——有關〈皇朝禮器圖式〉的幾個問題》①一文，分別就《皇朝禮器圖式》一書的主要内容，書中具體器物的含義，乾隆禮治思想的確立與"禮器圖"的繪製，《皇朝禮器圖式》所反映的清代社會生活及其影響等問題進行了探討，對清代前中期禮制建設與政治文化、社會生活的互動關係作了深入闡釋。該文是目前關於《皇朝禮器圖式》研究最爲全面、深入的成果。束霞平的博士學位論文《清代皇家儀仗研究》②以藝術設計理論爲研究視角，對清代皇家儀仗的歷史沿革和藝術特徵進行了全面論述。作者在介紹儀仗中的車輿、鹵簿、樂器時，對《皇朝禮器圖式》一書的相關内容作了條分縷析的整理和介紹，特別是末章對清代皇家儀仗所反映的禮治思想和等級劃分功能進行的闡述，對筆者進一步研究《皇朝禮器圖式》一書頗有借鑒意義。張珂《〈皇朝禮器圖式〉中的樂器》③一文中，對該書第八、九兩章的樂器部在樂器形式、尺寸、來源等方面進行了具體描述和分析，遺憾的是，該文未能就清代具體的禮儀實踐與用樂情況相結合進行實證研究，導致對《皇朝禮器圖式》的文本解讀流於表面，不够深入，這也正是本書進行後續研究的一個切入點。

（3）對《欽定滿洲祭神祭天典禮》的研究。

早在 20 世紀 90 年代初，已有兩篇探討《欽定滿洲祭神祭天典禮》的文章問世。郭淑雲在《滿洲祭神祭天典禮論析》一文中，最早對該禮書修纂的歷史背景、編排體例、内容梗概及其政治、文化影響等問題作了探討，認爲"'典禮'這部由乾隆帝欽定的滿族薩滿教祭祀法規，用法典的形式將滿族諸姓世代傳襲的薩滿祭祀加以規範、定型和劃一，使之成爲建立在新的滿族共同體之上的意識形態，反過來又鞏固了滿族共同體，維繫了族體的穩定性，進而實現了清廷統治後方的安定團結"④。此外，該文對清宮祭祀與民間薩滿教的異同點所作的深入剖析，使筆者對《欽定滿洲祭神祭天典禮》一書中的宮廷祭祀禮儀有了進一步的了解和認識。

---

① 劉潞：《一部規範清代社會成員行爲的圖譜——有關〈皇朝禮器圖式〉的幾個問題》，《故宫博物院院刊》2003 年第 2 期。

② 束霞平：《清代皇家儀仗研究》，蘇州大學博士學位論文，2011 年。

③ 張珂：《〈皇朝禮器圖式〉中的樂器》，《歌海》2016 年第 5 期。

④ 郭淑雲：《滿洲祭神祭天典禮論析》，《社會科學輯刊》1992 年第 5 期。

劉厚生、陳思玲所撰《〈欽定滿洲祭神祭天典禮〉評析》①一文，對《欽定滿洲祭神祭天典禮》（以下簡稱《典禮》）的三個版本（滿文本、漢文本以及由覺羅普年依據滿文本翻譯摘編而成的《滿洲跳神還願典例》）的史料價值作了概述，並就滿漢文本《典禮》在使用"愛新覺羅"一詞上的歧異問題作了詳細考辨。作者發現，漢文本《典禮》中所載"我愛新覺羅姓祭神"，在滿文本中寫作"我覺羅姓祭神"，作爲祖本的滿文本並沒有"愛新"字樣，《典例》中亦記載爲"我覺羅氏跳神"，可見四庫全書本後加入了"愛新"，因此作者得出結論："《典禮》是整個覺羅氏薩滿信仰禮俗的總結"，而非愛新覺羅家族薩滿祭祀的法典化。作者最後還指出，雖然《典禮》並未"將覺羅氏以外的滿族諸姓薩滿信仰和祭祀禮儀作出規範、定型和劃一"，但它仍有很大作用和價值，即調和了滿族内部各種矛盾，加强了民族凝聚力。該文對《典禮》版本源流、史料價值以及書中所載薩滿祭祀禮儀的淵源所作的詳細考證研究，具有較高的學術價值。

在以上兩篇論文問世之後的近 20 年間，對《典禮》的研究成果寥寥，直至近年才有新推進。殷悦所撰《淺談滿文本〈欽定滿洲祭神祭天典禮〉》一文，對現存滿文本《典禮》的刻本、抄本和鉛本的館藏情況作了具體介紹，作者依靠扎實的滿文功底，使用大量滿文本《典禮》史料，對該書的成書背景和主要内容進行論述，還對滿漢版本《典禮》的語言敘述風格進行了比較研究，認爲"漢文本《典禮》文言風雅，多見賓語前置、倒裝句型，虛詞使用豐富，句尾爲'……兮'句型，類似春秋辭賦，文風古拙。乾隆十二年（1747）滿文本《典禮》語言質樸、句式簡單、辭彙豐富、内容全面、描寫細緻。詞語簡練，駢驪工整，辭藻華麗且無標點"②。與前述兩篇論文相比，該文以最早修成的滿文本《典禮》作爲考察對象，並與漢文本進行比較研究，使相關研究取得了突破性進展。

以上三篇論文對《典禮》的研究皆側重於版本、内容架構以及薩滿祭祀儀式淵源的論述，對清宫薩滿祭祀儀式的具體實踐情况及其所體現的清統治者的政治訴求則着墨不多，這也正是本書試圖有所突破的關注點所在。

3. 關於禮書製作與政權建構互動關係的研究成果

所謂禮書製作與政權建構互動關係的研究，是指以官修禮書作爲研究對象，探討清代禮制建設及其政治訴求的研究路徑，相關研究成果對筆者寫作本書啓發較大，其中又以海外研究成果爲主。

---

① 劉厚生、陳思玲：《〈欽定滿洲祭神祭天典禮〉評析》，《清史研究》1994 年第 2 期。

② 殷悦：《淺談滿文本〈欽定滿洲祭神祭天典禮〉》，《滿語研究》2015 年第 2 期。

（1）"新清史"學者對18世紀清"帝國"禮儀的理解

美國著名漢學家何偉亞所著《懷柔遠人：馬嘎爾尼使華的中英禮儀衝突》①一書的英文版於1995年問世，中譯本出版於2002年，本書曾在中國大陸學界引起熱烈反響。作者採用後現代史學取向與研究方法，論證了馬嘎爾尼使團覲見乾隆皇帝的一系列禮儀衝突，實質上是英國"主權平等"外交觀與清朝"差序包容"天下觀之間的碰撞。作者將18世紀的清王朝描述成一個與傳統中原王朝迥異，在文化、政治和種族諸方面都呈現出多元化的廣闊"帝國"，並着重探討了清統治者對國內不同族群的統治政策以及對外國的外交政策，認爲上述政策皆以清代《賓禮》爲基礎。特別需要指出的是，作者在書中強調了清朝作爲少數民族政權的特殊性，即滿洲統治者將其帝國想象爲"以滿清皇室爲最高君主的多主制"，這對於本書研究禮書編纂的總規劃者——清帝的多張統治面孔，及其運用不同禮儀同化邊疆諸藩部的政治訴求頗有啓發。② 然而該書也存在一個明顯缺陷，何偉亞並未認識到清統治者看待邊疆諸藩部與"化外之國"時在政治態度上的顯著差別。正如羅志田所言，何偉亞所論述之"多主制"主要是面向蒙古各部實行，而與該書研究的主要對象大不列顛帝國相去甚遠。③ 蒙古諸藩部屬於清帝國領土範圍之內，而英國並非清統治者的實際統轄範圍，清廷將此內外之別劃分得很清楚，《賓禮》是應用於徼外諸國及藩屬國的國與國之間的外交禮儀，清廷對《賓禮》的運用與前代王朝朝貢禮儀並無差別，甚至有所萎縮，但對邊疆諸藩部的禮儀教化卻空前加強，相關禮制不在《賓禮》之中，而是載於《大清通禮》以及《大清會典・理藩院》等官方典籍之中。換言之，欲探究清帝多主制的構想，考察對象不應該選擇英國這樣的徼外諸國，也非朝鮮、越南這樣的藩屬國，而應該是邊疆諸藩部。禮儀文本的參考重點亦非《賓禮》，而應該是《大清通禮》和《大清會典》所載禮制儀文。

美國"新清史"學界代表人物之一司徒安所著《身體與筆——18世紀中國作爲文本/表演的大祀》，是又一部關注18世紀清"帝國"禮儀的論著，該書出版於1997年，2014年中譯本問世。作者在書中將清代祭祀禮儀中的"大祀"（包

---

① ［美］何偉亞：《懷柔遠人：馬嘎爾尼使華的中英禮儀衝突》，鄧常春譯，社會科學文獻出版社2015年版。

② 羅友枝也有類似的看法，認爲"清朝最高統治者集中國皇帝、諸汗之汗和活佛身份於一身"。參見［美］羅友枝：《清代宮廷社會史》，周衛平譯，中國人民大學出版社2009年版，第247頁。

③ 羅志田：《十八世紀清代"多主制"與〈賓禮〉的關聯與抵牾》，《清史研究》2001年第4期。

括祭祀天地、宗廟與社稷)理解爲清"帝國"的統治技術，書中分別對祭祀的形式、君主對大祀之禮的操控、大祀如何將皇帝與文官的特定關係推廣至普通民衆群體之中諸問題展開研究，最後還將以上內容與近代西歐的權力/知識模式和國家形構模式進行了比較研究。其中與本書關聯最爲密切的，是書中對清統治者修纂禮儀文本的政治意圖所作的解讀，以及禮儀文本中所蘊含的"語言學的樂觀主義"(linguistic optimism)，"它提供了一種感染、勸誠的特殊力量，使書寫能够超越單純的表述，在祭禮表演裏發揮積極作用"。① 具體言之，司徒安將禮書編纂視爲社會和政治權力的建構場所，官方禮書作爲統治者的"儀式手册"，詳細記録着各種儀式表演的空間場景布置、服飾與器物形制、行禮過程及身體動作等要素，相比於傳統禮學考證和論辯著述，它們反映的是君主專制統治的實用主義意圖。作者認爲，清代經學思想史研究者大多採用觀念史的方法，側重宋明理學的哲學話語，很少關注書寫和編纂如何通過禮儀實踐實現政治層面的話語控制，因此該書把關注點放在了儀式實踐和它的微觀權力建構上。該書適當引入了人類學儀式理論，對清代禮儀文本進行微觀解讀，並將其與清"帝國"意識形態的權力建構相聯繫，研究方法新穎、見解獨到。當然，該書也具有"新清史"研究成果的通病，對史料的採擇和運用還存在着許多誤解與偏差，值得商榷。

美國"新清史"學界的領軍人物羅友枝所著《清代宮廷社會史》英文版出版於 1998 年，2009 年被譯介爲中文。該書以清代宮廷生活作爲研究對象，分別對清代宮廷物質文化、宮廷社會結構以及宮廷禮儀三個方面展開研究，其中最令筆者注目的是"宮廷禮儀"部分的探討。作者認爲，清統治者在構建自身統治合法性時，將禮儀看作必不可少的工具，他們很清楚"讓臣民歸順並不僅僅是通過强制性手段實現的，相反，這(漢族政治禮儀——筆者注)是成功地説服臣民承認其政治統治結構的道德正確性和種族正確性的結果"②。並且，除了用漢族禮儀爭取中原漢人的政治認同外，藏傳佛教、中原佛教、道教以及薩滿教儀式也同時在紫禁城內按計劃定期舉行，多元文化類型的儀式展演，彰顯了清統治者多主制的"帝國"構想。雖然該書對清帝多重政治身份的解讀及其對清"帝國"內"亞邊疆"屬性的闡釋有待商榷，但其研究方法的多元化和研究

---

① 〔美〕司徒安：《身體與筆——18 世紀中國作爲文本/表演的大祀》，李晉譯，北京大學出版社 2014 年版，第 5 頁。

② 〔美〕羅友枝：《清代宮廷社會史》，周衛平譯，中國人民大學出版社 2009 年版，第 11 頁。

思路的開放性仍給筆者以極大啓發。此外，該書對西方學界研究清代官修禮書和宮廷禮儀的學術成果多有提及，且大部分尚未譯介成中文，這對於筆者了解西方學界在相關領域的研究現狀大有裨益。

（2）國內學者對清廷"禮治"思想及其實踐的研究。

在林存陽所著《三禮館：清代學術與政治互動的鏈環》一書中，對《欽定大清通禮》《皇朝禮器圖式》《欽定滿洲祭神祭天典禮》三部禮制專書的修纂背景、修纂人員以及修纂過程等作了概述，並對上述三部禮書的政治文化功能進行了闡發。書中羅列了大量史料，有助於筆者按圖索驥，進一步了解清代官修禮書的修纂情況。① 但該書探討的主要議題是清廷於乾隆初年詔開三禮館的原因，《三禮義疏》的修纂進程、人事變遷，《三禮義疏》的學術取向與架構，以及三禮館開館的歷史意蘊等問題。前述《欽定大清通禮》等三部禮制專書僅是其附帶研究，並非該書研究主題，因此對於禮制專書與清廷政治文化建設的互動關係問題還有很大的研究空間，也是本書的努力方向。

劉澤華主編的《中國政治思想通史》（明清卷）在第十章②探討了清統治集團"以禮爲治"的政治思想取向。作者認爲，清廷這一抉擇一方面是對武力威懾的負面效應、以理學作爲統治思想的局限性，以及"滿漢一體"政策所遭遇的困境等反思的結果，另一方面則來源於漢族知識群體有感於家國之痛，或有志於重建政治秩序，因此關注"禮治"思想，這一思想潮流對清廷的政治文化抉擇產生了重要影響。書中詳細闡述了清廷"崇儒重道"和振興禮制的思想内容、以經學爲治法的政策選擇、清帝對"禮"的體認，以及清廷"禮治"思想的發展與制度化建構等問題。以上論述使筆者了解到清代前中期統治者對學術轉向的把握，以及由此做出"以經學爲治法"的政治文化抉擇，進而將禮治思想付諸制度化建構的歷史過程。

王記錄的《清代史館與清代政治》一書的前半部分對清代史館的建置沿革、發展階段作了系統考察，並分析了其背後的政治因素，之後對清代各史館之間的關係以及史館内部的機制和運作作了詳細探討。該書後半部分對清代史館與清代政治之間的關係、史學與政治之間的互動展開論述，還就史館修史對於清代學術文化發展所產生的影響作了探討。該書雖然未對清廷開館修纂禮書進行

---

① 林存陽：《三禮館：清代學術與政治互動的鏈環》，社會科學出版社 2008 年版，第 150 頁。

② 劉澤華主編：《中國政治思想通史》（明清卷），中國人民大學出版社 2014 年版，第 507 頁。

專門研究，但對於筆者了解清代史館(特別是"三禮"館、《大清通禮》館)的運行機制以及史館與政治、學術與政治之間的互動關係大有裨益。正如作者所言："史館修史與清廷政治鬥爭、帝王文治、民族問題、邊疆問題等關係密切。清廷利用政治權力設立史館，來控制官方史學，通過官方史學來配合政治決策，使歷史學在清代政治運作、文化發展、文治興盛中發揮了不可替代的作用。"①

(四)多學科視角下的儀式、政治與權力關係研究

大衛·科澤是美國著名人類學家、歷史學家，在儀式與象徵、政治與文化等研究領域頗有建樹，他通過跨學科的研究路徑，合理運用政治學、人類學、社會學和心理學等多學科的理論與方法，對儀式與權力之間的關係進行了深刻剖析，相關觀點集中體現在他所著《儀式、政治與權力》一書中。② 該書所使用的資料豐富、多元，研究視角獨特，人類學家向來對儀式在國家層面的政治作用關注不夠，該書則將政治儀式放置於政治生活的焦點位置，對政治權力、象徵、儀式三者的内涵、外延及其互動關係作了精闢闡述。作者認爲，象徵是政治權力的重要表達方式，儀式則是象徵方式的重要載體。該書可以說是一部人類學與政治學理論相結合的經典著作，書中所選用的案例雖然多發生於近現代歐美國家與社會，但書中闡述儀式對於政治權力建構的重要作用，爲筆者從共時性的微觀視角分析清代禮儀文本所載儀式展演過程提供了新思路。

王海洲所著《政治儀式：權力生產和再生產的政治文化分析》③一書，以政治儀式與權力生產和再生產的關係爲主綫，從政治學的研究視角對政治儀式產生的原因、基本動力、生存環境、内部結構等問題進行闡述，並對政治儀式的展演機制與變革、政治儀式對政治記憶的刻寫作了深入探討。需要指出的是，書中對政治儀式中的權力象徵符號、權力生產原則與過程，以及政治儀式對參與者身體與精神的規訓所作的闡述，對本書從微觀視角剖析清代宮廷禮儀展演與權力建構的過程啓發很大。此外，該書對當代東西方學界的政治儀式研究成果多有介紹，開拓了筆者的學術視野。

彭兆榮所著《人類學儀式的理論與實踐》④一書對儀式的定義、功能與特

① 王記録：《清代史館與清代政治》，人民出版社 2009 年版，第 7 頁。

② ［美］大衛·科澤：《儀式、政治與權力》，王海洲譯，江蘇人民出版社 2014 年版。

③ 王海洲：《政治儀式：權力生產和再生產的政治文化分析》，江蘇人民出版社 2016 年版。

④ 彭兆榮：《人類學儀式的理論與實踐》，民族出版社 2007 年版。

點，儀式與神話、宗教的關係，儀式在社會、族群中所發揮的作用，儀式表演進程中的象徵符號，以及儀式所藴含的歷史記憶及其叙事功能的闡述，使筆者對人類學儀式理論有了更爲深入的了解。該書對儀式的探討是基於人類學傳統的民族志研究方法，更多關注的是地方民俗儀式，而非宫廷禮儀，如何將本書有關儀式理論的闡述合理地應用於清代宫廷禮儀文本及禮儀實踐的解析之中，有待筆者進一步探索和嘗試。

廖小東所著《政治儀式與權力秩序——古代中國"國家祭祀"的政治分析》①一書從政治學研究視角對中國古代"國家祭祀"進行考察，通過梳理相關文獻資料，闡述了"國家祭祀"對於中國古代王朝權力秩序"超穩定"結構得以延續所起到的支撐作用。作者認爲，國家層面的政治儀式是建構和維繫政治秩序和權力合法性的基礎，該書對政治儀式與權力秩序二者關係的理論探討頗具啓發性。

總體而言，進入 21 世紀以來，學界對清代禮制史的研究較之 20 世紀有了突破性進展，研究視角更加多元，研究内容有所拓展，大型、高層次的科研項目也在不斷展開，成果頗豐。與此同時我們也要看到，相關研究普遍存在一些共同的問題與不足之處，例如，對清代官方禮儀文本還缺乏挖掘與整理，對禮儀實踐過程及其權力建構作用尚缺乏全方位的解讀與闡釋，諸如此類的問題爲本書進一步展開相關研究留下了空間。

四、本書特色與研究方法

(一)本書特色

本書特色大致可以歸結爲以下三點：

第一，就研究對象而言，一方面，當前學界對清代禮制典籍的整理和研究，偏重於從思想史和學術史視角進行禮學研究，對與政治史密切相關的官修禮書則缺乏關注。② 例如，《欽定大清通禮》就尚無點校本問世；另外兩部彰

①　廖小東：《政治儀式與權力秩序——古代中國"國家祭祀"的政治分析》，中國社會科學出版社 2014 年版。

②　參見林存陽：《清初三禮學》，社會科學文獻出版社 2002 年版；張壽安：《十八世紀禮學考證的思想活力》，北京大學出版社 2005 年版；王汎森：《權力的毛細管作用：清代的思想、學術與心態》，北京大學出版社 2015 年版；林存陽：《清代禮學研究散論》，《社會科學管理與評論》2003 年第 4 期；劉永青：《清代禮學研究的特點》，《齊魯學刊》2008 年第 3 期；蘇正道：《清代禮學研究的復盛和禮書編撰的興起》，《閩江學院學報》2015 年第 3 期。

顯清代少數民族特色的專門禮書《皇朝禮器圖式》《欽定滿洲祭神祭天典禮》的整理也不充分；《清史稿》的禮志、樂志、輿服志，《大清會典》、"清三通"的禮制部分，同樣有待發掘、整理和研究。筆者近年對《欽定大清通禮》進行了詳細的點校和注釋，爲本書展開進一步研究奠定了基礎。同時本書還注重將清代禮制專書與《清史稿》、《大清會典》、"清三通"作比較研究，以期對清代禮書有一個全面的整理和認識。另一方面，前人有關清代官修禮書的研究往往僅就文本談文本，並未顧及官修禮書在社會上的具體流傳、實踐情況及其所產生的社會影響等問題，有鑒於此，本書擬對清代官修禮書對地方社會官私禮儀著作的撰寫和禮儀實踐所產生的影響做一初步考察。

第二，在史料採擇方面，已有的研究成果主要以官修正史、典制體史書和禮制專書作爲主要參考資料，其優點在於它們都是清廷權力中心的一手資料，有助於系統梳理清代禮制的章程規定，但官修典籍的修纂必然受到統治者的控制和影響，在記錄相關禮儀流程、目的與效果時，不免有所粉飾、隱諱和篡改，導致相關史料的真實性成疑。因此，從周邊看"中國"的史料採擇理念就顯得尤爲重要，其中，邊疆諸藩部和外國使節所記錄的宮廷禮儀展演觀感就很值得注意，它們作爲輔助資料，有助於彌補官方史料之不足。與官方史料相比，這類史料對具體禮儀場景以及參與者觀感的記載要更加細緻、鮮活。例如朝鮮和越南來華使節所撰寫的燕行文獻，以及乾隆朝馬嘎爾尼使團成員的來華見聞記錄等，對北京和熱河觀見乾隆帝、參加宮廷宴會以及萬壽節慶典等宮廷禮儀活動，都有相關記載和評論，具有很高的史料價值。對相關資料進行解讀，有助於從外國使節的視角進一步了解清代宮廷禮儀展演的真實面貌。

第三，在研究方法上，以往學者多是單純就官私禮學著作和禮制典籍做考證、校勘研究，抑或是進行禮學思想和倫理道德層面的闡發，往往忽略了官方禮制與政權建構之間的密切關聯。事實上，儒家思想正是通過向統治階層提供一整套"禮治"學說和實踐手段，並協助統治者實現强化政權合法性以及社會教化的目標，以此來換取自漢代以來儒學獨尊的正統地位，可以説禮制史的發展變遷與統治者的權力建構始終有着千絲萬縷的聯繫。因此筆者認爲，單純的學術史和思想史研究難以全面評估官修禮書的價值與影響，應該將關注點聚焦於統治者利用禮書製作與禮儀實踐進行權力建構的過程，這就需要對禮儀展演内容作共時性的微觀闡釋。具體言之，傳統的研究方法以對禮書修纂過程和内容進行考據註疏、名物訓詁爲主，考察重點局限於文本語言的表層叙事，對禮書所載的儀式過程叙事、器物叙事以及空間與時間叙事等儀式象徵元素則缺乏分析，因此無法深入探究其背後的權力建構問題。本書嘗試將文化人類學的儀式理論與傳統歷史學研究方法相結合，通過對清代官修禮書所載禮儀展演過程中的器物、服飾、時間節點、空間場景、儀式行爲等象徵元素進行解讀，來探究其背後的權力話語叙事。

(二)研究方法

本書分章節根據不同的研究主題，分別採用了考據法、比較法、統計法、個案研究、圖文結合闡釋等研究方法。具體言之：

第一，鑒於清代禮制專書與《大清會典》等典制體史書在内容上的互補關係，本書將對二者篇章結構的異同作横向比較研究，同時也將清代與前代禮制專書進行縱向比較研究，以彰顯其時代特色。

第二，由於官修禮書本身就是由一個個禮儀事件組成的，因此本書着重採取個案研究方法，對禮儀文本中的儀式展演過程及其所藴含的象徵符號進行剖析，闡明其背後的權力建構過程，進而探究清統治者進行禮書製作和禮儀實踐的政治訴求。

第三，研究諸如《皇朝禮器圖式》《大清會典圖》這樣的禮圖典籍，要求本書在行文上必須採取圖文並茂的形式，這也是本書試圖進行多元闡述的一個嘗試。

第四，本書還運用統計方法，通過收集和整理數據，製作圖表，對禮書内容分門別類，進行更爲直觀的分析和研究。

第一章　清代官修禮書修纂的
學術與政治背景

　　清代官修禮書的修纂集中於乾隆朝發起和完成，然而早自清初以來，諸多歷史推動力已爲乾隆朝大規模修纂禮書奠定了基礎，其中學術與政治發展趨向當屬最爲關鍵的兩個要素。對相關學術與政治背景進行考察，有助於我們全方位了解清代官修禮書修纂的緣由及其文化内涵。從學術發展脈絡看，明末清初禮教主義興起，以禮代理、以禮經世的學術思潮逐漸形成，這一學術潮流經由學者參與官方典籍的修纂，深刻影響了官修禮書修纂的學術取向。從政治角度看，自太祖關外肇基以迄乾隆“盛世”到來，在清統治者主動吸收漢文化和朝臣建言的推動之下，清廷陸續展開禮制條文的制定並付諸宮廷禮儀實踐，清統治者逐漸形成了經世致用的“禮治”思想，並轉化爲乾隆朝修纂禮制專書的核心理念，以下將對清代官修禮書修纂的學術與政治背景作一系統考察。

第一節　清代官修禮書修纂的學術背景

一、明末清初的禮學研究和禮教主義思潮的興起

　　明末清初以來，禮學研究和禮教主義思潮的復興是清代官修禮書修纂的重要學術背景。美國伊利諾伊大學周啓榮教授認爲，儒家的禮教主義發端於明代晚期，至清康乾時期，禮教主義占據了社會思想的統治地位，這一儒家思潮以長江下游地區的學者和士紳爲主力。有清一代，儒家學者極爲强調禮教綱常對於維護倫理道德、社會秩序以及統治政權正統性的重要性。①

---

① 　［美］周啓榮：《清代儒家禮教主義的興起——以倫理道德、儒學經典和宗族爲切入點的考察》，毛立坤譯，天津人民出版社2017年版，第1頁。

在宋代以前，科舉考試將"三禮"並列，爲士子必須研習的儒家經典。王安石變法後，朝廷廢除了科舉中的"儀禮"房，從此以後科舉考試不試《儀禮》。陸王心學興起後，講究"尊德性"，學者更加注重通過講學宣傳本體論和道德形而上學，禮學經典和禮制儀文則被視爲細枝末節，不受重視，以至於出現"《儀禮》罕習，幾以爲故紙堆而棄之"的局面。直至明末清初，雜糅了佛道思想的程朱理學與陸王心學受到批判，以漢學考證爲基礎，以經世爲目標的禮學研究得以復興，並在乾隆朝以後達到鼎盛。①

反對空疏理學，重視考證之學和經世致用之學，是清代學術發展的特點。禮學研究順着這股學術潮流得以復興，並於乾嘉時期臻於鼎盛。在這一學術背景下，清高宗下令修纂"三禮"註疏典籍和《欽定大清通禮》等禮制專書也就有了學術支撐。

二、學術取向由本體論轉向"經驗世界的秩序"

清初禮學研究和禮教主義的復興有着深刻的政治和社會背景。晚明政治變革和社會危機紛至沓來，尤其是官僚與士紳階層日益貪婪腐化，導致社會秩序紊亂，百姓生活痛苦不堪。官僚和士紳作爲儒家主流文化的代表和象徵，漸漸失去了廣大民衆的信任，儒家思想作爲社會主流價值觀的地位發生動搖。與此同時，白銀貨幣化、商品化以及隨之而來的城鎮化，導致不同社會階層和不同地域之間的流動性顯著增强，市民文化逐漸興起，自由思想開始抬頭，諸如此類的新變化使得傳統儒家思想權威受到猛烈衝擊。源出於陽明學派的明末學人試圖以道德説教闡述儒家先聖先哲以"禮"治世的微言大義，進而維護儒學的權威地位，但已經難以挽救時弊。而注重身體力行的傳統禮教，則只需遵守儒家綱常倫理，避免了無休止的論辯和隨之而來的思想混亂，因此以禮代理的學術取向在這一時期趁勢而起。

清初禮教主義興起的另一個原因是學人試圖以此保存漢文化和文化自尊心。明朝土崩瓦解，滿洲人入主中原，在國破家亡、社會道德淪喪的混亂形勢下，士紳階層興起一股文化本位主義思潮，並試圖通過考據辨僞來延續儒學倫理體系，研習傳統禮學就是其中一個重要的突破口。清代學人以禮樂文明來標榜漢文化的優越地位和自身的漢族身份，以此平衡滿洲人入關後的心理落差，同時他們也希望通過考證古禮來重新樹立儒學權威，傳承漢族傳統文化。明末清初之際，經過學者創造性地闡發，傳統禮教被抬升至儒家思想

① 劉永青：《清代禮學研究的特點》，《齊魯學刊》2008 年第 3 期。

核心的地位。①

臺灣學者張壽安教授認爲："禮學成爲 18 世紀以降儒學思想的主軸，最主要的原因就是它揭示了儒學思想的另一種型態：經驗界的秩序。……這種直指經驗世界之秩序安排的思想，因其兼具理念與形式，故在展開時，與理學産生必然之歧異。"②張氏認爲，清代儒家學者無論是研究禮學、理學還是公羊學等，關注點大多是制度問題，是經驗世界的原則與形式。明末清初大儒顧炎武曾言："禮者，本於人心之節文，以爲自治治人之具。"③他認爲，禮治不僅勝於空談心性，也勝於法治，"法制禁令，王者之所不廢，而非所以爲治也。其本在正人心、厚風俗而已"④。而正人心與厚風俗的方法正是道之以德、齊之以禮。啓蒙思想家黃宗羲也認爲："六經皆載道之書，而禮其節目也。"⑤清初顏李學派的集大成者李塨强調，研究"三禮"典籍不僅對於節性防淫極爲重要，也是研究《會典》《家禮》等書的必備參考：

> 三代大經大法，修己治人之事，舍是三書(《周禮》《儀禮》《禮記》)，無以考之，今世官政猶是，《六典》遺意，《會典》《家禮》，不出《儀禮》規模，而皆以《禮記》絡緯其中，可見此三書者，百世不可廢，而考研折衷，則學人事耳。後世喜空言而置實事，故於載言之書多樂道之。三禮記載事實，自宋明以來，駁議紛然，今謬者且指爲僞矣，是必禮法蕩然，一無可考，變人類爲禽獸而後快也，不亦可懼之甚歟！⑥

以上可見，李塨對於後世學人喜空談而輕實事，樂道"載言之書"的學術旨趣進行了抨擊，認爲宋明以後學人對"三禮"典籍真實性的懷疑，導致了"禮

① [美]周啓榮：《清代儒家禮教主義的興起——以倫理道德、儒學經典和宗族爲切入點的考察》，毛立坤譯，天津人民出版社 2017 年版，第 80 頁。

② 張壽安：《十八世紀禮學考證的思想活力——禮教論爭與禮秩重省·自序》，北京大學出版社 2005 年版，第 Ⅲ 頁。

③ 顧炎武：《亭林文集·儀禮鄭注句讀序》，見氏著《顧亭林詩文集》，中華書局 1959 年版，第 34 頁。

④ 顧炎武：《日知錄·法制》，見氏著《日知錄集釋》，嶽麓書社 1994 年版，第 294 頁。

⑤ 黃宗羲：《學禮質疑序》，見氏著《黃梨洲文集·序類》，中華書局 2009 年版，第 311 頁。

⑥ 李塨：《論學》卷一，中華書局 1985 年版，第 7 頁。

法蕩然”“變人類爲禽獸”的嚴重後果。

明末清初，顧炎武、黃宗羲、顔元、李塨等主張學術變革的學人，以傳統禮教爲載體，重新闡述儒家思想，以圖挽救時弊，這促使禮教主義復興成爲清前期社會的主導思想，違反倫理綱常的社會越軌行爲受到了嚴厲打壓。與此同時，爲繼續窮究上古禮教的本真内涵，清代學人開始投身於對儒家經典禮儀制度的考辨工作之中。乾隆年間的經學大師、四庫館纂修官戴震就認爲應該循典章制度以求聖人之道，正如其所言：“理義非他，存乎典章制度者也。”①

三、學者關注點由民間禮俗轉向國家禮制

早在明末清初，就有學者發聲，認爲古禮不僅對於民生日用和維護社會倫理道德而言不可或缺，更重要的是關係到國家治亂興亡。顔元倡導躬行禮教，認爲禮樂是“經世重典”，他曾言：“治平之道，莫先於禮。惟自牌頭教十家，保長教百家，鄉長教千家，舉行冠婚喪祭、朔望令節禮，天下可平也。”②他的弟子李塨進一步闡發前代統治者制禮作樂之功用，李塨認爲，行禮奏樂是一朝氣運昌盛的象徵：“予嘗以爲，漢唐以上，氣運盛於北，其篤生喆人以荷斯道之統者，堯、舜、禹、湯、文、武、周公、孔子，皆行禮奏樂，光華宇宙，立道垂範，以爲民極。”自古王道便是將禮樂文物“體諸身而措諸世”，如此方能“爲天地建實功，爲民物樹實業”。③

理學家孫奇逢則認爲，“禮”關乎天下治亂興衰，“世之治者無他，食以禮而已矣，色以禮而已矣。而禮之重於天下也，此何待言也？世之亂也亦無他，食不以禮而已矣，色不以禮而已矣”。④ 他還進一步闡述以禮爲治對於國家治理的重要性：

　　　　夫禮，先王所以承天之道，以治人之情，冗一分不得，貶一分不得。故曰：“親親之殺，尊賢之等，禮所生也。”又曰：“禮之實，節文斯二者是也。”禮之所興，與天地並，禮豈可苟焉而已哉？⑤

---

① 凌廷堪：《校禮堂文集》卷三十五《行狀》，王文錦點校，中華書局 2006 年版，第 312 頁。

② 鍾錂：《顔習齋先生言行録》卷下《學須第十三》，中華書局 1985 年版，第 41 頁。

③ 李塨：《恕谷後集》卷一《送黃宗夏南歸爲其尊翁六十壽序》，中華書局 1985 年版，第 1 頁。

④ 孫奇逢：《孫徵君日譜録存》卷九，清光緒十一年刻本。

⑤ 孫奇逢：《孫徵君日譜録存》卷二十，清光緒十一年刻本。

正是由於禮對於爲政者如此重要，上古三代聖王才能一以貫之地重視禮治，正所謂"禮者，天理之節文，所以美教化而定民志，故三王不異禮而治"①。

至康熙朝，學界對禮學的關注點從淳化民間禮俗轉向了國家禮制建設，從注重私家儀注性質的"家禮學"轉向了國家典制層面的"儀禮學"。康熙十八年（1679），清廷開明史館纂修《明史》，對這一轉向起到了重要推動作用，徵召入館的博學鴻儒中的代表人物之一萬斯同就是禮學專家，在史館修史期間，他與兄長萬斯備、黃虞稷、湯斌切磋禮學，將研究禮學之風傳至京師。② 而乾隆元年（1736）開始修纂官修禮書，則是這一禮學轉向在國家禮制建設層面的全面實踐。清代儀禮學興起，主張由"儀節度數"來闡明"禮意"以及"由器明道"的禮學取向，③ 反映了清代學者以"禮"治世的學術轉向，這在國家禮典如《欽定大清通禮》和《皇朝禮器圖式》等書中都有所體現，下章將對相關問題進行探討，此處不贅。

四、清廷修纂《三禮義疏》爲修纂官修禮書做好鋪墊

明代時《朱子家禮》盛行於民間，該書中摻雜了不少"佛老異言"以便於普及施行，清初學者像抨擊宋明理學中摻雜了佛道思想一樣，試圖剔除民間禮俗中的佛道成分，提出了以儒家正統禮學匡正民間禮俗的主張。相比於明代"緣俗而以先王之禮雜就之"的治學態度，清初學者認爲"禮有定制，不容輕議"，主張"以古禮正今俗"，④ 這也爲後世學者展開對先秦兩漢禮學經典的考證工作指明了方向，體現在國家禮制層面，就是《三禮義疏》和官修禮書的修纂。

乾隆元年（1736），三禮館於《大清通禮》館之前率先開館，三禮館館臣標榜漢唐漢學，注重名物訓詁，抨擊宋明以降空談義理之學，這也正是《三禮義疏》的修纂主旨。在《欽定大清通禮》書成之後，清廷又開四庫館，標榜漢學的學者如紀昀、戴震、錢大昕等是四庫館主力軍。處於二館開館時間段之間的《大清通禮》館，在人員配置上與上述二館多有重合，在修纂禮書的過程中，

---

① 孫奇逢：《孫徵君日譜錄存》卷十五，清光緒十一年刻本。

② 張壽安：《十八世紀禮學考證的思想活力——禮教論爭與禮秩重省》，北京大學出版社 2005 年版，第 26 頁。

③ 張壽安：《十八世紀禮學考證的思想活力——禮教論爭與禮秩重省》，北京大學出版社 2005 年版，第 49 頁。

④ 張壽安：《十八世紀禮學考證的思想活力——禮教論爭與禮秩重省》，北京大學出版社 2005 年版，第 23 頁。

其主題無疑深深打上了漢學家注重名物訓詁和上古國家禮制，或稱"以經典爲法式"的烙印。

　　有學者研究表明，清廷開三禮館的初衷僅僅是編纂一部有助於民生日用，爲官民法守的禮儀彙編，但在以方苞爲首的諸禮臣建議之下，轉爲編纂更趨學術化的三禮注解，並於乾隆十三年（1748）完成《三禮義疏》的修纂。注重漢唐考證註疏的學術取向更爲嚴謹，與康熙朝所遵循的宋明理學，即融合諸家之説的修書方式截然不同，① 這無疑爲乾隆朝修纂官修禮書在典章制度的收集、考證等方面奠定了扎實基礎。

　　綜上所述，受清初學界禮教主義和禮學思潮興起的影響，經由玥史館、三禮館等媒介與途徑，被徵召的學者作爲修纂人員將這一學術潮流引至清廷，甚至影響了統治者的文化決策，進而才有《三禮義疏》《欽定大清通禮》等禮學、禮制典籍的陸續問世。

第二節　清代官修禮書修纂的政治背景

　　自漢代始，儒家學説逐漸上升爲社會統治思想，先有漢武帝黜抑黃老、尊崇儒學，後有漢章帝促成白虎觀會議，撰寫儒學權威綱目《白虎通議》，自此強調天人感應、君權至上和等級秩序的儒家天人宇宙圖式逐漸形成，並轉化爲國家意識形態。此後歷代承襲，儒家思想大行其道，最終演變爲中國古代社會的普世價值標準。清朝集歷代之大成，推崇儒學，重視禮治，亦導源於此，這一崇儒重禮的文治取向早在關外時期就已初露端倪。

一、關外時期的禮儀實踐

　　《清史稿·禮志》載，清太祖努爾哈赤御極之初，便"焚香告天，建元天命"，舉行了簡單的祭天儀式。天命九年（1624），清太祖攻占遼陽，營建東京後，決定將其皇祖考、皇考及孝慈皇后陵寢移至東京，這一事件所涉及的禮制儀節，皆以中原王朝禮儀爲準。據《清文獻通考·王禮考》載，太祖先是派族弟鐸弼、王善、貝和齊前往赫圖阿拉拜謁祖陵及皇后陵，以太牢之禮祭祀之，然後以"黃轝"奉移"皇祖考、皇考、孝慈皇后梓宫"至東京，途中每日祭以太

---

　　①　張壽安：《十八世紀禮學考證的思想活力——禮教論爭與禮秩重省》，北京大學出版社 2005 年版，第 83 頁。

牢，抵達京郊時，太祖率群臣出城二十里外跪迎，安葬之時"設太牢，焚楮幣"。太祖奠酒行禮，畢恭畢敬，並有祝文。① 從這一遷移陵寢事件過程中的跪拜儀式以及禮器和祭品陳設等禮儀內容可以看出，早在關外肇基之初，清統治者已經在初步踐行中原王朝禮儀制度。

天聰年間，又分設圜丘與方澤二壇，實行南北郊之祭，祭祀牲牢的少數民族遺風漸褪，更多地採納了中原王朝禮儀。《清史稿·禮志》對相關內容有詳細記載：

> 天聰十年，設圜丘德盛門外，方澤內治門外，壇壝始備。會征服察哈爾，獲元玉璽，躬親告祭，遂祀天南郊。舊制，祭饗用生牢，頒百官胙肉。帝曰："以天胙而享於家，是褻也。"諭改神前分享用熟薦。尋征朝鮮，祭告天地，並祀北郊。②

以上可見，自清太祖努爾哈赤登極建元時，滿洲統治者已經開始注意朝儀問題，至太宗皇帝進一步開疆拓土，改元定號，清廷的郊廟祭祀禮儀進一步得到發展完善，鹵簿、冠服等朝儀也劃分了等級，只是相關禮制建設尚處草創階段。正如《清文獻通考·王禮考》所言："我國家肇基東土，太祖登極建元，首創朝儀。太宗式辟疆宇，改元定號，郊壇廟朝之典以次修舉，鹵簿冠服秩然有等，開國規模洵稱宏遠矣。"③

關外時期對中原王朝禮儀的引用，也促使滿洲統治者逐漸萌生修纂禮制專書，傳之後世，以爲法守的意識。《欽定八旗通志》載："暨我太祖高皇帝、太宗文皇帝受天明命，聖聖相承，修舉典章，益爲明備，郊社宗廟之儀，誥敕封之典，載內三院之簡牘者，班班可考。"④可見關外時期，清統治者不僅通過禮儀實踐來彰顯皇家威嚴，而且內三院還將相關禮儀條文登記在冊，創製了最早的宮廷禮儀文本。

---

① 《欽定皇朝文獻通考》卷一百五十《王禮考》，《景印文淵閣四庫全書》第635冊，臺灣"商務印書館"1983年版，第284頁。

② 趙爾巽等：《清史稿》卷八十三，中華書局1977年版，第2503頁。

③ 《欽定皇朝文獻通考》卷一百二十五《王禮考》，《景印文淵閣四庫全書》第634冊，臺灣"商務印書館"1983年版，第727頁。

④ 《欽定八旗通志(二)》卷七十八《典禮志》，《景印文淵閣四庫全書》第665冊，臺灣"商務印書館"1983年版，第492頁。

二、入關之初以“禮”奠基

清入關前已對漢文化逐漸認同，並依明制進行了政治、經濟、文化等方面的改革。入關後，統一戰爭繼續進行，朝代更迭導致社會經濟殘破，人口散失，士民思想混亂。面對百廢待興的社會狀況，清統治者清醒地認識到，進行軍事一統與恢復經濟發展固然重要，但爲長遠計，收拾人心和統一社會思想顯然對於穩固清政權與社會長治久具有更爲深遠的意義。因此，清統治者定鼎北京伊始，便把“崇儒重道，稽古右文”定爲一項基本國策，繼續推行皇太極的“滿漢一體”政策，爭取漢人認同初立的清政權，其中，全盤吸收和利用中原王朝傳統禮制便是重要的文化舉措之一。

早在順治元年（1644）六月，即清統治者定鼎北京僅一個多月後，攝政王多爾袞便採取行動，派遣大學士馮銓祭祀明太祖以及明朝諸帝，並將明太祖神牌請進“歷代帝王廟”，由清廷進行祭拜，① 以替明朝臣民報君父之仇的名義入主中原，以此表明清政權接續明朝治統的合法性。

此外，多爾袞深知孔子在漢人心目中的崇高地位，以及儒學對於整合社會思想文化的重要性，因此下令對各地“聖賢祠廟”進行保護，“禁軍民侵擾”，對至聖先師孔子更是尊崇備至。順治元年（1644）六月十六日，即入關僅五十餘天後，多爾袞“遣官祭先師孔子”，② 以此爲開端，終清一代，祭孔典禮綿延不黜。清廷對孔子後裔亦是優禮有加，十月，允准“孔子六十五代孫孔允植仍襲封衍聖公”，照前明級別仍兼太子太傅，其子孔興燮“照例加二品冠服”，其弟孔允鈺、顏回後裔顏紹緒、曾子後裔曾聞達、孟子後裔孟聞璽仍襲五經博士。③ 順治二年（1645）正月，衍聖公孔允植進京朝賀皇帝萬壽節，清廷正式“鑄給衍聖公印”。幾天之後，經多爾袞同意，清廷更換孔子神牌，廢止明朝爲孔子所加封號，更定孔子新封號爲“大成至聖文宣先師”，④ 使其搖身一變成爲清朝“先師”。六月，攝政王多爾袞親往先師孔子廟拜謁行禮，並賜師生“胥隸銀計二千二百餘兩”。⑤ 順治三年（1646）四月，又下令“修盛京先師孔子廟”。⑥ 六月，“禮科給事中袁懋功請敕儒臣取歷代禮制，斟酌損益，編成一

① 《清世祖實錄》卷五，順治元年六月癸未，中華書局 1985 年版，第 64~65 頁。
② 《清世祖實錄》卷五，順治元年六月壬申，中華書局 1985 年版，第 62 頁。
③ 《清世祖實錄》卷九，順治元年十月丙辰，中華書局 1985 年版，第 92~93 頁。
④ 《清世祖實錄》卷十三，順治二年正月丁未，中華書局 1985 年版，第 122 頁。
⑤ 《清世祖實錄》卷十七，順治二年六月己未，中華書局 1985 年版，第 150 頁。
⑥ 《清世祖實錄》卷二十五，順治三年四月甲辰，中華書局 1985 年版，第 217 頁。

書。頒行天下"①。此建議雖因時局所限，未能付諸實施，但仍可見初興的清政權繼承了歷代王朝"功成制禮，治定作樂"的儒家政治思想傳統。

多爾袞對孔子、儒家先哲及其後裔的優待，都意在表明清統治者對儒學道統的繼承，對漢文化的認同與尊崇，以此彰顯"滿漢一體"政策，消弭民族矛盾，最終目的在於使漢人尤其是士大夫精英階層承認清朝統治的合法性，擁護清政權。

秉承崇儒重道的文治理念，順治朝開始着手製作禮制之書，順治十三年（1656）正月，清世祖鑒於曾子"備述孔子之言"，撰成《孝經》，認爲其書"上自天子，下逮庶人，至孝之道，罔不備焉"，下令組織人員"博採群書，加以論斷，勒成一書，名曰《孝經衍義》"，使士庶百姓"觀感效法，以稱朕孝治天下之意"，② 將"孝道"向全社會普及。順治十四年（1657）八月，禮部開列經筵儀注，包括開講前皇帝親往弘德殿致祭先師孔子之禮以及經筵日講過程中的具體儀節流程，③ 至此尊孔崇儒之禮初備。這一時期清廷制禮作樂尚處草創階段，但已爲後世崇儒重禮的文治取向奠定了基調，正如《清文獻通考》所言："世祖一統中外，制禮作樂，參酌古今之宜而因革之，省前代之煩文，布聖朝之新憲，巍乎煥乎，儀文大備。"④

入關後，從多爾袞攝政到清世祖親政，由於統一戰爭尚未結束，統治根基未穩，因此文治方針未能廣泛推行，但尊孔崇儒的相關舉措已初見成效，清政權得到了孔子後裔以及漢族士大夫的認同與支持，一定程度上消解了滿漢隔閡。這不僅爲此後康、雍、乾三帝學養提升和爲政思想指明了方向，爲清廷重視禮制建設，以"禮"治世開創了先河，也爲此後修纂禮制專書做了必要鋪墊。

三、康雍二帝重"禮治"以正人心

順治朝在以武力平定天下的戰爭期間，即已確立了儒學教化爲先的文治方略，並率先在北方實施。至康熙朝前期，全國趨於一統，政局穩定，清聖祖本人的儒學造詣也日益純熟，清廷的文化政策實踐遂提上日程，其中尤其重視儒

---

① 《清世祖實錄》卷二十六，順治三年六月庚寅，中華書局 1985 年版，第 224 頁。

② 《清世祖實錄》卷九十七，順治十三年正月癸未，中華書局 1985 年版，第 755~756 頁。

③ 《清世祖實錄》卷一百一十一，順治十四年八月壬辰，中華書局 1985 年版，第 870~871 頁。

④ 《欽定皇朝文獻通考》卷一百二十五《王禮考》，《景印文淵閣四庫全書》第 634 冊，臺灣"商務印書館"1983 年版，第 727 頁。

家傳統文化的核心——禮樂制度。在中國古代社會，禮儀樂章歷來是經國理政之大法、揖讓周旋之節文，從中央到地方，統治者需要一整套禮儀準則來規訓官僚隊伍，建立正常的國家秩序。更爲重要的是，源遠流長的禮文化早已滲透到中國百姓的日常生活中，諸如忠孝、仁義、禮讓等倫理道德觀念，已成爲人們日常生活的行爲準則。清統治者顯然認識到了傳統禮制的深刻内涵與功用，因此倡言"禮治"、行"德政"，以此保證社會安定有序。

自康熙朝始，清帝自身對儒學和禮教的認識日益加深，這對於君主專制制度已達頂峰的清王朝而言，是推動國家禮制建設的主要因素。清聖祖自幼讀書，十六歲便開始系統學習儒學課程，而至遲從雍正朝開始，諸皇子、皇孫們已經按規定在上書房學習，接受系統的儒學教育，且制度嚴格，周期頗長。①皇帝登基後又通過經筵、日講等途徑進一步研習儒學，學養愈益提升，對禮樂文明也萌生了自己的理論見解。例如，清聖祖在《御製文集》中撰有一段《禮樂論》，展現了他對禮樂關係及其價值的認識和理解，現徵引如下：

> 禮樂何始乎？始於天地，而通於陰陽。何者？天位乎上，地位乎下，萬物中處，尊卑燦列，而禮以行，二氣絪緼合同而化，而禮以興。禮者主於一定，其道屬陰，樂者主於流通，其道屬陽，故漢儒謂陽倡始，是以樂言作，陰制度於陽，是以禮言制，此禮與樂之所由分也。然二者不可偏勝，禮勝則過峻而違人情，樂勝則和而無節，日流蕩而忘返。猶之陽勝則元，陰勝則溢也……朱熹曰："嚴而泰，和而節。"夫嚴者禮，和者樂，而所謂泰與節者，非禮之中有樂，樂之中有禮歟？然此特言其禮樂之理爾，若夫治定功成，制禮作樂，以漸摩天下，則必上之人履中蹈和，秉至德以爲之基，而後可協天地之極，此朕之所以欲然而不敢足也。②

清聖祖認爲，禮樂由天地之間陰陽二氣和合而成，禮之嚴與樂之和相互補充，即可制人之情，使之無過無不及。他還認識到，身爲一國之君，不能僅僅停留在闡發禮樂義理層面，而應該着手制禮作樂，以"禮"治世，德澤天下。

---

① 清仁宗的兄弟永璘在宗學中學習了二十餘年，清宣宗自述在書齋中度過三十餘年，清文宗則一直學到登基爲止。有關清聖祖接受啓蒙教育以及清代皇子、皇孫在宗學中的讀書情況，參見［美］羅友枝：《清代宮廷社會史》，周衛平譯，中國人民大學出版社 2009 年版，第 136~137 頁。

② 清聖祖：《聖祖仁皇帝御製文集（一）》卷十八《禮樂論》，《景印文淵閣四庫全書》第 1298 册，臺灣"商務印書館"1983 年版，第 177 頁。

聖祖還闡述讀《周禮》之法，主張對"禮"進行損益權變，如此方可得"禮"之精意，原文如下：

> 《周禮》一書，先儒信者半，疑者半……朕謂二説皆儒者讀書考究之言，未可偏廢。若夫帝王法古致治，總在師其意而不泥其跡。孔子曰："殷因於夏禮，所損益可知也。周因於殷禮，所損益可知也。"夫損益者，因時制宜之謂……朱熹曰："《周禮》是聖人姑爲一代之法爾，到可用處，聖人須別有權變之道。"誠哉斯言！夫泥其説而用之，王莽、王安石遂致流毒天下，若師其忠厚之意以措諸紀綱法制之中，則何遂不可比隆成周？朕故以孔子及程朱之言爲讀《周禮》法。①

聖祖引孔子、朱熹之言以爲證，主張不必拘泥於禮書的真僞考證，重要的是對先儒論辯内容斟酌損益，師法禮之精意。只有因時制宜，將禮之精意轉化爲"紀綱法制"，才能真正做到"法古致治"、以"禮"治世，最終達到正人心、化陋習的目的。

此外，清廷還彙集了聖祖皇帝歷年經筵日講中與禮制相關的内容，纂成《日講禮記解義》一書，雖然該書主要内容由大臣所陳述，但闡發演繹卻源自聖祖皇帝，即所謂"敷陳雖出群工，闡繹悉遵聖訓"②。可見清統治者不僅將禮制儀文作爲政治和社會統治工具，並且進行了深入的理論研究和總結。在《日講禮記解義》一書的序言中，聖祖對"三禮"中的另外兩部經典《儀禮》和《禮記》同樣推崇備至，他闡發道：

> 朕聞六經之道同歸，而禮樂之用爲急。孔子曰："安上治民，莫善乎禮。"又曰："上好禮則民莫敢不敬。"誠以禮者範身之具而興行起化之原也……嘗暇觀三代禹、湯、文、武惇叙彝典，以倡導天下。而其時之諸侯秉禮以守其國，大夫、士遵禮以保其家，下至工賈、庶人畏法循紀以世其業。嗚呼！何風之隆哉！朕企慕至治，深惟天下歸仁，原於復禮，故法宮之中，日陳《禮經》，講習紬繹，蓋不敢斯須去也……聖所傳四十九篇，即所謂《禮記》者是已……朕孰之復之，靡間寒暑，積有講義，衰成全

---

① 清聖祖：《聖祖仁皇帝御製文集（一）》卷四十《讀〈周禮〉書後》，《景印文淵閣四庫全書》第 1298 册，臺灣"商務印書館" 1983 年版，第 705~706 頁。

② 趙爾巽等：《清史稿》卷八十二，中華書局 1977 年版，第 2483 頁。

部……務佩服其訓詞，而實體諸躬修。措之邦國，使百爾懷恭敬遜讓之誠，兆庶凜撙節防閑之則。德化翔洽，上媲隆古，庶乃愜朕敦崇禮教之意也夫！①

清聖祖這番見解，足見其對《儀禮》和《禮記》的推崇以及對儒學道統的服膺，也表達了他對"三代之治"上下皆遵禮法的傾慕，以及企盼通過"復禮"以使"天下歸仁"的"禮治"思想。他還將這一思想貫徹於政治實踐之中，於康熙九年（1670）上諭禮部時指出："至治之世，不專以法令爲務，而以教化爲先"，"蓋法令禁於一時，而教化維於可久。若徒恃法令，而教化不先，是舍本而務末也"。針對"風俗日敝，人心不古"的不良社會現象，他闡述了"禮治"與"法治"的關係，强調欲求國家長治久安，"禮治"勝於"法治"，只有百姓講求孝悌人倫、禮讓爲先，鄉黨宗族之間才能安居樂業，國家治理才能達到"至治之世"。而淳化風俗的具體辦法，在於"隆學校以端士習，黜異端以崇正學"。弘揚儒家倫理道德規範，以禮化俗，如此便可化解朝廷面對社會流弊"誅之則無知可憫，宥之則憲典難寬"的兩難抉擇。② 有鑒於此，聖祖將"崇儒重道，稽古右文"的治國理念具體化爲《聖諭十六條》，頒行全國，用以實踐儒家倫理綱常，化解社會流弊。顯然，這一思想是對清世祖以"禮"治世思想的繼承和發展。

再來看清世宗對聖祖"德治""禮治"思想的繼承和發展。雍正二年（1724），清世宗將《聖諭十六條》加以推演、闡釋，修成《聖諭廣訓》一書，他在書中闡發"明禮讓以厚風俗"時說：

蓋禮爲天地之經，萬物之序，其體至大，其用至廣……使徒習乎繁文縟節，而無實意以將之，則所謂禮者，適足以長其浮僞，滋其文飾矣……誠能和以處衆，卑以自牧，在家庭而父子兄弟底於肅雍，在鄉黨而長幼老弱歸於親睦……一人倡之，衆人從之，一家行之，一里效之。由近以及於遠，由勉以至於安，漸仁摩義，俗厚風淳。③

---

① 清聖祖：《聖祖仁皇帝御製文集（一）》卷三十一《日講禮記解義·序》，《景印文淵閣四庫全書》第 1298 册，臺灣"商務印書館"1983 年版，第 634 頁。

② 《清聖祖實録》卷三十四，康熙九年十月癸巳，中華書局 1985 年版，第 461 頁。

③ 清聖祖頒諭，清世宗繹釋：《聖諭廣訓》"明禮讓以厚風俗"條，《景印文淵閣四庫全書》第 717 册，臺灣"商務印書館"1983 年版，第 602 頁。

　　與其父理念相同，清世宗認爲，禮儀制度重在突出禮之"實意"，而非外在形式上的繁文縟節，如此方能有助於以"禮"治世。他强調要以仁義、禮讓來化民成俗，保證社會安定和諧，這樣的"禮"才是應當予以提倡的。可見，康雍二帝雖然在治世風格上一寬一嚴，迥然不同，但在"禮治"思想上卻是一脈相承的。

　　清世宗力主將《聖諭廣訓》推廣至民間，進行普及宣講，着令"頒發直省督、撫、學臣，轉行該地方文武教職衙門，曉諭軍民生童人等，通行講讀"①，"而於朔望日令有司合鄉約耆長宣讀，以警覺顓蒙"。並將該書定爲科舉考試内容，"布在學官，著於令甲，凡童子應試、初入學者，並令默寫無遺，乃爲合格"②。與其父相比，清世宗所推行的"禮治"更加制度化，也更具廣泛性。通過地方官府、官學與鄉約宣講等途徑，《聖諭廣訓》得以在民間廣泛普及，這對於黜異端、明禮讓，端正家庭、宗族與地方社會倫理綱常起到了至關重要的作用。

　　綜上所述，康雍兩朝接續順治朝崇儒重禮的文治理念，統治者以更高水準的儒學素養，進一步闡發"禮治"思想，並將以"禮"治世的爲政理念付諸實踐，將儒家倫理道德規範向全社會廣泛普及，以重建社會新秩序，進一步推動了全國思想文化的統一進程。

　　在此時代背景下，相關禮制儀文的編纂事宜也開始受到清統治者的重視。這一時期的禮儀典章主要記載於《大清會典》之中，正如《清文獻通考·王禮考》所言："聖祖、世宗加意典禮，次第修明，康熙中，命儒臣修《大清會典》，雍正中，復加增修，煌煌鉅典，小大率由。"③而更大規模的禮制專書修纂工程，則是在文治武功臻於全盛的乾隆朝完成的。

四、朝臣建言：修纂禮書的重要推動力

　　如上所述，清廷對中原禮樂文明的認識有一個從模糊逐漸走向理性的過程，關外時期由於連年征戰，清統治者並未對禮文化進行深入了解和吸收，但禮制建設已經開始草創。隨着入關後清統治者對漢文化的掌握日益純熟，以及

---

①　素爾訥等纂修，霍有明、郭海文校注：《欽定學政全書校注》，武漢大學出版社2009年版，第292頁。

②　《金毓黻手定本文溯閣四庫全書總目提要》(上)，新華書店北京發行所1999年版，第426頁。

③　《欽定皇朝文獻通考》卷一百二十五《王禮考》，《景印文淵閣四庫全書》第634册，臺灣"商務印書館"1983年版，第727頁。

對漢人委以重任，越來越多的儒臣建言陳説禮制建設的重要性，這促使清統治者對中原禮儀制度有了更爲深刻的認識。除了繼續關注禮儀制度所發揮的政治與社會規範功能外，清統治者還進一步認識到修纂禮制專書的必要性。

早在順治元年（1644），工科給事中朱鼎菁就曾上奏朝廷，陳述禮制建設的重要性，他認爲："禮儀爲朝廷之綱，而冠履侍從、揖讓進退其紀也。若上習便安，下樂盤辟，則錯亂無紀而禮儀之綱廢。"①順治三年（1646），世祖即"詔禮臣參酌往制，勒成禮書，爲民軌則"②。至康熙朝，熊賜履又重申"禮治"的重要性，認爲"禮者，聖王所以節性防淫，而維繫人心者也。臣觀今日風俗，奢侈淩越，不可殫述"。希望聖祖"躬行節儉，爲天下先。自王公以及士庶，凡宮室、車馬、衣服、僕從一切器用之屬，俱立定經制，限以成數，頒示天下，俾恪爲遵守，不許少有逾越"，如此才能"民俗醇而人心厚，幾於淳龐之治"。③

在這一推崇"禮治"的輿論導向之下，一些朝臣更爲明確地呼籲朝廷重視禮制建設和禮書的修纂與刊布。康熙年間，時任貴州道監察御史的理學名臣魏向樞就在《請頒禮制之書等事疏》中倡言修纂、推廣禮書，以便加强社會教化。魏氏在上疏中講到，社會教化是朝廷首務，禮制建設更是重中之重，只有將禮制儀文彙編成書、頒行天下，朝廷之教化方可實現。對於康熙朝尚未頒布禮制之書的現狀，魏向樞感歎其"爲國家三十年來之缺事"。他接着談到，"禮"本有"辨上下、定民志"之大用，"如房屋、輿馬、衣服、器具、婚娶、死喪、祭葬、宴飲之類，各有禮制，各有禁約"。而地方普及禮儀工作卻是"有文告而無成書"，地方公職人員不作爲，導致一紙空文無人遵守，尊卑等差動輒紊亂：

> 止有告示一張，掛於署門，遵於一紙，報於上司，州縣之事畢矣，原非家喻户曉也。未幾而告示損壞，卷案殘缺，官員遷謫，父老凋謝，三十年中之禁約，後生子弟，誰能記憶爲何事？有厭常喜新而干禁者，亦有愚昧無知而犯法者。貴賤尊卑之等差，動輒紊亂。淫巧詐僞之行逕，日見萌生。即直省官員之衙署執事，猶有僭越，而況紳士軍民。房屋、輿馬、衣

---

①　《清世祖實錄》卷十，順治元年十月丙寅，中華書局1985年版，第99頁。

②　趙爾巽等：《清史稿》卷八十二，中華書局1977年版，第2483頁。

③　《清聖祖實錄》卷二十二，康熙元年六月甲戌，中華書局1985年版，第309~310頁。

服、器具之過分，婚娶、死喪、祭葬、宴飲之妄費，尚能家嫻禮制，人遵禁約乎？此朝廷之教化，雖行於天下，而未嘗實行於天下也。何也？有文告而無成書故也。①

有鑒於此，魏氏建議朝廷將歷代官私禮書和歷年禮制禁約彙成一書，於民間廣爲傳布，以化民成俗，整頓社會秩序，具體實施辦法如下：

　　臣請敕下禮部，詳查漢、唐、宋、元所頒禮書及《朱子家禮》，並故明初年《禮儀定式》《稽古定制》《禮制集要》《教民榜文》等書，何書簡要，略仿體裁，爲崇儉去奢、移風易俗之準。品官與士庶務辨等威，吉禮與凶禮各分門類，將歷年題定奉旨一切禮制禁約，集成一書。先呈睿鑒，鏤板頒行，並許坊間重刻廣布。俾通都大邑，無不見聞，窮鄉下里，盡知遵守。凡有故違者治以法，數年之間，道德一而風俗同。文告之繁，條議之多，俱可省矣。按《周禮·大司徒》以五禮防萬民之僞而教之中，孔子云："道之以德，齊之以禮，有恥且格。"此之謂也。方今纂修《會典》，屢奉嚴綸，則煌煌禮制，不先著之爲集，何以會之爲典乎？禮臣典禮而外，教化爲重。……如果臣言不謬，伏乞睿鑒施行。②

這裏將禮書等同於禁約，並且申明違者"治以法"，可見清廷在最初倡議修纂禮書時即有經世致用、以禮爲治之意。康熙二十三年（1684），這一奏疏得到禮部議復："俟《會典》成後，擇禮制之關官民者，另編簡明一書，頒刻民間。"③

康熙二十六年（1687），山西道監察御史陳紫芝上《請編輯禮書疏》，再次向朝廷申明修纂禮制專書的重要性，原文如下：

　　聖治已超千古，典禮尚闕專書，乞循歷朝故事，編輯禮書，以隆制作，以垂萬世。伏聞經世安民，莫大乎禮，歷代人君，每當功成治定，四

---

① 魏向樞撰，陳金陵點校：《寒松堂全集》卷三《請頒禮制之書等事疏》，中華書局1996年版，第80~81頁。

② 魏向樞撰，陳金陵點校：《寒松堂全集》卷三《請頒禮制之書等事疏》，中華書局1996年版，第80~81頁。

③ 《皇清奏議》卷二十二《請編輯禮書疏》，《續修四庫全書》第473冊，上海古籍出版社2002年版，第208頁。

海晏安之時，必命儒臣詳定典禮，專輯成書，於以綱紀四方，而昭垂萬世。如周有《周禮》《儀禮》，至今奉之爲經。是後，惟兩漢叔孫通、曹褒之禮不傳於世，他如唐之最備者《開元禮》、宋之最備者《政和五禮》、明之最備者《集禮》，其書皆流傳至今。條目卷帙，鑿鑿可據者也。我朝今日海宇蕩平，車書萬里，正當治定制禮、功成作樂之盛世，而恭值皇上千古制作之聖君。伏讀數番上諭，祀事必極誠敬，朝儀必期整肅，民用必歸節儉……至所行郊廟、宮朝之儀制，八旗、滿、漢人等服用之式與婚喪之禮，固本祖宗家法，節經酌定，見入《會典》，而特未有專輯之禮書。且我朝開局纂修，無書不備，獨此典禮大節尚少一書，傳之萬世，似爲闕事。雖《會典》總括六部，爲本朝法度之書，而未可爲禮書，如明時亦有《會典》，唐、宋有《六典》《會要》，而禮書皆在其外。即今日吏部有《品級考》，戶部有《賦役全書》，兵部有《中樞政考》，刑部有《大清律》，皆在《會典》之外。合而觀之，有《會典》，又不可無禮書也明矣。

陳紫芝認爲，歷代君王在定鼎之初便着手製作禮書，以彰盛世，雖然"我朝開局纂修，無書不備"，卻唯獨禮制專書遲遲未修。"本朝"《會典》雖載郊廟、宮廷儀制、滿漢服飾以及婚喪之禮，但畢竟是法度之書，而非專門禮書，這同前代《會典》《會要》與禮書分別修纂的傳統不符，因此朝廷理當組織修纂禮制專書。此外，針對此前魏向樞建言"請頒禮制之書"的內容，陳紫芝認爲魏氏僅"就曉諭民間而言"，局限於滿足社會需要，而如果站在"爲萬世垂示"的高度，則需要"彙集、通輯，方號全書"。可見與魏向樞僅將關注點放在民間禮俗教化方面相比，陳紫芝則將修纂一代禮制專書的意義提升至彰顯清朝建立大一統王朝的象徵性和合法性層面了，爲此他提出了修纂禮書的具體辦法：

就《會典》所載止見行禮制，大綱固已畢舉，細目未必悉張，非專輯而詳定之，何能一一無遺耶？……查唐、宋、明禮書，大同小異，皆分吉、凶、賓、軍、嘉五禮名色，而益以冠服、儀仗、鹵簿、樂歌等項。合無請於今八月間《會典》告成，進呈御覽之後，特選老成宿學熟於典故者，專修《皇清典禮》，仍仿歷朝體式，分類成編，以《會典》已定者爲主，有未定者增之，其已定而尚未詳明者，稍加修飾之。至民間則仿明書，參用文公《家禮》之意，撮其大綱，略爲釐定，務使貴賤咸守，小大皆由。既以制禮作樂，示一代之典章，亦以止僭防侈，正四方之風化，將本朝制度上與《周禮》《儀禮》並垂不朽，而非區區漢、唐、宋、明諸書可同日而語矣。①

　　陳紫芝認爲，《大清會典》所載禮制，雖然大綱畢舉，但細目未能“悉張”，只有接續前代傳統，修纂禮制專書，一代禮制方可完備無遺。他還希望清代禮書的修纂能夠超越前代禮書，與《周禮》《儀禮》相比倫。

　　以上魏、陳二氏倡議清廷修纂禮制專書的言論，内容愈發細緻，立意越來越高，但受到康雍兩朝國祚根基未穩的限制，禮書修纂未能真正提上日程。但不可否認，上述修纂禮書的思路和方法爲後世動議修書做了必要的理論準備。並且康雍兩朝借《大清會典》的初修和續修，對前代禮制儀文進行了初步整理和編纂，“加意典禮，次第修明”②，爲乾隆朝禮制專書的修纂做了資料收集與分類上的準備。

第三節　乾隆朝君臣動議修纂禮制專書

　　乾隆朝以降，經濟繁榮，社會安定，疆域一統，全盛之局形成，這爲接下來的禮制建設準備了必要的客觀條件。清高宗個人的儒學素養、文治取向以及儒臣不斷上書建言制禮作樂，則是乾隆朝崇尚“禮治”的主觀動因。經過順、康、雍三帝一以貫之地推崇儒學，崇尚“禮治”，至乾隆朝，崇儒重道、以“禮”治世的文治方略終於進入集大成式的理論總結階段，清廷將修纂禮制專書提上日程，以爲治世之用，並希望將其傳之後世，以資法守。

一、高宗皇帝崇尚“禮治”

　　清高宗在即位之前就深受儒家文化熏陶，崇尚“禮治”，認爲“治天下之道，當以正風俗、得民心、敦士行、復古禮爲先”③。登基後，他對禮制建設

---

① 《皇清奏議》卷二十二《請編輯禮書疏》，《續修四庫全書》第 473 冊，上海古籍出版社 2002 年版，第 208 頁。

② 《欽定皇朝文獻通考》卷一百二十五《王禮考》，《景印文淵閣四庫全書》第 634 冊，臺灣“商務印書館”1983 年版，第 727 頁。

③ 高宗御製，蔣溥等奉敕編：《御製樂善堂全集定本》卷五《唐總論》，《景印文淵閣四庫全書》第 1300 冊，臺灣“商務印書館”1983 年版，第 322~323 頁。

更爲重視，認爲"行典禮、觀會通、章志貞、教經世者，所宜重也"①。

高宗即位之初，曾對禮俗敗壞、奢靡攀比之風盛行等不良社會問題多次進行申飭，彰顯了革舊鼎新之意。例如，乾隆元年（1736）五月十七日，高宗就曾下詔訓斥"江南、浙江"侈靡之風，並敦促其"躬行節儉"，他提出：

> 厚生之道，在於務本而節用。節用之道，在於崇實而去華。朕聞晉豫民俗，多從儉樸，而戶有蓋藏，惟江蘇兩浙之地，俗尚侈靡，往往家無斗儲，而被服必極華鮮，飲食靡甘淡泊。……朕軫念黎元，期其富庶，已將歷年各項積欠，盡數蠲除。小民乘此手足寬然之時，正當各勤職業，尚樸去奢，以防匱乏。豈可習於侈靡，轉相仿效，日甚一日，積爲風俗之憂也。地方大吏及守令有臨民之責者，皆當力行化導，宣朕德音。縉紳之家，宜躬行節儉，以率先之。布帛可安，不必文綺也，粗糲可食，不必珍羞也，物力可惜，毋滋浪費，終身宜計，毋快目前。以儉素相先，以撙節相尚，必能漸還淳樸，改去積習，庶幾唐、魏之風焉。②

高宗認爲，朝廷盡數蠲免了江浙地區的歷年各項積欠，卻換來百姓奢靡之風漸起，因此希望地方大吏和守令將皇帝戒奢崇儉之"德音"向地方社會切實宣講，德化一方。

二、儒臣倡言修纂禮制專書

高宗此條上諭下發後不久，禮部侍郎甘汝來就撰寫《請酌定家禮頒發直省劄子》響應之。他認爲，淳化世風民俗的根本方法是大興"禮治"，上行下效，如此則民志可定。他奏請編定禮書，發至各省學宮，以"一民風""彰聖治"，這一建議對於高宗下令修纂禮制專書起到了至關重要的推動作用。在上疏中，甘汝來開篇即陳述"禮治"的重要性："竊惟禮者，天下之大本，而王道之大原也。《易》曰：'上天下澤，履；君子以辨上下，定民志。'《書》曰：'天秩有禮。'《禮經》曰：'修六禮以節民性。'"繼而追溯禮書修纂的歷史沿革。甘氏認爲，《儀禮》一書尚且能够"備載士大夫所行之禮"，使民衆仿效其"升降揖讓之文""服飾、車輿之度"，起到了定民志、民性的教化作用，然而自漢唐以後，

---

① 來保、李玉鳴等：《欽定大清通禮》卷首，《景印文淵閣四庫全書》第 655 冊，臺灣"商務印書館"1983 年版，第 1 頁。

② 《清高宗實錄》卷十九，乾隆元年五月庚戌，中華書局 1985 年版，第 469～470 頁。

雖然每代皆有禮制典章，但大多“詳於朝廟而略於閭里”。宋儒司馬光和明儒丘濬等所撰《家禮》雖然“簡易可法”，“然僅私家用之，即其鄉人有不能盡化者”。由於“教條不出於上”，禮制儀文未能“講明切究”，最終導致了禮制儀文不能廣泛於民間普及施行。

甘氏認爲，考之當代，朝廷修纂《大清會典》一書，“法《周禮》之六官，而儀文更備。綜百王之制度，而節目倍詳”。加之高宗“以亶聰之聖，探制作之源，臨御以來，因心作則，事事適合於禮”，可謂做到了“教條出於上”。但正如高宗申飭整頓江浙奢靡之風的上諭中所擔憂的那樣，“五方風氣異宜，其樸率者固多，而侈靡者正復不少”①。因此修纂和推廣禮制專書勢在必行。隨後甘氏闡述了具體修纂辦法，他認爲，前代禮書如《儀禮》《家禮》“儀節繁委，字句纖瑣，且時代異制，服用不盡相符”，因此不適合於當下施行。“本朝”《會典》《政治全書》雖然“開載詳明”，卻未涉及士庶禮儀，且卷帙浩繁，民間不易購藏，因此甘氏主張“掄選廷臣，檢集前代禮書，並本朝《會典》《政治全書》內，摘取彙集，編定一書。凡冠、婚、喪、祭一切儀制，斟酌損益，務期明白簡易，士民易於遵守”。書成之後，首先“進呈御鑒”“欽定佳名”，之後頒發直省府州縣學各一部，並由府州縣“轉行刊刻布散紳衿士庶人等，務令家喻戶曉，雖窮鄉僻壤，無不周知”，如此方可謂“教出於上”而“風俗成於下”，僭越侈靡之習可不禁而自消。對於違背禮制的行爲則給予嚴屬處罰，“嗣後倘有越禮犯分、豪侈無節者，即以違制律分別治罪。地方有司及教官等，不能宣導化誨，該上司查糺，交部議處”。依上述辦法，便可“化導有方而率循尤易，五方習俗，自蒸然丕變，奢者知儉，儉者知禮”。②

這些建議與下節將要提到的高宗下詔修纂《欽定大清通禮》所言內容基本相同，可見其爲乾隆朝官修禮書修纂章程的主要來源之一，也證明乾隆朝修纂禮制專書並非例行公事的“文化形象工程”，而是有以“禮”治世、化民成俗的務實政治訴求，以及將“禮治”思想流傳後世的長遠考慮。

三、禮制專書的修纂及其在清代的特殊地位

在上述康乾時期君臣對修纂禮書的醞釀、議論和準備之後，以乾隆元年

①   甘汝來：《甘莊恪公全集》卷七《請酌定家禮頒發直省札子》，《清代詩文集彙編》第 256 冊，上海古籍出版社 2010 年版，第 80~81 頁。
②   甘汝來：《甘莊恪公全集》卷七《請酌定家禮頒發直省札子》，《清代詩文集彙編》第 256 冊，上海古籍出版社 2010 年版，第 81~82 頁。

（1736）六月高宗下詔開三禮館，修纂《三禮義疏》爲開端，① 在此後的二十餘年間，清廷陸續修纂了多部官修禮書。

具體言之，乾隆元年（1736）六月十六日，高宗在即位伊始便下詔開三禮館，修纂《三禮義疏》，繼承其皇祖修纂諸經的政治文化取向。他在上諭中指出，前代對“三禮”典籍的修纂和傳承有所欠缺，應參考“註疏詮解，精研詳訂，發其義蘊，編輯成書”②。就在頒發修纂《三禮義疏》諭旨七天之後，高宗再下諭旨，宣布修纂禮制專書《欽定大清通禮》。以此爲開端，在此後二十餘年間，清廷又陸續修纂了多部禮書，除較爲重要的禮制專書《欽定滿洲祭神祭天典禮》《皇朝禮器圖式》之外，還包括《國朝宮史》《南巡盛典》《八旬萬壽盛典》等書。這些禮書內容各有側重，有的涉及宮廷禮儀，包括宮廷薩滿祭祀、節日慶典以及其他宮廷禮制條規等，有的記載皇帝出巡禮儀，以及禮器形式圖等。③ 可以説，清代禮書的修纂主要集中於乾隆朝發起並完成。如果説開三禮館修纂《三禮義疏》是從思想和學術層面復興傳統禮學的話，那麼，下詔修纂《欽定大清通禮》等禮制專書，則可以看作清統治者試圖從制度層面將禮制儀文制度化、官方化，以資“文治”之用。④

在乾隆朝所修禮書之中，最爲重要也最具特色的三部禮制專書，分別爲《欽定大清通禮》《皇朝禮器圖式》和《欽定滿洲祭神祭天典禮》。關於這三部禮制專書，《清史稿·禮志》有較爲詳細的介紹，原文如下：

> 至於專書之最著者，一曰《大清通禮》，乾隆中撰成，道光年增修。一曰《皇朝禮器圖式》，曰祭器，曰儀器，曰冠服，曰樂器，曰鹵簿，曰武備。一曰《滿洲祭神祭天典禮》，其始關外啟蓽，崇祭天神暨群祀祖禰，意示從儉，凡所紀錄，悉用國語國書。入關後有舉莫廢，逮高宗時，依據清文譯成四卷，祭期、祭品、儀注、祝辭，與夫口耳相傳，或小有異同者，並加釐訂，此國俗特殊之祀典也。⑤

① 乾隆元年六月十六日，高宗頒布上諭，敕令開館纂修《三禮義疏》，參見《清高宗實錄》卷二十一，乾隆元年六月己卯，中華書局1985年版，第501頁。
② 《清高宗實錄》卷二十一，乾隆元年六月己卯，中華書局1985年版，第501頁。
③ 永瑢等：《四庫全書總目》卷八十二《史部·政書類二》，中華書局1965年版，第706~709頁。
④ 此段論述參考了林存陽：《三禮館：清代學術與政治互動的鏈環》，社會科學文獻出版社2008年版，第150~169頁。
⑤ 趙爾巽等：《清史稿》卷八十二，中華書局1977年版，第2484頁。

《清文獻通考》對《欽定大清通禮》和《皇朝禮器圖式》也有好評：

> 我皇上敬天尊祖，頒朝治官之典，弗懈益虔，臨御之初，敕修《大清通禮》《大清會典》，宣布海內。至於《禮器》一書，復加釐定，按圖系説，固莫不美善，同歸敷錫罔暨矣。數十年來猶以舊儀沿襲，恐有未協訓行。爰經睿慮，務損益之得中，悉荷裁成，極推行之盡利。舉凡皇朝典禮，郁郁彬彬，理器該而經曲貫，邁哉尚已。臣等嘗考三代以下漢叔孫通之《朝儀》，其詳既不可盡考，若唐之《開元禮》、宋之《政和五禮新儀》、元之《典章》、明之《集禮》，又皆有文無實，煩冗而不適於用我朝。列聖相承，典章明備，以關雎麟趾之心，行《周官》周禮之法，宜古宜今，足爲億萬世遵守。①

以上可見，高宗即位伊始便着手實施大規模的文化建設，禮書修纂工程借此大興文治之機也系統展開，《欽定大清通禮》等官方禮典相繼成書，清代禮制建設迎來了最爲繁榮的一個時期。

回首中國古代禮制發展史，歷朝歷代統治者大多於開國之初即草創禮書，往往由於倉促修纂，造成所修禮書不切實用，徒爲裝飾帝王威嚴、粉飾太平的工具，這就導致後世禮儀實踐不得不上溯至上古"三禮"典籍，或是重新製作禮書，最終導致歷代王朝開國所修禮書難以行用長久。清代則有所不同，入關以後清廷並未倉促修纂新禮書，而是經過了順治、康熙、雍正整整三朝的文化經營與積累後，才開始修纂第一部禮制專書。至乾隆朝，統治者和儒臣對"禮"的體認和朝廷修纂機構等方面的發展都已相當成熟，所修禮書在修纂品質和功用等方面得到了充分保障，這使得集中於乾隆朝修纂並完成的一批禮制專書在後世沿用不輟，除了續修、增補和校勘等補充完善工作外，清代禮書沒有像前代禮書那樣反復修纂變更，這也使得清代禮制建設得以前後相續，一以貫之。

綜上所述，經過清初諸帝前後相繼的崇儒學與重禮制，乾隆朝得以將前代和本朝帝王的"禮治"思想和禮儀實踐所積累的相關儀注彙編成書，將其制度化、官方化，以便禮儀文本能夠流傳後世，以爲資治之用。而廷臣紛紛建言修纂禮制之書，對於清廷突破僅僅將禮制建設作爲帝王功業點綴的狹隘觀點，將

---

① 《欽定皇朝文獻通考》卷一百二十五《王禮考》，《景印文淵閣四庫全書》第 634 册，臺灣"商務印書館" 1983 年版，第 727~728 頁。

目光轉向以"禮"治世的務實目標，起到了重要推動作用。

　　自關外時期太祖、太宗草創朝儀，至世祖入關，定鼎中原，對前代禮制因革損益，初修禮典，再到聖祖、世宗對"禮治"深入闡發，至乾隆朝清統治者順應時代與學術發展潮流，終於開始對前代禮制儀文進行系統整理，修成各類禮制專書。此時清統治者修纂禮書的目的已不再局限於彰顯帝王威嚴，而是更加看重其政治規範與社會教化作用。

第二章　清代官修禮書的修纂主旨、體例与修纂過程

　　正如本书第一章所述，清初諸帝和朝臣對禮儀制度所具有的政治和道德規範功能，已有較爲深刻的認識，並有所闡發，然而由於順治、康熙、雍正三朝政治、經濟改革尚在發展完善階段，導致禮制建設未能全面付諸實施。至乾隆朝，清王朝的發展進入全盛期，君主專制制度達到頂峰，統治者遂得以大興文治，前代君臣"稽古右文"、以"禮"治國的方略終於得以落實。其重要舉措之一，就是整理和編修文獻典籍。在此背景下，乾隆朝陸續修成了三部系統嚴整的禮制專書，即《欽定大清通禮》《皇朝禮器圖式》《欽定滿洲祭神祭天典禮》。當前學界關於清代國家禮制研究所參考的禮儀文本，以《大清會典》《大清會典事例》中的"禮部"部分，《清史稿》中的"禮志"部分等正史和典章制度體史書爲主，並輔之以《清實錄》、"清三通"等官方文獻中與禮制相關的内容，對直接反映清代禮制建設整體架構、内容和理念的專門禮書則缺乏關注。① 事實上，官修禮書作爲官方禮制建設的基礎和總綱，有關其修纂主題、體例、内容特色、實施效果，及其背後所蘊含的統治者的政治訴求等問題，具有重要研究

---

① 　有關清修禮典的相關研究，專著有：陳成國：《中國禮制史》（元明清卷），湖南教育出版社 2002 年版；楊志剛：《中國禮儀制度研究》，華東師範大學出版社 2000 年版；邱源媛：《清前期宮廷禮樂研究》，社會科學文獻出版社 2012 年版；劉澤華主編：《中國政治思想通史》（明清卷），中國人民大學出版社 2014 年版；林存陽：《三禮館：清代學術與政治互動的鏈環》，社會科學文獻出版社 2008 年版。論文有：張金平：《清代禮典與政典、律典的關係探討——〈以大清通禮〉爲視角》，吉林大學碩士學位論文，2014 年；劉芳：《從〈大清通禮〉看清代禮制》，湖北大學碩士學位論文，2011 年；吕麗、張金平：《〈大清通禮〉的法律地位》，《當代法學》2014 年第 4 期；郭淑雲：《滿洲祭神祭天典禮論析》，《社會科學輯刊》1992 年第 5 期；劉厚生、陳思玲：《〈欽定滿洲祭神祭天典禮〉評析》，《清史研究》1994 年第 2 期；殷悦：《淺談滿文本〈欽定滿洲祭神祭天典禮〉》，《滿語研究》2015 年第 2 期；劉潞：《一部規範清代社會成員行爲的圖譜——有關〈皇朝禮器圖式〉的幾個問題》，《故宮博物院院刊》2003 年第 2 期。

價值。本章將針對上述三部禮制專書的修纂緣由及其主旨、修纂體例、修纂過程等問題逐一進行考察。

第一節　清代官修禮書的性質與類別界定

《四庫全書》史部"政書類"是 18 世紀下半葉新創的書目分類體系，它包括"通制之屬""儀制之屬""邦計之屬""軍政之屬""法令之屬"和"考工之屬"六個子類。與官方禮儀制度有關的典籍主要收録於"通制之屬"和"儀制之屬"兩個子類之中。其中，"通制之屬"所收録的典章制度體史書中的"禮典"部分，是考察一代官方禮儀制度的重要内容，如《會典》、《會要》、"九通"等皆屬此類。"儀制之屬"則收録了歷代禮制專書，如《大唐開元禮》《政和五禮新儀》《明集禮》《大清通禮》等。除上述禮制專書外，"儀制之屬"還收録了記載官制的《漢官舊儀》，探討追諡準則及歷代建元情況的《諡法》《明臣諡考》《歷代建元考》，以特定禮儀爲主題的《紹熙州縣釋奠儀圖》《廟學典禮》《國朝宫史》《幸魯盛典》《萬壽盛典》《欽定南巡盛典》《廟制圖考》等書。

《四庫全書總目》對史部政書類解釋曰：

> 志藝文者，有故事一類，其間祖宗創法，奕葉慎守，是爲一朝之故事，後鑒前師，與時損益者，是爲前代之故事，史家著録，大抵前代事也。……橫牽家傳，循名誤列，義例殊乖。今總核遺文，惟以國政朝章，六官所職者，入於斯類，以符《周官》故府之遺，至儀注條格、舊皆別出，然均爲成憲，義可同歸。①

以上可見，政書類收録的典籍以記載"前朝故事"爲主題，即歷代正史中所載典章制度，剔除其中的雜蕪謬誤内容，並以本朝六官所職爲綱，獨立收集爲政書類，此即"通制之屬"中所列典志體史書。而對於"儀注條格"，也就是"儀制之屬"所列典籍，四庫館臣認爲，雖然它們"舊皆別出"，但"義可同歸"，遂將這些禮制專書同樣看作"國政朝章"。

那麼列於政書類"儀制之屬"條目下的《欽定大清通禮》《皇朝禮器圖式》和

---

①　永瑢等：《四庫全書總目》卷八十一《史部·政書類一》，中華書局 1965 年版，第 693 頁。

《欽定滿洲祭神祭天典禮》等禮制專書，與"通制之屬"條目下所列《會要》、《會典》、"九通"等典制體史書中的禮制部分又有何區別呢？美國學者司徒安認爲，典章制度體史書注重對禮制歷史沿革作歷時性的記載和介紹，而《欽定大清通禮》等禮制專書則有意剔除與禮制沿革相關內容的記載，將主要篇幅聚焦於儀式過程在微觀時間範疇內的具體演進，"通過在敘事中拼裝其他朝代的片段和碎片以推動 18 世紀真實生活裏的儀式實踐和表演，它恢復了禮的時間維度"。這正符合 18 世紀新創的"政書類"典籍"經史結合"的特點。①

與司徒安的觀點不同，金毓黻在其所著《中國史學史》一書中將歷代"典禮之書"分爲"經禮"和"曲禮"兩類。"經禮"屬典章制度體性質，"始於周之官禮，後世之《通典》《通考》《會典》《會要》，皆其流也"。《四庫全書》史部政書類通制之屬所收錄的典籍即屬此類。金氏認爲，在上古時代，"禮"本是治國之大經大法，故政典與禮典是融爲一體的，因此後世《通典》《會典》等多設禮制一門，此類典籍所載禮制雖名爲"經禮"，實際上是包括以職官爲綱目的禮書在内的政典。"曲禮"則是節文儀注之屬，其原型可上溯至《儀禮》，"後世之《集禮》《通禮》諸書，皆其流也"。金氏認爲，"曲禮"是專載禮制儀節的文本，《四庫全書》將其收錄於政書類下，混淆了古人成法，應將此類禮書另歸一類，仍稱儀注。② 以上可見，金氏認爲《欽定大清通禮》等禮制專書與政典的性質相去甚遠，不應劃歸此類，而應將其另歸一類，這樣可使歷代禮制沿革之因革損益更加明晰。

上述兩位學者的觀點可謂各有千秋，由於本書研究重點在於清代官修禮書的修纂及其背後的政治文化訴求，而不在禮制史之梳理與追溯，因此筆者更加傾向於司徒安對清代官修禮書性質的論斷，將其當作與典章制度體史書相輔而行的政典看待。

第二節　簡明通達：《欽定大清通禮》修纂概述

《欽定大清通禮》(以下簡稱《大清通禮》)是清代第一部，也是行用最久、最爲重要的一部官修禮制專書。該書於乾隆元年(1736)始修，歷時二十三年

---

① ［美］司徒安：《身體與筆——18 世紀中國作爲文本/表演的大祀》，李晉譯，北京大學出版社 2014 年版，第 98 頁。

② 金毓黻：《中國史學史》，上海古籍出版社 2013 年版，第 136~140 頁。

而成書。該書的修纂與刊布受到了高宗皇帝的重視和鼎力支持，秉承了清廷一貫的"稽古右文"政策和經世致用之風，也順應了明末清初以來反對空疏理學、提倡實學的學術潮流。

一、修纂緣由及主旨

就在清廷下詔開三禮館修纂《三禮義疏》數天之後，清高宗即於乾隆元年（1736）六月二十三日的一道上諭中宣布修纂《大清通禮》，原文如下：

> 朕聞三代聖王，緣人情以制禮，依人性而作儀，所以總一海內，整齊萬民，而防其淫侈，救其凋敝也。漢唐以後，廳備郊廟、朝廷之儀，具其名物，藏於有司，時出而用之，雖縉紳學士，皆未能通曉。至於閭閻車服、宮室、飲食、嫁娶、喪祭之紀，皆未嘗辨其等威，議其數度。是以爭為侈恣，而耗敗亦由之，將以化民成俗，其道無由。前代儒者，雖有《書儀》《家禮》等書，而儀節繁委，時異制殊，士大夫或可遵循，而難施於黎庶。本朝《會典》所載，卷帙繁重，民間亦未易購藏。應萃集歷代禮書，並本朝《會典》，將冠婚喪祭一切儀制，斟酌損益，彙成一書，務期明白簡易，俾士民易守。①

高宗在上諭中感嘆禮制儀文自漢唐初備以來，非但未能在社會上廣泛流傳，反而出現了人們越來越難以"辨其等威，議其數度"的狀況，更談不上以禮制、禮俗教化百姓了。像司馬光所著《司馬溫公〈書儀〉》、朱熹所著《朱文正公〈家書〉》這樣的私家著述所載禮制儀節又過於繁瑣，"時異制殊"，士大夫階層或仍可遵循，向下層普通民眾推行則困難重重。至於《大清會典》所載禮制儀文則過於卷帙浩繁，民間不易購藏，因此理應萃集歷代禮書，並結合《大清會典》，斟酌損益，修成一部明白簡易、便於百姓遵守的禮書。

我們稍加比對不難看出，這道上諭是在上章所提到的甘汝來《請酌定家禮頒發直省劄子》的基礎上撰寫而成的。從文中可總結出清廷修纂《大清通禮》的目的有二：一是鑒於禮制儀文傳承衰微，清廷試圖通過修纂《大清通禮》，傳承並系統地完善古禮；二是由於前朝禮書"儀節繁委"且已經過時，不便施行於清代社會，加之《大清會典》"卷帙繁重"，故需要修纂《大清通禮》這樣一部簡便易行的官修禮書，以資民生日用。

---

① 《清高宗實錄》卷二十一，乾隆元年六月丙戌，中華書局1985年版，第507頁。

綜上所述，清廷修纂《大清通禮》不僅是遵循儒家傳統文化，粉飾帝王權威和太平盛世的"形象工程"，更多考慮的是該禮書能否普及於社會，起到宣揚倫理道德、化民成俗的作用，這也是清初以來統治者一以貫之地推崇"禮治"及相關經世致用政策的延續。

二、修纂體例與史料來源

（一）修纂體例

關於《大清通禮》的修纂體例，在該書卷首《凡例》中有詳細介紹。《凡例》中首先說明《通禮》與《會典》是互爲表裏的關係，其修纂過程也是"隨同《會典》節次進呈，其間法古準今，咸秉聖明指示"。整體篇章結構則與前代禮制專書無異，以五禮（吉禮、嘉禮、軍禮、賓禮、凶禮）爲綱，"依序編纂，有條不紊，每篇首弁以數言括其大指，仍於目録下臚次諸儀之名，以便翻閱"。具體行文格式則仿照《大唐開元禮》，"每一儀中各就自然次序條分之，儀繁者於每節之後書右某事別之，儀簡者於全文之末合書之，期於節目分明，以昭其辨"。其餘撰寫細則如下：

> 各禮儀文相同者，於初見處備書之，其餘則書"如某儀"，或云"與某儀同"。分行小注者，曰"見某儀"，曰"後仿此"，比事類推，以省繁復。若夫大、中、小祀，禮既不同，則文不當省。又凡隔卷同儀，亦必於初見處備書之，不用省文。……《通禮》所重在行禮儀節，詳悉紀載，以便於遵循。至於輿服、器數，止載名物，若制度損益，已有專書專圖者，概不重述。《儀禮》十七篇，收於失散之後，故祭祀、昏喪止存士禮，《唐六典》則闕凶禮不載。然辨上下，定民志，綱紀四方，必自朝廷始。是書首紀朝廟大典，次及欽頒儀制，通行直省郡邑，各依類分附於後。①

由上述引文可見，《大清通禮》延續前代禮書修纂成例，依五禮之序劃分全書綱目，編排細則則仿照《儀禮》和《大唐開元禮》。該書最大的創新之處在於突出行禮儀節的重要性，有關輿服、器數等"止載名物"，並將歷代禮書皆載有的禮制沿革內容剔除，以求達到簡便易行的效果。該書"首紀朝廟大典，

---

① 　來保、李玉鳴等：《欽定大清通禮》卷首《凡例》，《景印文淵閣四庫全書》第 655 冊，臺灣"商務印書館" 1983 年版，第 7～8 頁。

次及欽頒儀制”，以宮廷禮儀而非士庶禮儀爲主要內容，可見清統治者修纂禮書的最終目的除了以儒家倫理道德教化百姓之外，更希望將帝王權力與威嚴傳之四海，以加强自身統治的合法性。

（二）史料來源

關於《大清通禮》的史料來源問題，學界尚未進行過專門探討。事實上，從史源學角度對《大清通禮》進行研究，考察其引用內容是否充分、可靠，進而評估其修纂品質的高低，具有重要學術價值，下文將對這一問題做初步考察。

1. 源自《大清會典》、歷代禮書和各部門文冊

乾隆元年（1736）六月二十三日，高宗敕令修纂《大清通禮》，上諭中講道：“應萃集歷代禮書，並本朝《會典》，將冠婚喪祭一切儀制，斟酌損益，彙成一書，務期明白簡易，俾士民易守。”①可見《大清會典》和歷代禮書是修纂《大清通禮》的主要史料來源。

《大清通禮》卷首《凡例》曰：

> 書中祭器、樂器、鹵簿、軍實之類，悉據禮部、兵部、太常寺、鑾儀衛文冊，參考經史，辨名、辨色、辨數、辨位，與《會典》吻合，以昭信守。②

可見清廷修纂該禮書涉及器物名數時，主要參考各部門所存文冊、檔案以及經史典籍，並與《會典》參考校訂之。

道光年間，學人黃本驥在論述喪禮中“爲父後者爲生祖母持服”之禮時講道：

> 爲父後者爲生祖母持服，禮無明文，惟喪服小記云：“爲慈母後者，爲庶母可也，爲祖庶母可也。”所謂祖庶母者，謂祖妾有子而子死，父命己妾之子爲之後，服齊衰三年，與慈母及後庶母者同也，非指父所生庶母而言。爲父所生庶母服齊衰不杖期，始於宋《開寶禮》，而《朱子家禮》亦

---

① 《清高宗實錄》卷二十一，乾隆元年六月丙戌，中華書局1985年版，第507頁。
② 來保、李玉鳴等：《欽定大清通禮》卷首《凡例》，《景印文淵閣四庫全書》第655冊，臺灣“商務印書館”1983年版，第7~8頁。

有庶子之子爲父之母服一條，即指此也。《明集禮》《明會典》皆無其文，至《大清會典》始復宋制，《大清通禮》因之。①

黄氏認爲，關於“爲父所生庶母服齊衰不杖期”這條喪服禮，始見於《開寶禮》，《朱子家禮》亦載此條，但是《明集禮》《明會典》皆失載，《大清會典》恢復了宋制，重新將其載入，《大清通禮》則因循《大清會典》，亦載之。可見《大清會典》是《大清通禮》“凶禮”條目內容的重要史料來源之一，亦可見清代禮制儀文並非完全因襲明代，《明集禮》與《明會典》有所缺失的內容，清代制禮時則參照前代禮制予以補充。

晚至宣統朝，清廷計劃重開禮學館，修纂新禮書，仍可見對《清會典》和《清通典》進行史料採擇的傳統：

> 乾隆禮未載堂子祭禮，至道光重修，始據《皇朝文獻通考》，爲元日謁拜、立杆致祭二篇，而於大內祭神之禮，尚未及詳。伏查《皇朝通典》，載坤寧宮朝夕祭外，每月朔祭神，翼日祭天，其制亦立杆於庭，而每歲十二月二十六日，恭請神位供於堂子，正月初二日，復恭請神位入宮，與元日謁拜、立杆致祭禮節相因，未可闕略，謹依《大清會典》，補載大內祭神於後。②

以上可見，道光朝續修《大清通禮》，據《皇朝文獻通考》增補堂子祭禮，僅撰成“元日謁拜、立杆致祭二篇”，不載“大內祭神之禮”，宣統朝開禮學館修纂新禮書，參考《清通典》《大清會典》，建議增加“大內祭神之禮”。可見直至清末，《清通典》《大清會典》仍是清廷修纂禮書的重要史料來源之一。

2. 源自清帝與臣工議禮內容

乾隆七年(1742)，高宗下詔敕議親蠶典禮，議者認爲“郊外道遠，且水源不通，無浴蠶所”。查考唐宋時期后妃行親蠶禮，多在宮苑之中，不在郊外，明朝亦改建西苑行親蠶典禮。於是高宗“鑒往制，允其議，命所司相度”，建祭壇於西苑東北隅。具體建制如下：

---

① 黄本驥：《三長物齋文略》卷四《書鄧湘皋學博臨川李公生祖母戴太夫人墓志後》，《清代詩文集彙編》第 532 册，上海古籍出版社 2010 年版，第 592~593 頁。

② 《宣統政紀》卷九，宣統元年閏二月甲申，中華書局 1987 年版，第 164~165 頁。

三面樹桑柘。壇東爲觀桑臺，前桑園，後親蠶門。其内親蠶殿，後浴蠶池，池北爲後殿。宮左爲蠶婦浴蠶河。南北木橋二，南橋東即先蠶神殿也。左曰蠶署，北橋東曰蠶所，皆符古制云。①

值得一提的是，親蠶典禮之議正值《大清通禮》修纂期間，因此相關禮制也載於該禮書之中。《大清通禮》卷三十一所載皇后親蠶躬桑之禮的易所正是西苑，其他如觀桑臺等祭祀建置和祭祀場所布局也與上述議禮内容吻合。

乾隆四十九年（1784），高宗翻閱《大清通禮》，對書中"歷代帝王位號"仍依照舊《會典》所載加以記録，未能貫徹聖祖皇帝增祀旨意頗爲不滿。他援引清聖祖上諭，並加以發揮，闡述了自己對於歷代帝王廟祭入廟標準的看法，原文如下：

朕因覽《四庫全書》内《大清通禮》一書所列廟祀，歷代帝王位號乃依舊《會典》所定，有所弗愜於心。敬憶皇祖《實録》，有敕議增祀之諭……爾時諸臣不能仰體聖懷，詳細討論，未免因陋就簡，我皇祖諭旨以凡帝王曾在位者，除無道被弑亡國之主，此外盡應入廟，即一二年者，亦應崇祀。……乃會議疏内，聲明偏安、亡弑，不入祀典，而仍入遼金二朝，不入東西晉、元魏、前後五代，未免意有偏向，視若仰承聖意，而實顯與聖諭相背。朕意若謂南北朝偏安，不入正統，則遼金得國，亦未奄有中原，何以一登一黜，適足啟後人之訾議。……東西晉、前後五代，數百年間，創守各主，祀典缺如，何以協千秋公論？他若元魏，雄據河北，地廣勢強，太武、道武，勤思政理，講學興農，亦可爲偏安英主。並當量入祀典，以示表章。……今帝王廟崇祀遼金而不入東西晉、前後五代，似此互相入主出奴，伊於何底。是皆議禮諸臣有懷偏見，明使後世臆説之徒，謂本朝於歷代帝王，未免區分南北，意存軒輊，甚失皇祖降諭之本意也。……夫自古帝王，統緒相傳，易代以後，饗祀廟庭，原以報功崇德，至於嚴篡竊之防，戒守成之主，或予或奪，要必衷於至當，而無所容心於其間，方協彰癉之義。所有歷代帝王廟祀典，著大學士九卿，更行悉心詳議具奏，並著於定議後交四庫館，恭録皇祖諭旨並朕此旨於《通禮》廟饗

---

① 趙爾巽等：《清史稿》卷八十二，中華書局 1977 年版，第 2519 頁。

卷首，以昭殷鑒歷朝，垂示萬年之至意。①

高宗認爲，《大清通禮》所列歷代帝王廟祭祀標準因循舊《會典》，禮臣制定禮制條文時仍按偏安與否進行黜陟，未能貫徹聖祖上諭本義，即"除無道被弑亡國之主，此外盡應入廟"。高宗認爲，東西晉、元魏、前後五代雖是偏安政權，但其統治者勤於理政，堪稱英主，應予崇祀。退一步講，若按偏安、亡弑之君不入祀典之標準，不入東西晉、元魏、前後五代君主，卻仍入遼金兩朝君主，對於作爲北方少數民族入主中原的清王朝而言，未免有偏向遼金之嫌，甚至造成後人訾議清廷"區分南北，意存軒輊"的誤會，這就完全誤解了清聖祖諭旨的本意。有鑒於此，高宗命廷臣對歷代帝王廟祭禮制進行詳議，之後交四庫館，將聖祖與高宗旨意恭錄於《大清通禮》廟饗之禮卷首。廷臣議復結果如下：

> 隨遵旨議，增祀晉元帝、明帝、成帝、康帝、穆帝、哀帝、簡文帝、宋文帝、孝武帝、明帝、齊武帝、陳文帝、宣帝、元魏道武帝、明元帝、太武帝、文成帝、獻文帝、孝文帝、宣武帝、孝明帝、唐明宗、周世宗共二十三帝，又另單議請增祀唐憲宗、金哀宗共二帝。奉諭旨，大學士九卿等會議增祀兩晉、元魏、前後五代各帝王一折，並聲請唐憲宗、金哀宗應否一體增祀等語，憲宗處唐中葉，各鎮節度憑陵跋扈，僭叛不臣，憲宗命將專征，削平淮西，厥功頗偉，在有唐一代中尚屬英主，其末年被弑，係禍變猝乘，與荒亂失德，召變致釁者不同。至金哀宗，處衰弱之時，國勢已不可問，推其致敗之由，實因海陵淫虐階屬，哀宗自縊殉國，與明之潛帝事同一例，自應一體增祀，餘俱著照所議行。②

以上可見，除增祀高宗所議二十三帝之外，廷臣經過商議討論，還建議增祀唐憲宗、金哀宗二帝，理由是唐憲宗在位時處於藩鎮割據時代，能夠派兵遣將削平淮西節度使，尚屬一代英主。金哀宗在位時國勢已衰，他作爲一國之君，最後以身殉國，亡國責任不全在他，故此二帝也應當入祀。從高宗翻閱

① 《清高宗實錄》卷一千二百一十，乾隆四十九年七月乙卯，中華書局 1986 年版，第 218~220 頁。

② 周家楣總裁，張之洞、繆荃孫總纂：光緒《順天府志》卷六《京師志六》，《中國地方志集成·北京府縣志輯 1》，上海書店出版社 2002 年版，第 93~94 頁。

《大清通禮》，提出增祀歷代帝王廟事宜，到廷臣就該禮制變更進行議論核定，最後終於將增祀人選及祭祀禮制儀文載入《大清通禮》，可見《大清通禮》修成後，清廷對該書仍有所增補，加入了帝王和廷臣議禮內容。

3. 源自學人著述

清代著名經學家江永自幼研習經書，其所撰《禮書綱目》一書，依《周禮》吉、凶、軍、賓、嘉之序進行編纂，"使三代禮儀之盛，大綱細目，井然可睹"。在清人江錦波所著《江慎修先生年譜》一書中，有這樣一條記載：

> 乾隆元年丙辰，（江永）五十六歲，館如前，是年撫院趙檄取《禮書綱目》。二年丁巳，五十七歲，館如前，朱世澤、董昌茂、詹依、江銳從學。是年三禮館檄取《禮書綱目》。三年戊午，五十八歲，館如前，是年朝廷開禮書館，十一月，禮部檄取《禮書綱目》。①

由以上史料可見，清廷開三禮館、禮書館修纂禮書，都曾徵用江永所撰《禮書綱目》作爲參考，可見該書體例及内容爲《三禮義疏》《大清通禮》等官修禮書的修纂體例和史料輸送作出了重要貢獻。

禮學名家胡培翬所撰《儀禮正義》在論及"女子子爲祖父母"服一條時，解釋"何以期也不敢降其祖也"，其言曰：

> 《通典》載崔凱《喪服》，駁云："代人或有出後大宗者，還爲其祖父母期，與女子子出適不降其祖同義，凱以爲女子出適人有歸宗之義，故上不降祖，下不降昆弟之爲父後者，今出後大宗，大宗尊之，統收族者也。故族人尊之百代不遷其父母報之期，所謂尊祖故敬宗也。"道光四年，上令諸臣會議《大清通禮》各條，時內閣主稿有中書湯儲璠者欲主其說，以問於培翬，培翬以書答之，其略云此說已見《通典》，崔凱曾駁之，謂女子出適人有歸宗之義，與孔倫說同，此已足見爲人後者不得以女子子例矣，然義猶不止此女。②

---

① 江錦波、汪世重編：《江慎修先生年譜》，載四川大學古籍整理研究所編：《儒藏·史部》第 87 册，四川大學出版社 2007 年版，第 670 頁。

② 胡培翬撰，段熙仲點校：《儀禮正義》（第二册）卷二十二《喪服二》，江蘇古籍出版社 1993 年版，第 1447 頁。

　　道光四年(1824)正值續修《大清通禮》之尾聲，由此條史料可見，文宗皇帝召集胡培翬等禮臣商議《大清通禮》各條内容之損益，可見當時朝廷對於續修《大清通禮》一事頗爲重視。而時任内閣主稿的湯儲璠，就喪服禮詢問於禮學名家胡培翬，這説明學術界的禮學名家對官修禮書的修纂有直接的影響和建言作用，由此推斷，《大清通禮》或從胡培翬《儀禮正義》中多有借鑒。

　　另有一例也可證實胡培翬與《大清通禮》的修纂有密切關聯，在胡氏所撰《與費耕亭論繼父服書》一文中，胡培翬與時任續纂《大清通禮》纂修官費庚吉(字耕亭)論辯喪服禮，其言曰：

　　　　承示謂父不當有繼名制禮者，不當爲繼父之服，擬欲於修書時削之(時耕亭與修《大清通禮》)，此其持論甚正。《通典》所載傅元、袁準之論，固已先足下而疑之者也。培翬尋繹禮文，竊以爲禮之繼父與世俗所云嫁母之夫迥殊。①

　　由以上引文可見，由於費庚吉當時承擔《大清通禮》續修工作，胡培翬與費庚吉的禮學探討，便涉及了修書時具體喪服禮制的增删問題，不難推斷，這種學術往來交流，使胡培翬等禮學家通過禮書纂修官這一媒介，影響到了官修禮書的修纂。

　　4. 源自官方和民間禮儀實踐

　　乾隆元年(1736)，清高宗頒發一道上諭曰：

　　　　諭總理事務王大臣、在京八旗文武各官，遇有親喪，例於持服百日之後，即入署辦事。原以旗員人少，若令離任守制，恐致誤公。而伊等在二十七月之内，仍各於私居持服，以自盡其心，惟是朝會、祭祀之期，或有執事，或有陪祀之處，仍俱一體行走，未加分別，俾盡孝思。嗣後在京旗員有親喪者，二十七月之内，凡遇朝會、祭祀之禮，應一概免其行走，現在禮部纂輯《禮書》，著將此旨交該館載入，一體遵行。②

---

　　①　胡培翬：《研六室文鈔》卷四，《清代詩文集彙編》第 538 册，上海古籍出版社 2010年版，第 57 頁。

　　②　《清高宗實録》卷四十三，乾隆二年五月丁巳，中華書局 1985 年版，第 768~769頁。

由此條史料可見，清廷考慮到旗員人少，在京八旗文武官員遇有親喪，如按禮制規定守三年之喪，會影響公務辦理，因此令其持服百日即入署辦事。但爲了使官員盡孝，仍允許其"私居持服，以自盡其心"。只是遇到朝會和祭祀典禮時要照常執事。而今高宗認爲，遇朝會、祭祀之禮，亦當免除處於服喪期間的官員參與，"俾盡孝思"，並敕令將這一禮儀規定載入正在修纂之中的《大清通禮》，"一體遵行"，可見《大清通禮》的部分史料來源於官方禮儀實踐所擬就的禮制條文。

乾隆十六年（1751），清廷奏准行頒朔之禮時，對相關違禮行爲作了懲處規定，具體内容如下：

　　請由欽天監豫日行文，至期，貝子、公以下至文武正貳各官，咸朝服齊集，依次跪領，恭俟宣制，行三跪九叩禮。如有無故不到者，糾儀御史於次日參奏，照無故不朝參律議處。至直省《時憲書》頒到之日，督撫亦應有接受之儀。舊典未備，請酌定儀注，纂入《會典》《通禮》，恭呈御覽，頒發遵行。①

此時《大清通禮》尚在修纂期間，清廷對頒朔之禮以及直省頒發《時憲書》之禮舉行時，參加者違背禮制的行爲作出懲處規定，並纂入禮書，這也是官方禮儀實踐内容纂入《大清通禮》的明證。

乾隆四年（1739）十二月，禮書館行走陶正靖上《考祀典正禮俗疏》，討論正在修纂之中的禮書中"正俗"一條的内容補充問題：

　　至禮書例内正俗一條，整齊教化，於是乎在最關緊要。竊見臣庶之家，往往簡於祭祀，而侈於婚喪，簡則力猶可爲而不爲，侈則力不足而强爲之，至稱貸破産而不顧，雖有知禮之人，迫於衆咻，不能自異。如婚禮之用，刻絲轎圍，費至二三十金，假借一時，炫觀道路，此京師、江浙所同也。浙江經前撫朱軾禁止，民以爲便，迄今未知尚遵行與否。又如山西，俗最儉樸，而喪禮雕刻紙旛，中人之家費以百計，豪家費以千計，此臣所聞之原任御史陳豫朋者，諸如此類，並應嚴禁。②

①　《欽定大清會典則例》（三）卷六十二《禮部》，《景印文淵閣四庫全書》第 622 册，臺灣"商務印書館" 1983 年版，第 95 頁。

②　賀長齡輯：《皇朝經世文編》（第 39 册）卷五十五《禮政二》，光緒二十九年癸卯石印本，第 52 頁。

　　陶正靖認爲，對於上述江浙、山西等地"簡於祭祀，侈於婚喪"的違禮陋俗，理當令行禁止，但各省習俗各異，行文查詢耗時太久，因此建議將調查範圍集中於萬方輻輳的京師。具體辦法是令京師各衙門傳知屬員，"凡本處習俗，悖理傷財之事，許據實開送到館，部臣、纂修官會同商酌"；對"一切傷化耗財等事，彙奏飭禁，載入禮書，犯者以違制論"。① 大學士鄂爾泰就這一上奏復議曰："臣等竊惟皇上特諭儒臣編輯禮書，務使群黎百姓易知易行，誠宜去奢從儉，大爲之防。以整齊而教化之，應如所奏，敕部通行辦理。"②這一上奏最後得到了高宗允准。可見，清代官修禮書修纂的内容一部分是針對當時社會上出現的違禮陋俗所制定的，以"禮"治世的修書意圖非常明確。

三、修纂機構、人事管理與修纂過程

　　清代史館制度形成於順康年間，完備於雍乾時期，較之前代更加完善，形成了系統的運行機制。史館由皇帝親自委派重臣擔任總裁或監修，總領修纂事務，並有一整套官僚體系内人員承擔具體修纂任務。清代史館的類型主要有：常開之館（國史館、起居注館、方略館等）、例開之館（實錄館、聖訓館、玉牒館等）、閲時而開之館（會典館、一統志館等）和特開之館（明史館、三通館、三禮館、四庫全書館等）。③

　　有關《大清通禮》的修纂機構，可以搜羅到如下史料記載。江錦波所著《江慎修先生年譜》載："（乾隆）三年戊午，五十八歲，館如前，是年朝廷開禮書館，十一月，禮部檄取《禮書綱目》。"④由此條史料可見，清廷於乾隆三年（1738）開禮書館，並調取江永所著《禮書綱目》作爲官修禮書之參考。乾隆三年（1738），監察御史陳豫朋奏稱"吏户兩部，檔案繁多，請開館纂輯成書"，是年八月，吏部議覆："禮部現開禮書館，一切更定條例，即在禮書館一體編輯，均毋庸開館。"⑤此條史料也顯示，清廷於乾隆三年（1738）開禮書館修纂禮書。清廷下詔修纂《大清通禮》在乾隆元年（1736），而禮書館開館在乾隆三

---

　　①　賀長齡輯：《皇朝經世文編》（第39册）卷五十五《禮政二》，光緒二十九年癸卯石印本，第52頁。

　　②　《清高宗實錄》卷一百零六，乾隆四年十二月丙戌，中華書局1985年版，第597～598頁。

　　③　王記録：《清代史館與清代政治》，人民出版社2009年版，第41～62頁。

　　④　江錦波、汪世重編撰：《江慎修先生年譜》，載四川大學古籍整理研究所編：《儒藏·史部》第87册，四川大學出版社2007年版，第670頁。

　　⑤　《清高宗實錄》卷七十五，乾隆三年八月丙申，中華書局1985年版，第188頁。

年(1738),可以推斷禮書正式修纂的起始時間應爲乾隆三年(1738)。清廷爲修《大清通禮》,專門開設禮書館,按上述史館分類,該禮書館應屬特開之館,是爲修纂《大清通禮》等禮書而專門設立,書成館閉,不再重開。

清代史館的修纂人員按分工不同可分爲四類:第一類是管理人員,監修總裁、總裁、副總裁和提調皆屬此類;第二類是修纂人員,總纂、纂修、協修皆屬此類;第三類是佐修人員,校對、翻譯、謄録皆屬此類;第四類是勤雜人員,收掌、供事等皆屬此類。①《大清通禮》的修纂人員大體依此分類構成,包括:總裁 4 人,提調 2 人,纂修 4 人,收掌 3 人,謄録 15 人。具體人員名單如表 2-1 所示。

表 2-1　《欽定大清通禮》參修人員名單②

職位	頭　銜	人　名
總裁	經筵講官太子太傅議政大臣武英殿大學士總管内務府大臣兼管兵部事務	來保
	太子太保文淵閣大學士兼工部尚書兼管禮部事務加一級	陳世倌
	經筵講官吏部尚書	王安國
	經筵講官禮部右侍郎鑲黄旗漢軍副都統三等子	嵩壽
提調	禮部儀制司員外郎加一級紀録十次	寧昶
	禮部祠祭司主事陞授户部廣西司員外郎加六級紀録四次	額爾登額
纂修	禮部精膳司郎中陞授湖廣道監察御史加二級紀録五次	李三鳴
	禮部儀制司郎中陞授山東監察御史紀録七次	朱玊烈
	禮部儀制司郎中前翰林院庶吉士紀録四次	鄭忬
	禮部精膳司主事加一級紀録三次	沈清任
收掌	禮部儀制司筆帖式加二級紀録三次	奇騰額
	禮部司務廳筆帖式加二級紀録三次	巨輅
	禮部祠祭司筆帖式加四級紀録二次	爰全

①　王記録:《清代史館與清代政治》,人民出版社 2009 年版,第 78~86 頁。
②　表格内容參見來保、李玉鳴等:《欽定大清通禮》卷首《纂輯〈欽定大清通禮〉大臣官員職名》,《景印文淵閣四庫全書》第 655 册,臺灣"商務印書館"1983 年版,第 5 頁。

续表

職位	頭 衔	人 名
謄録	禮部儒士	周和、魯遇恩、李殿英、徐聚井、宋騰飛、聶埈、王朝選、鍾道、王渭
	禮部供事	李國模、樊學湘、錢梓、劉紹陞、章廷瑞、朱鼎

在這份名單中，總裁官王安國是《大清通禮》的主要承辦者，王安國即王念孫之父，出身儒學世家，禮學造詣頗深，歷任翰林院編修、廣東肇高等處學政、左僉督御史、兵部尚書、禮部尚書、吏部尚書。他於乾隆十一年（1746）服闋後，入朝任禮部尚書一職，此時距離高宗下詔修纂《大清通禮》已過去十年。王安國此時還充任《大清會典》總裁官，因此"每進《會典》附以《通禮》，折衷今古，越十載告成"。此事《國朝先正事略》有更爲詳細的記載：

> 公（王安國）故湛深經術，嫻掌故，議禮必斟酌古今，折衷聖籍，期於正人心，明典制，以翊贊休明，雖達俗，侃侃弗顧也。五禮自朝廷達於鄉遂，士大夫莫能遍觀，詳考民間吉凶婚姻，各徇其俗。公長容臺，承詔修《大清通禮》，又奉命充《會典》總裁官，《會典》與《通禮》相表裏，公一手編集，所撰欲上擬《周官》，每《會典》進呈，附以《通禮》，悉奉聖裁改定，凡十年而告成。①

以上可見，王安國深諳經術掌故，議禮則能斟酌古今，遵五禮而不囿於今俗。王安國參酌《會典》，對《大清通禮》進行釐正，對於該書最終成書功不可沒。

在《大清通禮》修纂過程中，高宗皇帝對修纂情況非常重視。例如，他對於該書進呈御覽中屢次出現錯誤的現象，就曾予以嚴厲斥責，並對相關負責人給予處分：

---

① 李元度：《國朝先正事略》（上）卷十六《名臣》，易孟醇校點，嶽麓書社 2008 年版，第 518 頁。

禮部所修《禮書》，每次進呈，俱有錯誤。該部專司典禮，亏於職分內事，漢不經心，是何體制？著將該堂官交部察議。至任蘭枝，乃翰林出身，文章之事，是其所能，而亦一味推諉，過誤多端，著嚴察議奏。①

禮部所修《禮書》，漢文屢次錯誤，尚書任蘭枝不得辭其責，著交部察議。②

由上述史料可見，禮部負責開館修纂《大清通禮》，需逐次進呈高宗御覽，而高宗也未敷衍了事，經閱覽查出"每次進呈，俱有錯誤"，並追究了禮部尚書任蘭枝的責任，可見高宗對修纂《大清通禮》極为重視。

有關《大清通禮》的成書時間問題，據清代目錄學家、經學家周中孚《鄭堂讀書記》載，該書於"乾隆元年奉敕撰，二十一年告成"③。又《國朝宮史》載："皇上命纂輯《通禮》……乾隆二十四年校刊。"④根據上述史料記載，並結合前述禮書修纂機構及修纂過程的考察可以確定，清廷最初於乾隆元年（1736）下令修纂《大清通禮》，但直至乾隆三年（1738）才正式開館修纂該書，至乾隆二十一年（1756）告成，乾隆二十四年（1759）完成校刊，最終成書五十卷。

四、《欽定大清通禮》的續修

（一）嘉慶末年開續修之端

由於乾隆朝中後期清廷實行"文字獄"等政治文化高壓政策，導致《大清通禮》修纂成書後板藏內府，並沒有能夠廣泛傳播至民間，這顯然有違朝廷修纂初衷。直至嘉慶朝末年，《大清通禮》才再次受到朝廷君臣的關注。嘉慶二十三年（1818）十一月二十八日，仁宗皇帝在一道上諭中説道：

朕惟治民之道，莫善於禮，乾隆初年，皇考高宗純皇帝曾命臣工萃集歷代禮書，並本朝《會典》，將冠、婚、喪、祭一切儀制，斟酌損益，定

---

① 《清高宗實録》卷二百二十二，乾隆九年八月丙午，中華書局 1985 年版，第 860 頁。

② 《清高宗實録》卷二百三十一，乾隆九年十二月己巳，中華書局 1985 年版，第 981 頁。

③ 周中孚：《鄭堂讀書記》（上、中册）卷二十九，商務印書館 1959 年版，第 563 頁。

④ 參見鄂爾泰、張廷玉等編纂：《國朝宮史》（下册）卷二十六《書籍三》，左步青校點，北京古籍出版社 1994 年版，第 543 頁。

爲《皇朝通禮》一書，實足爲朝野率由之，特准是書刊刻。弆板内府，直省士民鮮得見聞。

鑒於《大清通禮》修成後"弆板内府"、民間鮮得見聞的狀況，仁宗命武英殿將《大清通禮》按照省份各印一部，命"各該督撫派人祗領，照刊流播，俾士民共識遵循，用昭法守"①。嘉慶朝給事中朱鴻也曾向朝廷建言："請修《大清通禮》，定史館章程。"②嘉慶二十四年(1819)，仁宗"允臣工之請"，命禮臣對《大清通禮》"重加修輯"。有關續修《大清通禮》的具體原因、修纂準則等問題，周中孚在《鄭堂讀書記》中有詳細記載：

> 嘉慶二十四年奉敕撰續纂，道光四年告成。謹案《通禮》原書，於乾隆二十一年告成，遵行六十餘年。時有御史朱鴻，以是書自朝祭諸典以及考試規條，每有遵奉增改，於原書不盡符合，奏請改正頒行。仁宗睿皇帝因命禮臣重加修輯，謹照《會典》全書，細加覈對，並參考禮經及《皇朝禮器圖》《文獻通考》各書，逐條更正，其《會典》所未備者，或詳稽《則例》，或移取所司衙門文册，核定增載，間有斟酌損益，悉經仰秉聖裁，用昭法守。計新增吉禮一卷，嘉禮一卷，凶禮二卷，凡四卷，共書五十四卷，刊版頒行。冠以御製序文，並恭載高宗純皇帝御製序一篇，上諭一道，暨原輯銜名、原定《凡例》各一篇，以次加入，續纂《奏疏》《奏表》《銜名》《凡例》《目録》各一篇。③

由上述史料記載可見，《大清通禮》的續修工作於嘉慶二十四年(1819)展開，道光四年(1824)告成。續修原因是乾隆朝初修《通禮》至嘉慶朝已頒行六十餘年，御史朱鴻上奏，認爲該書當時於朝祭諸典和考試條規等方面多有增改，已與原書不盡相合，因此奏請"改正頒行"，這一建議得到了仁宗皇帝的允準。具體續纂辦法如下：參考《大清會典》《大清會典則例》《皇朝禮器圖式》《儀禮》《文獻通考》等典制體史書、禮書以及各"所司衙門文册"，進行逐條更

---

① 《清仁宗實録》卷三百四十五，嘉慶二十三年八月戊子，中華書局 1986 年版，第566 頁。

② 潘衍桐輯：《兩浙輶軒續録》卷二十二，《續修四庫全書》第 1685 册，上海古籍出版社 2002 年版，第 588 頁。

③ 周中孚：《鄭堂讀書記》(上、中册)卷二十九，商務印書館 1959 年版，第 564 頁。

正，斟酌損益，核定增載，最後還要經過皇帝的審閱裁定，方可成書。全書共增加了四卷，吉禮增加一卷，嘉禮增加一卷，凶禮增加兩卷。值得一提的是，續纂《大清通禮》還根據《清文獻通考》，增加了頗具滿洲特色的堂子祭祀之禮，據相關史料記載，"乾隆禮未載堂子祭禮，至道光重修，始據《皇朝文獻通考》，爲元日謁拜、立杆致祭二篇"①。

仁宗皇帝對於續修《大清通禮》事宜極爲重視，據《清實錄》載，續修工作開始次年，仁宗指出該書修纂内容中對御園的書寫錯誤問題："本日禮部奏纂辦《通禮》條例折内，將'綺春園'誤寫'漪春園'，穆克登額等供職外廷，於御園之名或可諉爲不知，黃鉞繕寫御製詩章，於題咏綺春園篇什，素所習見，乃折内訛字未經看出，亦屬疏忽。黃鉞著罰俸半年，吳信中著罰俸一年，以示薄懲。"②可見在續修《通禮》過程中，仁宗對其内容躬親"御覽"，對失職人員懲處不貸。遺憾的是，未及《通禮》續修完成，仁宗皇帝便去世了，幸而宣宗皇帝即位後完成了續修工作。

（二）道光初年完成續修

宣宗皇帝即位後，秉承乃父遺志，繼續對《大清通禮》進行續修，宣宗自述曰：

> 是以我皇考於嘉慶二十四年允臣工之請，命禮臣重加修輯。予踐阼以來，敬紹先志，萬幾之暇，親爲觀覽，並予指授，俾令分門別類，增入四卷，彙爲五十四卷。③

宣宗在續修版《大清通禮》卷首序言中，首先闡述了與其皇祖高宗皇帝前後相續的"禮治"思想：

> 安上全下，莫大乎禮。王者端制心制事之原，循勿二勿三之軌，嚮明出治，萬物潔齊以相見，胥於禮乎是賴。夫禮者，理也，千古所不易之

---

① 《宣統政紀》卷九，宣統元年閏二月甲申，中華書局 1987 年版，第 164 頁。

② 《清仁宗實録》卷三百七十三，嘉慶二十五年七月己巳，中華書局 1986 年版，第 933 頁。

③ 劉錦藻：《皇朝續文獻通考》卷二百六十五《經籍考九》，《續修四庫全書》第 819 册，上海古籍出版社 2002 年版，第 226 頁。

經。通者，同也，古今所共貫之義。歷時久而其間有因者，即不能無損與益，要之斟酌損益之中，正所以善厥因也。《通禮》一書，於乾隆元年皇祖特命儒臣博采前聞，廣搜往冊，越二十四年，己卯告成，親製序文，冠諸卷首。全書具而法制詳，大典昭而休明備。凡夫冠婚喪祭、時巡、蒐狩、柴望、軍容，莫不理器兼貫，經曲畢該，洵乎美善，必探乎源，敷錫咸歸於極矣！

宣宗認爲，由於世殊時異，《大清通禮》有改纂續修的必要，他進而抒發了承接仁宗皇帝遺緒，完成《通禮》續修的意願：

> 顧行之數十年來，或時事異宜，或質文異用，雖大經大法固已酌古今而定厥中，而盡制盡倫有當觀會通以神其變……禮之時義大矣哉，經緯乎天地，綜貫乎人倫，自天子以至於庶人，未有不由乎禮。秩叙所以通幽明，寅清所以肅蕫勸，範圍之而不過，曲成之而不遺，措之天下而皆安，施之百世而無弊，豈僅山龍、藻火、玉節、金和，徒以飾觀瞻哉！若夫六合同風，不肅而成，制治保邦，百族固體，則豈予所敢冀焉？願與天下臣民共勉之。①

宣宗在續纂《大清通禮》序言中評價乾隆朝初修之《大清通禮》"全書具而法制詳"，顯然仍將《通禮》看作一部用來經國理政的禮典，續修禮書意在賡續前朝統治者的"禮治"思想。然而縱觀宣宗此序與高宗序言相比，未免多了些浮華溢美之辭，少了些經世致用理念，可見時至清代中晚期，隨着內憂外患紛至沓來，清朝國祚日益衰微，清統治者以"禮"治世的爲政理念已漸失務實之風。

在宣宗皇帝親自指授、審閱下，《大清通禮》"增入四卷，彙爲五十四卷"，於道光四年（1824）如期修纂成書，並刊刻頒行。儘管此時清王朝的統治根基已經開始動搖，加之西方列強步步逼近，山雨欲來，在這一時代背景下，寄希望於修纂和普及禮書來挽救社會時弊已經難以取得實效，然而縱觀乾隆朝以後的史料，"直省士民"如遇日常婚喪嫁娶的禮法糾紛，仍常常引用《大清通禮》作爲權威參考，可見這部禮書在一定程度上還是得到了應用和普及，其影響甚至一直延續至清末，相關內容將在本書第六章詳細展開論述，此處不贅。

---

① 劉錦藻：《皇朝續文獻通考》卷二百六十五《經籍考九》，《續修四庫全書》第819冊，上海古籍出版社2002年版，第226頁。

續修《大清通禮》完書之後，清廷在光緒末年至宣統元年（1909），仍試圖開禮學館，修纂新禮書，計劃“博選耆儒，將有所綴述。大例主用《通禮》，仿江永《禮書》例，增‘曲禮’一目”①。希望進一步增加涉及民生日用和道德行爲規範的禮儀，惜乎清王朝國祚已走向終結，終究未能實現新禮書的修纂計劃。

第三節　右圖左文：《皇朝禮器圖式》修纂概述

官方禮儀實踐得以順利實施的必要條件，除了需要參考禮儀文本所載儀式展演流程之外，還需要對祭祀場所、器物陳設、人員布置以及冠服規格等進行查考，清代官修禮書《皇朝禮器圖式》正是這樣一部將器物圖式與文本説明相結合的禮制圖説。不同禮儀場合所規定的特定數量與形制的禮器、冠服等禮儀要素，蕴含着一個國家和族群的信仰體系、文化理念、風俗習慣，以及對社會秩序的理想化構想。這種“器以藏禮”②的器物叙事相比於單純的文本叙事，要更加形象、鮮活、客觀，是各種禮儀場景中至關重要、必不可少的象徵元素，對於文化和語言的傳承也具有重要意義，因此清廷對修纂一部官方禮器圖説尤爲重視。

一、修纂緣由及主旨

關於《皇朝禮器圖式》的修纂緣由，《清朝通志・圖譜略》有相關記載，認爲清廷修纂該書是因爲有關祀饗、朝會、軍旅諸大政，“所司展事具儀，間沿前代舊式，時有未協”。因此高宗皇帝特命禮官將郊壇、祭器、鹵簿、儀仗、輦輅諸端，以次釐正。冠服和樂器，也一準彝章，永爲定則。如“觀象臺儀器歲久漸差，武備器什向未臚載，咸是範是程，仰經進御，聖明親加審定，薈萃成帙，垂光策府”。③

《皇朝禮器圖式》篇首所載和碩親王允禄等進表內容，則對該書修纂緣由闡述得更爲詳盡。進表首先提到了清朝開國所定禮制多因循前代成規，舉凡豆

---

①　趙爾巽等：《清史稿》卷八十二，中華書局1977年版，第2484頁。

②　語出《春秋左傳正義》卷二十五《成公二年》，《十三經註疏》，中華書局1980年版，第1894頁。

③　《欽定皇朝通志》（二）卷一百一十三《圖譜略》，《景印文淵閣四庫全書》第645冊，臺灣“商務印書館”1983年版，第519頁。

籩、圭俎、儀仗、輦輅，"或形樸略，或病拘牽，或名象未極其雅馴，或方色未諧於典要"，有諸多缺陷與不足之處。冠服形制雖有模範，然尚待編輯成書。樂器"雖備聲容"，卻"罕經紀述"。測量天體移動軌跡的銅儀因年久失修而失準，武庫軍儲之類則未載於《會典》，難以查考。正是由於以上所列禮器儀仗亟待修補完善，登載於典章，因此清廷才"特頒巽命"，修纂《皇朝禮器圖式》一書，其大體規劃如下：

> 仿古人右史左圖之意，故設色界畫，咸作繪於右，方合一代朝章法物之詳。而縷析條分，每著說以闡義，金科玉律，總期宜古而宜今。赤簡丹書，要在盡倫而盡制。有典有則，按籍則毫髮靡遺，一器一名，披圖而分刌可計。①

王鳴盛在《進禮器圖考表》一文中追溯了前代禮圖著作的缺失與不足：

> 稽慕毋君之舊傳、阮諶之圖已佚，玫聶崇義之所繢，賈氏又斥其非。韋公蕭禮閣之《新儀》，書闕有間。蘇明允編太常之《集禮》，語焉不詳，僅識趨時，不免因陋就簡，但知泥古復虞，執一鮮通。學步效顰，皆嫌無當，刻舟膠柱，豈曰咸宜。

王鳴盛認爲，私修禮器圖説或佚失闕略、記載失實，或語焉不詳、因陋就簡、泥古效顰，只有朝廷組織人員統一體例，修成一部適用於百官萬民的禮器圖説，才可彌補上述問題。原文如下：

> 苟非統之有宗，會之有原，一歸上聖之親裁，曷由會其有極，歸其有極，丕建隆儀於盡善。……參稽志乘，增略而刪繁，搜採禮經，去俗而歸雅。絲聯繩貫，頻請決於乾衷，面命耳提，皆受裁於渙號，於是經經緯史，若綱在綱，提要鈎元，有條不紊……觀其會通，行其典禮，百官萬民咸遵道而遵路人，官有利物曲有能，率土普天，胥是經而是程，誠哉冊府之鉅觀矣。②

---

① 允禄等撰，福隆安等校補：《皇朝禮器圖式》卷首《進表》，《景印文淵閣四庫全書》第 656 册，臺灣"商務印書館"1983 年版，第 3~4 頁。

② 王鳴盛：《西莊始存稿》卷三十六，清乾隆三十年刻本，第 12~13 頁。

在《皇朝禮器圖式》的卷首序文中，清高宗更爲詳盡地追述了歷代禮器圖說著述的製作源流以及修撰此書的緣由。他表示，"五禮五器之文"始見於《尚書‧虞書》，"若璣衡，若作繪絺繡，若笙鏞柷敔，粲乎具列"。《考工記》始載《禮器圖》，"詳載廣圍、尺度與夫方色、鈎銴、圜匡、縝疏、侈弇之差"。此後，漢代治禮器圖說者首推鄭玄，然而自鄭玄以後，雖然後學輩出，相關著述也層出不窮，但禮器圖說的撰述品質卻每況愈下，大多只是因循前代的穿鑿附會之作而已，不能窮究禮器之內涵精意，"自阮諶、梁正、夏侯伏朗輩，均莫之逮。宋聶崇義彙《輯禮圖》，而陸佃《禮象》、陳祥道《禮書》，復踵而穿穴之，其書幾汗牛充棟"。高宗進而感嘆，漢代以前作禮圖者，"本精意以制器則器傳"，而漢代以後作禮圖者，多主觀臆斷、穿鑿附會，即"後之述者，執器而不求精意則器敝"。清代受此影響，"間沿前代舊式，方名象數，時有未協"。因此理應"爰諏禮官，自郊壇、祭器及鹵簿、儀仗、輦輅，以次釐正。至冠服以彰物采，樂器以備聲容，宜準彝章，允符定則"。①

結合上述高宗序言以及修纂人員的叙述可見，前代禮器圖說製作之粗鄙，是清廷組織修纂《皇朝禮器圖式》的主要動因。該書所要追求的目標，在於通過對禮器圖式的精準摹繪和文字注解來探尋"禮"之精意。對禮器、樂器、觀測儀器、車馬冠服的樣式規格、等差度數，務必力求記載精確，以便與《大清通禮》相輔而行，更好地服務於官方禮儀實踐活動。

二、修纂體例與史料來源

（一）修纂體例

關於《皇朝禮器圖式》一書的修纂體例，清代目錄學家、經學家周中孚在《鄭堂讀書記》一書中介紹得較爲詳細：

　　謹按是編分爲六門，凡祭器二卷，儀器一卷，冠服四卷，樂器二卷，鹵簿三卷，武備六卷。每門又分子目，並繪圖於右，繫說衿左，形模度數，不失毫釐。蓋所述皆昭代典章，據成器以爲圖式，非如聶崇義之《三禮新圖》，僅約略傳注之文，揚庵影響者焉。卷首冠以乾隆二十四年御製序一篇，進表一篇，職名一篇，又有乾隆三十一年進表一篇，職名一篇，

①　原序文參見允禄等撰，福隆安等校補：《皇朝禮器圖式》卷首，《景印文淵閣四庫全書》第 656 册，臺灣"商務印書館"1983 年版，第 1~2 頁。

總目一篇，每門又各有目録一篇，篇各繫以小序。①

按周氏所述，並結合《皇朝禮器圖式》原書和前述史料文獻記載可知，該
書共分爲六門，其中，祭器二卷，儀器一卷，冠服四卷，樂器二卷，鹵簿三
卷，武備六卷。每門又分子目，皆"繪圖於右，系説於左"，即右半部分爲禮
器圖式，左半部分爲文字解釋説明（圖2-1）。卷首載乾隆二十四年（1759）御製
序文一篇、纂修官進表一篇以及職名一篇，另有乾隆三十一年（1766）進表一
篇、職名一篇、總目一篇，且每門各有目録一篇，每篇又各有小序。

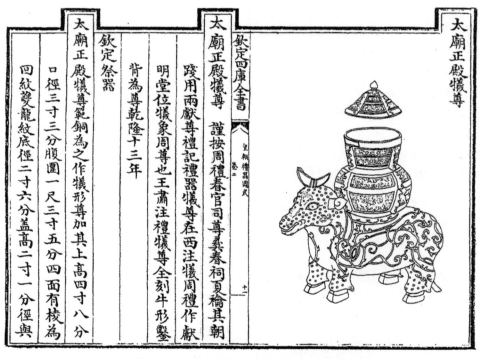

圖2-1　《皇朝禮器圖式》右圖左文布局②

書中對相應禮器圖式的介紹説明涉及多方面内容，包括禮器的尺寸、修造

①　周中孚：《鄭堂讀書記》（上、中册）卷二十九，商務印書館1959年版，第564頁。
②　圖片出處爲允禄等撰，福隆安等校補：《皇朝禮器圖式》卷二，《景印文淵閣四庫
全書》第656册，臺灣"商務印書館"1983年版，第137頁。

材質、樣式形制，以及不同等級的王公貴族和官員所應使用的禮器、禮物（使禮儀程式能够順利進行的輔助性器物）、冠服、車輿等①的種類劃分、數目多寡、紋樣差別等，對其"廣狹、長短、圍徑之度，金玉、璣貝、錦段之質，刻鏤繪畫組繡之制，以及品數之多寡，章采之等差，無不縷析條分，一一臚載"②。

（二）史料來源

綜觀《皇朝禮器圖式》全書所載禮器規格圖文，主要以乾隆十三年（1748）、十四年（1749）欽定諸禮器爲準，下面以祭器和大駕鹵簿爲例简述之。據《清實錄》載，乾隆十三年（1748）正月，高宗皇帝曾發布上諭制定"祀典祭器"，上諭曰：

> 朕思壇廟祭品，既遵用古名，則祭器自應悉倣古制，一體更正，以備隆儀。著大學士會同該部稽覈經圖，審其名物度數，制作款式，折衷至當，詳議繪圖以聞，朕將親爲審定，敕所司敬謹製造。③

以上可見，此次制定祀典所用祭器皆依古制，由禮部商議核定禮圖之名物度數、製作款式，再由高宗審定後方可製造實物。

乾隆十四年（1749）正月，高宗又下詔"定鹵簿五輅之制"，上諭曰：

> 壇廟祭器聿既稽考古典，親爲釐定，命所司準式敬造，質文有章，精潔告備。自今歲圜丘大祀爲始，灌獻陳列，悉用新成祭器，展虔敬焉。古者崇郊享則備法駕、乘玉輅，以稱鉅典。國朝定制有大駕鹵簿、行駕儀仗、行幸儀仗，其名參用宋明以來之舊，而旗章麾蓋，視前倍簡。今稍爲增益，更定大駕鹵簿爲法駕鹵簿，行駕儀仗爲鑾駕鹵簿，行幸儀仗爲騎駕鹵簿，合三者則爲大駕鹵簿，南郊用之。方澤以下，皆用法駕鹵簿，五輅

---

① 關於"禮物"的説法參考了楊華的《中國古代禮儀制度的幾個特徵》一文[《武漢大學學報》（人文科學版）2015 年第 1 期]，該文還介紹了禮儀制度的幾大要素，如禮器、禮物、禮辭、禮儀動作、行禮的時間和空間等。

② 永瑢等：《四庫全書總目》卷八十二《史部·政書類二》，中華書局 1965 年版，第 706～707 頁。

③ 《清高宗實錄》卷三百零六，乾隆十三年正月丁亥，中華書局 1986 年版，第 1～2 頁。

酌倣《周官》及唐宋遺制，金、玉、象、革，各如其儀。乘用亦自今歲南郊始，光昭羽衛，用肅明禋，諭所司知之。①

由以上史料可見，前述乾隆十三年（1748）高宗下令繪圖並製作之祭器已於次年告成，並施用於圜丘大祀之禮，此番又下令製作大駕鹵簿及五輅，可見高宗下詔制定祭器和大駕鹵簿規格，成爲稍後清廷修纂《皇朝禮器圖式》一書的主要參考。如《皇朝禮器圖式》卷一、卷二所載祭器規格，就是按"乾隆十三年欽定祭器"所載規格繪製的，卷十至卷十二所載鹵簿內容亦如是。②

此外，在追溯禮器形制歷史沿革時，《皇朝禮器圖式》還援引了"三禮"、《春秋》《考工記》《爾雅·釋器》等先秦兩漢經典著作，以及歷代正史所載禮樂志、禮儀志、輿服志和歷代官修禮書所載禮器規定等內容。

三、成書時間與修纂人員

（一）成書時間

關於《皇朝禮器圖式》始修、成書、校刊的具體時間及卷數，不同史料記載略有出入，有必要進行考證厘清，相關史料記載羅列如下：

《皇朝禮器圖式》二十八卷，乾隆二十四年敕撰，三十年校補。（《書目答問》）

《欽定皇朝禮器圖式》二十八卷，乾隆二十四年奉敕撰，乾隆三十一年又命廷臣重加校補，勒爲此編。（《四庫全書總目》）③

《皇朝禮器圖式》一部，皇上欽定諸禮器，典章大備，爰命纂繪《圖式》，厘爲六門，曰祭器二卷，曰儀器一卷，曰冠服四卷，曰樂器三卷，曰鹵簿三卷，曰武備五卷，凡十八卷。乾隆二十八年校刊。（《國朝宮史》）④

----

① 《清高宗實錄》卷三百二十六，乾隆十三年十月甲午，中華書局 1986 年版，第 397 頁。

② 參見允祿等撰，福隆安等校補：《皇朝禮器圖式》卷一至卷二、卷十至卷十一，《景印文淵閣四庫全書》第 656 冊，臺灣"商務印書館"1983 年版，第 91~151 頁、第 536~649 頁。

③ 永瑢等：《四庫全書總目》卷八十二《史部·政書類二》，中華書局 1965 年版，第 706~707 頁。

④ 鄂爾泰、張廷玉等編纂：《國朝宮史》（下冊）卷二十六《書籍五》，左步青校點，北京古籍出版社 1994 年版，第 543 頁。

　　《皇朝禮器圖式》十八卷，乾隆三十一年欽定增訂。(《國子監志》)①

　　《太傅董文恭公行狀》：乾隆二十七年壬午科，順天鄉試，明年成進士，方廷試卷進呈時，公名在第三，高宗純皇帝以大臣子改置二甲第一，朝考入選改翰林院庶吉士，充國史館、三通館協修，武英殿纂修，《皇朝禮器圖式》纂修，三十一年，散館，授編修。(《邃雅堂集》)②

　　《皇朝禮器圖說》二十八卷，乾隆二十四年奉敕撰，三十一年重修。(《鄭堂讀書記》)③

　　以上可見，有關《皇朝禮器圖式》的始修時間，《四庫全書總目》、周中孚的《鄭堂讀書記》和張之洞的《書目答問》所載皆爲乾隆二十四年(1759)，該書於乾隆二十四年奉敕修撰，當無疑義。而據《國朝宮史》載，《皇朝禮器圖式》初修時共十八卷，並於乾隆二十八年(1763)進行了校刊。《國子監志》載該書纂成於乾隆三十一年(1766)，周中孚《鄭堂讀書記》載該書於乾隆三十一年(1766)重修。又由姚文田《邃雅堂集》所載《太傅董文恭公行狀》可知，乾隆二十七年(1762)董誥中進士，入選翰林院，授《皇朝禮器圖式》纂修一職，乾隆三十一年散館，而張之洞《書目答問》載清廷於乾隆三十年(1765)對該書重加校補，《四庫全書總目》載乾隆三十一年(1766)對該書重加校補。由上述記載可以推斷，清廷於乾隆三十年(1765)書成之後，再次校補過《皇朝禮器圖式》，並於次年完成，所增十卷也應該是在這次校補之後增入的。

　　綜上所述，結合四庫全書所收錄的《皇朝禮器圖式》一書可知，該書於乾隆二十四年(1759)奉敕始修，乾隆二十八年(1763)清廷對該書進行了校刊，乾隆三十年(1764)纂成，成書十八卷，是年又命廷臣重加校補，並於乾隆三十一年(1765)最終成書，增入十卷，共二十八卷，與《大清通禮》相輔而行。

(二)修纂人員

　　《皇朝禮器圖式》修纂人員的職務、頭銜與人名見表2-2和表2-3：

---

　　①　文慶、李宗昉等纂修：《國子監志》(下冊)卷五十一《經籍志一》，郭亞南等點校，北京古籍出版社1998年版，第1146頁。

　　②　姚文田撰：《邃雅堂集》卷四，《清代詩文集彙編》第448冊，上海古籍出版社2010年版，第627頁。

　　③　周中孚：《鄭堂讀書記》(上、中冊)卷二十九，商務印刷館1959年版，第564頁。

表 2-2 《皇朝禮器圖式》初纂人員名單①

職　務	頭　銜	人　名
總理《禮器圖》館事務	和碩莊親王	允祿
總裁	協辦大學士戶部尚書	蔣溥
	原任吏部尚書	汪由敦
	兵部左侍郎	觀保
	工部左侍郎	三和
	原任禮部尚書現任翰林院編修	何國宗
提調	郎中兼驍騎參領	明山
	郎中兼驍騎參領佐領	特克慎
	郎中兼佐領	期成額
	員外郎兼佐領	英敏
	員外郎	伊昌阿
	副司庫	清德
	副司庫	官德
收掌	筆帖式	德保
謄録兼纂修	候選布政司理問	汪浩存
	候選布政司經歷	韓紹賢
	生員	朱珣
	監生	陸宗桓
	挑選直隸河工試用州同	於易簡
	候選縣丞	左行遂
	監生	程廷彦
	監生	沈誠
繪圖謄録	候選從九品	黃衢
	監生	門應兆
	監生	姜潤書

① 表格内容參見允祿等撰，福隆安等校補：《皇朝禮器圖式》卷首，《景印文淵閣四庫全書》第 656 冊，臺灣"商務印書館"1983 年版，第 5~6 頁。

续表

職　務	頭　銜	人　名
供事	山東嘉祥縣典史	顧瀚
	江西廣豐縣典史	楬瀚
	候選從九品	王基
	候選從九品	高景柴

表 2-3　《皇朝禮器圖式》乾隆三十一年校勘人員名單①

職　務	頭　銜	人　名
總裁	御前侍衛和碩額駙	福隆安
	經筵講官户部尚書	于敏中
	經筵講官户部右侍郎兼署工部侍郎事務教習庶吉士	王際華
武英殿總裁	兵部尚書兼管國子監事務	陸宗楷
	兵部左侍郎世襲一等輕車都尉	蔣楲
提調	户部緞疋庫郎中兼武備院郎中	書成
	管理六庫事務郎中	六十九
	內務府員外郎兼佐領	中敏
	內務府員外郎兼佐領	英敏
纂修	翰林院編修教習庶吉士	彭元瑞
	翰林院編修	彭紹觀
	翰林院編修	董誥
	原辦纂修事翰林院編修今任雲南道監察御史	汪新
校繕	翰林院編修	饒學曙
	翰林院編修	胡高望
	原辦校繕事翰林院侍講今任廣西蒼梧道	周升桓

---

① 表格内容參見允禄等撰，福隆安等校補：《皇朝禮器圖式》卷首，《景印文淵閣四庫全書》第 656 册，臺灣"商務印書館" 1983 年版，第 9~10 頁。

续表

職　務	頭　銜	人　名
收掌	磁器庫司庫	官德
	武英殿監造	永善
	武備院筆帖式	鄂羅里
	武英殿筆帖式	文殊保
	庫掌	塞勒
	庫掌	伊靈阿
	栢唐阿	依常阿
	栢唐阿	依靈阿
	栢唐阿	定安
武英殿謄録貢生	候選復設教諭	周一鵬
	候選直隸州州判	汪雒
	候選復設教諭	葛善應
	候選直隸州州判	陸國柱
	恩貢生	熊朝選
	拔貢生	宋振德
繪圖人員	候補八品筆帖式	門應兆
	監生	冷鑑
	布政司經歷銜	劉埠
	監生	蘇廷楷
	監生	章佩瑜
	候選未入流	余鳴鳳
供事	候選從九品	葉丕箕
	候選從九品	應天琇

第四節　追本溯源：《欽定滿洲祭神祭天典禮》修纂概述

　　《欽定滿洲祭神祭天典禮》是一部以記載宮廷薩滿祭祀和覺羅姓、異姓滿洲人禮儀爲主要内容的官修禮書。衆所周知，歷史上包括女真人在内的北方諸少數民族都擁有薩滿信仰，愛新覺羅家族同樣保持着這一宗教信仰。清統治集團入關後，宮廷薩滿祭祀得以延續，並逐步規範化、典章制度化，且融入了一些漢文化元素。① 乾隆朝《典禮》的修纂與頒行，使得清宮薩滿祭祀典禮更加完備，如行禮時間、場所的固定化，行禮儀注、祝辭、禱辭的規範化，對祭神祭天所用禮器、"禮物"數目、形制的記載，對滿洲祭祀禮儀傳統的歷史回顧、考證和議論等，都有所完善。

一、修纂緣由

　　《清史稿·禮志》介紹《欽定滿洲祭神祭天典禮》（以下簡稱《典禮》）一書有言：

　　　　其始關外啟葷，崇祭天神暨群祀祖禰，意示從儉，凡所紀録，悉用國語國書。入關後有舉莫廢，逮高宗時，依據清文譯成四卷，祭期、祭品、儀注、祝辭，與夫口耳相傳，或小有異同者，並加釐訂，此國俗特殊之祀典也。②

　　可見《典禮》一書所載内容，始自清政權關外發跡時期，内容包括祭天和祀祖，以滿語記録成書。入關後，相關典禮始終遵行不廢，至乾隆朝，清廷將口耳相傳、有所出入的典禮内容加以釐訂，修成了漢文本《典禮》。

　　有關《典禮》修纂的初衷，在高宗下令修書的上諭中有明確表述。他回顾説，愛新覺羅家族祭神祭天典禮尤以祝辭爲重，而祝辭多編爲吉祥之語，於祭祀典禮舉行時禱祝之。老一輩的司祝之人"俱生於本處，幼習國語，凡祭神、

---

　　①　關於滿族薩滿信仰與清代宮廷薩滿祭祀的歷史演變，參見姜相順：《清宮薩滿祭祀及其歷史演變》，《清史研究》1994 年第 1 期；郭淑雲：《滿洲祭神祭天典禮論析》，《社會科學輯刊》1992 年第 5 期。

　　②　趙爾巽等：《清史稿》卷八十二，中華書局 1976 年版，第 2484 頁。

祭天、背鐙、獻神、報祭、求福及以麪豬祭天去祟，祭田苗神，祭馬神，無不斟酌事體，編爲吉祥之語，以禱祝之"。然而入關之後，司祝的滿語知識則多是"由學而能，互相授受，於贊祝之原字原音，漸致淆舛"，以致自大内至王公貴族之家，舉行典禮時所用的祝辭與滿語原字原韻多有不相吻合之處。爲了避免相關記載"訛漏滋甚"，亟須修纂一部有關薩滿祭祀的禮制專書，以備查考。

在該書具體修纂過程中，對於祝辭中"字形""音韻"有出入者，需向"故老""土人"詢問考證。對於禮器名稱本就來自中原，原無滿語而以漢語讀念的，則依其含義譯成滿語。可見《典禮》一書修纂的主要目的，就是要通過重拾滿語，傳承瀕臨失傳的祝禱之詞，保存宮廷薩滿祭祀典禮的原型。正如高宗所感歎的那樣："庶滿洲享祀遺風，永遠遵行弗墜，而朕尊崇祀典之意，亦因之克展矣。"①語言是民族文化的重要載體和表現形式，滿語無疑是實現滿洲民族認同的重要文化要素之一，清廷利用《典禮》修纂的契機，重新釐定滿語，無疑有助於從文化層面強化滿洲認同。

二、修纂體例與版本

有關《典禮》的修纂體例，《四庫全書總目》中有詳細介紹，原文如下：

> 乾隆十二年奉敕撰，我國家肇跡東土，風淳俗厚，於崇德報功之禮，歷久不渝。凡所以昭格天神，時修祀典者，著誠著愨，具有舊儀，迄今百有餘年。精禋致饗，夙夜維虔，惟是古制相沿，皆有口授，祝詞儀注，久而小有異同。我皇上道秉欽崇，敬深明察，慮年祀綿邈，或漸遠其初，乃命王公大臣詳爲考證，以國語國書定著一編。首爲祭儀二篇，次爲彙記故事一篇，次爲儀注、祝詞、贊詞四十一篇，殿以器用數目一篇，器用形式圖一篇。每一卷成，必親加釐正，至精至詳。祈報之義，對越之忱，皆足以昭垂萬世。乾隆四十二年，復詔依文音釋，譯爲此帙，與《大清通禮》相輔而行，用彰聖朝之令典。②

以上可見，滿洲薩滿祭祀在關外時期早已有之，並載入典籍，入關以後又

---

① 上諭原文參見《清高宗實錄》卷二百九十四，乾隆十二年七月丁酉，中華書局 1985 年版，第 853~854 頁。

② 永瑢等：《四庫全書總目》卷八十二《史部·政書類二》，"欽定滿洲祭神祭天典禮"條，中華書局 1965 年版，第 707 頁。

逐漸形成了宮廷薩滿祭祀禮儀。由於一直没有制定一部系統、規範的禮制專書，宮廷薩滿祭祀禮儀主要依靠口耳相傳，經過百餘年的時光流轉，至乾隆朝，其祝辭、儀注等内容難免有所訛誤，急需整理修訂。高宗皇帝意識到了這一點，"乃命王公大臣詳爲考證，以國語國書定著一編"，並且"每一卷成，必親加釐正，至精至詳"。

《典禮》全書共六卷，前四卷主要包括奏議、彙記故事、祭祀儀注、祝贊之辭等内容，詳載滿族祭神、祭天、背燈、獻神、報祭、求福、常祭等各項祭祀禮儀，其主要祭祀場所爲堂子和坤寧宮。第五、六卷主要記載祭神、祭天典禮所用禮儀器物的數目(分爲堂子、坤寧宮和祭馬神室三大類)和形式圖(共一百二十幅)。① 具體篇章排布則如上引文所示，祭儀二篇，彙記故事一篇，儀注、祝詞、贊詞四十一篇，器用數目一篇，器用形式圖一篇。

有關該書的版本問題，由《四庫全書總目》記載可見，《典禮》先後有兩個版本問世，滿文本《典禮》由和碩親王允禄領銜總辦，於乾隆十二年(1747)率先修纂成書。乾隆四十二年(1777)，通曉滿文和漢文的大學士阿桂、于敏中奉旨將滿文本《典禮》"依文音釋"爲漢文本，並編入四庫全書，"與《大清通禮》相輔而行，用彰聖朝之令典"。《典禮》是在清統治者政治文化抉擇的影響下，爲保存滿洲文化傳統應運而生的一部頗具滿洲民族特色的官修禮書。如前所述，滿文本《典禮》成書三十年後，又譯成漢文本，收入《四庫全書》，可見這部禮書的修纂，在着力保存本民族宗教信仰和禮儀傳統的同時，還蘊含着整合滿漢文化的意向。

道光八年(1828)，由覺羅普年編著的《滿洲跳神還願典例》，依據滿文本《典禮》翻譯摘編成書，内容更爲簡約，更忠實於滿文本原文，彌補、糾正了四庫本《典禮》的不足和舛誤。②

三、史料來源

有關清廷修纂《典禮》一書的史料來源，相關史料記載極少，僅能够在該書首卷"祭神祭天議"中略窺一斑，其文曰：

> 每日坤寧宮朝祭、夕祭，每月祭天，每歲春秋二季大祭，四季獻神，

---

① 允禄等撰，阿桂、于敏中等漢譯：《欽定滿洲祭神祭天典禮》，《景印文淵閣四庫全書》第 657 册，臺灣"商務印書館"1983 年版。

② 劉厚生、陳思玲：《〈欽定滿洲祭神祭天典禮〉評析》，《清史研究》1994 年第 2 期。

每月於堂子亭式殿、尚錫神亭内掛獻净紙，春秋二季堂子立杆大祭，一切禮儀俱行之已久，燦然美備，無可置議。惟昔日司祝之人，國語嫻熟，遇有喜慶之事，均能應時編纂禱祝，厥後司祝之清語不及前人，復無典册記載，惟口相授受，於字句音韻之間，不無差異，即如祭天之贊辭，掛獻净紙之禱辭，掌儀司俱載有册檔，是以無稍差遺。所有司祝之祝禱辭章，若不及時擬定，載在册檔，誠如聖諭，音韻字句，漸至訛舛。今謹將内廷司祝之一切祭神、背鐙、禱祝、贊祈等辭，録出詳閲，不惟字句多有差謬，即左右兩翼承充内廷司祝之贊辭，亦彼此互異，是以臣等令五旗王公等將各家祭神辭章録送，並令從前司祝家内將伊等舊存祝禱辭章，悉行録呈，彙寫一帙，臣等公同敬謹覆核，訂誤補闕，删復去冗，又各就所見粘簽，恭呈御覽，伏候欽定。①

由以上引文可見，清廷修纂《典禮》一書的史料來源大體可以分爲三類：

其一，書中所載坤寧宫以及堂子諸祭祀典禮儀注，清廷“行之已久，燦然美備，無可置議”，内廷檔册記載完備，爲該書修纂的主要史料來源之一。

其二，正如上文高宗上諭所言，乾隆朝清宫薩滿祭祀的掌儀者即司祝，在滿語掌握方面早已不及前人純熟，相關祝禱之辭只靠口耳相傳，而無典册記載，亟待將相關内容載入禮典，以便傳之後世，作爲宫廷禮儀展演之參考。可見，相關司祝人員口耳相傳的祝禱之辭，也是《典禮》修纂過程中相關内容的史料來源(頗似今天所稱之口述史料)。此外，相關祝禱之辭，“掌儀司俱載有册檔”，也是《典禮》修纂的重要史料來源之一。

其三，這些“册檔”也並非完全可信，如“祭神、背鐙、禱祝、贊祈等辭”就多有“差謬”“訛舛”之處，因此纂修官下令“五旗王公等將各家祭神辭章録送”，又令從前司祝家内將舊存祝禱辭章“悉行録呈，彙寫一帙”，由纂修官“敬謹覆核，訂誤補闕，删復去冗，又各就所見粘簽，恭呈御覽，伏候欽定”。可見八旗王公貴胄的家祭神辭，以及從前司祝家内所存之祝禱辭章對於清廷所存祝贊之辭“册檔”有糾謬、補充之功用，也是《典禮》修纂的重要史料來源之一。

四、修纂成書時間與修纂人員

關於《典禮》一書的修纂和成書時間，相關記載如下：

---

① 　允禄等撰，阿桂、于敏中等漢譯：《欽定滿洲祭神祭天典禮》，《景印文淵閣四庫全書》第 657 册，臺灣“商務印書館”1983 年版，第 624~625 頁。

（乾隆十二年）丁酉，命纂《滿洲祭神祭天典禮》。（《東華續錄》）①

《欽定滿洲祭神祭天典禮》六卷，乾隆四十二年奉敕撰。（《清通志》）②

《欽定滿洲祭神祭天典禮》一部，乾隆四十二年敕撰，恭紀國朝肇造以來舊制相沿之祀典，凡祭期、祭品、儀注、祝詞，一一詳載，凡六卷，四十三年校刊。（《國朝宮史續編》）③

《滿洲祭神祭天典禮》，（乾隆）四十三年敕撰。（《大清會典》）④

《滿洲祭神祭天典禮》六卷，乾隆四十二年敕撰。（《清史稿》）⑤

綜合以上官修典籍記載可以推斷，《典禮》一書滿文本初修於乾隆十二年（1747），漢文本撰於乾隆四十二年（1777），並於次年校刊，當無疑義。

有關該書修纂人員的構成，如表 2-4 所示。

表 2-4　《欽定滿洲祭神祭天典禮》修纂人員名單⑥

職務	頭　銜	人名
總辦	管理內務府事兼管正黃旗滿洲都統紀錄三次和碩莊親王	允祿
	辦理宗人府事務紀錄六次和碩履親王	允祹
	管理內務府事兼管鑲黃旗滿洲都統紀錄三次和碩親王	弘晝
	經筵講官太保大學士議政大臣領侍衛內大臣兼管吏部戶部理藩院事總管內務府大臣管理三庫事務忠勇公加三級軍功加三級	傅恒
	太子太傅大學士議政大臣領侍衛內大臣兼管刑部尚書事總管內務府大臣	來保

①　王先謙、朱壽朋撰：《東華錄·東華續錄》（第 4 冊），上海古籍出版社 2008 年版，第 200 頁。

②　《欽定皇朝通志》（二）卷九十八《藝文略》，《景印文淵閣四庫全書》第 645 冊，臺灣"商務印書館"1983 年版，第 374 頁。

③　慶桂等編纂，左步青校點：《國朝宮史續編》（下冊）卷八十六《書籍十二》，北京古籍出版社 1994 年版，第 830 頁。

④　崑岡等修，吳樹梅等纂：光緒朝《欽定大清會典》卷七十，《續修四庫全書》第 794 冊，上海古籍出版社 2002 年版，第 665 頁。

⑤　趙爾巽等：《清史稿》卷一百四十六，中華書局 1977 年版，第 4308 頁。

⑥　表格內容參見允祿等撰，阿桂、于敏中等漢譯：《欽定滿洲祭神祭天典禮》，《景印文淵閣四庫全書》第 657 冊，臺灣"商務印書館"1983 年版，第 620~621 頁。

续表

職務	頭　銜	人名
總辦	太子少保内大臣禮部尚書管理户部三庫事總管内務府大臣	海望
	議政大臣工部尚書兼管奉宸院卿事總管内務府大臣	三和
	管上虞備用處事兼管滿洲火器營事御前侍衛都統衙右翼前鋒統領嚮導總管加一級軍功紀録一次尋常紀録三次	阿岱
承修	總管廣儲司六庫事務郎中紀録十四次	官著
	郎中紀録七次	色勒
	掌儀司郎中兼佐領紀録八次	察喇
	員外郎紀録十次	明善
	司俎官	六十
監造	總管廣儲司六庫事務郎中兼佐領加二級紀録十五次	寶善
	管領	陞官保
監繪	營造司員外郎紀録三次	保格
謄録	掌儀司首領筆帖式加一級	永泰
	首領筆帖式	宜廷彪
武英殿監造	管理三旗銀兩莊頭處郎中兼佐領加六級紀録十七次	永保
	管理三旗銀兩莊頭處郎中兼佐領加一級紀録四次	永忠
	管理三旗銀兩莊頭處郎中兼佐領加六級紀録十七次	永保
	管理三旗銀兩莊頭處郎中兼佐領加一級紀録四次	永忠
	廣儲司員外郎	永泰
	庫儲司司庫加一級紀録五次	桑格
	監造加一級	李保
	監造加二級	姚文斌
	庫掌	虎什泰
	庫掌	高永仁

第五節　晚清禮書修纂的餘波

嘉慶、道光年間，清朝國運由盛轉衰，官場貪墨橫行、人口激增等問題造成了嚴重的社會危機，陸疆與海疆亦是危機四伏。至咸豐朝，清廷雖然已是內憂外患，國事堪憂，但仍未忽視禮制建設，只是其規模與氣象已失去清代前中期的勃勃生機。

一、咸豐朝編訂禮儀"簡明規條"

咸豐元年（1851）冬十一月，福建鄉試正考官羅惇衍上疏清廷．針對當時國勢不振的局面，建議根據《大清會典》和《大清通禮》，編訂簡明規條，"崇儉禁奢，以省物力"，其言曰：

> 請崇儉禁奢，以省物力，謂京外官民應遵典禮，違者戒飭，庶人心知警，共還醇儉。查道光八年曾刊刻簡明規條，使百姓知所恪守，乞下禮部，就《會典》《通禮》二書，撮其簡約常行者，以爲條教之式。①

同年，文宗皇帝在上諭中回復該建議：

> 通政使羅惇衍奏請崇儉禁奢一折，國家承平日久，生物繁滋，官民競尚奢華，於風俗人心大有關係，必當申明舊例，以復醇風。道光年間，曾奉諭旨，內外各衙門將民間應用服色及婚喪儀制，悉照《會典》所載，刊刻簡明規條，使百姓知所恪守。乃近來奢靡之風未能盡革，總因有司奉行不力，視爲具文。規條久不頒行，鄉曲無由曉諭，俗吏積習相沿，以條教爲迂談，以化導爲末務，將所謂上行下效者安在耶？

針對上述"官民競尚奢華"的不良社會風氣，以及有司教化不力的情況，文宗敕令將道光八年（1828）頒行的簡明禮儀條款"通行內外各衙門，遵照刊刻

---

①　戴肇辰、蘇佩訓修，史澄、李光廷纂：光緒《廣州府志》（三）卷一百三十三《列傳二十二》，《中國地方志集成·廣東府縣志輯3》，上海書店出版社2003年版，第350頁。

出示，遍行曉諭，俾民間知所遵循，漸歸醇樸"①。該旨下達禮部後，禮部復議，追溯了道光八年（1828）刊刻簡明規條的詳情：

> 道光八年，原任大學士富俊奏，官民服用奢靡踰制，請嚴加禁遏，曾命內外各衙門將民間應用服飾及婚喪儀制，查照《會典》，刊刻簡明規條，使百姓知所恪守，乃有司未能奉行。……我朝秩叙之精，損益之善，具載於《會典》《通禮》二書，第卷帙浩繁，人不易購，道光八年，恭奉諭旨，著內外各衙門刊刻簡明規條，經臣部通行在案。

文中繼而講到，近來奢靡之風未能盡革，責任在禮部，當依上諭所言，頒布禮制規條，挽救頹風。鑒於道光年間大學士富俊原奏所擬規條只有五款，尚未詳備，因此禮部擬從《大清會典》和《大清通禮》二書內篩選出"吉凶冠服各事宜之最切於官民者"，撮其大要，務使其內容簡便易行，之後再與《禮部則例》和《朱子家禮》相互參照，"附爲按語，明白宣示"。預計纂成簡明規條共十九款，主記官民婚喪冠服等事。規條頒布後，通行內外各衙門，遵照刊刻，出示曉諭，使官民上行下效，知所遵守，最終達到端正禮教風俗的目的。② 這一奏議最後得到文宗皇帝的批准並施行。

從上述禮部所擬簡明禮儀條款不難看出，其內容除參考《大清會典》《大清通禮》《禮部則例》外，還涉及《朱子家禮》，可見時至晚清，由於時代背景不同，清廷纂輯禮書時更加注重士庶禮儀的制定，以圖挽救時弊，這與清代前中期彰顯皇權的禮書製作主題大相徑庭。

二、光緒朝開禮學館修纂新禮書

（一）禮書修纂緣起

據《清史稿》記載，光緒朝末年，清廷曾"博選耆儒"，設禮學館，修纂新禮書，該書計劃增修"曲禮"一目，大體框架參考《大清通禮》一書，體例則仿江永《禮書綱目》，並仿照《太常因革禮》，增"廢禮"與"新禮"二目，然而該禮

---

① 王先謙、朱壽朋：《東華錄·東華續錄》（第 8 冊），上海古籍出版社 2008 年版，第 172 頁。

② 戴肇辰、蘇佩訓修，史澄、李光廷纂：光緒《廣州府志》（一）卷四《訓典四》，《中國地方志集成·廣東府縣志輯 1》，上海書店出版社 2003 年版，第 78 頁。

書還未來得及編訂，戊戌政變即爆發，修書事宜隨即擱淺。① 直至光緒三十三年（1907）清廷宣布"預備立憲"後，兩廣總督岑春煊再次上奏清廷，建議開禮學館，修纂新禮書，修書事宜才再次被提上日程，相關內容如下：

> 據岑春煊奏請開館，分門編訂變政後士庶通行之禮，以養成民德等語，查邇來風會，曰新自由平等之說，昌言無忌，誠如該督所云，方如橫流不可遏抑。本擬遴選通才，遵照《會典》《通禮》暨《書儀》《家禮》《五禮通考》等書，斟酌損益，釐訂朝野士庶通行之禮，與該督所奏大致相同。所請徵儒開館之處，擬由禮部附設禮學館，詳慎編纂，至開館事宜，容悉心籌議，隨時具奏，以昭慎重。②

以上可見，由於清廷此前曾有修纂禮書之議，且朝廷處於預催立憲的大變革時期，因此禮部對於岑春煊建議重修士庶通行之禮一事頗以爲然。擬遴選人才，參考《會典》《通禮》，以及《書儀》《家禮》《五禮通考》等書，開禮學館，修纂新禮書。隨後，禮部又草擬了修纂宗旨，內容如下：

> 編纂之要，必先定其宗旨，而後能觀其會通。自古禮三千祇存十七，兩漢六朝，抱殘守闕，僅爲議禮家援引之資。厥後如唐《開元禮》，宋《太常因革禮》，金、元《通禮》《明集禮》，未嘗不斟酌損益，冀合司徒所修之本旨，而去聖愈遠，何能悉當。欽惟我高宗純皇帝詔輯《通禮》一書，集群經之大成，爲百王所不易，守先待後，莫過於斯。今臣等奉命設館派員編纂，謹以《通禮》爲宗，其門目仍以吉、凶、賓、軍、嘉五目爲綱，至外務部、陸軍部、學部之所掌，無論已未奏行，均應由臣部咨行各該衙門，鈔案送館，擇其可爲典常者，依類編入。③

由以上引文可見，禮部回顧清以前歷代禮書製作歷史沿革，或抱殘守缺，或去聖愈遠，不足爲據，"本朝"《大清通禮》則"集群經之大成，爲百王所不

---

① 趙爾巽等：《清史稿》卷八十二，中華書局 1977 年版，第 2484 頁。

② 劉錦藻：《皇朝續文獻通考》卷一百二十二《職官考八》，《續修四庫全書》第 817 冊，上海古籍出版社 2002 年版，第 360 頁。

③ 王先謙、朱壽朋撰：《東華錄·東華續錄》（第 17 冊），上海古籍出版社 2008 年版，第 627 頁。

易，守先待後，莫過於斯"。所以此次修纂宗旨一遵《大清通禮》一書，仍以五禮爲綱。新設立之外務部、陸軍部、學部，分別篩選本部則例"可爲典常者，依類編入"。

光緒三十三年(1907)六月，德宗皇帝下令正式開始修纂禮書。他在上諭①中講道："安上治民，莫善於禮，我朝列聖，皆以修明禮教爲先。"乾隆朝初修、道光朝續修的《大清通禮》頒布後，海內遵行，對於敦教化、正風俗起到了很好的效果。然而隨着時代的變遷，出現了"人各異制，家各異俗"的禮俗失序現象，舛謬與分歧漸多。而且隨着中外接觸的日益頻繁，學禮、軍禮、賓禮諸禮制以及"民間喪祭、冠婚、器物、輿服"也亟待改弦更張，"一律釐正"，總體修纂計劃如下：

> 前據禮部奏設禮學館，茲據將籌議辦法開單呈覽，著即照所議行，該部堂官務當董率在館人員參酌古今，詢查民俗，折衷至當，奏請頒行。俾人人共納於軌物之中，庶期經正民興，用副朝廷預備立憲之至意。②

以上可見，雖然清王朝已處於風雨飄搖的末期，清廷仍重視通過禮書修纂來整合禮儀制度，以應對時代變遷局勢下國家禮制與社會禮俗的變化。

(二)禮學館的運行機制

此次修纂新禮書，雖然由於清王朝即將壽終正寢而未能真正付諸實施，但有大量史料記載了禮學館的管理辦法、修纂章程等運行機制，這與乾隆朝初修《大清通禮》時留下極少的相關史料形成鮮明對比。對光緒朝計劃開禮學館重修禮書的相關史料進行梳理，有助於間接了解清代官修禮書的修纂章程、職官篩選、資料搜集等運行機制的大體情況，具體內容如下：

1. 人員遴選與管理

禮學館的相關供職人員主要由兩個途徑進行遴選。一是由禮部官員充任提調官和校對官；二是從京外各官中遴選總纂和顧問官，總纂官"不拘資格，惟

---

① 上諭原文爲："安上治民，莫善於禮，我朝列聖，皆以修明禮教爲先，乾隆、道光年間疊經纂修《通禮》，海內遵行，現在學禮、軍禮、賓禮，既應因時制宜，即民間喪祭冠婚，器物輿服，亦應一律釐正。"參見《清德宗實錄》卷五百七十五，光緒三十三年六月辛酉，中華書局1987年版，第603頁。

② 《清德宗實錄》卷五百七十五，光緒三十三年六月辛酉，中華書局1987年版，第603頁。

以精於禮學、夙著聞望者奏調到館，充當總纂”。顧問官“採訪京外各直省官紳有識解宏通、熟精禮學者，仿照學部商部之例，奏派爲修明禮制顧問官，遇事咨詢，期於至當”。

2．薪俸及議叙制度

禮學館供職人員的薪俸，除由禮部官員擔任的提調和校對本有廉俸外，其餘各官皆不再多給薪俸，在全書告成後統一上奏，擇優獎叙。“其繕寫全書人員，擬屆時考取舉貢，擇其文理優長、字體端潔者，在館當差，將來照各館謄録例，給予議叙。”①此外，統計、編纂、校對官有十餘人，他們的工作在一年之内可以完成，人數又少，所以酌情給予薪水。可見清末朝廷國庫空虚，修纂機構供事人員待遇也因此大爲縮減。

3．禮學館的工作章程

在《清文獻通考》所載《禮學館章程》一文中，對禮書修纂工作的具體運作情况作了詳細介紹：

第一，編訂《凡例》，“本館專爲修明禮教而設，造端宏大，應將全書《凡例》先行編出”。具體操作辦法是，奏調京外各官中深諳禮學者數人，到館後分門别類，妥訂《凡例》，“仍應隨時修改，以求斟酌盡善”。

第二，詳細校對《大清通禮》原書，增加“廢禮”和“新禮”，限期一年。先是召集在館纂修人員分任篇卷，對“廢禮”和“新禮”中應增應損諸條目逐一加以考訂，各抒見解，之後互相參校，統一意見。除事體重大者應行奏明請旨外，“其有衆説從同，疑義已晰，則擇善改正，繕寫時黏簽標明於下，以備恭呈御覽”。

第三，修纂民禮，限期一年。與《大清通禮》相比，新增民禮增加了《大清通禮》原書所未備的兩項内容：一是民間婚喪祭禮和輿服、宫室、器用之制，“自士大夫以下，民間之婚喪祭禮及輿服、器用、宫室之類，必應明秩序而辨等威者”；二是政書所載法律法規，包括“自禮訓而外，本朝之法律、《會典則例》暨見修政書之屬，所以正風俗而彰軌物者”。具體補編辦法遵從“博采慎取”“廣集詢謀，搜羅群典”的原則，力求詳贍。關於婚喪各禮的制定，一遵“滿漢一體”方針，“惟當仰體朝廷整齊民物，期於滿漢皆可通行之諭，以定宗旨”。②

---

① 以上引文皆出自劉錦藻：《皇朝續文獻通考》卷一百二十二《職官考八》，《續修四庫全書》第817册，上海古籍出版社2002年版，第360頁。

② 劉錦藻：《皇朝續文獻通考》卷一百二十二《職官考八》，《續修四庫全書》第817册，上海古籍出版社2002年版，第363頁。

第四，上述修纂任務，即增訂《大清通禮》原書與續輯民禮各編，一年草創，一年潤色，限三年之內全部完成。

4. 禮書的史料來源

《清續文獻通考》對禮學館修纂新禮書的史料來源有詳細記載：

> 本館編輯宗旨，一以列聖欽定各書爲主，其歷代禮志，以及唐、宋、元、明、國朝諸儒所輯禮書，旁及各衙門《則例》成案，各省志乘、風俗，均應博考遐搜，折衷一是，庶幾近遵王制，遠亦不悖古義。①

以上可見，新禮書的修纂以清代帝王"欽定各書"爲主要參考，兼採歷代正史禮志以及諸儒所輯禮書，旁及各衙門《則例》，各省志乘、風俗，廣搜博採，以實現"近遵王制，遠亦不悖古義"的修纂目標。

（三）禮書的修纂體例及其主旨

《禮學館章程》對禮書修纂體例有詳細介紹："本館編輯之始，必網羅古今，薈萃衆説，排比鉤稽，以求至當。至成書體裁，則貴簡要，期於易知易行。"②可見新禮書體裁要求與《大清通禮》一致，以精簡易行爲宗旨。禮學館總理陳寶琛在《與楊仲唐論續修〈通禮〉書》一文中，對禮書《凡例》十九條進行了闡發，原文如下：

> 竊維禮時爲大，自昔所傳如《開元禮》《政和五禮新儀》《大金集禮》《明集禮》，代有編輯，要必隨其本俗，以爲因革損益之方。乾隆、道光兩次修禮，皆斟酌古今，務臻美善。本屆奉旨重修，自當遵率列聖成規，綴緝附益，而於民禮加詳。謹將原奏所擬《凡例》十九條奉呈鑒政，就中容有商榷之處及各處禮俗不同，應如何整齊變易，使顯然同出於一塗，以與憲政法律相貫通而無窒礙，惟望隨時隨事，鉤以論議，賜以糾繩，俾有遵循，以上贊朝廷修明禮教、移易風俗之盛。③

---

①　劉錦藻：《皇朝續文獻通考》卷一百二十二《職官考八》，《續修四庫全書》第 817 册，上海古籍出版社 2002 年版，第 360 頁。

②　劉錦藻：《皇朝續文獻通考》卷一百二十二《職官考八》，《續修四庫全書》第 817 册，上海古籍出版社 2002 年版，第 360 頁。

③　張鎮芳修，施景舜纂：民國《項城縣志》卷十四，《中國地方志集成·河南府縣志輯 38》，上海書店出版社 2013 年版，第 498 頁。

以上可見，清廷此次修纂新禮書，重點在補充民禮内容，以整齊各處禮俗，並使之與憲政法律相貫通。下面對《凡例》十九條内容作簡要的歸納總結：

1. 增加"曲禮"和禮器圖

新禮書的整體框架仍以《大清通禮》爲主，"其有因革損益，於篇末概加後案"。鑒於《大清通禮》"詳載朝廟之禮，而略於士庶"，遂於五禮外增加"曲禮"一門，其内容"遵照《會典則例》，並新修法律憲法，將屬於民事之軌物法度，斟酌釐訂"。這可以説是根據時代變遷的要求，"援法入禮"的一種嘗試。有亟待裁革的敝俗，則纂輯各家正俗之説附於"曲禮"之後。此外，鑒於《大清通禮》不載圖説，因此於新禮書中增載《禮器圖》《喪服圖》等圖説，以便百姓誦習踐行。增加與士庶禮儀有關的曲禮，附載禮家諸説以匡正敝俗，禮儀文本之外另附禮圖，都可謂完善禮書修纂體例的良法，惜乎清王朝已處於風雨飄摇之末世，新禮書的修纂未能最終完成。

2. 增設"廢禮"和"新禮"

清末實施新政後，一些舊有的禮儀制度，如吉禮之賓興釋褐、嘉禮之鄉會試燕諸禮儀已經過時，而外務部奏定之賓禮，陸軍部奏定之軍禮，學部奏定之學禮等新禮儀，則隨着新制度的確立而顯得愈發重要，因此清廷擬定於新修禮書中增設"廢禮"和"新禮"篇目，附在《大清通禮》之後，反映了新禮書的時代特色。

3. 校正道光朝續修《大清通禮》之疏誤

對道光朝續修《大清通禮》中删改與注釋不當之處予以校正，詳情如下：

> 道光禮有一時疏誤，亟當改正者，即以吉禮言之，旱潦祈報，徹饌之時，乾隆禮皆有樂章，道光禮改之，報有樂而祈無樂，然删徹饌之樂章，並删徹饌之禮節，則删除之未當也。又如祀先醫篇，乾隆禮在祀真武後，故於設樂條下注云："器數見真武篇。"道光禮既升先醫於真武前，此注尚仍不改，則注釋之未當也。似此之類，悉詳加校正。

4. 更正古制中與今制不符之内容

由於世殊時異，道光朝續修《大清通禮》中許多禮制儀文與清代社會實際不相符合，需加以更正。例如，清代居室之制"堂不必有東西階，士大夫不盡有廟，雖有廟，多與宗族共之，行禮皆於寢不於廟。他如廟見之名，加景之用"，凡引據不準確的，都要加以更正，以與今制相符。

5. 修改禮書所載官名

由於光緒三十二年（1906）清廷曾釐定官制，裁撤歸併各衙門，官名也有很大變化，此次修纂禮書自當改書新官名，"而於其下附注原作某官，以備稽考"。例如，新修禮書吉禮中的臨雍釋奠之禮有陪祭官，嘉禮臨雍講書之禮有進講官，這兩個官名在舊禮書中皆稱祭酒司業，"今當臨時請旨改派，暫以陪祭官、進講官稱之，仍附注原作祭酒司業於其下"。

6. 補充大内祭神之禮

乾隆朝初修《大清通禮》，以前代漢族王朝官修禮書爲藍本，未載滿洲傳統祭天禮儀堂子祭祀之禮。道光朝續修《大清通禮》，據《清文獻通考》將堂子祭禮補充進來，但僅撰"元日謁拜"和"立杆致祭"二篇，不載"大内祭神之禮"，此次參考《清通典》和《大清會典》，將其增載。

7. 補充、釐正其他禮儀

第一，禮學館纂修官認爲，乾隆朝和道光朝所修《大清通禮》皆載皇帝東巡闕里，釋奠於先師孔子之禮，卻未載春秋闕里釋奠之禮，"似尚屬疏略"，故應由禮部咨行衍聖公，開列禮節，編入闕里祇告之後，顔曾孔孟四氏後學之祭祀亦同此。

第二，由於道光四年（1824）續修《大清通禮》後屢起刀兵，禮學館臣定："凡各省名臣忠節諸臣，奉旨建立專祠，春秋致祭者，並應載在祀典，編入吉禮。"

第三，釐正直省專祠之祭。乾隆朝《大清通禮》只奉祀九位神祇爲直省專祠之祭，道光朝續修《大清通禮》又增加四十四位神祇。其中"或竟無姓名，或僅有姓而無名，殊不足以重祀典。擬行各省詳查始末，凡係不經之祀，悉行釐正"。

第四，光緒年間，皇帝萬壽、皇太后萬壽大慶，駐蹕頤和園，舉行朝賀筵燕典禮，禮學館着遵照《大清通禮》所載圓明園、綺春園朝賀之禮，將相關禮儀敬謹增入。

第五，增補冠禮。《大清通禮》與前代禮書的最大差别是未載冠禮，而禮學館臣認爲，清代是有冠禮内容載於典章的，其理由如下：

> 乾隆《通禮》於親王昏禮云將及冠，道光《通禮》於民公以下昏禮，亦云將及冠，而喪禮又有已冠未冠之差。恭讀乾隆四十七年上諭，嗣後著將王、貝勒、貝子、公子嗣及閑散宗室年已及歲者，俱照蒙古王公、台吉、塔布囊之例，分別給予冠頂。其宗室見在當差職分較小者，準其與閑散宗室一體照例換給冠頂等。因是我朝冠禮，載在典章。

而《清朝通典》等書未載冠禮，可能是由於當時纂修諸臣"以祖宗家法不立皇太子，不能如《開元禮》之冠禮，托始於皇太子加元服耳"，即清代不設皇太子，故皇太子以下冠禮亦不便記載。而禮學館臣則認爲，《禮記·冠義》"言天子之元子猶士也"，就經義言之，皇太子用士冠禮，則親王以下亦可知，因此決定"稽度古禮，尋繹祖宗給予及歲王公宗室冠頂之意，補冠禮"。

第六，更正品官相見之禮。乾隆、道光兩朝《大清通禮》所載品官相見禮略同，然而時至清朝末年，朝廷官制已經大變，多與前朝《會典》不符。禮學館臣認爲，應重新更定官員之間不同品級相見之禮，補《會典》所未備，以解決"卑亢失體"的問題，具體更定內容如下：

> 分王、貝勒、貝子與品官相見，鎮國公以下與民公、侯伯、品官相見，其品官分平行官、非屬官、屬官，內官與外官，文官與武官，致仕官與現任官，現任官、致仕官與士。各相見禮稱謂、拜揖、迎送、坐立，皆爲之定式。致仕官、未仕士與庶民，分別服親、非服親，亦爲之秩序，以維禮教。

第七，增補滿人鄉飲酒禮。禮學館臣認爲，雖然乾隆、道光朝《大清通禮》"於順天鄉飲未載入旗，直省鄉飲未載駐防"，但根據《八旗通志》載"康熙九年十一月，順天府奏鄉飲酒禮，滿漢均沾，奉旨依議，並載康熙二十四年十月至雍正十三年正月舉行鄉飲賓介姓名"，可見鄉飲酒禮爲滿漢通行之禮儀，"今滿漢更無分畛域，而典禮所在，不宜偏廢"。因此建議增補滿人鄉飲酒禮。

第八，有關謁陵之禮與三年之喪的禮制變革。《大清通禮》將列聖、列后忌辰之禮以及皇帝、皇后謁陵之禮載於吉禮中的陵寢篇內。禮學館臣認爲，上述禮儀"與陵寢同列吉禮，似非祖宗追孝之意，且陵寢篇內所載皇帝親詣列聖、列后陵寢，以至皇子謁陵諸大禮，並無不素服舉哀者，列諸吉禮，似亦未安"。考之《宋史·禮志》，"上陵祭"亦列於凶禮之中。因此，館臣方照其例，"恭錄列聖、列后忌辰及皇帝、皇后以次謁奠陵寢諸篇"，均移至凶禮大喪之後。

禮學館臣還主張滿人與漢人劃一禮制，皆服三年之喪。此前滿人不服三年之喪，是由於國初旗人兵額少，日從金革者不便離任服喪，故滿洲、蒙古、漢軍八旗兵丁皆守舊制，不服三年之喪。如今清廷已改革旗制，且明諭化除滿漢畛域，劃一禮制，"自應毋論滿漢官員士庶，均爲父母持服三年，服官無論京外，均離任終制，以厚風俗"。此處不難看出，清廷主張滿洲八旗子弟皆服三年之喪，劃一禮制，是爲了達到化除滿漢畛域的政治目的，這與清前期突出滿洲特色的政治文化理念形成鮮明對比。

第九，析出“士庶禮儀”，單獨成册。由於禮書修纂内容條理繁委，館臣建議將來新《大清通禮》修成後，宜將士庶禮儀單列成册，單獨刊行，以便於在民間普及施行。①

《清續文獻通考》載，宣統元年（1909），禮部奏稱：

> 見自開館以來，館員按照規程，已將《通禮》原書次第互校，參以論説，所有更正之處，經總理臣陳寶琛分別彙核，簽識頗明。陳寶琛前因事請假回南，據奏稱，館中續繳功課，均經攜帶行篋，隨時纂辦，不致有所曠誤。②

以上可見，自宣統元年（1909）開禮學館修纂新禮書後，當年已完成對《大清通禮》的初步互校工作，兩年後清王朝壽終正寢，修書事宜最終未能完成。然而，上述史料對禮學館運行機制和修纂章程的詳細記載，有助於筆者進一步了解有清一代官修禮書修纂機構的運行機制以及禮書修纂體例的形成過程，亦可見清廷修纂禮書承前啓後、一以貫之的特點。

---

① 上述有關禮書修纂體例及其主旨的内容，皆引自《宣統政紀》所載禮學館所擬修纂《凡例》十九條。參見《宣統政紀》卷九，宣統元年閏二月甲申，中華書局 1987 年版，第 163~167 頁。

② 劉錦藻：《皇朝續文獻通考》卷一百二十二《職官考八》，《續修四庫全書》第 817 册，上海古籍出版社 2002 年版，第 363 頁。

第三章　清代官修禮書的修纂特色

　　上一章對清代具有代表性的三部官修禮書《欽定大清通禮》《皇朝禮器圖式》《欽定滿洲祭神祭天典禮》的修纂緣由、修纂經過、修纂體例以及修纂主旨作了介紹，本章將以此爲基礎，對這三部禮書的篇章結構和内容特色進行更爲深入的考察，着重將其與前代官修禮書和本朝其他類型的禮儀文本進行比較研究，以探究清代官修禮書的修纂特色。

第一節　《欽定大清通禮》的修纂特色

一、統治者、修纂者及四庫館臣的評價

　　與前代官修禮書相比，清代所修《欽定大清通禮》一書有其獨到之處，大體可以概括爲精簡、實用和通達“古今上下”三個特點。在《四庫全書總目》中，四庫館臣認爲，在前代禮書中，《儀禮》“古經殘闕，諸儒所説，多自‘士禮’上推於天子，且古今異制，後世斷不能行”。歷朝官修禮書得以流傳後世者，如《大唐開元禮》《政和五禮新儀》《大金集禮》《明集禮》，則“大抵意求詳悉，轉涉繁蕪，以備掌故則有餘，不能盡見諸施行也”，有“鋪陳掌故，不切實用”之弊。而《大清通禮》與前代禮書相比，則有三大優點：

　　第一，力求精簡。所謂“是編也，約而賅，詳而不縟”，“惟載貴賤之等差，節目之先後，而不及其沿革。惟載器物之名數，陳設之方隅，而不及其形制。蓋沿革具於《會典則例》，形制具於《禮器圖式》，各有明文，足資考證，故不復述也”。[1] 與前代禮書卷帙浩繁、事無巨細而備載之不同，《大清通禮》

---

[1]　　永瑢等：《四庫全書總目》卷八十二《史部·政書類二》，中華書局 1965 年版，第706 頁。

只記載與禮儀實踐密切相關的儀式流程、尊卑等差、器物名數以及陳設方位等內容，將龐雜的禮制沿革內容移入《大清會典則例》，將細微繁瑣的禮器形制介紹載於《皇朝禮器圖式》。如此安排，使得此書較之前代禮書更爲精簡，便於實際操作和在民間普及流傳，這一力求精簡的修纂主旨較之前代頗具創新意義，也印證了《清朝文獻通考》所載清代禮書的修纂理念："若唐之《開元禮》、宋之《政和五禮新儀》、元之《典章》、明之《集禮》又皆有文無實，煩冗而不適於用我朝。"①《四庫全書總目》也引《禮記》稱贊該書之精簡，其文曰："記曰'禮從宜'，又曰'大禮必簡'，三代聖王納民軌物，其本義不過如斯！"②

第二，注重實用性，不泥古制。禮書修纂過程中如遇古禮與今制相抵牾之處，主要以今制爲標準，以便施行於當代，正如是書卷首序言所言："禮時爲大，今古異尚，從其儀也。是書皆取見行儀注輯定，其非皇朝成式，雖有古制，槩不摭拾。"③《四庫全書總目》評價《大清通禮》一書"自朝廷以逮於士庶，鴻綱細目，具有規程。事求其合宜，不拘泥於成迹，法求其可守，不夸飾以浮文。與前代禮書鋪陳掌故，不切實用者迥殊。……賜名曰《通禮》，信乎酌於古今而達於上下，爲億萬年治世之範矣"④。製作禮書不泥古，不尚虛文，一切以精簡實用、適於當代施行爲標準，展現了清廷力求以"禮"經世的修書理念。美國學者司徒安也認爲："《大清通禮》的語言風格兼具陳述性與規訓性這兩個特點，因此在描述典禮實踐的同時，它也在規勸人們在現世重復這些行爲。"⑤

第三，"酌古參今，上下通達"。《大清通禮》在整體謀篇布局上，還追求貫通古今，並囊括天子以至士庶之禮。高宗皇帝在其卷首序文中表示，修成一部貫古通今、達於上下的一代禮制專書絕非易事，他回溯前代禮書製作的歷史沿革，並總結到，《儀禮》十七篇多爲"士禮"，經西漢經學家后蒼闡發而被儒者奉爲"本經"，與《周禮》《禮記》既互爲參照，又時有抵牾。有鑒於此，朱子

---

① 《欽定皇朝文獻通考》卷一百二十五《王禮考》，《景印文淵閣四庫全書》第 634 冊，臺灣"商務印書館"1983 年版，第 728 頁。

② 永瑢等：《四庫全書總目》卷八十二《史部·政書類二》，中華書局 1965 年版，第 706 頁。

③ 來保、李玉鳴等：《欽定大清通禮》卷首，《景印文淵閣四庫全書》第 655 冊，臺灣"商務印書館"1983 年版，第 8 頁。

④ 永瑢等：《四庫全書總目》卷八十二《史部·政書類二》，中華書局 1965 年版，第 706 頁。

⑤ ［美］司徒安：《身體與筆——18 世紀中國作爲文本/表演的大祀》，李晉譯，北京大學出版社 2014 年版，第 179 頁。

曾建議修纂禮制"通解"，然事"未竟"，可見"完書之難"。漢朝叔孫通所制定之朝儀，公玉帶所獻之《明堂圖》，也不過只是禮制的初步草創，不够系統完備。此後，如唐之《大唐開元禮》、宋之《太常因革禮》、元《通禮》、《明集禮》等，雖可"足征一朝掌故"，然而"承用日久"後，世俗風尚便逐漸掩蓋了禮制的内在精意，以致禮制儀文逐漸衰廢，爲鄙俗所取代。具體言之，在中央，歷代王朝統治者大多對禮制典籍態度輕慢，不予重視，更談不上將倫理情感灌注於禮制儀文之中。更有甚者，在修改禮制典籍時貿然偭規越矩，違背傳統，任意删削禮書内容，如此一來，尋求禮儀制度的古今、上下貫通就更加困難了。在地方社會，禮儀文本也未受到重視和普及，如宋代的《書儀》《家禮》，在鄉學中竟被看作淺陋之學，僅限於闡發書中的文本内容，並未形成禮法規范而向全社會普及，因此仍然無法實現禮制儀文的上通下達。而《大清通禮》一書則與前代禮書不同，它既能"圭臬群經，羽翼會典"，力爭做到參酌古今，又可通過官方推動，"使家誦而户習之，於以達之人倫日用之間，興孝悌而正風俗"，實現禮儀制度的上下通達。高宗不禁感嘆："朕淑世牖民之意，或在斯乎，或在斯乎！"①

以上高宗皇帝對《大清通禮》一書的評價，或多有溢美之詞，此書向社會普及的情況也未見得真能實現最初的修纂初衷，然而清廷修纂這樣一部"盛世通禮"的立意，至少反映了清統治者經世致用的務實作風與以"禮"經世的文治理念，也展現了乾隆"盛世"對前代文化成果進行集大成式的總結與整理的恢弘氣魄。

道光朝續修《大清通禮》最爲突出的特點，就是將頗具滿洲特色的堂子祭天典禮納入書中，《清實録》載宣宗上諭曰："堂子祭天，典禮甚重。見在禮部纂輯《通禮》，著於吉禮中南郊、北郊大祀之後，謹增致祭堂子之禮，以昭明備。"②將滿洲祭天典禮納入清王朝官修禮書之中，一定程度上反映了滿漢文化相互滲透的進一步深化。

二、《欽定大清通禮》與《大唐開元禮》的比較研究

《大唐開元禮》是我國現存最早的一部官修禮書，在該書之前，唐朝統治

---

① 序文原文參見來保、李玉鳴等：《欽定大清通禮》卷首《御製大清通禮·序》，《景印文淵閣四庫全書》第655册，臺灣"商務印書館"1983年版，第1~2頁。

② 《清宣宗實録》卷六十八，道光四年五月甲戌，中華書局1986年版，第80頁。

者還下令修纂過《貞觀禮》《顯慶禮》，然而由於《貞觀禮》的内容有"節文未盡"
的缺陷，《顯慶禮》又有"事不師古"之弊病，且"多希旨傅會"，① 因此隨着開
元盛世的到來，重新修纂一部更加爲完備、符合盛世規模的國家禮典被提上日
程。《大唐開元禮》的修纂在中國禮制史上起到了承前啓後的作用，它系統總
結了唐以前的"五禮"制度，其篇章結構、修纂體例又爲唐以後歷代王朝修纂
官修禮書定下了基調和典範。《新唐書·禮樂志》認爲，該書纂成後，"唐之五
禮之文始備，而後世用之，雖時小有損益，不能過也"②。《四庫全書總目》也
稱贊《大唐開元禮》曰："朝廷有大疑，稽是書而可定。國家有盛舉，即是書而
可行，誠考禮者之圭臬也。"③有關《大唐開元禮》的修纂背景、修纂制度、思
想來源、變革趨勢以及相關考證研究，前人已多有論述，④ 以下僅就《大唐開
元禮》與《大清通禮》的修纂體例和内容框架作一比較研究。

（一）謀篇布局的異同之處

第一，二書在修纂體例上頗有淵源。《大清通禮》卷首凡例載："《開元禮
纂》，見於杜佑《通典》，而修史者採之《唐書》，今仿其式，每一儀中各就自然
次序條分之，儀繁者於每節之後書'右某事'別之，儀簡者於全文之末合書之。
期於節目分明，以昭其辨。"⑤可見《大清通禮》一書的修纂體例是仿照杜佑《通
典》中所載《開元禮纂》而成，雖然杜氏《開元禮纂》較之"《唐志》差詳，而節目
亦多未備……終不及原書之賅洽"⑥，但仍可將《大清通禮》修纂體例的源頭追
溯至《大唐開元禮》。

第二，二書在大綱編排上略有不同。《大唐開元禮》編排總綱爲：序例、
吉禮、賓禮、軍禮、嘉禮、凶禮。其中，卷一至卷三爲序例部分，主要記述舉

---

① 楊志剛：《中國禮儀制度研究》，華東師範大學出版社 2000 年版，第 167~168 頁。

② 歐陽修、宋祁：《新唐書》卷十一《志第一》，中華書局 1975 年版，第 309 頁。

③ 永瑢等：《四庫全書總目》卷八十二《史部·政書類二》，中華書局 1965 年版，第
702 頁。

④ 參見楊華：《論〈開元禮〉對鄭玄和王肅禮學的擇從》，《中國史研究》2003 年第 1
期；劉安志：《關於〈大唐開元禮〉的性質及行用問題》，《中國史研究》2005 年第 3 期；吳
麗娛：《營造盛世：〈大唐開元禮〉的撰作緣起》，《中國史研究》2005 年第 3 期。

⑤ 來保、李玉鳴等：《欽定大清通禮》卷首《凡例》，《景印文淵閣四庫全書》第 655
册，臺灣"商務印書館"1983 年版，第 7 頁。

⑥ 永瑢等：《四庫全書總目》卷八十二《史部·政書類二》，中華書局 1965 年版，第
702 頁。

行祭祀典禮時所涉及的擇日、筮日、辨神位、陳俎豆等相關事宜，鹵簿規制、衣冠服飾形制、齋戒日期、旱澇祈禱以及其他雜制。《大清通禮》則不列"序例"一門，僅以五禮爲綱，劃分全書。此外，在五禮排序方面，《大唐開元禮》將凶禮排至末位，四庫館臣曰："凶禮古居第二，而退居第五者，用《貞觀》《顯慶》舊制也。"可見自唐初修纂禮書時，凶禮已被調至末位，且被《大唐開元禮》及後世禮書所效法遵循，① 《大清通禮》亦不例外。而與《大唐開元禮》不同的是，《大清通禮》將嘉禮與賓禮的位置進行了互換（互換後排序爲吉、嘉、軍、賓、凶）。

　　第三，《大唐開元禮》在每項禮制儀文敘述之後，都有"有司執事"一項，專門記載相關禮儀的備辦工作，對執事人員安排、器物陳設方位，以及儀式進行過程中相關執事人員所司職責進行了詳細記載。而《大清通禮》爲求精簡，只記述儀式過程，對儀式參加者的具體職責並未記載，這部分內容載於《大清會典則例》和《禮部則例》等書之中。

　　第四，相較於《大清通禮》，《大唐開元禮》的權威性和社會普及性更強。《大唐開元禮》體例嚴整、內容豐富，對《貞觀禮》和《顯慶禮》有爭議之處，多採取合理的折中態度，各取所長、二禮並用，故爲時人所認可，逐漸取得了禮制權威地位。唐德宗年間，《大唐開元禮》被列爲官學，納入科舉考試之中，廣大士子研習禮制之風漸起，《大唐開元禮》也得以在社會上廣泛普及，② 其權威性和普及性相較於《大清通禮》要更強。

表 3-1　《大唐開元禮》的篇章結構及主要內容③

門類及卷數	禮 儀 條 目
序例（卷一至卷三）	序例上：擇日、筮日、神位、俎豆； 序例中：大駕鹵簿、皇太后皇后鹵簿、皇太子鹵簿、皇太子妃鹵簿、親王鹵簿、內外命婦鹵簿； 序例下：衣服、齋戒、祈禱、雜制

　　① 　永瑢等：《四庫全書總目》卷八十二《史部·政書類二》，中華書局 1965 年版，第702 頁。

　　② 　楊志剛：《中國禮儀制度研究》，華東師範大學出版社 2000 年版，第 175～176 頁。

　　③ 　表格內容參見蕭嵩等：《大唐開元禮》，《景印文淵閣四庫全書》第 646 冊，臺灣"商務印書館"1983 年版。

续表

門類及卷數	禮儀條目
吉禮（卷四至卷七十八）	皇帝冬至祀圜丘；皇帝正月上辛祈穀於圜丘；皇帝孟夏雩祀於圜丘；皇帝季冬大享於明堂；皇帝立春祀青帝於東郊；皇帝立夏祀赤帝於南郊；皇帝季夏土王日祀黃帝於南郊；皇帝立秋祀白帝於西郊；皇帝立冬祀黑帝於北郊；皇帝臘日蜡百神於南郊；皇帝春分朝日於東郊；皇帝秋分夕月於西郊；祀風師、雨師、靈星、司中、司命、司人、司祿；皇帝夏至日祭方丘；皇帝孟冬祭神州於北郊；皇帝仲春仲秋上戊祭太社；祭五嶽、四鎮，祭四海、四瀆；皇帝時享於太廟；皇帝祫享於太廟；皇帝禘享於太廟，皇帝、皇后拜五陵；太常卿行諸陵；皇帝孟春吉亥享先農、耕耤；皇后季春吉巳享先蠶、親桑；有司享先代帝王；薦新於太廟，季夏祭中霤於太廟，孟冬祭司寒，興慶宮祭五龍壇；皇帝、皇太子視學；皇太子釋奠於孔宣父；國子釋奠於孔宣父，皇子束脩、國學生束脩；仲春仲秋釋奠於齊太公；皇帝巡狩告於圜丘、皇帝巡狩告於太社、皇帝巡狩告於太廟、皇帝巡狩；皇帝封祀於泰山、禪於社首山；時旱祈於太廟、時旱祈於太社、時旱祈嶽鎮於北郊；時旱就祈嶽鎮海瀆；久雨禜國門；諸州祭社稷、諸州釋奠於孔宣父；州學生行束脩禮，諸州祈社稷、祈禱諸神、禜城門；諸縣、諸里祭社稷；諸縣釋奠於孔宣父；縣學生行束脩禮，諸縣祈社稷、祈諸神、禜城門；諸太子廟時享；三品以上時享其廟，三品以上祫享其廟；三品以下禘享其廟；四品、五品時享其廟；六品以下時祠，王公以下拜掃
賓禮（卷七十九至卷八十）	蕃國王來朝以束帛迎勞；遣使戒蕃王見日；蕃王奉見；受蕃國使表及幣、皇帝燕蕃國王；皇帝燕蕃國使
軍禮（卷八十一至卷九十）	皇帝親征類於上帝；皇帝親征宜於太社；皇帝親征告於太廟；皇帝親征禡於所征之地；親征及巡狩郊祀有司載於國門；親征及巡狩告所過山川；平蕩賊寇宣露布；遣使勞軍將；皇帝講武；皇帝田狩；皇帝射於射宮；皇帝觀射於射宮；制遣大將出征有司宣於太社；制遣大將出征有司告於太廟；制遣大將出征有司告於齊太公廟；仲春祀馬祖、仲夏享先牧、仲秋祭馬社、仲冬祭馬步；合朔伐鼓、合朔諸州伐鼓、大儺、諸州縣儺

续表

門類及卷數	禮 儀 條 目
嘉禮（卷九十一至卷一百三十）	皇帝加元服、納后；皇帝元正、冬至受皇太子朝賀；皇后元正、冬至受皇太子朝賀；皇帝元正、冬至受皇太子妃朝賀；皇后元正、冬至受皇太子妃朝賀；皇帝元正、冬至受群臣朝賀；皇帝千秋節受群臣朝賀；皇后元正、冬至受群臣朝賀；皇后元正、冬至受外命婦朝賀；皇帝於明堂讀孟仲季春令、孟仲季夏令、孟仲季秋令、孟仲季冬令；皇帝於明堂及太極殿讀五時令；皇帝養老於太學；臨軒冊命皇后、臨軒冊命皇太子、內冊皇太子、臨軒冊命諸三大臣；朝堂冊命諸臣；冊內命婦二品以上；遣使冊授官爵；朔日受朝；朝集使引見、皇太子加元服、皇太子納妃；皇太子元正、冬至受群臣賀；皇太子元正、冬至受宮臣朝賀；皇太子與師傅保相見；皇太子受朝集使參辭；親王冠；親王納妃；公主降嫁；三品以上嫡子冠；三品以上庶子冠；四品、五品庶子冠；六品以下嫡子、庶子冠；三品以上婚；四品、五品婚，六品以下婚；朝集使於尚書省禮見；任官初上相見；京兆河南牧初上；萬年長安河南洛陽令初上；鄉飲酒；正齒位、宣赦書；群臣詣闕上表；群臣奉參起居；皇帝遣使慰勞諸蕃；皇帝遣使宣撫諸州；皇帝遣使諸州宣制勞會；皇帝遣使諸州宣赦書；諸州上表
凶禮（卷一百三十一至卷一百五十）	凶年振撫；勞問疾苦；中宮勞問；皇太子勞問；五服制度；訃奏；臨喪、除服；皇帝爲小功以上舉哀；勅使弔、賵賻、會喪；策贈；會葬致奠，中宮太皇太后、皇太后、皇后舉哀弔喪；皇帝、太子舉哀弔喪；皇太子妃舉哀弔喪；中宮太皇太后、皇太后、皇后服，東宮服、東宮妃服，三品以上喪；四品、五品喪；六品以下喪；王公以下喪

表 3-2　《欽定大清通禮》的篇章結構及主要內容①

門類及卷數	禮 儀 條 目
吉禮（卷一至卷十六）	圜丘祀天之禮；祈穀之禮；常雩、大雩之禮；因事祇告圜丘之禮；列聖升配南郊之禮；方澤祭地之禮；因事祇告方澤之禮；列聖升配北郊之禮；四時饗太廟之禮；祫祭太廟之禮；因事親告太廟之禮；遣官祇告太廟之禮；列聖、列后升祔太廟之禮；太廟東西兩廡配饗之

---

① 表格内容參見來保、李玉鳴等：《欽定大清通禮》，《景印文淵閣四庫全書》第 655 冊，臺灣"商務印書館"1983 年版。

续表

門類及卷數	禮 儀 條 目
吉禮（卷一至卷十六）	禮；加上列聖、列后尊謚之禮；恭進玉册、玉寶之禮；致祭奉先殿之禮；列聖忌辰素服、列后升祔奉先殿之禮；皇后升祔奉先殿之禮；皇帝親謁列聖、列后陵寢之禮；清明節敷土於寶城之禮；皇帝遣皇子謁陵之禮；歲祭社稷之禮；因事祇告社稷之禮；皇帝親祭或遣官朝日夕月之禮；皇帝親祭或遣官祭先農之禮；皇后親祭或遣妃祭先蠶之禮；皇帝親祭或遣官致祭歷代帝王之禮；皇帝時巡省方，親祭古昔帝王陵寢之禮；遣官致祭直省所在歷代帝王陵寢之禮；經筵致祭傳心殿之禮；春秋釋奠先師孔子之禮；皇帝臨雍講學，親釋奠於先師之禮；月朔釋菜之禮；望日國子監上香之禮；因事祇告大成殿之禮；皇帝東巡，赴闕里親釋奠先師孔子之禮；遇慶典遣官致祭先師孔子之禮；皇帝東巡，遣官釋奠元聖周公之禮；皇帝東巡，致祭復聖顏子、宗聖曾子、述聖子思子、亞聖孟子之禮；直省、府、州、縣廟祀先師孔子；春秋釋奠直省、府、州、縣忠孝、節孝、名宦、鄉賢四祠之禮；祈告、報祭天神之禮（祀雲、雨、風、雷四神）；直省、府、州、縣春秋致祭神祇壇之禮（祀雲、雨、風、雷、境內山川、城隍之神）；皇帝時巡省方，祭祀所到之處嶽鎮海瀆、遣官致祭方鎮、所過名山大川之禮；逢國家有大慶典，遣官分詣致祭直省嶽鎮海瀆之禮；守土官以時致祭直省所在山川有封號、建立專祠者之禮；祭祀、祈雨太歲之禮；祭祀真武神之禮；祭祀司火神之禮；祭祀礮神之禮；祭都城隍神之禮；祭東嶽神之禮；祭黑龍潭神、玉泉山龍神祠之禮；祭后土神、司工神之禮；祭窯神、門神之禮；祭司倉神之禮；致祭先醫之禮；春秋致祭，直省、府、州、縣祭關帝之禮；致祭直省所在有功德於民神祠之禮；皇帝時巡遣官致祭聖賢、忠烈、名臣、勳臣祠墓之禮；祭祀京師賢良祠、直省賢良祠之禮；祭祀功臣、賢王、陣亡將士之禮；直省、府、州、縣寒食節北郊祭厲之禮；親王、世子、郡王、貝勒、貝子、公、品官、庶士、庶人家祭之禮
嘉禮（卷十七至卷三十八）	三大節朝賀之禮；御門聽政之禮；常朝陞殿、常朝坐班之禮；皇帝時巡盛京，陞殿受賀之禮；盛京常朝之禮；皇帝登極之禮；恭上皇太后尊號、徽號之禮；尊封皇祖妃嬪，皇考妃嬪之禮；皇帝、皇子、親王、世子、郡王、長子、貝勒、貝子、宗室公、宗室將軍、閑散宗室婚禮；官員、士庶婚禮；公主下嫁之禮；郡主、縣主、郡君、縣君、鄉君于歸之禮；册立皇后，册封皇貴妃、貴妃、妃、嬪之禮；

续表

門類及卷數	禮儀條目
嘉禮（卷十七至卷三十八）	册封親王、世子、郡王、長子、貝勒、貝子之禮；册封公主、福晉、夫人、郡主、縣主、郡君之禮；頒詔之禮；詔下直省、朝鮮國之禮；頒朔之禮；進春、直省迎春之禮；皇帝躬耕帝耤之禮；時巡省方，遣官行直省、府、州、縣耕耤之禮；皇后躬桑之禮；恭進《實録》《聖訓》之禮；皇帝經筵之禮；皇帝臨雍之禮；皇帝東巡，於闕里詩禮堂講書之禮；貢舉之禮；皇帝時巡省方之禮；太和殿筵燕之禮；慈寧宮筵燕之禮；歲除日，賜外藩蒙古筵燕於保和殿之禮；歲春正月上元節，賜外藩筵燕於圓明園正大光明殿之禮；臨雍賜燕之禮；凱旋燕勞之禮；鄉試、會試、恩榮筵燕之禮；筵燕外藩蒙古王公、外國貢使之禮；鄉飲酒之禮
軍禮（卷三十九至卷四十二）	皇帝大閱之禮；皇帝親征之禮；命將出征之禮；凱旋之禮；納降之禮；獻俘太廟、社稷壇之禮；午門受俘之禮；日、月食救護之禮
賓禮（卷四十三至卷四十四）	朝貢之禮；敕封外國之禮；王公貴族、官員、師生、士人、長幼相見之禮
凶禮（卷四十五至五十）	列聖、列后、皇貴妃、貴妃、妃、嬪、貴人喪禮；皇太子、皇子喪禮；親王以下、宗室將軍以上喪禮；親王福晉、夫人、公主、郡主、縣主、郡君、縣君、鄉君喪禮；官員喪禮；士喪禮；庶人喪禮

（二）從内容增減看《欽定大清通禮》的修纂特色

1.《大清通禮》較之《大唐開元禮》内容增減概況

從表 3-1、表 3-2 可歸納《大清通禮》較之《大唐開元禮》所載内容的增減概況，詳見表 3-3。

（1）吉禮部分：與《大唐開元禮》相比較，《大清通禮》取消了祭祀五方帝之禮、泰山封禪之禮以及皇帝禘享於太廟之禮；增加了已逝帝后配享南郊、北郊和升祔太廟之禮，還增加了皇帝出巡時祭祀以孔子爲首的儒家先聖先賢、名宦鄉賢祠墓、賢良祠等禮儀。此外，《大清通禮》對專祠專神的祭祀種類也有所增加，其中有些神祇是從民間祭祀提升爲國家祭祀的。

（2）賓禮部分：《大唐開元禮》所載賓禮皆是與蕃國朝覲相關的禮儀，《大清通禮》則增加了相見禮（《大唐開元禮》將相見禮載於嘉禮條目之下）。

（3）軍禮部分：《大清通禮》刪除了《大唐開元禮》所載大將出征時有司告於齊太公廟之禮，與唐代不同，清代似乎並不崇奉齊太公，如《大唐開元禮》吉禮部分所載"仲春仲秋釋奠於齊太公"之禮亦不見於《大清通禮》；取消"伐鼓"之禮，代之以"日、月食救護"之禮；取消祀馬祖、享先牧、祭馬社、祭馬步之禮，皇帝射禮以及儺祭。《大清通禮》在軍禮部分增補的禮儀條目主要集中在軍隊凱旋儀式、獻俘、受俘禮儀上。

（4）嘉禮部分：《大清通禮》刪除了皇帝於明堂、太極殿讀四時令、五時令之禮，養老於太學之禮以及皇帝遣使慰勞諸番之禮。增加的禮儀則凸顯了清朝特色，如增加了皇帝耕耤和皇后躬桑禮儀，體現了清統治者對勸課農桑的重視。所增恭進《實錄》《聖訓》之禮、皇帝經筵之禮、皇帝臨雍之禮、皇帝東巡時於闕里詩禮堂講書之禮、貢舉之禮，則反映了作爲少數民族的清統治者對漢文化的尊崇。

（5）凶禮部分：《大清通禮》於凶禮條目下只記載喪葬之禮，刪除了《大唐開元禮》凶禮條目下的凶年賑撫、勞問疾苦、中宮勞問、皇太子勞問、五服制度等禮儀。在增加的禮儀條目中有兩處值得注意，一是增加了女性角色，即親王福晉、夫人、公主、郡主、縣主、郡君、縣君、鄉君喪禮；二是首次記載了庶人喪禮。

表3-3 《欽定大清通禮》禮儀條目較之《大唐開元禮》增減概況

門類	增 加	削 減
吉禮	列聖升配南郊之禮；列聖升配北郊之禮；列聖、列后升祔太廟之禮；加上列聖、列后尊謚之禮；恭進玉册、玉寶之禮；皇帝東巡，赴闕里親釋奠先師孔子之禮；遇慶典，遣官致祭先師孔子之禮；皇帝東巡，遣官釋奠元聖周公之禮；皇帝東巡，致祭復聖顏子、宗聖曾子、述聖子思子、亞聖孟子之禮；春秋釋奠直省、府、州、縣忠孝、節孝、名宦、鄉賢四祠之禮；祭祀真武神之禮；祭祀司火神之禮；祭祀礮神之禮；祭都城隍神之禮；祭東嶽神之禮；祭黑龍潭神、玉泉山龍神祠之禮；祭后土神、司工神之禮；祭窰神、門神之禮；祭司倉神之禮；致祭先醫之禮；直省、府、州、縣祭關帝之禮；致祭直省所在有功德於民神祠之禮；皇帝時巡，遣官致祭聖賢、忠烈、名臣、勳臣祠墓之禮；祭祀京師賢良祠以及直省賢良祠之禮；祭祀功臣、賢王、陣亡將士之禮；庶士、庶人家祭之禮	皇帝季冬大享於明堂之禮；皇帝立春祀青帝於東郊；皇帝立夏祀赤帝於南郊；皇帝季夏土王日祀黃帝於南郊；皇帝立秋祀白帝於西郊；皇帝立冬祀黑帝於北郊；皇帝孟冬祭神州於北郊之禮；皇帝禘享於太廟之禮；仲春仲秋釋奠於齊太公之禮；皇帝封祀於泰山、禪於社首山之禮

续表

門類	增　　加	削　　減
賓禮	王公貴族、官員、師生、士人、長幼相見之禮	—
軍禮	凱旋之禮；納降之禮；獻俘太廟、社稷壇之禮；午門受俘之禮；日、月食救護之禮	大將出征，有司告於齊太公廟之禮；仲春祀馬祖、仲夏享先牧、仲秋祭馬社、仲冬祭馬步之禮；合朔伐鼓、合朔諸州伐鼓之禮；皇帝射於射宮之禮；皇帝觀射於射宮之禮；大儺、諸州縣儺之禮
嘉禮	御門聽政之禮，常朝陞殿、常朝坐班之禮；盛京常朝之禮；頒朔之禮；進春、直省迎春之禮；皇帝躬耕帝耤之禮；時巡省方，遣官行直省、府、州、縣耕耤之禮；皇后躬桑之禮；恭進《實錄》《聖訓》之禮；皇帝經筵之禮；皇帝臨雍之禮；皇帝東巡，於闕里詩禮堂講書之禮；貢舉之禮；各類宮廷筵燕之禮	皇帝於明堂讀春令、讀夏令、讀秋令、讀冬令之禮；皇帝於明堂及太極殿讀五時令之禮；皇帝養老於太學之禮；皇帝遣使慰勞諸蕃之禮
凶禮	親王福晉、夫人、公主、郡主、縣主、郡君、縣君、鄉君喪禮；士庶喪禮	凶年振撫、勞問疾苦、中宮勞問、皇太子勞問、五服制度

2.《大淸通禮》較之《大唐開元禮》所反映的時代特色

相較於《大唐開元禮》，《大淸通禮》所載内容有以下幾點特色：

第一，由於世殊時異，《大唐開元禮》所載許多禮儀已不適合淸代繼續施行，故不再列於《大淸通禮》之中，如淸朝不再分封諸王領地，故取消皇帝遣使慰勞諸番之禮。淸朝不建明堂，在明堂舉行的諸禮典自然也就不再予以記載。此外，一些禮儀的内容尚存，但名稱有了變化，如《大唐開元禮》所載"合朔伐鼓"之禮即爲《大淸通禮》中的"日、月食救護"之禮。

第二，與《大唐開元禮》相比，《大淸通禮》更加重視優禮以周公、孔子爲首的儒家先聖先賢，反映了自唐代以來，儒家漸漸從佛、道二教脱穎而出的趨勢，也展現了淸廷對儒學推崇備至的政治文化取向。

　　第三，在祭祀對象上，《大清通禮》較之《大唐開元禮》大爲擴展，特別是增加了許多自然神(凸顯了薩滿信仰特色)、名宦鄉賢以及英雄典範的祭祀典禮，將許多地方性神祇祭祀官方化等，體現了清代官方禮制建設援俗入禮的特點。

　　第四，前代官修禮書所載禮儀受衆對象大多下至品官即止，而在《大清通禮》一書中，庶人禮儀首次受到關注和記載，如《大清通禮》庶人家祭和庶人喪禮即爲前代禮書所不載，這也體現了《大清通禮》力求自天子以至庶人，將禮制一以貫之的禮書修纂理念，通禮之"通"即在於此。

　　第五，《大清通禮》對軍禮有所擴充，如制定凱旋禮、獻俘、受俘之禮，體現了清朝源自軍事民主制時期的一些尚武遺風。

　　第六，與前代禮書相比，《大清通禮》提升了長白山的祭祀地位，這與清統治者意在追本溯源，强調其作爲少數民族的統治合法性有關。

三、《欽定大清通禮》與《太常因革禮》的比較研究

　　宋代處於中古與近世社會之間的重要轉折時期，雖然朝廷在政治、軍事方面出現了積貧積弱的局面，但隨着經濟發展的空前繁榮以及印刷業和科舉制度的日臻完備，宋代文化迎來了歷史發展的高峰期。這一時期的官方禮制建設也極爲可觀，前後修纂了《開寶通禮》《太常新禮》《太常因革禮》和《政和五禮新儀》這幾部重要的官修禮書著作。據《宋史·禮志》記載，宋開寶年間(968—975)命廷臣組織修纂的《開寶通禮》共二百卷，該書"本唐《開元禮》而損益之"①。景祐四年(1037)，賈昌朝又撰《太常新禮》及《祀儀》。至嘉祐年間(1056—1063)，歐陽修"纂輯散失，命官設局"，以《開寶通禮》爲底本，而記其變，"及《新禮》以類相從"，撰成一百卷，即《太常因革禮》。②《政和五禮新儀》二百二十卷，成書於政和三年(1113)，此書因過於泥古，不便於當時社會施行，故頒行後未能真正行用，旋即廢除。由於《開寶通禮》佚失，且關於《太常因革禮》的修纂緣起、修纂宗旨、修纂人員、修纂體例、取材和收録範圍等問題，前人已有專門研究，此處不再贅述。③ 下面僅就修纂體例較有時代特色的《太常因革禮》與《大清通禮》進行比較，以探究《大清通禮》修纂之特色。

　　關於《太常因革禮》的内容框架，歐陽修在該書卷首序言中介紹道：

<hr>

　　① 脱脱等：《宋史》卷九十八《志第五十一》，中華書局 1977 年版，第 2421 頁。
　　② 脱脱等：《宋史》卷九十八《志第五十一》，中華書局 1977 年版，第 2422 頁。
　　③ 參見尹承：《太常因革禮研究》，山東大學博士學位論文，2015 年。

以爲《開寶通禮》者，一代之成法，故以《通禮》爲主，而記其變，其不變者，則有《通禮》存焉，凡變者，皆有所沿於《通禮》也。其無所沿者，謂之"新禮"，《通禮》之所有而建隆以來不復舉者，謂之"廢禮"，凡始立廟皆有議論，不可以不特見，謂之"廟議"，其餘皆即用《通禮》條目。①

以上可見，《太常因革禮》全盤繼承了《開寶通禮》的主體內容，新增了"新禮""廢禮"和"廟議"三個禮儀條目。《開寶通禮》是損益《大唐開元禮》而成，前述《大清通禮》也是仿《大唐開元禮》之體例修纂而成，由此可見，唐《大唐開元禮》、宋《開寶通禮》《太常因革禮》與《大清通禮》在修纂體例上是一脈相承的關係。《太常因革禮》的內容框架見表 3-4。

表 3-4　《太常因革禮》的篇章結構及主要內容②

門類及卷數	禮 儀 條 目
總例（卷一至卷二十八）	擇日、神位、行事官、壇壝；誓戒、齋宿、配帝、祝詞、牲牢；五齊三酒、縮酒茅、望祭殿、牙盤食、香、燭籠、祭玉、進饌、毛血豆、祭器、饋饅、埽除、燎爐；飲福受胙、宣赦書；樂、警場、勘箭勘契、輿服、鹵簿
吉禮（卷二十九至卷五十一）	冬至祀昊天上帝於圜丘；正月上辛祈穀於圜丘；孟夏雩祀；大享明堂；祫享於太廟；享先農耕耤；封禪；仲春祭后土；皇帝拜陵；宗正卿行諸陵；有司正月上辛祀感生帝；有司迎氣日祀五郊；有司臘日蜡百神於南郊；有司春分朝日於東郊；有司秋分夕月於西郊；有司春秋分祀九宮貴神；立秋後丑日祀風師；立夏後申日祀雨師及雷神；有司孟冬祀神州地祇於北郊；有司春秋上戊日祭社稷；諸州縣祭社稷；祭五嶽四鎮；祭四海四瀆；有司時享太廟；時享別廟；有司季春吉巳享先蠶於公桑；季夏祭中霤；孟冬祭司寒；仲春祀五龍；薦新於太廟；春秋上丁釋奠至聖文宣王；春秋上戊釋奠昭烈武成王；時旱祈報太廟、社稷、嶽鎮海瀆

①　陸心源：《皕宋樓藏書志》卷三十五《史部·政書類》，光緒八年壬午冬月十萬卷樓藏版，第 14 頁。

②　表格內容參見阮元輯：《太常因革禮》，江蘇古籍出版社 1988 年版。

续表

門類及卷數	禮 儀 條 目
嘉禮（卷五十二至卷六十）	元日、冬至受群臣朝賀上壽；聖節御殿受群臣朝賀；讀時令；群臣上尊號；册命皇后；臨軒册命皇太子；親王納妃；宗室娶婦；公主降嫁；郡縣主降嫁；鄉飲酒；册命親王大臣；群臣上表；入閣；視朝；常參起居
軍禮（卷六十一至卷六十三）	皇帝親征祭告、凱旋祭告；獻俘馘御樓宣露布；皇帝講武；皇帝射於射宮；諸馬祭
凶禮（卷六十四至卷六十六）	問大臣病；車駕臨奠；輟朝（一品、二品、三品）；特輟朝（一品、二品、三品）；合輟朝詔不輟朝；舉哀；詔不舉哀；輟樂；喪葬；追封册命；問宗族疾；車駕臨奠；輟朝（期親、大功、小功、緦麻）；特輟朝（期親、大功、小功、緦麻）；服紀當輟朝不輟朝；無服親特輟朝；舉哀挂服；詔不舉哀挂服；乳母舉哀挂服；外族舉哀挂服；輟樂；罷行幸；皇子薨百官奏慰；契丹國喪；夏國喪
廢禮（卷六十七）	守衛；祝版；搢大圭；明衣；宗正卿行陵車蓋等；祭司寒弧矢；皇帝拜陵内人謁見；中宮東宮勞問；告哀飲福
新禮（卷六十八至卷八十八）	恭謝天地；上帝后謚號册寶；親謝宗廟；薦獻玉清昭應宮；薦獻景靈宮；真宗幸亳朝謁太清宮並上老君册寶；謁文宣王廟並加謚號；加上五嶽帝號；春分祀高禖；秋分享壽星；春分開冰薦太廟；享先代帝王、享先代聖賢；祀大火；京師及州縣祭醣；州縣祭風師、雨師、雷師；河中府祭后土廟；契丹國信使副元正聖節朝見宴；契丹國信使副辭；高麗國使副見辭；交州使副見辭；宣州西南蕃黎州等處蠻王子見辭；海外進奉蕃客見辭；常行儀衛；明肅皇后儀衛；五月朔受文武百寮朝；降聖節皇太子率文武百寮奉觴上壽；百官詣萬安宮賀皇太后；上皇太后尊號册寶、内外命婦稱賀；皇太后御會慶殿受群臣朝賀；皇太后御内殿受内外命婦朝賀；皇帝率百官諸軍將校等上皇太后壽；長寧節宰臣百僚上皇太后壽；長寧節内外命婦上皇太后壽；册命貴妃

門類及卷數	禮 儀 條 目
廟議（卷八十九至卷一百）	高曾祖禰廟議；四廟謚議；太祖謚議；太宗謚議；加上太祖太宗尊謚；加上太廟六室尊謚；真宗謚議；加上真宗尊謚號；仁宗謚議；伯祖昭穆異同議；昭憲皇后杜氏、孝惠皇后賀氏、孝明皇后王氏、孝章皇后宋氏、淑德皇后尹氏、懿德皇后符氏、元德皇后李氏、明德皇后李氏、章懷皇后潘氏、章穆皇后郭氏、章獻明肅皇后劉氏、章懿皇后李氏、章惠皇太后楊氏；改上真宗諸后尊謚；追册皇后郭氏

（一）《欽定大清通禮》與《太常因革禮》修纂體例之異同

宋《太常因革禮》有"新禮""廢禮""廟議"三門單獨列出，是對《開寶通禮》禮儀條目有所變更的記載，分別涉及吉禮、賓禮和嘉禮，相关禮制沿革、因革損益一目了然。① 與之相比，《大清通禮》標榜精簡，不載禮制歷史沿革和廷臣議禮典故，這就導致書中與前代禮儀程式增損和演變過程相關的內容付之闕如。

此外，《大唐開元禮》於五禮之前設"序例"三卷，《太常因革禮》因循之，亦於篇首設"總例"，且篇幅較之《大唐開元禮》更大，有二十八卷之多，內容涉及範圍也更廣。② 而《大清通禮》則不載"序例""總例"，全書僅以五禮爲綱。"序例""總例"所載內容，諸如祭祀時間、祭祀場所以及祭器、祭品的相關規制，多載於《大清會典則例》。

雖然清代禮制沿革及器物名數規制內容載於《大清會典則例》，然而《則例》以六部執掌爲綱，畢竟不是禮制專書，難以系統記錄一代禮制沿革，故《大清通禮》對清代禮制沿革史的闕載，是該書修纂的一個明顯的不足之處。

（二）《欽定大清通禮》與《太常因革禮》所載內容差別

由於《大清通禮》與《太常因革禮》相比所增禮儀條目，與前述《大清通禮》

---

① 參見王美華：《〈太常因革禮〉與北宋中期的禮書編纂》，《古籍整理研究學刊》2014年第 1 期；尹承：《太常因革禮研究》，山東大學博士學位論文，2015 年。

② 參見阮元輯：《太常因革禮》（一）卷首《太常因革禮目錄》，江蘇古籍出版社 1988年版。

與《大唐開元禮》比較所增禮儀條目大體相同，故此處不再重復討論，以下僅就《大清通禮》較之《太常因革禮》禮儀條目削減情況作一概述，主要涉及吉禮、嘉禮和軍禮部分，詳見表 3-5。

表 3-5　《欽定大清通禮》較之《太常因革禮》禮儀條目削減概況

門類	削減禮儀條目
吉禮	大享明堂；封禪；有司正月上辛祀感生帝；有司迎氣日祀五郊；有司春秋分祀九宮貴神；孟冬祭司寒；仲春祀五龍；春秋上戊釋奠昭烈武成王
嘉禮	常參起居；讀時令
軍禮	皇帝講武；皇帝射於射宮；諸馬祭
凶禮	問大臣病；輟朝；挂服規定；追封；契丹國喪；夏國喪

（1）吉禮部分：宋《太常因革禮》因循《大唐開元禮》，仍於吉禮部分記載大享明堂之禮和帝王封禪之禮，而《大清通禮》則不載上述二禮。此外，《太常因革禮》吉禮所載祀感生帝、祀五郊、祀九宮貴神、祭司寒、祭五龍、釋奠昭烈武成王諸禮儀，《大清通禮》也不再予以記載。

（2）嘉禮部分：《太常因革禮》嘉禮中所載常參起居之禮在《大清通禮》中與常朝之禮類似，讀時令之禮《大清通禮》則不予記載。

（3）軍禮部分：《大清通禮》不再單列射禮，而是將射禮併入大閱之禮和秋狝木蘭之中。軍禮中的馬祭諸禮儀則不再予以記載。此外《太常因革禮》軍禮所載皇帝講武之禮與《大清通禮》中的大閱之禮類似。

（4）凶禮部分：《太常因革禮》凶禮部分所載内容反映了當時的時代背景，如對契丹國喪禮、夏國喪禮的記載，顯然與當時北宋與諸少數民族政權並立，以及相互之間密切的外交往來有關。至清代，邊疆政治、軍事格局已經發生巨變，《大清通禮》自然不再記載相關禮儀。此外，凶禮中的問大臣病、輟朝、挂服規定、追封諸禮也不見載於《大清通禮》。

（5）賓禮部分：《太常因革禮》不設"賓禮"一門，但在"新禮"中有兩卷共六個禮儀條目屬於賓禮範疇内容，分別爲契丹國、高麗國、交州、宣州、西南蕃黎州、海外蕃客觀見辭。《大清通禮》賓禮部分雖然也記載了與周邊藩屬國朝貢、敕封諸相關禮儀，但時代變更，藩屬國範圍及其與清朝的政治關係都已大不相同。

（6）"新禮"部分：《太常因革禮》"新禮"所載禮儀往往帶有統治者獨特的

祭祀偏好和時代特徵，如不同國都對應不同的宮殿祭祀場所，又如薦獻玉清昭
應宮、薦獻景靈宮、真宗幸亳朝謁太清宮並上老君册寶之禮皆屬此類。時至清
代，《大清通禮》對這類禮儀則予以廢棄，不再記載。

四、《欽定大清通禮》與《明集禮》的比較研究

（一）《明集禮》的成書過程及其篇章結構

《明集禮》是明代第一部也是最爲重要的一部官修禮書，該書於洪武二年
（1369）始修，次年九月成書。據《明史·禮志》載："（洪武）二年，詔諸儒臣
修禮書，明年告成，賜名《大明集禮》。其書準五禮，而益以冠服、車輅、儀
仗、鹵薄、字學、音樂，制度名數，纖悉畢具。"①

《明史紀事本末》記載了《大明集禮》的修纂體例及主要内容：

> 秋九月，《大明集禮》書成，詔刊行之。其書以吉、凶、軍、賓、嘉、
> 冠服、車輅、儀仗、鹵薄、字學、樂爲綱，所該之目，吉禮十四：曰祀
> 天，曰祀地，曰宗廟，曰社稷，曰朝日，曰夕月，曰先農，曰太歲、風雷
> 雲雨師，曰嶽鎮海瀆、天下山川、城隍，曰旗纛，曰馬祖、先牧、社、馬
> 步，曰祭屬，曰祀典、神祇，曰三皇、孔子。嘉禮五：曰朝會，曰册拜，
> 曰禮冠，曰婚，曰鄉飲酒禮。賓禮二：曰朝貢，曰遣使。軍禮三：曰親
> 征，曰遣將，曰大射。凶禮二：曰弔賻，曰喪儀。又冠服、車輅、儀仗、
> 鹵薄、字學各一。樂三：曰鐘律，曰雅樂，曰俗樂。凡升降儀節，制度名
> 數，皆備具，通五十卷。②

以上可見，《明集禮》全書以"五禮"以及冠服、車輅、儀仗、鹵簿、字學、
樂爲綱，每大綱之下又設子目。其中，吉禮十四目，嘉禮五目，賓禮二目，凶
禮二目，樂三目，冠服、車輅、儀仗、鹵簿、字學各一目。此後，嘉靖朝又對
《明集禮》進行了增補，"取諸臣傳注及所詮補者，纂入原書，故多三卷耳"③。

---

① 張廷玉等：《明史》卷四十七《志第二十三》，中華書局1974年版，第1223~1224
頁。

② 谷應泰：《明史紀事本末》卷十四，中華書局1977年版，第206~207頁。

③ 永瑢等：《四庫全書總目》卷八十二《史部·政書類二》，中華書局1965年版，第
704頁。

四庫全書所收入的就是嘉靖刊本，共五十三卷。

吳洪澤在其所撰《略談〈明集禮〉的纂修》一文中評價《明集禮》一書稱："稽考歷代禮樂制度，並據以酌定有明一代禮制。……每小類下有總序，考述禮制沿革，其後再細分禮目，逐一敘述，結以明朝儀注。全書體制嚴整，條理清晰，內容十分豐富，爲明朝禮儀制度的確立，起到了十分重要的作用。"①表3-6 對《明集禮》的篇章結構與主要內容加以整理，以便稍後將其與《大清通禮》進行比較。

表 3-6　《大明集禮》的篇章結構及主要內容②

門類及卷數	禮 儀 條 目
吉禮（卷一至卷十六）	祀天（親祀、遣官奏告圜丘）；祭地（親祀）；宗廟（太廟時享、太廟朔望祭、薦新儀、獻新儀、遣官奏告儀、親王祭仁祖廟儀、品官享家廟儀）；社稷（祭太社、太稷，遣官奏告社稷、王國祭社稷，郡縣、里社祭社稷）；朝日夕月（皇帝春秋朝朝日、皇帝秋夕夕月）；藉田享先農；專祀太歲、風雲雷雨師（降香遣官祭祀、王國祭）；專祀嶽鎮海瀆、天下山川、城隍（降香遣官祭祀、諸侯王祭封內山川、王國祭山川壇、各府州縣祭山川、各府州縣祭山川壇）；祀旗纛（降香遣官祭、王國祭、各外衛祭）；祀馬祖、先牧、馬社、馬步（遣官祭）；祭厲（祭泰厲、郡厲、鄉厲）；祀典神祇；三皇（降香遣官祭祀）；孔子（降香遣官釋奠）
嘉禮（卷十七至卷二十九）	朝會（正旦朝賀、聖節、宴會、午門開讀赦書、諸王來朝）；中宮朝會（皇太子正旦朝賀、內外命婦正旦朝賀、宴會命婦儀注、諸王來朝）；東宮朝會（正旦受三師賀、正旦受群官賀、千秋受群官賀、諸王來朝）；冊皇后（奏告圜丘、奏告宗廟、冊拜皇后、百官朝賀上表箋、皇帝會群臣、皇后會內外命婦、謁廟）；冊皇太子（奏告圜丘、奏告方丘、奏告宗廟、冊拜、謁中宮、諸王賀東宮、諸王賀中宮、百官朝賀上表箋、內外命婦賀中宮）；冊親王；冊公主；冊內命婦；冠禮（天子加元服、皇太子加元服、親王冠禮、品官冠禮、士庶冠禮）；婚禮（天子納后、皇太子納妃、親王納妃、公主出降、品官婚禮、庶人婚禮）；鄉飲酒禮（縣邑飲酒讀律、里社飲酒讀律）

---

① 吳洪澤：《略談〈明集禮〉的纂修》，載舒大剛主編：《儒藏論壇》（第 6 輯），四川大學出版社 2012 年版。

② 表格內容參見徐一夔等：《明集禮》（一）（二），《景印文淵閣四庫全書》第 649 冊、650 冊，臺灣"商務印書館"1983 年版。

续表

門類及卷數	禮 儀 條 目
賓禮(卷三十至卷三十二)	蕃王朝貢(迎勞、朝見、見東宮、見諸王、見宰輔、宴會、東宮賜宴、省府臺宴會、陛辭、辭東宮、勞送出境、蕃國正旦冬至壽日率衆官望闕行禮、蕃國進賀表箋);蕃使朝貢(迎勞、受蕃國來附遣使進貢、受蕃使每歲常朝、東宮受蕃國使進貢、錫宴、省府臺宴勞、蕃使陛辭、蕃使辭東宮、勞送出境);遣使(遣使開詔、蕃國接詔、遣使賜印綬、蕃國受印物)
軍禮(卷三十三至卷三十五)	親征(禡祭、論功行賞、祭所過山川);遣將(授節鉞、遣將告武成王廟、禡祭牙纛、奏凱);大射
凶禮(卷三十六至卷三十八)	吊賻(遣使問王公大臣疾病、乘輿爲王公大臣舉哀、乘輿受蕃國王訃奏、乘輿臨王公大臣喪、遣使吊王公大臣喪、遣使賻王公大臣喪、遣百官會王公大臣喪、遣使册贈王公大臣、遣使致奠王公大臣喪,中宮爲祖父母、父母以下舉哀、中宮爲祖父母、父母奔喪、中宮爲祖父母、父母成服);喪儀(品官、庶人)
冠服、冠服圖(卷三十九至卷四十)	乘輿;皇太子;群臣;内使;校尉;刻期;士庶;皇后;皇妃;命婦;宮人
車輅(卷四十一)	天子;皇后;皇太子;妃主命婦以下;公卿以下
儀仗(卷四十二至卷四十四)	乘輿;中宮;東宮;皇太子妃;親王
鹵簿(卷四十五至卷四十六)	歷代沿革;國朝(皇后鹵簿、皇妃鹵簿、皇太子妃鹵簿、皇太子鹵簿、王公鹵簿、群臣鹵簿、國朝鹵簿圖)
字學(卷四十七)	六書;字體;書法;書品;正譌
樂(卷四十八至卷五十三)	鐘律;雅樂;俗樂

(二)《欽定大清通禮》的篇章結構特點

《大清通禮》與《明集禮》相比,在謀篇布局上最大的不同之處在於刪減了除五禮以外的其他内容,如《明集禮》中的冠服、車輅、儀仗、鹵簿、字學、音樂之形制與歷史沿革内容，清朝將其分載於《大清會典》（以及《則例》《會典圖》）和《皇朝禮器圖式》等書之中，以備查考。

《大清通禮》依五禮之序編排，"首吉禮，尊天祖也。次嘉禮，本人道也。次軍禮，征伐大權也。次賓禮，柔遠人也。次凶禮，以厚終也。依序編纂，有條不紊"，並在五禮"每篇首弁以數言，括其大指"。① 之後便按照不同禮儀條目叙述禮儀展演過程，且不載禮器形制和禮制歷史沿革。其他有關《大清通禮》修纂體例的内容上文已有介紹，此處不贅，以下僅就全書的篇章結構作一具體介紹。

1. "五禮"綱目所載禮儀之主題

《大清通禮》一書依吉、嘉、軍、賓、凶五禮之序，對相關禮儀制度的展演過程一一記載，各有主題，下面具體説明。

吉禮部分以祭祀之禮爲主題，祭祀對象主要分爲三類，首先是自然神，包括天地、日月星辰和風雲雷雨諸天神，社稷、嶽鎮海瀆和名山大川等地上諸神；其次是"神化"人（亦可稱爲人"神"），包括歷代帝王，以孔子爲首的先聖先賢，后土、司工、門神、先醫、關帝、忠烈、名臣、勳臣、功臣、賢王、陣亡將士等諸神；最後是祖先神。

嘉禮部分涉及三類主題：第一，宮廷禮儀，包括朝賀、册封、皇室和貴族婚禮、經筵和臨雍之禮、宮廷筵燕之禮等；第二，具體政務中所涉及的禮儀，包括頒詔、頒朔、皇帝躬耕、貢舉之禮、時巡省方之禮等；第三，官民士庶及地方性禮儀，包括官員、士庶婚禮，鄉飲酒之禮等。

軍禮部分涉及兩類主題：第一類是與軍事征伐相關的禮儀，包括閱兵、親征、凱旋、獻俘諸禮儀；第二類是日、月食救護之禮。

賓禮部分涉及兩類主題：第一類是外交禮儀，包括朝貢、敕封等禮儀；第二類是相見禮。

凶禮記載的内容全部與喪禮有關。

《大清通禮》對前代禮書的"五禮"編排次序進行了調整，將軍禮提前，展現了滿洲統治集團的尚武精神。崇尚武功本就是擁有漁獵傳統的滿洲人的一大民族特色，入關後，爲避免八旗子弟日習漢風，"武功"怠惰，清廷不斷強調"騎射"的重要性。這一尚武精神在禮書的修纂體例上也有所體現，傳統禮文化中的"五禮"之綱目始見於《周禮》，"五禮之名，肇於《虞書》；五禮之目，

---

① 　來保、李玉鳴等：《欽定大清通禮》卷首《凡例》，《景印文淵閣四庫全書》第 655 册，臺灣"商務印書館"1983 年版，第 7 頁。

見於《周禮》"①。次序爲"吉、凶、賓、軍、嘉"②。自西晉修《新禮》（又稱《晉禮》），官修禮書的内容始以"五禮"之序編排，《大唐開元禮》編排次序爲"吉、賓、軍、嘉、凶"，杜佑《通典》將《大唐開元禮》五禮次序改爲"吉、嘉、賓、軍、凶"，《明集禮》次序爲"吉、嘉、賓、軍、凶"，至《大清通禮》次序變爲"吉、嘉、軍、賓、凶"。③ 可以看到，只有清代和武功極盛的唐代將"軍禮"排在第三位，其餘幾部官修禮書都將"軍禮"排在第四位。《大清通禮》不因循《明集禮》和杜佑《通典》，而是參照《大唐開元禮》，將"軍禮"升至"賓禮"之前，究其原因，《清通典》曰："聖朝武功赫濯，凡講肆、行圍、師征、受成諸禮，尤爲崇備。"④《清通志》認爲："軍禮中有天子親征、大閲、大狩諸大典，不應後於賓禮。"⑤可見，作爲少數民族的清統治者如此推崇軍禮，顯然很大程度上源自其尚武傳統。

2. 禮書内容的編排順序

《大清通禮》一書除了將全書劃分爲吉、嘉、軍、賓、凶五禮之外，還有兩個準則決定着禮儀條目編排的先後順序：第一，依行禮者的身份等級劃分相關禮制儀文的先後順序，依次爲皇室（皇帝、皇后、妃嬪、皇子、公主等）、貴族（親王、世子、郡王等）、官員（依品級先後記述之）、士子、庶人；第二，依照傳統禮儀規格劃分標準，即大祀、中祀和群祀來劃分先後順序。⑥

---

① 來保、李玉鳴等：《欽定大清通禮》卷首《凡例》，《景印文淵閣四庫全書》第 655 册，臺灣"商務印書館"1983 年版，第 7 頁。

② 《周禮·春官·大宗伯》載："以吉禮祀邦國之鬼神示；以凶禮哀邦國之憂；以賓禮親邦國；以軍禮同邦國；以嘉禮親萬民。"又《周禮·地官·保氏》載："乃教之六藝，一曰五禮，二曰……"鄭玄注："五禮，吉、凶、賓、軍、嘉也。"見《十三經註疏》，中華書局 1980 年版，第 757~760 頁，第 731 頁。

③ 參見《通典》《大唐開元禮》《明集禮》《欽定大清通禮》目録部分。蕭嵩、王仲丘等：《大唐開元禮》，《景印文淵閣四庫全書》第 646 册，臺灣"商務印書館"1983 年版，第 22~39 頁；杜佑撰：《通典》，王文錦等點校，中華書局 1992 年版，第 1134~1149 頁；徐一夔等：《明集禮（一）》，《景印文淵閣四庫全書》第 649 册，臺灣"商務印書館"1983 年版，第 2~47 頁；來保、李玉鳴等：《欽定大清通禮》，《景印文淵閣四庫全書》第 655 册，臺灣"商務印書館"1983 年版，第 8~18 頁。

④ 《欽定皇朝通典》卷五十八，《景印文淵閣四庫全書》第 643 册，臺灣"商務印書館"1983 年版，第 209 頁。

⑤ 《欽定皇朝通志》卷四十四《禮略》，《景印文淵閣四庫全書》第 644 册，臺灣"商務印書館"1983 年版，第 543 頁。

⑥ 以上内容皆參考上文表 3-2《欽定大清通禮》的篇章結構及主要内容。

3. 具體行文諸要素

《大清通禮》一書對每一項禮儀程式都不作過多的背景介紹，也不載禮制歷史沿革，而是直叙主題，分步驟介紹儀式展演過程，内容言簡意賅，包括禮儀場所的陳設布置，禮器、祭品和與祭者在特定時間節點的特定位置安排，行禮者的身份、數目、服飾要求，及其行動路綫、方位、跪拜次數、獻祭次數等内容。書中以陳述性記載爲主，而説明性的文字很少，僅限於具體禮儀場景中的器物名稱、樣式及其布置陳設事宜，以及祝辭和樂章内容的記載。而對禮器形制、祝辭和樂章内涵則不加説明和闡釋，更無圖説。

(三)《欽定大清通禮》相較於《明集禮》的修纂特色

1. 成書時間、修纂意圖和行用軌跡不同

《明集禮》於洪武二年(1369)八月詔修，三年(1370)九月書成，共五十卷。① 在短短一年之内倉促成書，衆手雜成，書中所載禮制沿革内容多抄録自《通典》和《文獻通考》，最爲重要的本朝禮儀則多有闕略。顯然，這樣一部倉促修纂的官修禮書作爲明代開國之君制禮作樂的粉飾注腳尚可，卻無法承當一朝禮制建設與實踐的權威文本。事實也正是如此，該書修成之後，並未刊刻頒行，而是密藏内府，直至嘉靖九年(1530)朝廷遇祭禮改制問題，即世宗以恢復太祖"初制"爲由，欲使其皇考興獻帝"稱宗入廟"，這才將藏於内府的《明集禮》"以次詮補，因爲傳注，乞令史臣纂入，以成全書"②。增入三卷，共五十三卷，刊刻頒行。在此之前的一百六十年間，朝廷不僅没有行用《明集禮》，明廷君臣議禮諸内容也没有增補進該書，反而是在洪武朝頻繁的禮制改革之下，明廷修纂了獨立成篇的《孝慈録》《洪武禮制》《鄉飲酒禮圖式》《禮儀定式》《禮制集要》等禮書，以作爲禮儀實踐之用。可以説在嘉靖年間重新增補、刊布《明集禮》之前，該書並没有能夠發揮一代禮制專書應有的政治與社會功能。

反觀《大清通禮》，同樣是清代第一部官修禮制專書，卻並非修纂於清初，而是經過順治、康熙、雍正整整三代統治者前後相繼、一以貫之地實施崇儒學、重禮制的文治方略，在清軍入關近七十年後的乾隆朝，才展開禮書修纂工作，耗費二十餘載而成書，此後終清一朝，始終行用，除對《大清通禮》進行校勘和續修外，清廷没有再修纂新的禮制專書(清末新禮書的修纂因亡國而夭折)。

---

① 修書時間在《明實録》《明史》《四庫全書總目》中皆有記載。

② 永瑢等：《四庫全書總目》卷八十二《史部·政書類二》，中華書局1965年版，第704頁。

2. 編排體例不同

雖然《明集禮》與《大清通禮》皆以五禮之序劃分全書，但在叙述具體禮儀條目的編排體例上卻有較大差異。具體言之，對於每項禮儀條目，《明集禮》在開篇皆設一總叙，援引《周禮》等先秦禮制典籍，闡發其禮義，對該項禮儀諸要素的歷史發展沿革進行追溯，並登載與該項禮儀場景、禮器陳設、樂舞陳設等相關的圖説，直至篇末才開始叙述具體行禮儀注。而《大清通禮》一書除了在五禮各篇首總括其大意外，只記載具體行禮儀注，不記載相關禮制沿革和圖説。以圜丘祭天典禮爲例，《明集禮》記載該項禮儀主要分爲四部分内容，具體如下：

第一，開篇設一"總叙"，闡述郊天典禮之禮義以及該項典禮自上古三代以降的歷史沿革，其文曰：

> 天子之禮莫大於事天，故有虞、夏、商皆郊天配祖，所從來尚矣。《周官·大司樂》冬至日祀天於地上之圜丘，大宗伯以禋祀祀昊天上帝。《孝經》曰：周公郊祀后稷以配天，所以重報本反始之義，而其禮則貴誠而尚質，見於遺經者可考也。秦人燔書滅學，仍西戎之俗，立四時以祠白青黄赤四帝，漢高帝因之，又增北畤，兼祠黑帝，至於武帝有雍五畤之祠……宋太祖乾德元年，冬至合祭天地於圜丘，神宗元豐中罷合祭，哲宗紹聖、徽宗政和間或分或合，高宗南渡以後惟用合祭之禮。元初用其國俗，拜天於日月山，成宗大德六年，建壇合祭天地五方帝……參酌成周、唐、宋之典，以適其中，蓋不牽惑於鄭玄讖緯之説，可謂明且至矣。若其歷代制度儀文之詳，列於左方。①

第二，在總叙之後，便對郊天典禮所涉及的壇壝、齋宫、配享者（配帝、從祀），禮器、禮物和祭品（神位板、神席、祝册、祭器、禮神之玉、幣、牲、粢盛、籩豆等），樂舞、祭服、褥位、牌位、車旂、配祀執事人員數目、相關陳設以及受誓戒、致齋、省牲器、告祭等禮制歷史沿革做大篇幅的鋪陳。

第三，登載陳設圖式和禮儀樂章。包括圜丘之圖（圖 3-1）、圜丘陳設圖以及祭品、禮器、樂器（圖 3-2）、樂舞生陳列圖等，並附圜丘祭天行禮諸環節所奏樂章（迎神、奠玉帛、奉牲、初獻、亞獻、終獻、徹豆、送神、望燎）。

---

① 徐一夔等：《明集禮》（一）卷一，《景印文淵閣四庫全書》第 649 册，臺灣"商務印書館"1983 年版，第 66~67 頁。

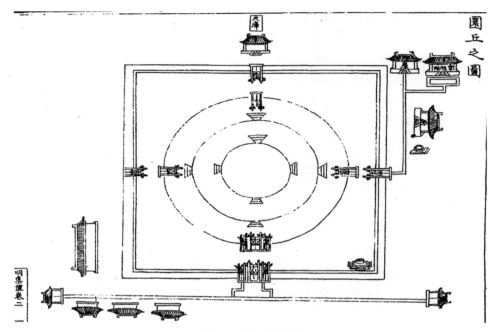

圖 3-1　圜丘之圖①

第四，對皇帝親赴圜丘祭天和遣官奏告圜丘諸行禮儀注進行敘述，並於篇尾附載祭天所用諸禮器圖式。②

與《明集禮》不同，《大清通禮》所載圜丘祭天典禮只記載行禮儀注，其內容主要分爲兩個部分：

第一，禮儀準備階段諸事宜：齋戒、省牲、書祝版、檢視割牲、設神座幄，檢閱祝版、玉帛、香，鑾輿出宮，檢視神位、壇位、牲器，齋宿，陳設禮器、樂器、樂舞、禮物，省視玉帛、齍盛，辨行禮位。

第二，禮儀展演過程：恭請神位、皇帝出齋宮、赴壇行禮，就次、盥洗、就位，燔柴迎神、奠玉帛、進俎，行初獻、亞獻、終獻禮，受福胙、送神、望

①　圖片出自徐一夔等：《明集禮》(一)卷二，《景印文淵閣四庫全書》第 649 冊，臺灣"商務印書館"1983 年版，第 91 頁。

②　徐一夔等：《明集禮》(一)卷一、卷二，《景印文淵閣四庫全書》第 649 冊，臺灣"商務印書館"1983 年版，第 66~110 頁。

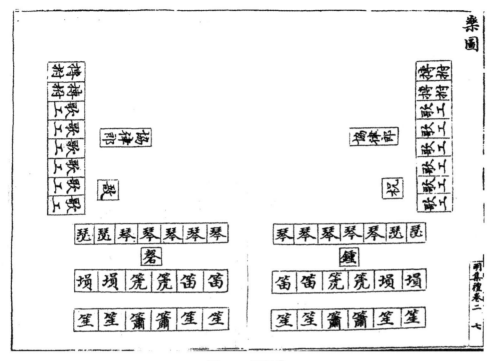

圖 3-2 樂圖①

燎、神位還御、皇帝回鑾。行禮過程中所奏樂章、所頌祝辭穿插記載其中。②

以上可見，與《明集禮》兼載禮制歷史沿革、圖説與儀注相比，《大清通禮》更像是一部言簡意賅、條理清晰的儀式手册，它更加注重記載禮儀展演的整個流程以及重要的禮儀實踐要素，如物件陳設數目和方位，行禮次數和方位，執事人員的職責和口令，以及樂章、祝辭的内容及其所對應的儀式環節等，總之極爲重視禮儀文本的可操作性。

3. 所載内容的增删情况

總體來看，雖然《大清通禮》在篇幅上較之《明集禮》大爲縮減，但縮減部

---

① 圖片出自徐一夔等：《明集禮》(一)卷二，《景印文淵閣四庫全書》第 649 册，臺灣"商務印書館"1983 年版，第 94 頁。

② 以上内容參見來保、李玉鳴等：《欽定大清通禮》卷一《冬至日大祀天於圜丘之禮》，《景印文淵閣四庫全書》第 655 册，臺灣"商務印書館"1983 年版，第 20~37 頁。

分主要是禮制儀文、器物名數的歷史沿革部分以及禮器圖說等與儀式展演並無直接關聯的內容，而在五禮儀注的種類和儀式過程的記載方面，《大清通禮》較之《明集禮》反而有所擴充和完善，表 3-7 所列是《大清通禮》與《明集禮》相比較，在所載內容方面的增刪情況。

表 3-7　《欽定大清通禮》禮儀條目較之《明集禮》增刪概況

門類	增加內容	刪減內容
吉禮	祈穀之禮；常雩、大雩之禮；列聖升配南郊之禮；列聖升配北郊之禮；祫祭太廟之禮；列聖、列后升祔太廟之禮；太廟東西兩廡配饗之禮；加上列聖、列后尊諡之禮；恭進玉册、玉寶之禮；致祭奉先殿之禮；列聖忌辰素服、列后升祔奉先殿之禮；皇后升祔奉先殿之禮；皇帝親謁列聖、列后陵寢之禮；清明節敷土於寶城之禮；皇帝遣皇子謁陵之禮；皇后親祭或遣妃祭先蠶之禮；皇帝親祭或遣官致祭歷代帝王之禮；皇帝時巡省方，親祭古昔帝王陵寢之禮；遣官致祭直省所在歷代帝王陵寢之禮；經筵致祭傳心殿之禮；皇帝臨雍講學，親釋奠於先師之禮；月朔釋菜之禮；望日子監上香之禮；因事祇告大成殿之禮；皇帝東巡，赴闕里親釋奠先師孔子之禮；遇慶典遣官致祭先師孔子之禮；皇帝東巡，遣官釋奠元聖周公之禮；皇帝東巡，致祭復聖顏子、宗聖曾子、述聖子思子、亞聖孟子之禮；直省、府、州、縣廟祀先師孔子之禮；春秋釋奠直省、府、州、縣忠孝、節孝、名宦、鄉賢四祠之禮；皇帝時巡省方，祭祀所到之處嶽鎮海瀆；遣官致祭方鎮、所過名山大川之禮；祭東嶽神之禮；祭黑龍潭神、玉泉山龍神祠之禮；祭后土神、司工神之禮；祭窑神、門神之禮；祭司倉神之禮；致祭先醫之禮；春秋致祭直省、府、州、縣祭關帝之禮；致祭直省所在有功德於民神祠之禮；庶士、庶人家祭之禮；皇帝時巡，遣官致祭聖賢、忠烈、名臣、勳臣祠墓之禮；祭祀京師賢良祠以及直省賢良祠之禮；祭祀功臣、賢王、陣亡將士之禮	王國祭社稷、太歲、風雲雷雨師、山川、旗纛之禮；郡縣、里社祭社稷之禮；遣官祭祀馬祖、先牧、馬社、馬步之禮

续表

門類	增加内容	删減内容
嘉禮	御門聽政之禮；皇帝時巡盛京，陞殿受賀之禮；盛京常朝之禮；頒詔之禮；皇帝躬耕帝耤之禮；時巡省方，遣官行直省、府、州、縣耕耤之禮；皇后躬桑之禮；恭進《實錄》《聖訓》之禮；皇帝經筵之禮；皇帝臨雍之禮；皇帝東巡，於闕里詩禮堂講書之禮；貢舉之禮；皇帝時巡省方之禮；宮廷筵燕之禮（太和殿筵燕之禮、慈寧宮筵燕之禮、歲除日賜外藩蒙古筵燕於保和殿之禮、歲春正月上元節賜外藩筵燕於圓明園正大光明殿之禮、臨雍賜燕之禮、凱旋燕勞之禮，鄉試、會試、恩榮筵燕之禮，筵燕外藩蒙古王公、外國貢使之禮）	冠禮
軍禮	皇帝大閱之禮；日、月食救護之禮；納降受俘之禮	大射之禮
賓禮	王公貴族、官員、師生、士人、長幼相見禮	朝貢、遣使之禮較之《明集禮》大爲簡化
凶禮		遣使問王公大臣疾病

下文將根據表 3-7 内容，對《大清通禮》所載内容較之《明集禮》的增删情况作一簡要分析：

（1）吉禮部分。

①增加内容：

第一，祭祀天地、宗廟、陵寢的禮儀更加豐富。例如，增加了前代先帝配享南郊、北郊之禮，祫祭太廟之禮，列聖、列后升祔太廟之禮，太廟東西兩廡配饗之禮，列后升祔奉先殿之禮，皇后升祔奉先殿之禮，皇帝親祭或遣皇子謁陵之禮等。還增加了皇帝親祭或遣官致祭歷代帝王之禮，以及時巡省方時致祭帝王陵寢之禮，而《明集禮》只記載祭祀"三皇"之禮。較之明代，清代禮制不斷增補歷代帝王以及配享者入祀的數量，並加隆典禮，以彰顯清廷對前代帝王的尊崇，其根本目的在於强調清朝對歷代中原王朝治統與道統的認同與接續。

第二，增加勸課農桑之禮。《大清通禮》較之《明集禮》，增加了祈穀之禮（祈求穀物豐熟的祭祀典禮），常雩、大雩之禮（祈雨），皇后親祭或遣妃祭先蠶之禮（祭祀蠶神），上述禮儀皆爲祈求農桑豐産之禮，彰顯了清廷以"禮"經世、以民生爲本的政治文化取向。

第三，崇奉儒家先聖先賢之禮更加豐富、隆重。這首先體現在祭孔典禮之中，《明集禮》一書中關於孔子祭祀只有一條記載，即"降香遣官釋奠孔子之禮"，而《大清通禮》所載祭孔典禮，無論從祭祀規格還是祭祀種類方面來看都遠超前代。例如，在清帝舉行經筵日講和臨雍講學時都要"致祭傳心殿"，或由皇帝親自釋奠孔子。月朔行釋菜之禮，望日國子監行上香之禮，遇事有祇告大成殿之禮。皇帝東巡時，也親赴闕里，親自釋奠先師孔子。遇慶典還要遣官致祭先師孔子。其次，皇帝東巡時，有遣官釋奠元聖周公之禮，以及致祭復聖顏子、宗聖曾子、述聖子思子、亞聖孟子之禮。最後，直省、府、州、縣也有廟祀先師孔子之禮以及春秋釋奠直省、府、州、縣忠孝、節孝、名宦、鄉賢四祠之禮。以上可見，作爲少數民族政權的清王朝較之漢人所建立的明王朝，居然以更加隆重的典禮提升孔子以及儒家先賢的祭祀規格，可以推斷清統治者崇儒重道的文化理念背後必有深意，下文將詳述之，此處不再展開論述。

第四，《大清通禮》首次記載庶士、庶人家祭之禮，體現了清廷對下層社會禮制的關注。此外，對於地方社會神祠的祭祀，清廷將其大量納入官修禮書之中，使其官方化、合法化。如關帝祭祀，祭黑龍潭神、玉泉山龍神祠之禮，祭后土神、司工神之禮，祭窯神、門神之禮，祭司倉神之禮，致祭先醫之禮，致祭直省所在有功德於民神祠之禮等。

②刪減內容：

《大清通禮》於吉禮部分刪除了《明集禮》所載"王國祭社稷、太歲、風雲雷雨師、山川、旗纛之禮"，郡縣、里社"祭社稷之禮"，以及遣官祭祀馬祖、先牧、馬社、馬步之禮。眾所周知，清朝廢除了明朝的藩王分封制，剝奪了貴族王公的政治權力，僅僅給予其經濟上的特權和虛職，既然不再有王國封地，王國諸祭祀禮儀自然也失去了存在的必要，《大清通禮》其他四禮中涉及王國禮制的部分也都不再予以記載。此外，清朝還收回了地方郡縣、里社祭祀社稷的權力，將社稷祭祀定位爲天子之禮、國家大典，標志着清代皇權專制已達到頂峰。

（2）嘉禮部分。

①增加內容：

第一，增加彰顯皇權之禮。較之明代，清代皇權專制進一步加强，彰顯皇權的宮廷禮儀也有所增加，如御門聽政之禮、頒詔之禮，恭進《實錄》《聖訓》之禮，皇帝時巡省方之禮等，都意在彰顯皇帝在朝廷和地方社會的政治與文化權力。所增加的皇帝時巡盛京升殿受賀之禮、盛京常朝之禮，則反映了清廷對舊都盛京作爲附屬政治中心的重視，展現了清政權的少數民族特質。

第二，增加勸課農桑之禮。《大清通禮》所載嘉禮如勸課農桑之禮、皇帝耕耤之禮、皇后躬桑之禮都是《明集禮》所未載之禮，這些禮儀與前述吉禮部分祈穀、雩祭、先蠶之禮異曲同工，都是統治者借禮儀展演標榜其重視民生的文化舉措。

第三，增加崇尚儒學之禮。其中很多是皇帝躬親參與的禮儀，包括皇帝經筵之禮、皇帝臨雍之禮、皇帝東巡時於闕里詩禮堂講書之禮、貢舉之禮、臨雍賜燕之禮，鄉試、會試、恩榮筵燕之禮等。清朝於宮廷重開經筵、日講和臨雍講學之禮，並制定闕里詩禮堂講書之禮，體現了清統治者研習儒學、標榜儒學的文治取向。制定貢舉之禮以及鄉試、會試恩榮筵燕之禮，則反映了清廷對科舉制度和求學士子的重視。

第四，清廷在宮廷筵燕禮儀上多有創新。其中最值得一提的就是以邊疆藩部王公和外國貢使爲對象的筵燕之禮，包括歲除日賜外藩蒙古筵燕於保和殿之禮、歲春正月上元節賜外藩筵燕於圓明園正大光明殿之禮，筵燕外藩蒙古王公、外國貢使之禮等。其背後所體現的清統治者對邊疆首領和外國使節的禮儀規訓和文化認同值得深入闡釋，相關內容將在第五章展開討論，此處不贅。

②刪減內容：

刪除冠禮。《明集禮》用了整整三卷篇幅記載冠禮內容，而《大清通禮》則不載冠禮。眾所周知，清統治集團入關後，強制推行薙髮易服政策，這一文化舉措也反映在清代禮制建設上，清朝全面繼承了漢族禮儀，但唯獨在涉及衣冠服飾方面時，終清一朝始終對維護本民族習俗風尚態度強硬，並嚴格貫徹到漢人日常生活中去，其背後體現的是清統治者着力維護滿洲特質、鞏固自身統治合法性的深層用意，這部分內容也將在本書第五章進一步展開論述。

（3）軍禮部分。

①增加內容：

增加了皇帝大閱之禮，日、月食救護之禮，納降受俘之禮（包括納降之禮，獻俘太廟、社稷壇之禮，午門受俘之禮）。所增加的皇帝閱兵禮儀和納降受俘之禮，體現了清統治集團重視軍事建設的尚武傳統。

②刪減內容：

刪除大射之禮。明太祖時，鑒於大射之禮久廢不舉，於洪武三年（1370）丁未"詔行大射禮"①，並形成定制，"凡郊廟祭祀，先期行大射禮"②。《明集

---

① 張廷玉等：《明史》卷二《本紀第二》，中華書局 1974 年版，第 24 頁。
② 張廷玉等：《明史》卷五十七《志第三三》，中華書局 1974 年版，第 1440 頁。

禮》將大射之禮載入軍禮，清代與之不同，射禮分別在大閲之禮和秋獮木蘭時舉行，不再單獨行大射之禮。

（4）賓禮部分。

①增加內容：

增加了王公貴族、官員、師生、士人、長幼之間的相見禮。隨着明末清初商品經濟的發展，人口流動性日益增强，民間社會文化漸趨繁榮，不同階層之間的嚴格界限被打破，在此社會背景下，官方試圖恢復等級分明的社會秩序，强調綱常禮教是重要手段之一，反映在禮書修纂上，即爲相見禮的增加。

②删減內容：

朝貢、遣使之禮較之《明集禮》大爲簡化，這與清朝朝貢政策的緊縮密切相關，鑒於維持朝貢體系的巨大財政支出，清廷以更加務實的政策措施，縮減與朝貢國的人員往來規模，轉而將重心放在對邊疆諸藩部的經略上，這在賓禮中朝貢、遣使之禮的簡化和嘉禮中涉及藩部禮儀的擴充上，表現得尤爲明顯。

（5）凶禮部分。

《大清通禮》的凶禮部分只記載喪葬之禮，較之《明集禮》並無增加條目，删除了《明集禮》中的"遣使問王公大臣疾病"之禮。

除了上述《大清通禮》相較於《明集禮》在內容上有增删變動外，二書最大的不同之處在於，與《明集禮》相比，《大清通禮》嚴格按照"五禮"之序謀篇布局，剔除了《明集禮》中所載冠服、冠服圖、車輅、儀仗、鹵簿、字學和樂這幾類專章。關於這些內容，清廷在《皇朝禮器圖式》《律吕正義》等書中進行了專門記載，以便實現《大清通禮》精簡易行的目標。

五、《欽定大清通禮》與《大清會典·禮部》的比較研究

根據相關史料記載可知，清代禮制建設是依據《大清通禮》和《大清會典》相輔而行的，欲深入考察《大清通禮》的修纂特色，《大清會典》是一部繞不開的官修典籍。《大清會典》初修於康熙朝，後分別於雍正、乾隆、嘉慶、光緒四朝進行了重修，終清一代共修成五部《會典》，其內容延續《唐六典》《大明會典》等典章制度體史書的編纂體例，並有所創新。例如，乾隆朝《會典》增修了《會典則例》，嘉慶朝《會典》又增修了《會典圖》。《大清會典》以官舉職，依各衙門執掌，提綱挈領地總結了有清一代國家制度的歷史沿革與具體綱目，包括皇帝上諭，君臣往來奏折、題本等。記載清代官方禮制的《大清會典·禮部》及《則例》也不例外，歷朝君臣議禮內容、因革損益以及諸司禮儀執掌、儀注，皆載於《會典》及《則例》之中。《大清會典·禮部》與《大清通禮》二者是相輔相

成的關係，且乾隆朝《會典》與《大清通禮》同時進行修纂並成書，故將二書的體例、內容與功能作一比較研究，更能凸顯清代官修禮書的修纂特色及其背後所蘊含的政治文化理念。

(一)《欽定大清通禮》與《大清會典·禮部》的相同點及其互補關係

首先，《大清會典》是《大清通禮》的重要史料來源之一。高宗皇帝在下詔修纂《通禮》一書時指出："應萃集歷代禮書，並本朝《會典》，將冠、婚、喪、祭一切儀制，斟酌損益，彙成一書，務期明白簡易，俾士民易守。"①"書中祭器、樂器、鹵簿、軍實之類，悉據禮部、兵部、太常寺、鑾儀衛文册，參考經史，辨名、辨色、辨數、辨位，與《會典》脗合，以昭信守。"②可見《大清通禮》是參考本朝《會典》和前代禮書、宮廷檔案，精簡編排而成的一部儀式手册。

其次，二書功能互補。與前代禮書相比，《大清通禮》最突出的特點是只記載行禮儀注，精簡實用，便於指導禮儀展演的實際操作，在《大清通禮》的序言中，高宗闡述了該書與《大清會典》相輔相成的關係："是編也，約而賅，詳而不縟，圭臬群經，羽翼《會典》。"可見《大清通禮》對於卷帙浩繁的《大清會典》而言，是其"羽翼"，主要發揮儀式實踐手册的功能，但不記載具體禮制沿革和諸司執掌，遇到具體禮制行用慣例和籌備事宜，還需查考《大清會典》及《則例》。《大清通禮》的修纂者在卷首《凡例》中對二書關係的表述更爲準確："《通禮》所重在行禮儀節，詳悉紀載，以便於遵循。至於輿服、器數，止載名物，若制度損益，已有專書專圖者，概不重述。"這裏所説的"專書專圖"，顯然是指記載禮制歷史沿革和禮器圖説的《大清會典》和《皇朝禮器圖式》，這兩部書分擔了《大清通禮》的體量，使該書的修纂能够達到精簡實用的目的。四庫館臣對這一點的解釋更爲清晰，認爲該書"惟載貴賤之等差，節目之先後，而不及其沿革。惟載器物之名數，陳設之方隅，而不及其形制。蓋沿革具於《會典則例》，形制具於《禮器圖式》，各有明文，足資考證，故不復述也"③。具體言之，《大清會典則例》記載禮部諸司執掌和禮制沿革，內容宏富

---

①　來保、李玉鳴等：《欽定大清通禮》卷首《高宗上諭》，《景印文淵閣四庫全書》第655 册，臺灣"商務印書館"1983 年版，第 2 頁。

②　來保、李玉鳴等：《欽定大清通禮》卷首《凡例》，《景印文淵閣四庫全書》第 655 册，臺灣"商務印書館"1983 年版，第 7 頁。

③　永瑢等：《四庫全書總目》卷八十二《史部·政書類二》，中華書局 1965 年版，第706 頁。

完備，便於禮官查考，也有助於宮廷禮儀籌備的職責劃分以及具體人員、物品調度。但二書"卷帙繁重，民間亦未易購藏"，且《大清會典》對於行禮儀注的記載邏輯較爲混亂，對於儀式展演過程的指導作用不及《大清通禮》。總之，《大清會典》爲體，《大清通禮》爲用，二者相輔相成，共同爲清代禮制建設服務。而《大清會典則例》和《大清會典圖》則分別在禮制歷史沿革和圖式解説兩方面對《大清通禮》發揮輔助作用。

乾隆朝《會典》在前朝所修《會典》的基礎之上進行了較大變革和精簡，其中最爲突出的，莫過於將"典"與"例"分開，單列成册，專門修纂了《大清會典則例》一書，以記載前朝典章制度沿革，這一編纂體例爲後世所沿襲。《會典》主要記載當朝典章制度，發揮政治職能；《則例》則記載典制歷史沿革，更多發揮的是資治功能。《大清會典則例·禮部》的綱目與《大清會典》一致，依時間順序對清初至乾隆朝典章制度的歷史沿革及事例作詳細記載。翻閱《大清通禮》和《大清會典》，可了解儀式展演全過程，但欲詳查儀式備辦諸事宜，以及行禮過程中禮器陳設、揖讓跪拜諸禮儀步驟所蘊含的深層禮義，則需要到《大清會典則例》中追溯歷史淵源。以吉禮爲例，《大清會典則例》在卷七十五叙述清代歷朝祭祀禮制沿革之前，首先對正祭之前的齋戒事宜、禮器和冠服規格等禮儀要素規定及其歷史源流作一總述。這些禮儀規定多來自前朝廷臣議禮内容，並由皇帝最終敲定，因此該部分内容無疑强化了《大清通禮》及《大清會典》二書所載禮儀制度的權威性與合法性。例如，關於祭祀前齋戒需佩戴齋戒牌一事，《則例》追溯雍正十年（1732）上諭，登載齋戒牌創制始末及其禮義内涵，其文曰：

國家典禮，首重祭祀，每齋戒日期，必檢束身心，竭誠致敬，不稍放逸，始可以嚴昭事而格神明。朕遇齋戒之日至誠至敬，不但殿庭安設銅人，即坐臥之處亦書齋戒牌，存心警惕，須臾弗忘。至内外大小官員，雖設齋戒牌於官署，但恐言動起居之際，稍有褻慢，即非致齋嚴肅之義。考明代祀典，凡陪祀及執事之人有懸祀牌之例，今酌定齋牌之式，令陪祀各官佩着心胷之間，使觸目警心，恪恭罔懈，並得彼此觀瞻，益加省惕，其於明禋大典，愈昭虔潔，著傳諭各部院、八旗，並直省文武官，一例遵行，欽此。①

---

① 《欽定大清會典則例》（三）卷七十五《禮部》，《景印文淵閣四庫全書》第 622 册，臺灣"商務印書館"1983 年版，第 422 頁。

　　以上可見，世宗皇帝下詔依明朝執事、配祀各官佩戴之祀牌製作齋戒牌，以明百官致齋"嚴肅之義"。齋戒牌作爲淸代祭祀禮儀新創之禮器，在《大淸通禮》和《大淸會典》儀注中，凡記載齋戒事宜皆會出現此物，若不去翻閲《大淸會典則例》，對齋戒牌之功用，即監督行禮者齋戒時内心需保持誠敬、警惕之心的禮義便無從知曉。《則例》對於《通禮》所載儀注以及器物名數制定淵源和禮義内涵的記載還有許多事例，此處不再一一列舉。

　　《大淸會典·禮部》於吉禮和凶禮部分都附有禮制圖説，其中吉禮部分於各類祭祀禮儀篇末分別羅列圖説，包括總圖（主要描繪祭祀場所諸建築，如祭壇、廟宇、門庭等建置）、祭祀圖（主要描繪祭祀過程中的神位、禮官班位、行禮處所名稱等）、陳設圖（主要描繪食物、酒樽、玉帛諸祭品及香燭諸禮物陳設方位及位次）。以圜丘祭天典禮爲例，卷末所附禮制圖説就包括：圜丘總圖、圜丘大祀圖、圜丘陳設圖、圜丘遣官祇告圖、圜丘陳設圖。[①] 至嘉慶朝，淸廷重修《大淸會典》，新增《大淸會典圖》，專門記載禮制圖説。除天文圖和輿地圖與禮儀制度不甚相關外，其餘舉凡禮、樂、冠服、輿衛、武備諸圖，皆與禮儀實踐息息相關。相比於《大淸會典》所載禮制圖説的點到爲止和《皇朝禮器圖式》偏重禮器、冠服的形制描述，《大淸會典圖》所載禮制圖説内容更爲全面、豐富。如果説《大淸通禮》是淸朝官方禮儀實踐的手册指南，那麼《大淸會典圖》則可以稱得上是禮儀實踐圖册或圖解。與乾隆朝《會典》僅於吉禮和凶禮部分載有少量禮制圖説相比，《大淸會典圖》作爲專門的禮制圖典，對《大淸通禮》所載吉、凶、軍、賓、嘉五禮所涉及的祭祀場所、禮器陳設、執事者和與祭者班位、冠服首飾、車駕鹵簿皆有詳細記載，此處僅簡要説明該書對《大淸通禮》的輔助作用，下文對《皇朝禮器圖式》與《大淸會典圖》進行比較時，將進一步對該書内容展開分析。

　　最後，乾隆朝《大淸會典》與《大淸通禮》是同時修纂進呈的。《大淸通禮》卷首《凡例》載："《通禮》與《會典》相爲表裏，謹遵諭旨，隨同《會典》節次進呈，其間法古準今，咸秉聖明指示，以備萬世率由。"[②]乾隆朝《會典》始修於乾隆十二年（1747），成書於乾隆二十八年（1763）。《大淸通禮》始修於乾隆元年（1736），成書於乾隆二十一年（1756）。二書在修纂時間上多有重合，加之

---

　　①　允祹等：《欽定大淸會典》卷三十七，《景印文淵閣四庫全書》第 619 册，臺灣"商務印書館"1983 年版，第 300~302 頁。

　　②　來保、李玉鳴等：《欽定大淸通禮》卷首《凡例》，《景印文淵閣四庫全書》第 655 册，臺灣"商務印書館"1983 年版，第 7 頁。

二書在記載官方禮制内容方面的相似性，不難推斷，二書在修纂過程中必然有相互借鑒和援引的密切關聯。

綜上所述，《大清通禮》作爲官修禮制專書，旨在進行禮儀實踐時發揮儀式手册的功能，《大清會典》和其《則例》則偏重於對禮部諸司執掌、禮制沿革和禮制圖説的記載，主要在禮儀籌備階段起到參考作用。正是在編排體例和所載内容上的互補關係，才使得二書能够揚長避短，發揮應有的資治功能。

（二）二書在修纂主旨、體例及所載内容方面的差異

《大清通禮》與乾隆朝《會典》除了具有以上所述相同點與互補關係之外，二書在修纂主旨、修纂體例和所載内容方面又頗有不同之處，對其進行比較研究，將有助於本書進一步探究《大清通禮》一書的修纂特色。

1. 修纂主旨不同

《大清會典》是官修典章制度體史書，其修纂體例源自《唐六典》《大明會典》，甚至可以追溯至《周禮》“六官”中的相關内容，故其修纂理念是“以官舉職、以職舉政”，正如乾隆朝《會典》卷首《凡例》所言，該書“以典章會要爲義，載必經久常行之制，兹編於國家大經大法、官司所守、朝野所遵，皆總括綱領，勒爲完書”①。《大清會典·禮部》修纂時所參考的典籍除了前代《禮書》之外，還包括《學政全書》《科場條例》等書，可見該書的修纂主旨在於記載一代典章制度，以便發揮其指導政治實踐的功能。乾隆朝首創《大清會典則例》，該書主要考述前代制度源流，正所謂“舊制新裁，與夫微文末義，縷析條分，並詳《則例》”。《會典》與《則例》的關係是“以典爲綱，以則爲目”②，以此達到所載内容“詳略有體”的目的。《會典》與《則例》的優點在於對一代禮制源流以及禮部諸司執掌和相關事宜記載詳盡，且配有《圖説》，但由於二書中“禮部”一門修纂主旨皆非用於禮儀實踐，而是指導禮部諸司展開行政工作，因此所載内容顯得有些雜亂無章，不够系統連貫，且卷帙浩繁，涉及具體禮儀展演過程時，不便查考。

《大清通禮》在《四庫全書》中雖然也列於史部政書類條目之下，但該書卻繼承了《大唐開元禮》《明集禮》等前代禮制專書的修纂體例，依吉、凶、軍、

---

① 允祹等：《欽定大清會典》卷首《凡例》，《景印文淵閣四庫全書》第 619 册，臺灣“商務印書館”1983 年版，第 3 頁。

② 《欽定大清會典則例》（一）卷首，《景印文淵閣四庫全書》第 620 册，臺灣“商務印書館”1983 年版，第 8 頁。

賓、嘉五禮之序進行編排，具體章節設置則仿照《儀禮》，重在記載儀式過程，以便參考實踐。其優點在於對禮儀條目的編排條分縷析，並"於目録下臚次諸儀之名，以便翻閱"①，如儀式踐行手册一般，便於參考。該書缺點在於對禮制儀文内容的記載失之簡略，尤其是對禮制沿革和有關儀式場所、禮器、樂章等細節内容記載不詳，而這部分内容在《大淸會典》和其《則例》中則記載甚詳。

2. 修纂體例不同

（1）總綱劃分標準不同。

乾隆朝《大淸會典》在卷首《凡例》中介紹該書的"編纂之體"爲"因官分職、分事，因事分門，因門分條，每條冠以凡字"②。《大淸會典·禮部》亦不例外，"禮部"首先於篇首叙述該部官司人員、配備額數及其執掌，規定尚書滿漢各一人，左右侍郎滿漢各二人，總掌吉、嘉、軍、賓、凶之秩序，學校貢舉之法，以贊邦禮。所屬有儀制、祠祭、主客、精膳四司，之後再詳述四司官職配備及其執掌。《大淸會典·禮部》的具體篇章結構見表 3-8 和表 3-9。

表 3-8　乾隆朝《欽定大淸會典·禮部》所載諸司執掌③

部　門	官　職	執　掌
禮部	尚書滿漢各一人；左右侍郎滿漢各二人	總掌吉、嘉、軍、賓、凶之秩序，學校貢舉之法，以贊邦禮。所屬有儀制、祠祭、主客、精膳四司
儀制淸吏司	郎中滿二人、漢一人；員外郎滿三人，漢一人；主事滿漢各一人	掌嘉禮、軍禮，學校貢舉並隸焉
祠祭淸吏司	郎中滿二人、漢一人；員外郎滿三人，蒙古、漢各一人；主事滿漢各一人	掌吉禮、凶禮
主客淸吏司	郎中滿一人、蒙古一人、漢一人；員外郎滿二人；主事滿漢各一人	掌賓禮
精膳淸吏司	郎中滿漢各一人；員外郎滿二人；主事滿一人、蒙古一人、漢一人	掌五禮燕饗之儀與其牲牷

---

① 周中孚：《鄭堂讀書記》（上、中册）卷二十九，商務印書館 1959 年版，第 563 頁。

② 允祹等：《欽定大淸會典》卷首《凡例》，《景印文淵閣四庫全書》第 619 册，臺灣"商務印書館"1983 年版，第 4 頁。

③ 表格内容參見允祹等：《欽定大淸會典》卷二十，《景印文淵閣四庫全書》第 619 册，臺灣"商務印書館"1983 年版，第 166 頁。

表 3-9　《欽定大清會典・禮部》中四司所掌禮儀條目①

部門	所掌禮儀條目
儀制清吏司	嘉禮(卷二十至卷三十四)：朝會(大朝、內朝、常朝之禮，御門聽政，元日、長至、聖壽節)；登極；尊崇；冊立；尊封；冊封；經筵；視學；巡幸；御新宮；耕耤；親蠶；授時；頒詔；頒賞；進表；進書；鑄印；婚禮(皇帝大婚、皇子婚禮、公主釐降、王公婚禮、郡主以下于歸之禮、品官婚禮)；冠服；貢舉之法；學校之制；風教；鄉飲酒禮；儀衛規格；相見禮 軍禮(卷三十五)：親征；命將；獻俘；受俘
祠祭清吏司	吉禮(卷三十六至卷五十)：祭統；大祀一(郊天、祈穀、雩祭)；大祀二(祭地、升配)；大祀三(饗太廟、升祔、祭陵寢)；大祀四(祭社稷)；中祀一(日壇祀大明、月壇祀月明)；中祀二(歷代帝王廟祭、先師廟祭、釋奠傳心殿)；中祀三(先農壇饗先農、先蠶壇饗先蠶)；中祀四(天神壇祀天神、地祇壇祭地祇，祭名山大川、嶽鎮海瀆、風雲雷雨諸神，太歲殿祀太歲)；群祀一(祀北極佑聖真君、祀礮神)；群祀二(祭都城隍神、祭東嶽神、祭黑龍潭龍神、祭玉泉龍神、祭后土司工神，迎吻祭窯神、門神、祭司倉神)，群祀三(祭先醫、祀關帝、祭賢良祠、祭功臣專祠、祭昭忠祠、祭直省府州縣忠義孝悌祠，祭八旗、直省節孝祠)，王公、品官、庶人家祭 凶禮(卷五十一至卷五十五)：喪禮一(列聖大喪)；喪禮二(列后大喪、皇后大喪)；喪禮三(皇貴妃、貴妃、妃、嬪喪)；喪禮四(皇太子喪、皇子喪、親王薨喪、世子薨喪、公主之喪等)；喪禮五(品官之喪)，賜卹之禮，護日食、月食之禮，方伎
主客清吏司	賓禮(卷五十六)：朝貢之禮、賓館、馬館
精膳清吏司	卷五十七：燕禮(大燕之禮、皇太后宮設燕、視學禮成翼日燕、經筵禮成燕、殿試傳臚翼日燕、衍聖公來朝燕、外國貢使朝見畢燕，外藩王公入朝元正在京正紅、鑲白、鑲紅、正藍、鑲藍五旗王公於元日後擇吉各筵燕一次，會試饗鷁、賓館饗鷁等)；餼廩，牲牢

　　將表 3-8 和表 3-9 所示乾隆《大清會典・禮部》內容與前述《大清通禮》的修纂體例和篇章結構進行比較，不難看出，《大清通禮》以吉、嘉、軍、賓、凶五禮劃分全書大綱，具體章節按五禮大綱依次展開。而乾隆朝《大清會典・禮部》則以禮部下屬四司，即儀制清吏司、祠祭清吏司、主客清吏司、精膳清吏司爲撰寫大綱，五禮被分別列入四司執掌之中。其中，儀制清吏司掌嘉禮和軍

---

① 　表格內容參見允裪等：《欽定大清會典》卷二十至卷五十七，《景印文淵閣四庫全書》第 619 冊，臺灣"商務印書館" 1983 年版，第 166~514 頁。

禮，祠祭清吏司掌吉禮和凶禮，主客清吏司掌賓禮，精膳清吏司則統掌五禮燕饗之儀。可以説《大清會典·禮部》的總體篇章結構是以四司爲綱、五禮爲目，其下再列具體禮儀條目，如儀制清吏司下設嘉禮，嘉禮下又分設朝會之禮、婚禮、鄉飲酒禮等禮儀。

（2）内容劃分標準及禮儀條目名稱不同。

除了分別以"四司"與"五禮"作爲總綱劃分標準的區別外，在五禮内容的具體劃分標準和禮儀條目名稱方面，《大清會典》與《大清通禮》也多有不同之處，以下詳述之。

第一，《大清會典·禮部》將五禮下屬諸禮儀條目皆按等級分類，之後再逐條記載具體儀注，如吉禮分爲大祀（一、二、三）、中祀（一、二、三）和群祀（一、二、三）三個等級，這是遵循古禮劃分標準的做法，由此可以清晰了解吉禮諸條目的祭祀規格。嘉禮也將朝會之禮分爲"朝會一""朝會二""朝會三"三個子部分。凶禮則按喪禮對象，由天子以至庶人，按等級地位分成了五個子目。反觀《大清通禮》五禮大綱之下則没有再細分子目，而是以具體禮制儀節名稱劃分版塊，直接進行儀式步驟的記載。

第二，二書對同一禮儀條目的稱呼略有不同。如在嘉禮中，《大清通禮》所載"三大節朝賀之禮"在乾隆朝《會典》中稱爲"大朝之儀"；《大清通禮》所載"皇帝臨雍之禮"在乾隆朝《會典》中則記載爲"視學之禮"；《大清通禮》所載"祭祀真武神之禮"，在乾隆朝《會典》中稱爲"祀北極真君之禮"；《大清通禮》所載"皇帝時巡省方之禮"，乾隆朝《會典》則稱之爲"巡幸之禮"，如此等等。

第三，《大清會典·禮部》所記載的一些制度性禮儀條文，《大清通禮》往往未予記載，反之，《大清通禮》所載禮制儀文也有《大清會典·禮部》所未備者，體現了二書不同的性質、功能和修纂主旨。具體内容對比可參見表3-10。

表 3-10 《欽定大清通禮》與《欽定大清會典·禮部》所載禮儀條目差異

五禮	《會典·禮部》載而《通禮》不載條目	《通禮》載而《會典·禮部》不載條目
吉禮	祭統；牲牢	—
嘉禮	御新宮之禮；頒賞之禮；相見禮；鑄印；冠服；學校之制；儀衛規格；餼廩；牲牢	庶人婚禮
軍禮	—	大閲及直省閲兵之禮；日、月食救護
賓禮	賓館設置；馬館設置；餼廩	相見禮
凶禮	日、月食救護；方伎	—

由表 3-10 可見，乾隆朝《大清會典》記載了一些《大清通禮》所未載的禮制條目。例如，《大清會典》在祠祭清吏司所掌吉禮一門首書“祭統”篇，綜論大祀、中祀、群祀的劃分標準，以及諸禮儀的行禮時間、人員安排、器物陳設規格等規定，① 而《大清通禮》吉禮部分則未載上述内容，而是直接敘述郊天、祀地諸典禮儀式過程；在敘述“祭前代帝王之禮”前，《大清會典》登載了聖祖、高宗的幾道上諭，内容涉及與廷臣議論商討增加前代帝王入廟事宜，《大清通禮》對相關禮制則未予記載；《大清會典·禮部》所載制度性禮儀條目，如嘉禮中的“御新宫之禮”，“鑄印”“冠服”“學校”之制、“儀衛”規格，《大清通禮》或未提及，或融匯於儀式進程敘述之中，而未進行專門介紹。此外，諸如《大清會典》所載供祭祀與燕會所用“牲牢”規格，嘉禮、賓禮所需餼廪供應，賓館設置、馬館設置等内容，《大清通禮》皆不予記載。可見二書修纂主旨迥異，《大清會典》偏重記載禮部規章制度，以維持行政運轉，而《大清通禮》則將關注點集中於儀式過程的記載。值得一提的是，《大清通禮》所載“庶人婚禮”，不見於《大清會典》，亦可見《大清會典》作爲典章制度體政書與《大清通禮》修纂主旨之不同。

第四，還有一些禮儀條目在二書中的章節安排上有所不同。如《大清通禮》於軍禮中記載“大閲及直省閲兵之禮”，《大清會典》則將這部分内容放在“兵部·武選清吏司”條目下；《大清通禮》軍禮所載“日、月食救護之禮”出現在了《大清會典·禮部》祠祭清吏司所屬凶禮條目之下；《大清通禮》於嘉禮中載筵燕之禮，《大清會典·禮部》則於精膳清吏司專門記載此項禮儀；《大清通禮》於賓禮中載“相見禮”，《大清會典·禮部》則將此項禮儀載於儀制清吏司所屬嘉禮條目下。

第五，《大清通禮》的修纂，爲了使儀式過程的敘述邏輯清晰、簡潔明了，不載前朝禮制沿革和禮制圖説。事實上，禮制沿革與圖説對於禮儀展演的準確性至關重要，《大清通禮》爲追求禮書精簡易行，才未將其納入書中。在具體的宫廷禮儀實踐中，一旦涉及器物名數的規制和禮制沿革，《大清會典則例》就成了必不可少的參考書籍。涉及具體的禮儀場景布置，則要參考《大清會典》《大清會典圖》以及《皇朝禮器圖式》等書中所繪製的圖解，這些典籍是清廷禮儀實踐必不可少的參考文本，是對《大清通禮》的重要補充。

3. 行文格式不同

在具體行文格式方面，《大清通禮》與《大清會典·禮部》也有較大差别，反映了二書不同的修纂理念。以嘉禮中的朝會之禮爲例，二書雖然都將朝會之

① 允祹等：《欽定大清會典》卷三十六，《景印文淵閣四庫全書》第 619 册，臺灣“商務印書館”1983 年版，第 281 頁。

禮列於嘉禮之首，但行文格式卻迥然不同。具體言之，《大清通禮》完全按照朝會禮儀展演的儀式步驟進行叙述，將朝會之禮分爲（皇帝、皇太后、皇后、盛京、直省）三大節朝賀之禮、御門聽政之禮，常朝、常朝日坐班之禮，皇帝時巡盛京升殿受賀之禮、盛京常朝之禮。每項禮儀又劃分爲若干儀式單元，分別叙述具體儀式過程，如皇帝三大節朝賀之禮就依次分爲表賀儀式、禮儀場所陳設、序班位、群臣朝賀儀式、内朝賀儀式幾個儀式單元。書中記載的核心内容是禮儀場所的器物布置以及行禮、執事人員的人數和具體位置，祝贊之辭、樂章及表文内容，行禮的時間節點及先後順序、跪拜次數，各禮義環節轉換時執事者的號令等，邏輯結構清晰，一切以指導禮儀實踐爲旨歸。①

反觀《大清會典·禮部》所載朝會之禮，其内容較之《大清通禮》就顯得凌亂瑣碎，缺乏邏輯性。與《大清通禮》不同，該書不稱"朝賀之禮"，而是將相關禮儀分爲"朝會一、朝會二、朝會三"三個部分，第一部分總述朝會之禮的朝服、陳設、樂章、班位，第二和第三部分分別叙述不同朝會禮儀的儀式流程。② 由於朝會禮儀如大朝、常朝、御門聽政之禮的樂章、陳設、班位等内容有所不同，《大清會典》將這些内容置於篇首進行綜論，有粗疏混亂之弊，不能與具體儀式一一對應。而在《大清通禮》一書中，朝服、陳設、樂章、班位等内容是分別放入具體禮儀進程中加以叙述的，顯然更加條理分明，更有助於指導宮廷禮儀實踐。此外，《大清會典》未載儀式中樂章、表文的具體内容，這部分内容載於《大清通禮》和《大清會典則例》之中，凸顯了《大清通禮》作爲一代禮制專書的獨特性和重要性。

以上所列《大清通禮》的修纂特色，如崇儒重道、突出滿洲民族特色等禮制革新，下文將另辟專章進行詳細解讀和分析，此處不贅。

第二節　《皇朝禮器圖式》的修纂特色

一、統治者、修纂者及四庫館臣的評價

關於《皇朝禮器圖式》的修纂特色，四庫館臣有着很高的評價，其文曰：

---

① 來保、李玉鳴等：《欽定大清通禮》卷十七《嘉禮》，《景印文淵閣四庫全書》第 655 册，臺灣"商務印書館" 1983 年版，第 257 頁。

② 允祹等：《欽定大清會典》卷二十至卷二十二，《景印文淵閣四庫全書》第 619 册，臺灣"商務印書館" 1983 年版，第 167、170、175 頁。

　　《考禮圖》世稱治始鄭元，而鄭志不載，蓋傳其學者爲之也。阮諶以後踵而作者凡五家，聶崇義匯合爲一，而諸本盡佚。然諸家追述古制，大抵皆約略傳注之文，揣摩形似，多不免於失真。是編所述，則皆昭代典章，事事得諸目驗，故毫釐畢肖，分刌無訛，聖世鴻規，燦然明備。①

　　四庫館臣認爲，自鄭玄弟子傳其學，始撰《考禮圖》，阮諶以後諸家所作《禮器圖》則大多散佚，且多爲"傳注之文"，禮器形制在很大程度上是由作者主觀揣摩而來的，難免失真，如此訛謬沿習，導致在禮圖記載上出現不少誤差和混亂。而《皇朝禮器圖式》一書所載禮圖説則皆爲其時代當下可考，經過了實物考證，因此書中對禮器規格、形制的記載尤爲精確，貫徹了高宗皇帝尋求"禮之精意"的修書理念，這正是前代《禮器圖》所不具備的。美國學者司徒安認爲："北京故宮博物院現存的雍正款禮器完全符合《皇朝禮器圖式》的描述。這表明 18 世紀的禮官在研究過往儀制時抱有非常嚴肅的態度，盡可能準確地以實體形式再現過去的典籍。"②"禮器"和"禮物"是禮儀活動的核心要素，中國古代禮制最爲強調的等級性與秩序性，很大程度上要依靠禮器、"禮物"的等差度數來承載和表現，因此古人有"唯器與名不可假人"③之説，可見如《皇朝禮器圖式》這樣高質量的禮圖文本對禮制建設和穩固統治秩序的重要性。

　　上文講到，《大清通禮》力求精簡易行，只記載典禮的具體儀式流程、尊卑等差，器物名數和陳設方位，而"禮器"和"禮物"的具體形制則備載於《皇朝禮器圖式》一書。該書將禮儀活動所必備的禮器、車馬、冠服等按照品類名數、尊卑等差等標準，條分縷析、圖文並茂地予以記載，力求"循器明禮"，這無疑對《大清通禮》的有效施行起到了重要的輔助作用。

　　值得一提的是，《皇朝禮器圖式》一書中的祭器、冠服、樂器、鹵簿四門，爲前代禮書的原有編排傳統，儀器和武備兩門在清以前則都是別自爲書的，並未載於禮圖典籍之中，《皇朝禮器圖式》則將其增補於書中，究其緣由，可在乾隆四十六年（1781）再次校勘此書時廷臣進表內容中找到答案，其文曰：

---

　　①　永瑢等：《四庫全書總目》卷八十二《史部·政書類二》，中華書局 1965 年版，第707 頁。

　　②　［美］司徒安：《身體與筆——18 世紀中國作爲文本/表演的大祀》，李晉譯，北京大學出版社 2014 年版，第 209 頁。

　　③　《春秋左傳正義》卷二十五《成公二年》，載《十三經註疏》，中華書局 1980 年版，第 1894 頁。

儀器、武備二類，舊皆別自爲書，今乃列之於禮器，與古例稍殊，然周代眡祲保章、馮相所職皆天象，而隸於春官。禮有五目，軍禮居三。……蓋禮者理也，其義至大，其所包者亦至廣，故有制而不可越者，皆謂之禮……今以儀器、武備並歸於禮樂，正三代之古義。①

高宗皇帝也在該書卷首序言中述及於《皇朝禮器圖式》中增補儀器與武備的緣由：

觀象臺儀器自皇祖親定，閱數紀於今，度次不免歲差。又武備器什，有舊《會典》未經臚載者，皆是範是程，進御審定，於以崇飾，祀饗、朝會、軍旅諸大政，顧弗薈萃成帙，慮無以垂光策府。於是按器譜圖，系説左方，區爲八部，用付剞劂，俾永其傳。②

儀器用於觀測天象與判定禮典舉行的節令時辰，武備（包括冠服、甲冑、武器、旗纛、營帳等）除了用於軍事行動之外，也是朝廷舉行禮儀活動尤其是軍禮彰顯威儀所必不可少的禮器。正所謂"國之大事，在祀與戎"，祭祀典禮與軍事行動本就是歷代王朝最爲看重的政事，把用於天象觀測的儀器和彰顯軍威的武備納入《皇朝禮器圖式》，符合"三代之古義"，可以説是對傳統禮圖典籍修纂體例的進一步完善。此外，將"武備"一項列入禮器類，顯然也與清統治者關外時期重視習武騎射有很大關係。清廷將滿洲尚武精神灌注於禮書修纂理念之中，無疑彰顯了滿洲人善於騎射、驍勇善戰的民族特質。

二、冠服變革彰顯滿洲特色

（一）《皇朝禮器圖式》所載清代冠服禮制概況

1. 冠服種類劃分

衆所周知，清統治者入主中原後，强制推行薙髮易服政策，故清代衣冠服飾較之前代漢族風格大異其趣，這在《皇朝禮器圖式》一書中有突出反映。該

---

① 允禄等撰，福隆安等校補：《皇朝禮器圖式》卷首，《景印文淵閣四庫全書》第 656 册，臺灣"商務印書館"1983 年版，第 12 頁。

② 允禄等撰，福隆安等校補：《皇朝禮器圖式》卷首，《景印文淵閣四庫全書》第 656 册，臺灣"商務印書館"1983 年版，第 1~2 頁。

書卷四至卷七記載了以皇帝、皇后爲首的皇室貴胄以及品官、命婦衣冠服飾的禮制規格，以下詳述之。

《清文獻通考》載清代冠服之制曰：

> 凡冠服之制，冠有冬冠、夏冠服，裘綿裌單惟其時，皇帝冠服有禮服，有吉服，有常服，皇后冠服亦如之。皇貴妃而下，各以其等爲差，皇子冠服，特殊其制，王以下各以其等爲差，公主、福晉亦如之。①

以上可見，清代以皇帝、皇后爲首的冠服制度大體分爲禮服、吉服與常服三類，其中，禮服於朝廷舉行重大典禮儀式和祭祀之禮時穿戴，主要在舉行五禮中的"吉禮"時穿戴，分爲朝服和祭服兩類；吉服用於嘉禮和賓禮，如朝賀、朝會、册封、婚禮等禮儀場合穿戴；常服則用於非正式場合穿戴。《皇朝禮器圖式》所載冠服種類大體依照上述標準劃分，包括自皇帝以下貴族、官僚、士子之朝服和吉服，常服則只記載了皇帝常服規格。除"冠服"一門外，《皇朝禮器圖式》還在"武備"一門中記載了皇帝及其隨侍人員在參加大閱之禮時所穿甲胄以及所佩戴的武器，以下僅以皇帝冠服形制規格及配飾爲例，列表 3-11。

表 3-11　《皇朝禮器圖式》載皇帝冠服形制規格及配飾②

冠服類別	形制規格及配飾
朝服	冬、夏朝冠；端罩；袞服(或龍褂、補服)；冬、夏朝服、朝珠、朝帶
吉服	冬、夏吉服冠；龍袍(或蟒袍)；吉服帶
常服	冬、夏常服冠；常服褂；常服袍；常服帶
甲胄	皇帝大閱甲胄；大閱囊鞬；大閱弓箭；皇帝大禮隨侍諸箭；大閱佩刀；吉禮隨侍佩刀

---

① 劉錦藻撰：《皇朝續文獻通考》卷一百八十二《王禮考十三》，《續修四庫全書》第818 册，上海古籍出版社 2002 年版，第 146 頁。

② 表格內容參見允祿等撰，福隆安等校補：《皇朝禮器圖式》卷四、卷十三至卷十五，《景印文淵閣四庫全書》第 656 册，臺灣"商務印書館"1983 年版，第 193、705 頁。

2. 冠服等級劃分

《皇朝禮器圖式》按照不同身份等級依次劃分冠服形制，自上而下依次爲：皇帝、皇太子、皇子、世子、郡王、貝勒、貝子、固倫額駙、鎮國公、輔國公、和碩額駙、公、侯、伯、子、男、一至九品及未入流官員、鎮國將軍、輔國將軍、郡主額駙、郡君額駙、縣主額駙、一等侍衛、奉恩將軍、縣君額駙、二等侍衛、鄉君額駙、三等侍衛、藍翎侍衛、進士、舉人、貢生、監生、生員、祭祀文武舞生、祭祀執事人、樂部樂生、鹵簿輿士、鹵簿防軍、鹵簿校尉、從耕農官。不同等級頭銜或官職的冠服名稱各不相同，紋樣各異，在冠服種類上也有多寡之別。

總之，該書按照特定儀式場合(祭祀、朝會、燕饗等)以及不同身份等級，將行禮者的冠服形制進行了精準的劃分和定位。

(二)明清冠服形制比較——以皇帝冠服爲例

明朝是推翻蒙元政權後，重新由漢人建立的王朝，其衣冠服飾上承宋制，遠可追溯至漢唐、先秦時期，代表了漢族衣冠服飾文化傳統。而清朝統治者是作爲關外滿洲漁獵民族入主中原的，加之入關後清統治者堅持保留滿洲衣冠服飾，並強制漢人薙發易服，經過歷史發展演變，其冠服形制呈現出滿漢融合的風格，這在《皇朝禮器圖式》一書中得到充分體現。下文將對明清皇帝冠服形制做一比較研究，以便探究清代冠服禮制特色。

1. 明代皇帝冠服形制

據明人王思義所輯《三才圖會·衣服卷》載，明代皇帝御用冠冕主要有四種，分別爲冕、通天冠、皮弁和烏紗折上巾。其中，冕、通天冠、皮弁皆於祭祀典禮等朝廟大典場合穿戴，烏紗折上巾則配搭常服穿戴，其形制如圖3-3所示。

《明集禮》載明代皇帝祭天典禮所着冠服形制，其文曰：

> 國朝祀天不用大裘，但服袞冕，其祭天地、宗廟、社稷、先農，及正旦、冬至、聖節朝會、冊拜，皆服袞冕，玄衣纁裳。其制冕板廣一尺二寸，長二尺四寸，冠上有覆，玄表朱裏，前後各十有二旒，每旒五采玉珠十二，玉簪導朱纓，衣六章，畫日、月、星辰、山龍、華蟲。裳六章，繡宗彝、藻火粉米、黼黻，中單以素紗爲之，紅羅蔽膝，上廣一尺，下廣二尺，長三尺，繡龍火山三章，革帶佩玉長三尺三寸，大帶素表朱裏，兩邊用緣，上以朱錦，下以綠錦。大綬六采，黃、白、赤、玄、縹、綠、純玄

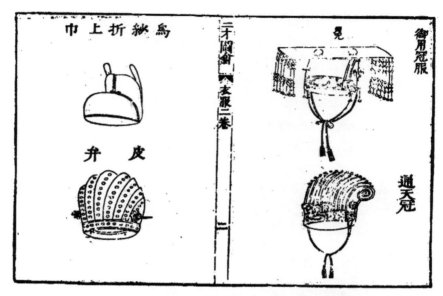

圖 3-3 《三才圖會・衣服卷》載明代皇帝御用冠冕圖①

質五百首，小綬三色，同大綬，間施三玉環。朱襪赤舄，其朔望視朝、降詔、降香、進表、四夷朝貢、朝覲，則服皮弁，其制用烏紗冒之，前後各十二縫，每縫中綴五采玉十二以為飾，玉簪紅組纓，其服絳紗衣，及蔽膝隨衣色，白玉佩、革帶、玉鉤䚢、緋白大帶，白襪黑舄。其常服則烏紗折角向上巾，盤領窄袖袍，束帶，間用金玉琥珀透犀。②

以上可見，明代皇帝凡遇祭祀天地、宗廟、社稷、先農、三大節朝會以及冊拜之禮，皆服袞冕（袞服和冕），身穿玄衣、纁裳（上衣下裳）、內襯素紗中單，腳穿朱襪赤舄。在行朔望視朝、降詔、降香、進表、四夷朝貢、朝覲之禮時，皇帝頭戴皮弁，身穿絳紗衣、紅羅裳，腳穿白襪黑舄。常服則頭戴烏紗折角向上巾，身著盤領窄袖袍。此外，皇帝所著冠服均配有蔽膝、革帶、大帶和綬珮。（圖 3-4）

---

① 圖片出自王圻撰，王思義輯：《三才圖會・衣服卷二》，《續修四庫全書》第 1234 冊，上海古籍出版社 1996 年版，第 639 頁。

② 徐一夔等：《明集禮》（二）卷三十九，《景印文淵閣四庫全書》第 650 冊，臺灣“商務印書館”1983 年版，第 191～192 頁。

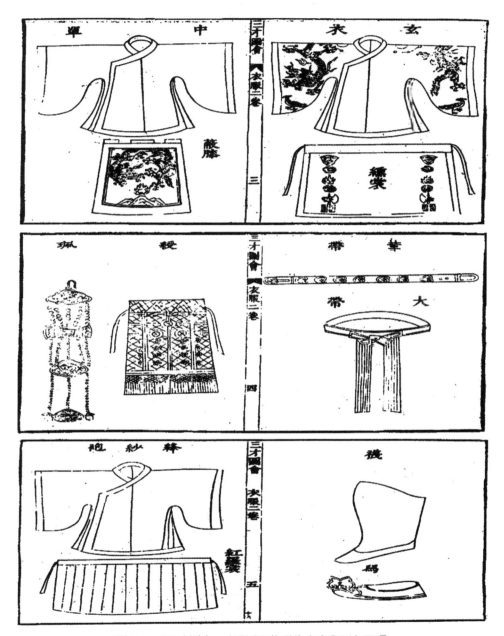

圖 3-4 《三才圖會·衣服卷》載明代皇帝御用祭服①

———————————

① 圖片出自王圻撰, 王思義輯: 《三才圖會·衣服卷二》, 《續修四庫全書》第 1234 册, 上海古籍出版社 1996 年版, 第 639~640 頁。

2. 清代皇帝冠服形制

（1）朝服、朝冠。

如前所述，清代舉行重大宮廷典禮和祭祀之禮時，皇帝皆身着冬夏朝服，與之相匹配的冠冕是冬、夏朝冠（圖3-5），《皇朝禮器圖式》對朝冠的具體形制有明確記載：

> 九月十五日或二十五日，皇帝御冬朝冠，薰貂爲之，十一月朔至上元用黑狐，上綴朱緯，頂三層，貫東珠各一，皆承以金龍各四，飾東珠如其數，上銜大珍珠一。
>
> 三月十五日或二十五日，皇帝御夏朝冠，織玉草或藤絲、竹絲爲之，緣石青片金二層，裏用紅片金或紅紗，上綴朱緯，前綴金佛，飾東珠十五，後綴舍林，飾東珠七，頂如冬朝冠。①

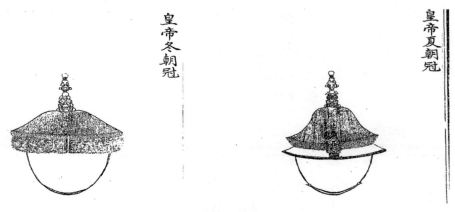

圖3-5　《皇朝禮器圖式》載皇帝冬夏朝冠②

《皇朝禮器圖式》還記載了清代皇帝冬、夏朝服形制（圖3-6）。其中，冬朝服形制爲：

---

① 允禄等撰，福隆安等校補：《皇朝禮器圖式》卷四，《景印文淵閣四庫全書》第656册，臺灣“商務印書館”1983年版，第194~195頁。

② 圖片出自允禄等撰，福隆安等校補：《皇朝禮器圖式》卷四，《景印文淵閣四庫全書》第656册，臺灣“商務印書館”1983年版，第194頁。

　　十一月朔至上元，皇帝御冬朝服，色用明黃，惟南郊祈穀用藍，披領及裳俱表以紫貂，袖端薰貂，繡文，兩肩前後正龍各一，襞積行龍六，列十二章俱在衣，間以五色雲。（冬朝服一）

　　九月十五日或二十五日，皇帝御冬朝服，色用明黃，惟朝日用紅，披領及袖俱石青，片金加海龍緣，繡文，兩肩前後正龍各一，要帷行龍五，衽正龍一，襞積前後團龍各九，裳正龍二，行龍四，披領行龍二，袖端正龍各一。列十二章，日、月、星辰、山龍、華蟲、黼黻在衣，宗彝、藻火粉米在裳，間以五色雲，下幅八寶平水。（冬朝服二）

夏朝服形制爲：

　　三月十五日或二十五日，皇帝御夏朝服，色用明黃，惟雩祭用藍，夕月用月白，披領及袖俱石青片金緣，緞紗、單、袷各惟其時，餘俱如冬朝服。①

圖3-6　《皇朝禮器圖式》載皇帝冬夏朝服②

　　除上述冬夏朝冠、朝服外，清代皇帝朝服配飾還包括端罩、袞服、朝珠和朝帶等。

---

　　①　允禄等撰，福隆安等校補：《皇朝禮器圖式》卷四，《景印文淵閣四庫全書》第656冊，臺灣"商務印書館"1983年版，第197~199頁。

　　②　圖片出自允禄等撰，福隆安等校補：《皇朝禮器圖式》卷四，《景印文淵閣四庫全書》第656冊，臺灣"商務印書館"1983年版，第197~199頁。

（2）吉服冠和龍袍。

舉行賓禮、嘉禮諸典禮時，皇帝頭戴冬夏吉服冠（圖 3-7），身着龍袍（圖 3-8）。《皇朝禮器圖式》載皇帝冬夏吉服冠形制爲：

> 皇帝冬吉服冠御用之期與朝冠同，海龍爲之，立冬後易薰貂或紫貂，各惟其時，上綴朱緯，頂滿花金座，上銜大珍珠一。
>
> 皇帝夏吉服冠御用之期與朝冠同，織玉草或藤絲、竹絲爲之，紅紗綢爲裏，石青片金緣，上綴朱緯，頂如冬吉服冠。①

圖 3-7 《皇朝禮器圖式》載皇帝冬夏吉服冠②

皇帝龍袍形制爲：

> 色用明黃，領袖俱石青片金緣，繡文金龍九，列十二章，間以五色雲，領前後正龍各一，左右及交襟處行龍各一，袖端正龍各一，下幅八寶立水，裾左右開，棉袷紗裘，各惟其時。③

----

① 允禄等撰，福隆安等校補：《皇朝禮器圖式》卷四，《景印文淵閣四庫全書》第 656 冊，臺灣"商務印書館" 1983 年版，第 202 頁。

② 圖片出自允禄等撰，福隆安等校補：《皇朝禮器圖式》卷四，《景印文淵閣四庫全書》第 656 冊，臺灣"商務印書館" 1983 年版，第 202 頁。

③ 允禄等撰，福隆安等校補：《皇朝禮器圖式》卷四，《景印文淵閣四庫全書》第 656 冊，臺灣"商務印書館" 1983 年版，第 203 頁。

圖 3-8 《皇朝禮器圖式》載皇帝龍袍、蟒袍①

除上述冬夏吉服冠和龍袍外，皇帝吉服配飾還包括袞服、吉服帶等。

（3）常服冠、常服袍、常服褂。

皇帝在日常生活等非正式場合着常服褂、常服袍，配以冬夏常服冠（圖 3-9）。

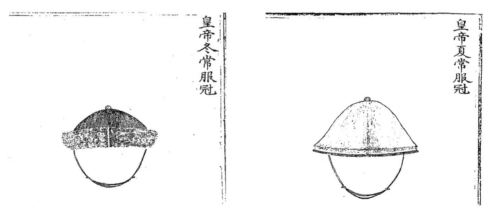

圖 3-9 《皇朝禮器圖式》載皇帝冬夏常服冠②

---

① 圖片出自允禄等撰，福隆安等校補：《皇朝禮器圖式》卷四，《景印文淵閣四庫全書》第 656 册，臺灣“商務印書館”1983 年版，第 196、203 頁。
② 圖片出自允禄等撰，福隆安等校補：《皇朝禮器圖式》卷四，《景印文淵閣四庫全書》第 656 册，臺灣“商務印書館”1983 年版，第 204~205 頁。

其中，冬夏常服冠形制爲："皇帝冬常服冠，御用之期與朝冠同，紅絨結頂，餘俱如冬吉服冠。""皇帝夏常服冠，御用之期與朝冠同，紅絨結頂，餘俱如夏吉服冠。"①

皇帝常服褂與常服袍（圖3-10）形制爲："皇帝常服褂，色用石青，花文隨所御，棉袷紗裘，各惟其時。""皇帝常服袍，色及花文隨所御，裾左右開，棉袷紗裘，各惟其時。"②

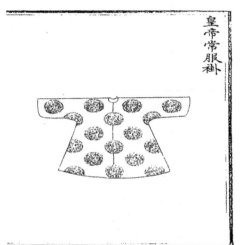

圖3-10 《皇朝禮器圖式》載皇帝常服褂、常服袍③

3. 明清皇帝所用冠服形制比較

通過以上對明清皇帝所用冠服形制介紹和圖式展示，可以總結出以下幾點差異：

第一，名稱各異，種類不同。明代皇帝用冠分爲冕、通天冠、皮弁和烏紗折上巾，而清代皇帝用冠則分別爲冬夏朝服冠、冬夏吉服冠以及冬夏常服冠。

---

① 允禄等撰，福隆安等校補：《皇朝禮器圖式》卷四，《景印文淵閣四庫全書》第656册，臺灣"商務印書館"1983年版，第204～205頁。

② 允禄等撰，福隆安等校補：《皇朝禮器圖式》卷四，《景印文淵閣四庫全書》第656册，臺灣"商務印書館"1983年版，第205～206頁。

③ 圖片出自允禄等撰，福隆安等校補：《皇朝禮器圖式》卷四，《景印文淵閣四庫全書》第656册，臺灣"商務印書館"1983年版，第205～206頁。

大體言之，清代的朝服冠、吉服冠與明代的冕、通天冠、皮弁功能相同，通常於各種宮廷禮儀場合穿戴，常服冠則與烏紗折上巾功能相同，用於日常穿戴。此外，明代皇帝與冠冕相配套的服飾分別爲玄衣纁裳、絳紗衣、紅羅裳，以及盤領窄袖袍。清代皇帝服飾則分別爲冬夏朝服、冬夏吉服，以及常服褂、常服袍。通過比較不難看出，明代帝用冠服諸如"冕""巾""皮弁""玄纁"等名稱，更能體現自先秦以來漢族的衣冠服飾傳統。相比之下，清代皇帝所用冠服名稱更爲簡潔，且注重冬夏之分，這可能與滿洲人在關外時期的生存環境尤其是漁獵生活習性有關。

第二，製作形制和用料不同。首先來看冠冕，明代帝用冕由冕板、冕旒、冠、玉簪、朱纓、充耳等組成，通天冠、皮弁、烏紗折上巾三種冠冕形狀近似，其主要組成部分皆爲冠身、冠飾、冠纓、金簪等。明代帝用冠冕源自先秦兩漢以來帝王冠冕形制傳統，彰顯了皇帝承天受命的天子身份。例如，冠冕整體形制呈前低後高、前圓後方之狀，冕板在用色上玄表纁裏，象徵着上古時期天尊地卑、天圓地方的宇宙觀。冕旒與充耳則有皇帝不聽讒言、明斷是非、胸懷天子之德的寓意。清代帝用朝冠、吉服冠、常服冠的製作材料，冬用薰貂、紫貂、海龍爲之，夏織玉草或藤絲、竹絲爲之。冬季冠冕多採用御寒功效較强的動物毛皮爲之，反映了關外滿洲人在嚴寒環境的生存條件下所形成的服飾製作特點。且清代皇帝冠冕皆有結頂，前綴金佛，后綴舍林，亦頗具北方少數民族文化特色。

再來看服飾，明代皇帝服飾形制延續漢族傳統服飾樣式，寬衣大袖、上衣下裳，其上衣畫日、月、星辰、山龍、華蟲六章，遵循《周禮》之義，即："古人必爲日月星辰於衣者，取其明也，山取其人所仰，龍取其能變化，華蟲取其文理。"下裳繡宗彝、藻、火、粉米、黼、黻六章，孫詒讓《周禮正義》對此六章有詳細解釋，原文如下：

> 宗彝者，據周之彝尊有虎彝、蜼彝，因於前代，則虞時有蜼彝、虎彝可知。若然，宗彝是宗廟彝尊，非蟲獸之號，而言宗彝者，以虎蜼畫於宗彝，則因號虎蜼爲宗彝，其實是虎蜼也，但虎蜼同在於彝，故此亦並爲一章也。虎取其嚴猛，蜼取其有智，以其印鼻長尾，大雨則懸於樹，以尾塞其鼻，是其智也。藻，水草，亦取其有文象，衣上華蟲、火，亦取其明。粉米共爲一章，取其潔，亦取養人。黼，謂白黑爲形，則斧文近刃，白近上，黑取斷割焉。黻，黑與青爲形，則兩色相背，取臣民背惡向善，亦取

君臣有合離之義，去就之理也。①

　　從以上所引史料不難看出，明代皇帝的服飾紋章，象徵着敬天保民、尚德右文、明君臣之義的爲治取向。

　　清代雖然繼承了一些明代皇帝服飾傳統，如圖案紋式等，但更多的是進行全面創新。在皇帝服飾形制方面，清朝以上下相連的袍服取代了明代傳統的上衣下裳服式，以馬蹄袖和披領取代了明代的寬衣大袖、圓領右衽服式。以上帝王服式變革充分展現了滿洲人在關外時期漁獵、騎射習俗的文化遺跡，如窄口的馬蹄袖，既有利於保護擅長騎射的滿洲人的手臂，又有助於在寒冷的東北地區加強保暖。此外，褂、端罩、朝珠等服式及配飾也極具滿洲特色，此處不再一一列舉。在製作材料方面，從上述史料可見，清代帝用服飾喜用貂裘等動物毛皮爲之，也是滿洲人關外漁獵生活的御寒遺俗。

三、《皇朝禮器圖式》與《大清會典圖》的比較研究

(一)《大清會典圖》的始修和續修

　　前述《皇朝禮器圖式》記載了宮廷禮儀所需禮器、冠服、車輿等形制圖式以及文字詳解，以便輔助《大清通禮》，共同應用於官方禮儀實踐。而始修於嘉慶朝，續修於光緒朝的《大清會典圖》與《皇朝禮器圖式》一書相比，內容更爲宏富，涵蓋範圍更廣。將二書進行比較，能够對清代官方禮圖典籍的修纂情況有一個更爲全面、深入的了解。

　　首先來看《大清會典圖》的具體成書情況。如前所述，《大清會典》自康熙朝始修，雍正朝續修，其體例、內容均無較大變動。直至乾隆朝續修《大清會典》，大幅精簡內容，並將"事例"單列成册，修成《大清會典則例》。嘉慶六年(1801)續修《大清會典》，又單獨修纂《大清會典圖》，至嘉慶二十三年(1818)書成，所載內容截至嘉慶十七年(1812)。光緒十二年(1886)又續修《大清會典》，光緒二十五年(1899)書成，記載內容截至光緒二十二年(1896)，此次續修對《大清會典圖》諸門編排體例進行了整合，對圖典內容做了增補與完善。光緒朝《大清會典圖》卷首《凡例》介紹了該書較之嘉慶《大清會典圖》(以下簡稱《會典圖》)的變更之處：

---

① 孫詒讓撰：《周禮正義》(第六册)卷四十，王文錦、陳玉霞點校，中華書局1987年版，第1628頁。

　　此次奉敕修《會典圖》，遵照上屆圖書分編之例，纂成七門，曰禮，
曰樂，曰冠服，曰輿衛，曰武備，曰天文，曰輿地。斟酌損益，依類系
屬，編次井然，庶以昭皇朝制度文明之盛。
　　舊圖禮制、祭器、樂律、樂器、度量、權衡、天文、儀器，皆各爲一
門，謹案祭器、彝器皆關典禮，理應統歸禮制。樂由律作，律由數起，理
本相因，其圖亦應類附。儀器爲推測天文之用，尤未便，別三一門。今以
祭器、彝器二門併於禮圖，樂器、度量、權衡各門併於樂圖，儀器一門併
於天文圖。①

　　以上可見，嘉慶朝《會典圖》共列有禮制、祭器、樂律、樂器、度量、權
衡、天文、儀器八門，光緒朝《會典圖》對諸門內容進行了合併與增補，將祭
器併入禮圖，樂器、度量、權衡各門併入樂圖，儀器併入天文圖，並新增輿地
圖，總計爲禮、樂、冠服、輿衛、武備、天文、輿地七門，其中除天文、輿地
二門與禮樂制度無直接關聯外，其餘諸門圖説內容皆與禮儀制度相關，可以説
是清廷官方禮制建設的重要內容之一。
　　此外，查考光緒朝《會典圖》卷首奏折，亦可見該書較之嘉慶朝《會典圖》
增補卷數：

　　再查嘉慶《會典》冠服一門爲卷十，爲圖一百六十有二。今臣館纂辦
冠服圖，仍其總目，而分子目五，曰禮服，曰吉服，曰常服，曰行服，曰
雨服。……計增圖一百二十有六，併舊圖凡二百八十有八，都二十卷。
　　再查嘉慶《會典圖》以禮制居首，爲卷二十有二，爲圖一百八十有二。
次以祭器三卷，圖三十有五。又次以彝器一卷，圖十。臣等竊以祭器、彝
器皆壇廟中用，應歸併禮制內。又嘉慶《會典圖》凡壇廟及位次及陳設三
者，各以類從，故位次、陳設兩者略備，壇廟尚多闕遺，今改爲每壇廟一
圖，即次以位次一圖，陳設一圖，其闕遺查據增補。……而據《欽定大清
通禮》《禮部則例》《欽定大清律例》輯補，其總目原標"禮制"，今據《文獻
通考》例，只用"禮"字爲總目，別分六子目，曰祀典，曰祭器，曰彝器，
曰朝會，曰燕饗，曰服制，計新增圖五十九，併舊圖共二百四十有一，都
三十卷。

────────────

　　①　崑岡等修，劉啓端等纂：光緒朝《欽定大清會典圖》卷首《凡例》，《續修四庫全書》
第 795 册，上海古籍出版社 2002 年版，第 8 頁。

查嘉慶《會典》輿衛圖原本十卷，爲圖一百八十有二……子目即就原次，曰鹵簿，曰儀駕，曰儀仗、采仗。……凡增卷四，併舊卷爲十有四，增圖三十有二，併舊圖爲二百一十有四。……樂圖本作樂律五卷，樂器八卷，併度量、權衡一卷，爲十四卷，凡圖譜表，都一百八十有四。

查嘉慶《會典》武備圖原本十二卷，爲圖二百四十有八……計增圖六十有八，併舊圖爲三百一十有六，都十六卷。①

以上可見，相較於嘉慶朝《會典圖》，光緒朝《會典圖》在内容上大爲擴充，具體擴充情況見表 3-12（未涉及天文、輿地二門）。

表 3-12　光緒朝《會典圖》與嘉慶朝《會典圖》内容對比②

門類	嘉慶朝《會典圖》	光緒朝《會典圖》	增加内容
冠服圖	10 卷，162 幅圖	20 卷，288 幅圖	10 卷，126 幅圖
禮圖	22 卷，182 幅圖	30 卷，241 幅圖	8 卷，59 幅圖
輿衛圖	10 卷，182 幅圖	14 卷，214 幅圖	4 卷，32 幅圖
樂圖	13 卷（樂律 5 卷、樂器 8 卷）	14 卷（併入度量、權衡共 1 卷），184 幅圖	
武備圖	12 卷，248 幅圖	16 卷，316 幅圖	4 卷，68 幅圖

（二）《皇朝禮器圖式》與光緒朝《大清會典圖》之異同

《皇朝禮器圖式》與光緒朝《大清會典圖》堪稱清代最爲重要的兩部官修禮圖典籍，對二書篇章結構進行比較研究，有助於更加全面、深入地了解清代官修禮書的修纂特色。

---

①　崑岡等修，劉啓端等纂：光緒朝《欽定大清會典圖》卷首《奏摺》，《續修四庫全書》第 795 册，上海古籍出版社 2002 年版，第 2~6 頁。

②　表格内容參見托津等：嘉慶朝《欽定大清會典圖》，文海出版社 1992 年版；崑岡等修，劉啓端等纂：光緒朝《欽定大清會典圖》，《續修四庫全書》第 795 册，上海古籍出版社 2002 年版。

1. 二書性質與修纂主旨不同

從前文對《皇朝禮器圖式》一書的介紹與分析不難看出，該書是清廷延續前代禮圖典籍修纂傳統，組織禮官進行修纂的專門禮書，是以禮儀實踐中諸禮器、冠服、車輿等物件爲核心主題的官修圖典，其功能是用於禮義實踐參考，與《大清通禮》相輔而行。《大清會典圖》則是在《大清會典》不斷續修完善的過程中分離出來的，是具有典章制度性質的官修圖典，其功能主要是用於清廷政治實踐，雖然全書主要部分都與禮儀制度相關，但其涵蓋面更廣，其中天文、輿地二門已越出禮制範疇。如輿地一門記載的是"皇輿全圖"及各省、府、州和邊疆諸行政區劃的山川地理形勢，其修纂目的完全是出於政治制度運行方面的考量。

2. 内容涵蓋範疇不同

光緒朝《大清會典圖》與《皇朝禮器圖式》二書的性質與修纂主旨各異，決定了它們在修纂體例和内容涵蓋範疇方面也大不相同。從二書所載内容範疇來看，《皇朝禮器圖式》以祭器、儀器、冠服、樂器、鹵簿、武備爲綱，《大清會典圖》則分爲禮、樂、冠服、輿衛、武備、天文、輿地七門。除去與禮儀制度不甚相關的天文、輿地二門，可見二書在總綱方面有三項重合，即冠服、武備和鹵簿。除此三項重合門類外，《大清會典圖》其餘門類所包含的内容範疇都要大於《皇朝禮器圖式》。

具體言之，《大清會典圖》的禮圖部分除了涵蓋《皇朝禮器圖式》所載祭器一門内容外，還記載了禮儀場所規制、禮器陳設方位、布局等相關圖解，這是《皇朝禮器圖式》中沒有記載的内容。《大清會典圖》的樂圖部分涵蓋了《皇朝禮器圖式》的樂器一門内容，而其中所載"樂律"一項内容，又是《皇朝禮器圖式》所未載的。《大清會典圖》的天文圖涵蓋了《皇朝禮器圖式》所載儀器一門内容，但只在末卷記載，其餘三十一卷還記載了天象、星辰圖和幾何圖形，這也是《皇朝禮器圖式》所未載的。

3. 修纂體例不同

從修纂體例來看，光緒朝《大清會典圖》禮圖一門是依五禮綱目次序對相關圖式進行編纂的，具體記述次序爲：圜丘壇祀天，雩祭，祈穀之禮，方澤壇祭地，堂子祭祀，太廟、奉先殿、壽皇殿祭祀，祭社稷，日月壇祭祀，天神、地祇、先農、太歲壇祭祀，皇帝躬耕、觀耕之禮，祭先蠶之禮，經筵致祭傳心殿之禮，致祭歷代帝王廟之禮，釋奠先師孔子之禮，關帝廟祭、文昌廟祭，先醫廟、火神廟、東嶽廟、都城隍廟、顯佑宮祭，惠濟祠、河神廟、黑龍潭等祭祀，朝賀之禮、經筵、臨雍等嘉禮，筵燕禮，喪禮。①

《大清會典圖》每一具體禮儀條目則按以下步驟布局：（1）祭祀場所宏觀場景圖；（2）祭祀對象及祭拜者位次圖；（3）神位及拜位的祭器、貢品陳設圖。此外，《大清會典圖》還列有專章記載祭器形制圖。以圜丘祭天典禮條目爲例，該條目卷首以文字書寫天壇總圖、圜丘壇圖、圜丘壇圖第一成位次圖、圜丘壇圖第二成以下位次圖、圜丘壇圖告祭位次圖，下附諸圖，每圖下對祭祀場所的建築規格、所供奉神祇以及告祭者位次作文字説明。之後再列圜丘壇正位陳設圖、圜丘壇配位陳設圖、圜丘壇從位陳設圖、圜丘壇告祭陳設圖，文字叙述內容同上。②

《皇朝禮器圖式》的修纂體例則與《大清會典圖》不同，該書按禮器的不同種類劃分全書大綱，首列"祭器"一門，其下子目分列不同祭祀典禮所用祭器種類及具體數目，於正文中專門對具體禮器圖式及其規格進行"左文右圖"形式的記載。與《大清會典圖》相比，《皇朝禮器圖式》没有將儀式過程中所需祭品、祭器陳設布局情況描繪成圖，但其所記載祭器種類要比《大清會典圖》更加齊全。例如，蒼璧和黄琮是祭祀天地儀式上最爲重要的玉器，《大清會典圖》的祭器圖中竟未予記載，而《皇朝禮器圖式》則進行了詳細摹繪和注解。此外，《皇朝禮器圖式》於禮器形制的文字介紹中常出現"某某年欽定"字樣，並頻繁援引禮學經典著作以作旁證和註解，而《大清會典圖》對禮器的介紹則僅限於尺寸規格，很少涉及歷史沿革。

綜上所述，光緒朝《大清會典圖》與《皇朝禮器圖式》二書在禮圖記載方面各有優劣得失，同時具有很強的互補性。

第一，從二書整體架構和所載內容範疇來看，《大清會典圖》含涉範圍要更廣泛，對禮圖的記載也更加完備，諸如祭祀場所圖式、陳設圖、位次圖等，都是在舉行儀式典禮前做準備工作時，以及行禮過程中必不可少的參考內容，而《皇朝禮器圖式》卻多有闕略。

第二，樂舞是官方禮儀實踐中必不可少的內容，《皇朝禮器圖式》僅記載樂器形制，而《大清會典圖》則載有樂律，如十二律吕圖、十二律吕五聲二變高低字譜圖、編鐘律分圖等內容，相關內容記載顯然更加完備。《大清會典

---

① 崑岡等修，劉啓端等纂：光緒朝《欽定大清會典圖》卷一至卷三十，《續修四庫全書》第 795 册，上海古籍出版社 2002 年版，第 29~350 頁。

② 崑岡等修，劉啓端等纂：光緒朝《欽定大清會典圖》卷一至卷二，《續修四庫全書》第 795 册，上海古籍出版社 2002 年版，第 29~50 頁。

圖》還載有舞圖、舞譜，這也是《皇朝禮器圖式》所未載的重要内容。

第三，相較於《大清會典圖》，《皇朝禮器圖式》對禮器種類的記載要更加全面，對禮器形制及其内涵的歷史沿革以及朝廷欽定情況的介紹也更爲詳盡。

第三節 《欽定滿洲祭神祭天典禮》的修纂特色

一、修纂體例獨具滿洲特色

《欽定滿洲祭神祭天典禮》（以下簡稱《滿洲祭神祭天典禮》）一書以記載清宫薩滿祭祀禮儀爲主要内容，其中又以坤寧宫祭祀和堂子祭祀典禮爲主題（表3-13、表3-14）。該書所載内容源自關外時期滿洲民間薩滿祭祀儀式，篇幅短小，遠不及《大清通禮》和《皇朝禮器圖式》，且該書編排體例與上述二書圍繞漢族禮制傳統進行編排迥然不同，頗具滿洲民族特色。該書篇幅僅有六卷，由於滿洲禮俗與中原迥異，故該書具體篇章結構並未按五禮框架編排，而是分爲以下四類：

表 3-13 《欽定滿洲祭神祭天典禮》的篇章結構及其主要内容①

卷數	主 要 内 容
卷一	（1）議禮：祭神祭天議、獻鮮背鐙祭議 （2）彙記故事：彙記滿洲祭祀故事 （3）儀注及祝辭： ①坤寧宫元旦行禮儀注；堂子亭式殿元旦行禮儀注，堂子亭式殿祭祀儀注，堂子亭式殿祭祀祝辭；尚錫神亭祭祀儀注，尚錫神亭管領祝辭；恭請神位供於堂子儀注；恭請神位入宫儀注 ②坤寧宫月祭儀注；坤寧宫月祭祝辭（正月初三日、每月初一日坤寧宫朝祭誦神歌禱祝辭，朝祭灌酒於豬耳禱辭，朝祭供肉祝辭，夕祭坐於杌上誦神歌祈請辭，初次誦神歌禱辭，二次誦神歌禱辭，末次誦神歌禱辭，誦神歌禱祝後跪祝辭，夕祭灌酒於豬耳禱辭，夕祭供肉祝辭，背鐙祭初次向神鈴誦神歌祈請辭，二次搖神鈴誦神歌禱辭，三次向腰鈴誦神歌祈請辭，四次搖腰鈴誦神歌禱辭） ③祭神翌日祭天儀注；祭神翌日祭天贊辭

① 表格内容參見允禄等撰，阿桂、于敏中等漢譯：《欽定滿洲祭神祭天典禮》，《景印文淵閣四庫全書》第 657 册，臺灣“商務印書館”1983 年版。

续表

卷數	主 要 内 容
卷二	儀注及祝辭： ①坤寧宮常祭儀注；坤寧宮常祭祝辭(每日坤寧宮朝祭誦神歌禱祝辭，朝祭灌浄水於豬耳禱辭，朝祭供肉祝辭，夕祭坐於杌上誦神歌祈請辭，初次誦神歌禱辭，二次誦神歌禱辭，末次誦神歌禱辭，誦神歌禱祝後跪祝辭，夕祭灌浄水於豬耳禱辭，夕祭供肉祝辭，背鐙祭初次向神鈴誦神歌祈請辭，二次搖神鈴誦神歌禱辭，三次向腰鈴誦神歌祈請辭，四次搖腰鈴誦神歌禱辭，每歲春夏秋冬四季獻神儀注，夕祭神前祝辭) ②四季獻神儀注、四季獻神祝辭 ③浴佛儀注、浴佛祝辭(四月初八日浴佛於堂子饗殿内祝辭)
卷三	儀注及祝贊之辭： ①報祭儀注；報祭祝辭(春秋二季立杆大祭前期一二日坤寧宮報祭朝祭誦神歌禱祝辭，朝祭灌浄水於豬耳禱辭，朝祭供肉禱辭，夕祭坐於杌上誦神歌祈請辭，初次誦神歌禱辭，二次誦神歌禱辭，末次誦神歌禱辭，誦神歌禱祝後跪祝辭，夕祭灌浄水於豬耳禱辭，夕祭供肉祝辭，背鐙祭初次向神鈴誦神歌祈請辭，二次搖神鈴誦神歌禱辭，三次向腰鈴誦神歌祈請辭，四次搖腰鈴誦神歌禱辭) ②堂子立杆大祭儀注；堂子立杆大祭祝辭(每歲春秋二季堂子立杆大祭饗殿内祝辭，堂子亭式殿内祝辭) ③坤寧宮大祭儀注；坤寧宮大祭祝辭(坤寧宮大祭朝祭誦神歌禱祝辭，朝祭灌酒於豬耳禱辭，朝祭供肉祝辭，夕祭坐於杌上誦神歌祈請辭，初次誦神歌禱辭，二次誦神歌禱辭，末次誦神歌禱辭，誦神歌禱祝後跪祝辭，夕祭灌酒於豬耳禱辭，夕祭供肉祝辭，背鐙祭初次向神鈴誦神歌祈請辭，二次搖神鈴誦神歌禱辭，三次向腰鈴誦神歌祈請辭，四次搖腰鈴誦神歌禱辭) ④大祭翌日祭天儀注；大祭翌日祭天贊辭
卷四	儀注及祝辭： ①求福儀注；求福祝辭(朝祭神前求福祝辭，夕祭神前求福祝辭) ②樹柳枝爲嬰孩求福祭祀；司祝於户外對柳枝舉揚神箭誦神歌禱辭(朝祭神前求福祝辭，夕祭神前求福祝辭) ③春季獻雛雞背鐙祝辭；夏季獻子鵝背鐙祝辭；秋季獻魚背鐙祝辭；冬季獻雉背鐙祝辭 ④獻鮮背鐙祝辭 ⑤堂子亭式殿祭馬神儀注；堂子亭式殿祭馬神祝辭；正日祭馬神儀注；正日祭馬神祝辭(正日爲所乘馬於祭馬神室中朝祭誦神歌禱祝辭，朝祭灌酒於豬耳禱辭，朝祭供肉祝辭、夕祭坐於杌上誦神歌祈請辭，初次誦神歌禱辭，二次誦神歌禱辭，末次誦神歌禱辭，誦神歌禱祝後跪祝辭，夕祭灌酒於豬耳禱辭，夕祭供肉祝辭，背鐙祭初次向神鈴誦神歌祈請辭，二次搖神鈴誦神歌禱辭，三次向腰鈴誦神歌祈請辭，四次搖腰鈴誦神歌禱辭) ⑥次日祭馬神儀注；次日祭馬神祝辭(次日爲牧群繁息於祭馬神室中朝祭誦神歌禱祝辭，朝祭灌酒於豬耳禱辭，朝祭供肉祝辭，夕祭坐於杌上誦神歌祈請辭，初次誦神歌禱辭，二次誦神歌禱辭，末次誦神歌禱辭，誦神歌禱祝後跪祝禱辭，夕祭灌酒於豬耳禱辭，夕祭供肉祝辭，背鐙祭初次向神鈴誦神歌祈請辭，二次搖神鈴誦神歌禱辭，三次向腰鈴誦神歌祈請辭，四次搖腰鈴誦神歌禱辭)

续表

卷數	主 要 内 容
卷五	祭神祭天供獻器用數目：堂子陳設供器類；祭神所用器皿類；供獻物品類；坤寧宮陳設供器類；祭神所用器皿類；供獻物品類；造做類；成造所厎器皿類；必用之項；祭馬神室内陳設供器類；祭祀所用器皿類；必用之項
卷六	祭神祭天供獻陳設器皿形式圖；堂子祭祀相關形式圖；坤寧宮祭祀相關形式圖；祭神、祭天相關形式圖；祭馬神相關形式圖

表 3-14 《欽定滿洲祭神祭天典禮》祭祀諸禮儀①

禮儀名稱	禮 儀 條 目
坤寧宮祭祀	元旦行禮；日祭(朝夕祭)；月祭(每月初一)；春秋大祭(每年三月初一和九月初一)；四季獻鮮(四季孟月)；獻鮮背鐙祭(四季各舉行一次)；求福儀式(擇吉行之)
堂子祭祀	亭式殿元旦祭天行禮；月祭(月朔)；尚錫神亭月祭(每月初一)；立杆大祭(春秋兩祭)；出征與凱旋告祭；浴佛(四月初八)；亭式殿祭馬神(春秋兩祭)

第一，議禮，包括祭神祭天議和獻鮮背鐙祭議。祭神祭天議的主要内容是探討對祭神祭天祝禱之辭進行查考整理的具體辦法。隨着滿人入關後日益漢化，滿語日漸衰微，滿洲祭祀典禮中的禱祝之辭由於口耳相傳的弊端，文本記載多有謬誤，亟待查考整理，因此對該部分内容擬定了具體辦法。獻鮮背鐙祭議的主要内容是對獻祭貢品進行規範化整合。入關前，滿洲祭神祭天典禮所獻犧牲必須整齊全備，"稍有殘缺，即斥而不用"②。入關後狩獵不便，難獲全牲，因此《滿洲祭神祭天典禮》重定獻鮮之物，包括在南苑等處就近畋獵所獲，以及其他"時新鮮物"如魚、雉、鵝等的交納辦法。可見隨着滿人入關後由漁

① 表格内容參見允禄等撰，阿桂、于敏中等漢譯：《欽定滿洲祭神祭天典禮》，《景印文淵閣四庫全書》第 657 册，臺灣"商務印書館"1983 年版。

② 允禄等撰，阿桂、于敏中等漢譯：《欽定滿洲祭神祭天典禮》，《景印文淵閣四庫全書》第 657 册，臺灣"商務印書館"1983 年版，第 625 頁。

獵生活轉向農業定居生活，相關禮俗也受此影響，有所變更。

　　第二，彙記滿洲祭祀故事。這部分内容叙述了《滿洲祭神祭天典禮》所載諸祭祀禮儀的歷史沿革，主要内容包括：堂子祭祀和坤寧宮祭祀及其入關前之原型，滿洲家祭與堂子祭祀、坤寧宮祭祀的密切關聯等内容；除祭神、祭天、樹柳枝祭、求福以及祭馬神外的其他滿洲民間祭祀禮儀條目；祭祀禮儀指揮者（司祝）以及祭品、祭器的選擇標準；滿洲服喪禁忌等内容。

　　以上所述祭神祭天議、獻鮮背鐙祭議以及彙記滿洲祭祀故事僅爲三篇短文，皆載於卷一，可以説是對滿洲祭神祭天典禮的儀注、祝贊之辭、祭祀人員、祭品、祭器等禮制歷史沿革及相關規定所作的綜述。①

　　第三，行禮儀注及祝禱之辭。該部分内容載於《滿洲祭神祭天典禮》卷一至卷四，② 占據了該書的主要篇幅，是該書的核心内容，主要介紹了堂子祭祀（春秋大祭、元旦祭祀、月祭、祭馬神、出征及凱旋祭祀、浴佛祭等）、坤寧宮祭祀（元旦行禮、春秋大祭及次日祭天、月祭及次日祭天、常祭、每日朝夕祭、報祭、求福、背鐙祭、四季獻鮮和敬神）儀式中的具體行禮儀注和祝禱之辭。值得一提的是，《大清通禮》一書所載禮儀祝辭和樂章内容是放置於儀式過程之中加以叙述的，而《滿洲祭神祭天典禮》則將儀注與祝辭分開記載。

　　第四，儀式所需器用數目及形制圖。這部分内容載於卷五和卷六，③ 内容包括堂子祭祀、坤寧宮祭祀、馬神祭祀中所涉及的祭祀場所形制圖，貢品、祭器陳設形制圖，以及相關器物需用數目規定和形制圖等。

二、《欽定滿洲祭神祭天典禮》與《欽定大清通禮》所載内容差異

（一）祭祀場所内外之别與"家""國"不同祭祀體系

　　《大清通禮》延續前代中原王朝禮制傳統，相關祭祀典禮場所主要是作爲王朝意識形態的象徵出現，正所謂"國之大事，在祀與戎"，舉行祭祀典禮的場所有天壇、地壇、太廟、國子監、社稷壇、日月壇、先農壇等，它們坐落於

---

　　① 允禄等撰，阿桂、于敏中等漢譯：《欽定滿洲祭神祭天典禮》，《景印文淵閣四庫全書》第 657 册，臺灣"商務印書館"1983 年版，第 624~632 頁。
　　② 允禄等撰，阿桂、于敏中等漢譯：《欽定滿洲祭神祭天典禮》，《景印文淵閣四庫全書》第 657 册，臺灣"商務印書館"1983 年版，第 632~710 頁。
　　③ 允禄等撰，阿桂、于敏中等漢譯：《欽定滿洲祭神祭天典禮》，《景印文淵閣四庫全書》第 657 册，臺灣"商務印書館"1983 年版，第 714~765 頁。

北京城郊四方或鄰近紫禁城外。聚集於紫禁城外朝的建築群如前三殿(太和殿、中和殿、保和殿)、午門、太和門等,則是節日慶典、出征、受降、閱兵諸禮儀的祭祀場所。與之不同,《滿洲祭神祭天典禮》所載坤寧宮祭祀場所位於紫禁城內廷,反映了其帝王家祭的禮儀性質。堂子祭祀在關外時期就已實行,入關伊始,清廷又於紫禁城東南、長安左門外、玉河橋東,營建堂子作為祭祀之所,[1] 顯然該祭祀場所也不是前代帝王祭神祭天的傳統祭祀場所,頗具滿洲特色。

以上可見,《大清通禮》繼承了中原傳統禮樂文明的體系架構,代表着自漢代以來儒家所倡導的大一統天下觀和天人宇宙論。而《滿洲祭神祭天典禮》則記載了源自滿洲神話和舊俗的禮儀體系,它源自滿洲民間,清廷通過該書的修纂將其整理修訂,使其官方化、宮廷化,以避免滿洲舊俗與宗教信仰的淪喪。正如《滿洲祭神祭天典禮》首卷《彙記滿洲祭祀故事》篇所言:

> 我滿洲國自昔敬天與佛與神,出於至誠,故創基盛京即恭建堂子以祀天,又於寢宮正殿恭設神位以祀佛、菩薩、神及諸祀位,嗣雖建立壇廟分祀天、佛暨神,而舊俗未敢或改,與祭祀之禮並行。至我列聖定鼎中原,遷都京師,祭祀仍遵昔日之制,由來久矣,而滿洲各姓亦均以祭神為至重,雖各姓祭祀皆隨土俗,微有差異,大端亦不甚相遠。[2]

以上可見,清廷將滿洲祭祀禮儀與中原禮儀共用並行,這是作為少數民族統治者掌權的清王朝的一大禮制特色。

(二)所祭神祇不同反映信仰差異

如前所述,《大清通禮》在吉禮部分記載祭祀之禮,所祭對象為自然神(天地、日月星辰和風雲雷雨諸天神,社稷、嶽鎮海瀆和名山大川等地上諸神)、"神化"人(歷代帝王,以孔子為首的先聖先賢,后土、司工、門神、先醫、關帝、忠烈、名臣、陣亡將士等)以及祖先神,這一整套祭祀體系完全繼承了中原禮樂文明傳統,彰顯了清統治者對一以貫之的"華夏帝系"的繼承,這是清廷維護其統治合法性的必然選擇。

---

① 張亞輝:《清宮薩滿祭祀的儀式與神話研究》,《清史研究》2011 年第 4 期。
② 允祿等撰,阿桂、于敏中等漢譯:《欽定滿洲祭神祭天典禮》卷一,《景印文淵閣四庫全書》第 657 册,臺灣"商務印書館"1983 年版,第 626~627 頁。

再來看《滿洲祭神祭天典禮》的祭祀對象，主要包括本民族諸神（農神阿年錫，尚錫之神，星神納丹岱琿、納爾琿軒初，祖先神拜滿章京、紐歡台吉、武篤本貝子）、蒙古神祇（喀屯諾延）、客神（佛、菩薩、關聖帝君）。以上可見，《滿洲祭神祭天典禮》祭祀對象展現出宗教信仰的多元化特徵，既包含覺羅氏多神崇拜的薩滿信仰，又融合了佛教信仰以及蒙古長生天祭祀傳統。

（三）儀式過程所展示的文化符號與象徵元素各異

1. 獨特的禮器與貢品及其象徵意義

坤寧宮大祭的獻祭物品有兩頭純黑公豬、紙錢、敬神索繩和餑餑等。四季獻鮮時，春季雛雞，夏季子鵝，秋季鮮魚，冬季山雉。求福祭中備有完整柳樹、餑餑、鯉魚、神箭、子孫繩。祭神翌日祭天貢品有豬血、豬頸骨、豬精肉、所灑之米。堂子祭祀的物品（圖 3-11）有松木神杆、黃棉綫長繩（立杆大祭），餑餑（亭式殿祭祀）、打糕（馬神祭）。以上所列《滿洲祭神祭天典禮》諸禮儀所需物品與《大清通禮》所載相關內容大相徑庭，體現了其滿洲民族特色，具體分析如下：

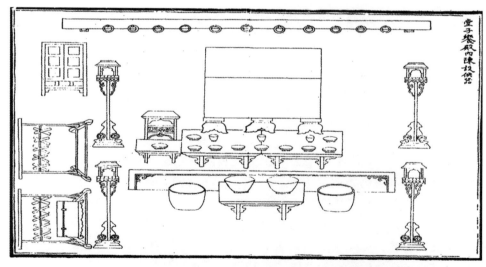

圖 3-11　《欽定滿洲祭神祭天典禮》載堂子享殿內所陳設供器①

---

①　圖片出自允祿等撰，阿桂、于敏中等漢譯：《欽定滿洲祭神祭天典禮》卷六，《景印文淵閣四庫全書》第 657 冊，臺灣"商務印書館"1983 年版，第 736 頁。

　　首先，《大清通禮》遵循中原禮儀獻祭傳統，最高等級獻祭標準有太牢（牛、羊、豬三牲全備）、少牢（羊、豬）、特牲之分。與此不同，《滿洲祭神祭天典禮》所載無論是堂子祭祀還是坤寧宮祭祀，最為重要的犧牲都是純黑公豬。有學者考證，這一獻祭習俗可追溯至關外時期滿洲人的創世神話故事及其背後所體現的宇宙觀。

　　第二，《滿洲祭神祭天典禮》中的求福儀式需要準備一棵完整柳樹，這是因為這一儀式要祭拜滿洲神話中的佛多媽媽。佛多媽媽在滿洲神話中是人類靈魂的唯一來源，因此皇帝、皇后通過這一儀式祈求多子多福，子孫繩和神箭（圖3-12）在該儀式中的使用也有這層象徵寓意。儀式中的神杆和繩索則是接引所祭神靈的憑藉物。①

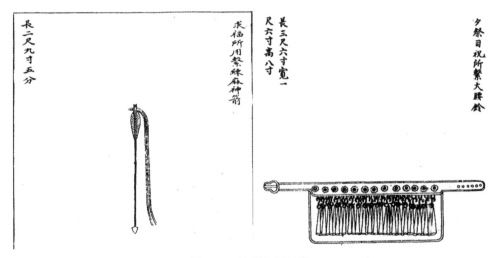

圖 3-12　神箭和腰鈴②

　　第三，《滿洲祭神祭天典禮》所載儀注中頻繁出現魚、山雉、餑餑等祭品，而《大清通禮》祭祀之禮所載常見祭品如玉帛、黍稷、稻粱、醢醢則未見於《典

---

　　①　有關坤寧宮祭祀、堂子祭祀的神話學和人類學分析，參見張亞輝：《清宮薩滿祭祀的儀式與神話研究》，《清史研究》2011 年第 4 期。
　　②　圖片出自允祿等撰，阿桂、于敏中等漢譯：《欽定滿洲祭神祭天典禮》卷六，《景印文淵閣四庫全書》第 657 冊，臺灣"商務印書館"1983 年版，第 747、755 頁。

禮》，筆者認爲，這在一定程度上是滿洲人素來崇尚漁獵生活在飲食方面的反映。餑餑製作簡便，作爲面食充饑效果好，可以滿足滿洲關外時期部落之間頻繁爭戰和漁獵生活的需要，久而成俗，此後婚喪祭祀之禮皆以餑餑爲常用貢品，魚和山雉亦同此理，此處不贅。而玉帛、黍稷等祭品則是中原農耕生活習俗在飲食習慣上的體現，兩部禮書獻祭之物的迥然不同，反映了兩種不同地域文化生活的差異。

2. 儀式諸環節凸顯滿洲特色

雖然《滿洲祭神祭天典禮》（以下簡稱《典禮》）所載禮儀已深受中原禮樂文明影響，如省牲、獻胙、跪拜諸禮儀等都與中原禮儀大同小異，但具體儀式環節仍頗具滿洲特色，以下詳述之：

第一，《典禮》所載諸祭祀儀式的執事者，如司祝（薩滿）、司俎、司香、贊祀、掌爨者皆爲女官，這在《大清通禮》中並不常見，多是涉及以皇后爲首的女性行禮者時才安排女執事者。這一宗教儀式内涵是否與滿洲創世神話三仙女和滿洲起源於母系氏族部落有關，尚待進一步考察研究。

第二，《大清通禮》所載儀式過程中的樂章演奏多與祝贊之辭的頌讀同時進行，祝辭由執事官頌讀，而《典禮》儀式中用樂多爲誦神歌，並伴有司俎官等歌"鄂羅羅"以應和之。此外，《典禮》諸祭祀所用樂器如三弦、琵琶，禮器如神刀等，《大清通禮》皆未載。

第三，薩滿跳神與背鐙祭獨具滿洲民族特色。在坤寧宮夕祭儀式上，薩滿進宮與祭時，身着閃緞裙，腰束銅鈴，執手鼓，"司俎等擊鼓、鳴版，薩滿先坐，擊手鼓、誦神歌祈請，然後起立，在鼓點配合下，盤旋起舞、口誦神歌，舞步隨鼓點的增加而不斷加快，然後拱立誦神歌，如是者三次"。此即跳神之禮。在省牲、獻胙肉儀式環節之後，又有背鐙祭，儀式開始時，執事者"將宮内明燈撤出，煮肉灶肉之火全部熄滅，展開背燈青幕遮住窗户，除薩滿和擊鼓太監外，其他人退出，將門關上。漆黑之中，太監擊鼓，薩滿依次向案上所供跳神之腰鈴及神像染上之神鈴誦神歌祈請，搖鈴以禱，如是四次，收背燈神幕，燈火移入，撤祭肉入膳房，收儲神像"。① 以上所載清宮薩滿祭祀儀式顯然與《大清通禮》所載任何一項祭祀禮儀都大相徑庭，它是源自滿洲民間、後被宮廷化的少數民族所信仰的宗教儀式的變體。

---

① 杜家驥：《從清代的宮中祭祀和堂子祭祀看薩滿教》，《滿族研究》1990 年第 1 期。

第四節　禮書所載儀式内容分析
——以圜丘祭天典禮爲例

歷代王朝統治者在一統天下後，之所以如此看重制禮作樂，很大程度上是出於彰顯自身無上權力和强化這一統治權力的合法性兩個目的。我們可以將儀式比作傳統文化（包括世界觀、價值觀、信仰系統、禮俗等）的儲存器，它通過儀式行爲、器物、圖像、音樂、文字等象徵符號進行文化叙事，建構想象的秩序。而官修禮書正是對繁瑣儀式叙事進行記載的"叙事的叙事"，對這類文本内容進行考察和分析，有助於我們深入了解清統治者進行禮制建設的權力訴求。正如美國學者司徒安所言："祭祀過程不允許即興創新，所有事情在開始之前就已安排妥當——通過謹慎的籌備過程，特别是典籍的修纂和確定。正因如此，文本編纂構成了儀式生產的有力契機（也是權力的契機），因爲它確定了整個帝國都要執行的典禮形式。無論儀式如何展現等級地位的差别，它要求所有人認真遵守既定形式。更大範圍内的宇宙整體不但支配了儀式，而且通過自身在儀式層面的投射賦予皇帝以統治權力。"①下面將以《大清通禮》和《皇朝禮器圖式》兩書中所載圜丘祭天典禮爲例，對諸禮儀要素的象徵意義及其背後所彰顯的權力訴求逐一進行分析。

一、清代祭天典禮的禮制沿革

根據《清史稿·禮志》記載，清代郊祀之制可追溯至太祖努爾哈赤御極稱汗之時，只是當時禮制未備，僅"焚香告天"而已。天聰十年（1636），清太宗於德盛門外建圜丘，内治門外建方澤，自此郊天祭地之壇壝始備。征服察哈爾，獲元玉璽後，太宗躬親告祭，祀天南郊。征朝鮮後又祭告天地，並祀北郊。這是清帝親自行郊祀天地之禮的開端。入關後，世祖登基，分别於圜丘、方澤祭告天地，並酌定配享之制，"冬至祀圜丘，奉日、月、星辰、雲、雨、風、雷配。夏至祀方澤，奉嶽、鎮、海、瀆配，南北分饗"。此後順治朝又陸續就祭祀牲牢規格等禮制問題進行過補充完善，至此郊祀禮制儀文初備。

康熙二年（1663），定"郊祀躬親行禮，無故不攝"。皇帝親自行郊天之禮

---

① ［美］司徒安：《身體與筆——18世紀中國作爲文本/表演的大祀》，李晉譯，北京大學出版社2014年版，第217~218頁。

自此遂成定制。清聖祖在位期間也確實認真踐行了這一禮制，直至康熙六十一年（1722），他才因年老體衰命世宗代祀南郊，而此時距聖祖駕崩只有五天，可見聖祖皇帝對圜丘祭天大典的重視。雍正八年（1730），冬至大祀圜丘與聖祖忌日發生衝突，是否遣官代行此禮，朝廷下大學士九卿議。是遵循唐宋之制，仍由皇帝親自行禮，但不奏樂，還是遣官代行，奏樂如常？廷議結果採納了後者，世宗守孝與敬天之禮遂得以兩全。乾隆元年（1736）修纂《大清通禮》，圜丘祭天典禮終於正式載入官修禮書之中。此後，乾隆年間對郊天典禮所乘禮輿的規制又加以完善，兩郊壇宇歷經四年修繕，也得以拓展完備。嘉慶至宣統朝，清帝無論是親自致祭還是因故遣官致祭，郊天之禮都依成法按時舉行。可以説有清一代對郊天大典是非常重視的，相關禮制儀文也在不斷完善。①

二、禮儀時間節點的嚴格界定

官修禮書進行儀式叙事的載體和媒介主要包括禮器、禮物、服飾、語言、音樂、舞蹈、儀式行爲、禮儀場所、時間節點、空間場景等要素。首先來看禮儀的時間節點要素，《大清通禮》所載儀注對時間節點的規定，主要體現在儀式前各項準備工作開始與持續的時間和儀式上演諸環節的時間上，它象徵着儀式過程與宇宙運行秩序相契合，也彰顯了官方禮制的莊重與威嚴。清代於順治朝時已有詔令，將祭祀分列等級，以時致祭。從此，大祀、中祀、群祀先後規定了特定的祭祀時間，形成定制。此後歷朝對於遇忌辰是否更改祀期、具體的祭祀時刻等又多有更定。②

在《大清通禮》所載皇帝冬至大祀於圜丘之禮中可見，隨着祭天典禮正式舉行日期的臨近，清廷要在固定的日期進行相關準備工作，具體内容如表3-15所示。

---

① 趙爾巽等：《清史稿》卷八十三，中華書局1977年版，第2503~2505頁。
② 《清史稿·禮志》載："祀期，郊廟祭祀，祭前二歲十月，欽天監豫卜吉期。前一歲正月，疏卜吉者及諸祀定有日者以聞，頒示中外。太常寺按祀期先期題請，實禮部主之。世祖纘業，詔祭祀各分等次，以時致祭。自是大祀、中祀、群祀先後規定祀期，著爲例。嘉慶七年，復定大、中祀遇忌辰不改祀期。咸豐中，更定關帝、文昌春秋祀期不用忌辰。其祭祀時刻，順治十三年，詔祭天、地五鼓出宮，社稷、太廟並黎明。康熙十二年，依太宗舊制，壇廟用黎明，夕月用酉時。嘉慶八年，諭祭祀行禮，當在寅卯間，合禮經質明將事古義。凡親行大祀，所司定時刻，承祭官暨執事陪祭者祗候，率意遲早者，御史糾之。"參見趙爾巽等：《清史稿》卷八十二，中華書局1977年版，第2497頁。

表 3-15　圜丘祭天典禮不同時間節點的備辦事宜①

時間節點	備辦事宜
典禮舉行前五日	遣親王一人，至犧牲所視牲
典禮舉行前三日	皇帝於大內齋戒
典禮舉行前兩日	遣禮部尚書一人，至犧牲所省牲
典禮舉行前一日	光祿寺卿一人、御史二人、禮部司官二人，着朝服，視割牲
前一日昧爽（拂曉）	中書舍人敬書祝辭於版，大學士書皇帝名於祝版
前一日五鼓（即五更天，天將亮之時）	太常寺卿率屬灑掃祭壇，備辦神座、神幄、祭器、祭品等相關陳設
典禮舉行前一日	乾清門奏時，皇帝着龍袍補服，乘輿出宮，至太和殿檢閱祭祀所用重要物品，如祝版、玉帛、香等
典禮舉行前一日巳刻（上午九至十一時）	皇帝着龍袍補服，乘禮輿出宮，至南郊視神位、壇位、牲器，並齋宿
典禮舉行前夜分（午夜）	太常寺卿率官屬入壇，將祭品、禮器、樂器、舞具等陳設完畢，之後禮部侍郎進行檢查，並確認行禮位置
祀日日出前七刻	禮部尚書率太常寺卿屬恭請神位，與此同時，太常寺卿赴齋宮奏請皇帝詣壇行禮，皇帝御祭服，乘禮輿，出齋宮，就拜次，盥洗、就位，此時樂舞啓奏，祭天大典正式開始

　　從表 3-15 可見，圜丘祭天典禮舉行前五天，親王作爲與皇帝最親近、最尊貴的人物，負責前往犧牲所察看祭祀犧牲是否完好合格。典禮舉行前三天，皇帝已經開始在皇宮內齋戒了，其他諸如皇帝出宮的時間、恭請神位的時間，以及皇帝於特定的時間出現在特定的場所位置，等候祭天大典的開始等準備工作，無不體現出清廷對即將上演的祭天典禮的重視，這顯然是圜丘祭天典禮開始前必不可少的"造勢"流程，時間節點的嚴格限定爲這一"造勢"流程增添了

① 表格內容參見來保、李玉鳴等：《欽定大清通禮》卷一《冬日至大祀天於圜丘之禮》，《景印文淵閣四庫全書》第 655 冊，臺灣"商務印書館"1983 年版，第 20 頁。

更多的神聖性。

三、身體規範：行禮方位和揖讓跪拜

通過對《大清通禮》所載祭天典禮正式開始後整個儀式流程的考察不難發現，對以皇帝爲主角的與祭人員的揖讓跪拜和所處方位有着嚴格規定。首先，在儀式進行過程中，皇帝頻繁的跪拜動作穿插其中，表達着對昊天上帝的尊崇，展現了天子作爲人世主宰的祭拜特權。迎神環節，皇帝向上帝、列聖上香需跪兩次，至拜位還要行三跪九叩禮。向上帝、列聖奠玉、帛，進俎，皇帝亦須逐一跪獻。初獻、亞獻、三獻之禮的奠爵、讀祝版、奉祝版，以及稍後的受福胙、送神諸環節，皇帝皆須跪叩。此外，相關執事人員凡涉及與禮器、祭品等神聖器物接觸的儀式環節也要頻繁跪叩。在禮官威嚴的口令下，即使是貴爲一國之君、身處王朝權力階序頂端的清帝也要屈膝下跪，執行規定次數的跪拜之禮。皇帝深知，身體上的屈服是彰顯其權力合法性的重要手段。

在祭天典禮開始之前，有一個準備環節值得關注，那就是"辨行禮位"和"辨執事位"，即辨明以皇帝爲首的與祭人員和執事人員在祭壇上所處的具體方位。《大清通禮》載：

> 辨行禮位，第一成午階上，爲讀祝、受福胙、皇帝拜位。第二成黃幄次，爲皇帝行禮拜位，北向。第三成階上，爲陪祀王、貝勒拜位。階下，爲貝子、公拜位，均北面。左翼，東階西上，右翼，西階東上。庭中夾神道東西，爲分獻官拜位。外壝門外，爲陪祀百官拜位。文五品、武四品官以上，東西各五班，皆北面，重行異等，東位西上，西位東上。
>
> 辨執事位，第一成，太常寺官二人立午階上皇帝拜位前。一司拜牌，西面。一司拜褥，東面。司祝一人立祝案西，東面。司香四人，司玉帛一人，司帛三人，司爵四人，序立東案之東，西面。①

由上述引文可見，《大清通禮》一書對行禮位和執事位有嚴格的規定和安排，如"階上""階下""案東""案西""東面""西面""東向""西向"等，反映了

---

① 來保、李玉鳴等：《欽定大清通禮》卷一《辨行禮位》，《景印文淵閣四庫全書》第655册，臺灣"商務印書館"1983年版，第28頁。

祭天典禮中與祭者所處方位的重要性。他們如同天象圖中的星辰排布一樣，固定而永恒，與宇宙秩序相契合，與天道相一致（圖 3-13）。

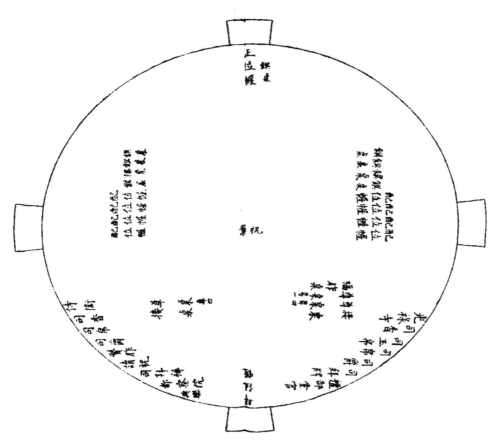

圖 3-13　《欽定大清會典圖》載圜丘第一成位次圖①

四、神聖儀式的器物載體：禮器與祭品

禮器與祭品是祭天典禮中用於貢奉神祇的必備物品，"在具體的禮典儀式中，禮器是構成踐禮活動必不可少的要素。它以實物的形式，既構造了禮儀活

————————

① 崑岡等修，劉啟端等纂：《欽定大清會典圖》卷一，《續修四庫全書》第 795 冊，上海古籍出版社 2002 年版，第 35 頁。

動中的神聖氛圍，也呈現出了行禮主體的身份地位，以及他們與之交往的對象
（無論是人還是神）的特定感情”①。正是以禮器和祭品爲媒介，皇帝才得以與
神溝通，向神祈報。事實上，器物載體在儀式開始前的準備階段，就已經用來
彰顯祭祀者的虔誠和恭敬了，下面是《大清通禮》所載皇帝於圜丘祭天典禮之
前齋戒的相關準備事宜：

> 先三日昧爽，太常寺進齋戒牌、銅人，設黃案於乾清中門之左，太常
> 寺卿率所屬咸補服（常朝日朝服，雨雪常服）。恭奉齋戒牌在前，銅人在
> 後，導以御仗，入自西長安門，至午門徹仗。太常寺官十人前引，由中道
> 入，進太和門、中左門、後左門，侍衛二人引至乾清門階下，太常寺官恭
> 設於案，齋戒牌南向，銅人西向。②

這裏出現的齋戒牌和銅人是皇帝齋戒期間的重要禮器，創始於明洪武年
間，據《大明會典》載：“（洪武）五年，令諸衙門各置木齋戒牌，刻文其上，
曰：‘國有常憲，神有鑒焉。’凡遇祭祀則設之。”可見該禮器的功能是警示齋戒
者致齋時須莊重嚴謹。美國學者司徒安認爲：“齋戒牌指向與統治權有關的南
方，象徵着皇帝。……齋戒牌是君主的轉喻，銅人是侍從的隱喻。”③這正可解
釋齋戒牌和銅人擺放在皇帝致齋的乾清宮正門的原因。此外，在祭天典禮舉行
前夕，齋戒牌和銅人還會被移至南郊齋宮，繼續對禮儀活動起到監督的象徵作
用。

祭天儀式進行過程中貢獻的祭品主要包括兩類：一類是食物，包括素食和
肉食；另一類是奢侈品和文化用品，例如玉帛和祝版等。其中，不同種類的祭
祀食物要放置在相應的雕刻精美的祭器之中，如簠、簋、籩、豆、俎等，器物
的大小、形制規格、紋樣差別、數目多寡等，都作爲象徵符號，彰顯了禮儀的
等級性和規範性。表 3-16 僅摘録《皇朝禮器圖式》所載天壇祭器圖式與文字註
解。

---

① 梅珍生：《論禮器的文化意義與哲學意義》，《湖南大學學報》（社會科學版）2005
年第 5 期。

② 來保、李玉鳴等：《欽定大清通禮》卷一《齋戒》，《景印文淵閣四庫全書》第 655
册，臺灣“商務印書館”1983 年版，第 21 頁。

③ ［美］司徒安：《身體與筆——18 世紀中國作爲文本/表演的大祀》，李晉譯，北京
大學出版社 2014 年版，第 180 頁。

表 3-16 《皇朝禮器圖式》載部分天壇祭器圖式及文字註解①

祭器名稱	圖式	文字註解
天壇正位匏爵		謹按《禮記·郊特牲》："器用陶匏，以象天地之性也。"宋《開寶禮》郊祀初獻以玉斝、玉瓚，亞獻以金斝，終獻以匏斝。慶曆中，太常請皇帝獻天地配帝以匏爵。本朝舊制，圜丘用蒼玉、爵。乾隆十三年，欽定祭器，皇天上帝、列聖配位俱用匏爵，剖椰實之半，不雕刻，取尚質之義，高一寸八分，深一寸三分，口徑三寸七分，金裹承以坫，檀香爲之，其下歧出爲三足，象爵形，高二寸九分
天壇正位簠		謹按《周禮·地官·舍人》注："方曰簠，盛稻粱器。聶崇義云：'旅人爲簠及豆，皆以瓦爲之，雖不言簠，以簠是相將之器，亦應制在旅人，亦有蓋。'"乾隆十三年，欽定祭器，天壇正位簠用青色，瓷通高四寸四分，深二寸三分，口縱六寸五分，橫八寸，底縱四寸四分，橫六寸，面爲夔龍紋，束爲回紋，足爲雲紋，兩耳附以夔龍蓋，高一寸六分，口縱橫與器同，上有棱，四周縱四寸八分，橫六寸四分，亦附以壇龍耳
天壇正位簋		謹按《周禮·地官·舍人》注："圓曰簋，盛黍稷器，《考工記·旅人》疏云：'用瓦簋者，祭天地外神，尚質也。'"乾隆十三年，欽定祭器，天壇正位簋用青色，瓷制圓而橢，通高四寸六分，深二寸三分，口徑七寸二分，底徑六寸一分。口爲回紋，腹爲雲紋，束爲戢紋，足爲星雲紋，兩耳附以夔鳳，蓋高一寸八分，徑與口徑同，面爲雲紋，口爲回紋，上有棱四出，高一寸三分

① 表格內容參見允祿等撰，福隆安等校補：《皇朝禮器圖式》卷一，《景印文淵閣四庫全書》第 656 冊，臺灣"商務印書館"1983 年版，第 92~97 頁。

续表

祭器名稱	圖式	文字註解
天壇正位俎		謹按《禮記·祭統》："三牲之俎，明堂位俎，有虞氏以梡，夏後氏以嶡，殷以椇，周以房俎。鄭康成注：'梡形足四如案，嶡爲之距，椇謂曲撓之也。房謂足下跗，上下兩間，有似於房。'"乾隆十三年，欽定祭器，天壇正位俎以木爲之，髹以漆青色，中虛錫，裏外四周各銅環二，四足有跗，縱二尺三寸，橫三尺二寸，通高二尺三寸，實以特牲

五、神聖儀式的音樂和語言文字載體：樂章與樂辭

(一)樂章、樂辭功能概述

祭天典禮爲了烘托神聖的儀式氛圍，傳達統治者想要傳達的信息，除了以跪拜揖讓等身體動作，衣冠服飾、禮器、祭品等實物展示外，儀式過程中所演奏之樂章和唱念之樂辭，對於禮儀内涵的表達要更加直觀、生動。先來看樂章，作爲原始宗教儀式的重要遺存，儀式樂章可以通過對與祭者心智產生影響，促使其感受到儀式氛圍的神聖性，這在先秦兩漢典籍中已多有闡發。如《周易》載："先王以作樂崇德，殷薦之上帝，以配祖考。"①《禮記》有言："窮本知變，樂之情也。著誠去僞，禮之經也。禮樂負天地之情，達神明之德，降興上下之神，而凝是精粗之體。"②《國語》載："聲音之道，與政通也。"③司馬遷在《史記·樂書》中也説："音樂者，所以動蕩血脈，通流精神而和正心也。"④

此外，在中國古代宮廷禮儀展演過程中，樂辭與樂章演奏同時唱念。儀式中由特定執事人員唱念的樂辭對仗工整、意涵豐富、辭藻華麗，其内容既是向所祭之神表達敬意並祈福於神，也是對參與其中的與祭人員的規訓和同化，

---

① 李鼎祚集注：《周易集解》卷四，中央編譯出版社 2011 年版，第 72 頁。
② 朱彬：《禮記訓纂》(下)卷十九，中華書局 2007 年版，第 586 頁。
③ 董增齡：《國語正義》(上冊)卷三，巴蜀書社 1985 年版，第 46 頁。
④ 司馬遷：《史記》卷二十四《樂書第二》，中華書局 1963 年版，第 1236 頁。

"儀式中的語言不像日常生活中的口語和俚語那樣瑣碎、雜亂無章，而是非常注意禮貌風格和修辭風格的運用，尤其在隆重的、富有表現性的儀式中，更傾向於使用一些莊重而富有渲染力的詞語"①。

(二)清廷制定樂章、樂辭的歷史沿革

清統治者入關之前雖然已經開始對中原儒家禮樂制度加以吸收、仿效，但宫廷禮儀總體上仍以滿蒙宗教文化信仰爲主。入關後，隨着全國軍事一統的完成，社會漸趨安定，統治者進一步認識到以中原禮樂作爲宫廷禮儀制度的核心，對於强化自身統治合法性的重要意義，其中樂章、樂辭顯然是渲染宫廷禮儀莊重、神聖氣氛的必備要素。順治元年(1644)，年幼的世祖皇帝即將於十月祭告天地、宗廟與社稷，正式稱帝，廷臣就相關禮制問題展開議論，大學士馮銓、洪承疇等建言：

> 郊廟及社稷樂章，前代各取嘉名，以昭一代之制，梁用"雅"，北齊及隋用"夏"，唐用"和"，宋用"安"，金用"寧"，元宗廟用"寧"，郊社用"咸"，前明用"和"。我朝削平寇亂，以有天下，宜改用"平"，郊社九奏，宗廟六奏，社稷七奏，從之。②

根據以上清初廷臣對歷代郊社典禮樂章的追溯可知，前代祭祀典禮樂章之名多取"嘉名"，自南朝下至明朝，樂章名稱取"雅""夏""和""安""寧""咸"等名，反映了中原農耕文明注重和諧、安寧的社會訴求，彰顯了禮儀之邦的文化底藴。清初廷臣認爲，既然樂章之名用以昭一代之制，清朝以武力敉平天下，樂章名當用"平"。

自康熙朝至乾隆朝，清統治者對中原禮樂文明有了更爲深刻的認識，宫廷禮樂也由全盤照搬明制，轉而有所創新。例如，聖祖皇帝敕撰之《御製律吕正義》就以上溯古制爲名，變明代十二律爲十四律。至乾隆朝，高宗延續這一樂制改革軌跡，設立"樂部"，組織編纂樂書《律吕正義後編》和《欽定詩經樂譜全書》，建立了一套更爲完備的樂制體系，對相關問題已有比較成熟的研究，③

---

① 荆雲波：《文化記憶與儀式叙事——〈儀禮〉的文化闡釋》，南方日報出版社 2010 年版，第 185 頁。

② 趙爾巽等：《清史稿》卷九十四，中華書局 1977 年版，第 2733 頁。

③ 詳參邱源媛：《清前期宫廷禮樂研究》，社會科學出版社 2012 年版。

下面僅就《大清通禮》所載圜丘祭天典禮所涉及的樂章、樂辭內容進行分析和闡發，探究其背後所反映的統治者的政治訴求。

下面將《大清通禮》祭天典禮諸樂章及樂辭內容列於表 3-17。

表 3-17　《欽定大清通禮》載圜丘祭天典禮樂章、樂辭內容①

儀式環節	樂章	樂辭
燔柴迎帝神	奏始平之章	辭曰："欽承純祜兮，於昭有融。時維永清兮，四海攸同。輸忱元祀兮，從律調風。穆將景福兮，乃眷微躬。淵思高厚兮，期亮天工。聿章彝序兮，夙夜宣通。雲輧延佇兮，鷥輅空濛。翠旗紛裊兮，列缺豐隆。肅始和暢兮，恭仰蒼穹。百靈祇衛兮，齊明辟公。神來燕娭兮，惟帝時聰。協昭慈惠兮，遜鑒臣衷。"
奠玉帛	奏景平之章	辭曰："靈旗爰止兮，樂在縣。執事有恪兮，奉玉筵。聿昭誠敬兮，駿奔前。嘉量幣兮，相後先。來格洋洋兮，思儼然。臣忱翼翼兮，告中虔。"
進俎	奏咸平之章	辭曰："吉蠲爲饎兮，蕭豆籩。升肴列俎兮，敢弗虔。毛炰繭栗兮，薦膏鮮。致潔陶匏兮，香水泉。願垂降鑒兮，駐雲駢。錫嘉福兮，億萬斯年。"
行初獻禮	奏壽平之章	辭曰："玉斝肅陳兮，明光。桂漿初醞兮，信芳。臣心迪惠兮，奉觴。醴齊載德兮，馨香。靈慈徽眷兮，裔皇。勤仰止兮，斯徜祥。"
行亞獻禮	奏嘉平之章	辭曰："考鐘拂舞兮，再進瑤觴。翼翼昭事兮，次第肅將。睟顏容與兮，蒼几輝煌。穆穆居歆兮，和氣洋洋。生民望澤兮，仰睨玉房。榮泉瑞露兮，慶無疆。"
行終獻禮	奏永平之章	辭曰："終獻兮，玉斝清。蕭秬鬯兮，薦和羹。磬管鏘鏘兮，祀孔明。旨酒盈盈兮，勿替思成。明命顧諟兮，福群生。八龍蜿蜒兮，苞羽和鳴。"

---

① 表格內容參見來保、李玉鳴等：《欽定大清通禮》，《景印文淵閣四庫全書》第 655 冊，臺灣"商務印書館"1983 年版，第 32～37 頁。

续表

儀式環節	樂章	樂辭
飲福受胙後徹饌	奏熙平之章	辭曰："一陽復兮，協氣伸兮。盥薦畢兮，精白陳。旋廢徹兮，敢逡巡。禮將成兮，樂欣欣。瞻九閶兮，轉洪鈞。福施下逮兮，佑此人民。"
送帝神	奏清平之章	辭曰："升中告成兮，晻靄壇場。穆思廻眄兮，雲駕洋洋。臣求時惠兮，感思馨香。願蒙博產兮，多士思皇。天施地育兮，百穀蕃昌。殖我嘉師兮，正直平康。"
望燎	奏太平之章	辭曰："隆儀告備兮，誠既將。有虔秉火兮，炳越芳。雷車電邁兮，九龍驤。紫氛四塞兮，靈旗揚。烝民蒙福兮，順五常。惟予小子兮，敬戒永臧。"
回鑾	奏祐平之章	辭曰：崇德殷薦，升燎告虔，惟聖能饗，至誠天眷。駕六龍，臨紫烟，佑命申，圖箓綿。"

　　《禮記·樂記》有言："樂者爲同，禮者爲異。"祭天典禮前的準備工作以及儀式流程更多彰顯的是"禮"之異，即"禮"的等級性，以象徵皇帝是唯一有資格與上天溝通和接受上天賦予的統治人間權力的"天子"。而典禮中的樂章和樂辭的主題則是凸顯"樂"之同，即和諧與安寧，從表 3-17 圜丘祭天典禮儀式諸環節可見，迎神或者祭祀者與神開始溝通的媒介即爲燔柴，隨着煙霧上升，神祇因感通而降臨。始平之章奏響，樂辭內容反映了作爲一國之君的祭祀者企盼神祇護佑蒼生，保證清王朝國泰民安的政治訴求，"四海攸同""從律調風""百靈祇衛"等樂辭即是這一求和諧、盼大同願望的體現。又如行亞獻禮時所奏嘉平之章"穆穆居歆兮，和氣洋洋"，飲福受胙後奏徹饌樂熙平之章"一陽復兮，協氣伸""福施下逮兮，佑此人民"，送神樂奏清平之章"天施地育兮，百穀蕃昌。殖我嘉師兮，正直平康"，都有此意。禮與樂所彰顯的等級差別與和諧理念正是統治者最需要的兩種東西：權力和秩序。當然，在獻祭過程中，皇帝作爲統治者的合法性依然被強調，如行初獻禮奏壽平之章的樂辭所示："臣心迪惠兮，奉觴。醴齊載德兮，馨香。靈慈徽眷兮，裔皇。勤仰止兮，斯徜徉。"其中的"醴齊載德"無疑是在暗示清帝接續天道，是有德之君，而在中國古代社會，評價帝王正統性的重要標準之一正是有"德"。

除了表 3-17 所列内容外，同爲祭天典禮的祈穀之禮和常雩、大雩之禮，其儀式進程與圜丘祭天典禮大同小異，相關樂章則體現了各自祭祀目的的不同特點。祈穀之禮樂章内容爲：祈平之章、綏平之章、萬平之章、寶平之章、穰平之章、瑞平之章、渥平之章、滋平之章、穀平之章、祐平之章。“穰”“瑞”“渥”“滋”“穀”幾個樂章關鍵字，都反映了朝廷企盼農業豐產的願望。常雩、大雩之禮的樂章内容爲：藹平之章、雲平之章、需平之章、霖平之章、露平之章、霈平之章、靈平之章、霍平之章、需平之章。“雲”“霖”“露”“霈”“霍”“需”等樂章關鍵字，無疑也反映了祈雨的儀式主題。

上述《大清通禮》所載圜丘祭天大典中的時間節點、身體行爲、器物載體以及樂章、樂辭等内容，無不體現出宫廷禮儀的神聖性、規範性與象徵性，處處反映出清統治者進行儀式展演背後的權力訴求。有關儀式、象徵與權力話語的相互關係問題，人類學家進行了較爲深刻的理論闡述，可資本書借鑒。彭兆榮認爲：“在很大程度上，儀式的權力性和權威性來自於程式性。”儀式就是一個“建構性的權力話語”。① 美國人類學家斯坦利·坦姆比亞認爲，儀式並非感情的自由表達，而是“正確態度”的規範性彩排。② 格爾茨則認爲，象徵符號作爲一種文化行爲，“是概念的可感知的形式，是固化在可感覺的形式中的經驗抽象，是思想、態度、判斷、渴望或信仰的具體體現”③。上述人類學儀式理論在一定程度上可用於解讀《大清通禮》和《皇朝禮器圖式》所載禮儀内容諸要素。清代祭天典禮的舉行同樣意在展示儀式過程的程式性與規範性，其本質則是一整套權力話語叙事，這一權力來自以昊天上帝爲代表的宇宙秩序，並通過祭天典禮賦予清帝，進而用來統治人間。

六、圜丘祭天典禮的實踐情況

對以上所述祭天典禮内容所發揮的彰顯權力、建構權力合法性的功能，清統治者有着深刻的認識，因此清代前中期統治者多能躬親踐行圜丘祭天典禮，其中行祭天禮最爲頻繁的要數高宗皇帝。《清史稿·禮志》載：

---

① 彭兆榮：《人類學儀式的理論與實踐》，民族出版社 2007 年版，第 68 頁，第 149～150 頁。

② 荆雲波：《文化記憶與儀式叙事——〈儀禮〉的文化闡釋》，南方日報出版社 2010 年版，第 167 頁。

③ ［美］克利福德·格爾茨：《文化的解釋》，韓莉譯，譯林出版社 1999 年版，第 112 頁。

　　（乾隆）三十五年，高宗六旬，命禮臣酌減升級次數及降輦步行遠近。議言郊前一日乘步輦如齋宮，自此易禮輿，至神路西降，步詣皇穹宇上香，遣親王視壇。祀日自齋宮至神路西階下降輦，步入，禮成，即於降輦處乘輿還宮。行禮時，初升至二成拜位，即升壇，上香，復位迎神，升階，行奠玉帛禮，以次進俎，三獻暨飲福、受胙，並於此行之。還拜位，謝福胙，送神，乃卒事，方澤亦如之，允行。猶慮子孫玩視大典，復於三十九年諭誡，年未六旬，毋減小節，著爲令。次年，祀南郊，命諸皇子旁侍觀禮。越四年，於是帝年七十矣，諭迎神獻爵暨祖宗配位前上香悉如舊，其獻帛爵諸禮，自本年南郊始，令諸皇子代陳。五十一年，帝以春秋高，步履或遜，敕壇上讀祝拜位增設小幄次，然備而未用也。五十九年，祀方澤，配位前獻帛爵，仍皇子代行。曆仁宗朝，郊祀各儀節，悉遵高宗舊制云。①

　　據以上史料可見，高宗年過六旬，身體畢竟大不如前，因此對郊祀之禮略作更改，簡化儀節，以免勞形。但高宗深恐子孫後代隨意更改祀典，以致行禮懈怠，因此於乾隆三十九年（1774）下令"年未六旬，毋減小節"，可謂用心良苦。高宗年七十歲時仍然堅持行迎神獻爵、配位前上香諸禮儀，頗有其皇祖風範。此後隨着年齡增長，才不得不由皇子代行獻帛爵諸禮。另據《清續文獻通考》載，乾隆、嘉慶、道光三朝，除極特殊年份外，皇帝每年都於農曆十一月親赴圜丘行祭天之禮。隨着國勢衰微，至咸豐朝，皇帝郊天次數減少。同治朝皇帝只郊天兩次，光緒朝德宗在位三十四年也只郊天十四次。② 有關清廷對官修禮書的實踐情況，將在本書第五章進一步展開論述，此處不再贅言。

---

① 趙爾巽等：《清史稿》卷八十三，中華書局 1977 年版，第 2506~2507 頁。
② 劉錦藻：《皇朝續文獻通考》卷一百四十八《郊社考二》，《續修四庫全書》第 817 冊，上海古籍出版社 2002 年版，第 607~609 頁。

第四章　清代官修禮書對後世官私典籍修纂的影響

清代官修禮書的修纂刊布，無論是在修纂理念、修纂主題方面，還是在史料收集、編排體例方面，都爲後世官私禮制典籍的編纂提供了範本，樹立了標杆，影響深遠。本章將圍繞《欽定大清通禮》《皇朝禮器圖式》《欽定滿洲祭神祭天典禮》三部禮書在修纂理念、修纂體例與史料輸送諸方面對後世官私典籍的影響作一系統考察，以便進一步評估清代官修禮書的價值。

第一節　《欽定大清通禮》的史料流向及其學術影響

一、爲典章制度體史書輸送史料

根據筆者所收集的資料顯示，《欽定大清通禮》一書是清廷修纂典章制度體史書的重要史料來源之一，其中以"禮典"部分輸送史料最多。這些典制體史書在修纂過程中對《大清通禮》所載内容或直接抄録，或略有整合，借鑒方法各有不同，以下詳述之。

《清高宗實録》載，乾隆十三年（1748）六月，大學士等奏續修《大清會典》義例，其文曰：

> 各衙門事例時有損益，數年必當變通，若一概登載，恐刊行未遍，更制已多。應請總括綱領載入，或有疑似闕略，尚須斟酌者，恭請睿裁。至吏兵二部，各有《則例》，禮部現纂《通禮》，刑部舊有《律例》，皆可隨時修改。①

---

① 《清高宗實録》卷三百一十五，乾隆十三年五月辛亥，中華書局 1986 年版，第 183 頁。

以上可見，乾隆朝《大清會典》與《大清通禮》的修纂同時進行，因此《大清通禮》的修纂內容成爲乾隆朝續修《大清會典》的重要史料來源。

《欽定皇朝文獻通考·兵考》記述"皇帝大閱"儀注，其文曰："（大閱）儀注依《大清通禮》恭載。"其所載大閱儀注全文抄錄了《大清通禮》"皇帝大閱之禮"的內容。① 此外，《欽定皇朝文獻通考·王禮考》載："若夫謁陵之禮，與廟享相表裏，《大清通禮》列在吉禮，今恭載於後，以彰聖朝誠孝之至焉。"② 可見該書所載"謁陵之禮"儀注也是依《大清通禮》抄錄，二書史料源流關係一目了然。

《欽定皇朝通典·禮典》開篇載：

> 臣等謹按杜佑《通典》首載歷代沿革禮於前，次爲《開元禮纂》於後，誠以經制文章與儀節度數，並相輔以行也。欽惟我朝列聖相承，重熙累洽，規模隆盛，載在冊府，垂法萬世。有《大清會典則例》以詳其制度，有《皇朝禮器圖式》以著其形模，悉經睿裁訂定，損益折衷，至爲賅備。至於儀文秩序，條理燦然，則《大清通禮》一書，準彝章而垂定式，並非前代禮書所能及其萬一焉。謹考典文，次第纂紀，爲《皇朝禮典》二十二卷，凡五禮序次條目，於杜典並有更定增刪，各於本門加案聲明，其儀注悉以《通禮》爲準云。③

《清通典》（《欽定皇朝通典》的簡稱）編修者認爲，《大清會典則例》對禮儀制度記載詳備，《皇朝禮器圖式》則專記禮器形制，《大清通禮》作爲禮制專書，"儀文秩序，條理燦然"，前代禮書不能與之相提並論。《清通典》中的《禮典》一門在對杜佑《通典》有所更刪的同時，具體儀注則皆以《大清通禮》爲準。如《清通典》記載士相見禮時稱：

> 臣等謹按杜典執贄篇儀制，今無可述，應從其闕，惟《儀禮》士相見一篇，雖主於士禮，而大夫相見諸儀，連類及焉，蓋禮重交際揖讓，以致

---

① 《欽定皇朝文獻通考》卷一百九十二《兵考》，《景印文淵閣四庫全書》第 636 冊，臺灣"商務印書館"1983 年版，第 365 頁。

② 《欽定皇朝文獻通考》卷一百五十《王禮考》，《景印文淵閣四庫全書》第 635 冊，臺灣"商務印書館"1983 年版，第 283 頁。

③ 《欽定皇朝通典》卷四十一，《景印文淵閣四庫全書》第 642 冊，臺灣"商務印書館"1983 年版，第 469~470 頁。

其敬，所謂上交不諂，下交不瀆者，於是乎在。近代以來，宋明《禮志》雖有百官相見儀，頗多簡略，亦未盡協於禮。伏惟國朝定爲王公、百官、士民相見之禮，尊卑長幼，秩然有等，《大清通禮》詳其儀節，《大清會典》臚其體制，凡皆準今酌古，禮從其宜，有非前代舊章所得而媲者，敬稽《會典》，參以《通禮》，條列於左。①

由上述史料可見，由於執贄之禮已不適合清代社會施行，《清通典》不再予以記載，但由於"禮重交際，揖讓以致其敬"，"士相見禮"仍然很重要。然而自宋明以來，雖然也有百官相見禮儀，但是大多過於簡略，並有諸多不合禮法之處。鑒於《大清通禮》《大清會典》對王公、百官、士民相見之禮有着詳盡的記載和規定，"尊卑長幼，秩然有等"，《清通典》將其轉載。

《八旗通志·典禮志》載：

> 《八旗通志》事事皆關國典，凡八旗之制度即聖朝一代之制度，非郡志、邑志所可比，並非省志所可比……凡《大清會典》《大清通禮》與《禮部則例》之所載，莫不州分部居，綱舉目張，足垂萬世之法守。今恭録其關於八旗者，條分件繫，而參以近數十年之案牘，排比考證，務使端委釐然，至《欽定滿洲祭天祭神典禮》，溯開創之初規，定繼承之永式，至誠至敬，尤見昭事之本原，謹仿杜佑《通典》全載《開元禮》之例，具著於篇，作《典禮志》。②

以上可見，《八旗通志·典禮志》將《大清通禮》《大清會典》《禮部則例》《滿洲祭神祭天典禮》中與八旗制度相關者，條分縷析地進行了整理編輯，參考"近數十年之案牘"，進行排比考證，釐清端委，並"仿杜佑《通典》全載《開元禮》之例，具著於篇"。可見《大清通禮》是《八旗通志·典禮志》的重要史料來源。

光緒元年（1875）六月，上諭敕令禮部將《大清會典》《大清通禮》內有關民間吉凶禮節者，刊布通行，以資法守，禮部議復：

---

① 《欽定皇朝通典》卷六十，《景印文淵閣四庫全書》第 643 册，臺灣"商務印書館"1983 年版，第 298~299 頁。

② 《欽定八旗通志》（二）卷七十八《典禮志》，《景印文淵閣四庫全書》第 665 册，臺灣"商務印書館"1983 年版，第 491~492 頁。

　　至易俗移風，禮教爲重，臣等謹遵諭旨，查照《會典》《通禮》，詳擇婚喪冠服各事宜之最切於官民者，撮其大要，共十九條，謹繕寫清單，恭呈御覽，得旨如所議行，《會典》《通禮》官民婚喪冠服規條：

　　《通禮》載，品官婚禮納幣章服一稱，章如其品。一品至四品，表裏各八兩，容飾合八事，食品十器。五品至七品，表裏各六兩，容飾合六事，食品八器，庶士婚禮章服一稱……

　　《通禮》載，民人冬夏帽上不得用絨纓大結。

　　《通禮》載，考職吏員在籍，止用頂帽，不得用補服，內外各衙門供事書吏，非年滿考職者，不得用金頂。①

　　以上可見，根據上諭要求，禮部參照《大清會典》和《大清通禮》，將書中禮節"最切於官民者"撮其大要，制定了"官民婚喪冠服規條"，頒布各省，以化民成俗，從規條內容來看，許多禮制儀文都出自《大清通禮》。

二、對地方志修纂的史料參考作用

　　除了向官修典章制度體史書輸送史料外，《大清通禮》還成爲各地方志修纂的重要史料參考文本，影響範圍甚廣，以下詳述之。

　　道光《重修博興縣志》"建置序"載該縣宮室建築曰："舊志所記往往紊其次序，至神祇壇、關帝廟稱號尤乖，或因其時《大清通禮》未頒，或由纂筆失考，悉取而釐定之。"②言下之意，正是由於修纂舊志之時《大清通禮》尚未頒發地方，因此無從查考，才導致舊志次序紊亂，稱號乖舛，此次修改釐定縣志則參考了《大清通禮》。

　　該縣志還在追溯本縣神祇壇建置歷史沿革時講道："明初建石名風雲雷雨山川壇，後稱神祇壇，而秩祀未更，故有司未易其制。按《大清通禮》直省、府、州、縣各建神祇壇，以祀雲師、雨師、風伯、雷師、本境山川城隍之神，與明禮異序，而諸志往往仍稱風雲雷雨山川壇，非是。"③此處不難看出，該志是依照《大清通禮》所載禮制釐定諸神祭祀排位的，而非因循明朝舊制。

　　道光年間所修《濟南府志》，涉及城中祭祀社稷之禮的祭壇位置、祭祀時

　　①　王先謙、朱壽朋撰：《東華錄·東華續錄》（第 15 冊），上海古籍出版社 2008 年版，第 50 頁。

　　②　周壬福修，李同纂：道光《重修博興縣志》卷三，清道光二十年刊本，第 81 頁。

　　③　周壬福修，李同纂：道光《重修博興縣志》卷三，清道光二十年刊本，第 87 頁。

間以及執事人員安排等内容，全文抄録了《大清通禮》相關儀注，例如：

> 《大清通禮》直省府州縣各建社稷，皆社右稷左，異位同壇。歲以春秋仲月上戊日致祭，省會以總督若巡撫一人主之，有故則布政使攝事，在城文武官縣丞、千總以上咸與祭，眡割牲、省豓盛以道員等官，糾儀以教授、訓導，司香、司帛、司爵、司祝、司饌以丞倅，通贊、引贊、引班以學弟子員嫻禮儀者充之。①

　　稍加比對不難發現，以上所載社稷壇祭祀禮制内容完全援引自《大清通禮》，該志所載神祇壇祭祀，以及祭先農、祭歷代帝王之禮也全文抄録了《大清通禮》的相關儀注，分別爲"《大清通禮》直省府州縣祀神祇壇之禮""《大清通禮》直省府州縣祭先農之禮""《大清通禮》直省所在帝王陵寢歲春秋仲月守土正官一人致祭"。此外，該志所載致祭文昌之禮，祭都城隍之禮，祭東嶽神之禮，致祭直省府州縣忠義孝悌、節孝、名宦、鄉賢四祠，守土官祭本籍陣亡文武官及兵丁鄉勇等於昭忠祠諸儀注，皆參考了《大清通禮》相關内容。

　　此外，同治《六安州志》載："釋奠禮節謹照《大清會典》《大清通禮》校準丁祭禮節。"②亦可見地方志考證校對釋奠禮時，將《大清會典》與《大清通禮》看作重要參考文本。

　　除了直接抄録《大清通禮》儀注外，一些方志還對《通禮》儀注進行了編輯整合，以適用於地方社會施行。例如，同治《泰和縣志》就將《大清會典》《大清通禮》等卷帙浩繁的官修禮書改纂爲簡明禮書，並載入方志，方志修纂者講述了改纂官修禮書的緣由：

> 國朝《會典》近三百卷，最爲詳備，而《大清通禮》則自上達下，遵行不愆。茲自朝賀以及各壇並文武等廟現行儀注，輯爲一編，曰《禮書》，樂章、樂舞附焉。《會典》等編爲書浩博，未必家有其本，而此則簡而有要，讀志者可一覽而如置身禮法之場也，豈非史氏之通裁哉？③

---

①　王贈芳、王鎮修，成瓘、冷烜纂：道光《濟南府志》(一)卷十八，《中國地方志集成·山東府縣志輯1》，鳳凰出版社2004年版，第377頁。

②　李蔚、王峻修，吳康霖等纂：同治《六安州志》(一)卷十四《禮祀》，《中國地方志集成·安徽府縣志輯18》，鳳凰出版社2010年版，第189頁。

③　宋瑛等修，彭啓瑞等纂：同治《泰和縣志·叙例》，《中國地方志集成·江西府縣志輯64》，鳳凰出版社2013年版，第8頁。

　　方志修纂者認爲，像《大清會典》《大清通禮》這樣的官修禮書雖然翔洽賅備，卻因卷帙浩繁而不便在地方社會廣泛流傳，該方志參考《會典》《通禮》，編成簡易禮書，載入方志，則有利於官方禮儀向地方社會普及，這無疑體現了地方志對《大清通禮》等官修禮書內容的傳承和普及功用。

　　同治《平江縣志》則講述了於《學校志》中記載禮儀制度的緣由：

　　　　宋仁宗始詔天下郡縣皆立學，至我朝而典章大備，平雖叢爾邑，然學校爲風教所從出，正宜詳稽儀制，俾學者入廟思敬，以時習禮，於以陶化樸傫，臻明備之休。自《武功志》隸學校於建置，謝氏啓昆《廣西通志》因之，且謂樂品禮節皆《會典》舊章，率土通行，非粵西獨舉之典，而以舊志備載爲非體。夫《會典》《通禮》豈能家有其書，賴志乘可稽，借資法守耳。若略所不當略，將事者於何取則焉？況《通志》所紀，何一非朝廷大經大法，豈皆粵西所獨有，《會典》所無者乎？……是用詳稽《會典》，凡典禮位次、牲幣器數、樂章舞譜之屬，悉綴於篇，而以學額、書籍、教條、學田及書院、義學、考棚附焉，作《學校志第五》。①

　　由以上史料可見，該方志作者鑒於《大清會典》《大清通禮》不能家有其書，因此主張以方志爲中介，援引《會典》《通禮》禮儀條目，列於《學校志》之中，"借資法守"。

　　在同治朝所修《蘇州府志》中，涉及城隍神祭祀，以及同壇並享的風雲雷雨、山川祭祀，皆參考《大清通禮》，詳情如下：

　　　　考城隍之祀，始吳赤烏二年，由唐逮宋，或賜廟號，或頒封爵。明初則詔封天下城隍，府者公，州者侯，縣者伯。敕郡邑里社，各設屬壇，以城隍神主祭春秋二時，與風雲雷雨、山川同壇並享。謹案《大清通禮》直省府州縣各建神祇壇，祀雲雨風雷、境內山川、城隍之神，歲春秋仲月諏吉致祭，在城文武各官皆與，省會則總督、巡撫主之。②

―――――――――――

　　①　李元度撰，王灃華校點：《天岳山館文鈔詩存》（二）卷三十九，嶽麓書社 2009 年版，第 819~820 頁。

　　②　李銘皖、譚鈞培修，馮桂芬纂：同治《蘇州府志》（二）卷三十六，《中國地方志集成·江蘇府縣志輯 8》，鳳凰出版社 2008 年版，第 100 頁。

　　同治《恩施縣志》卷首凡例載："制度必先典禮，府志僅詳官師，而閭閻從略焉，謹遵《大清通禮》，凡著令於士民者敬録之，俾士民知所率由，亦顒蒙寡過之一助也。"①鑒於此前府志對典禮之制的記載僅限於官方禮制的局限，該志抄録《大清通禮》中與士民之禮相關儀注，以使"士民知所率由"。可見《大清通禮》的禮制儀節通過地方志轉載，間接流傳至地方社會的傳承軌跡。

　　此外，就筆者所整理的其他相關史料來看，道光《東阿縣志》《南海縣志》，道光、同治《萬安縣志》，同治《嵊縣志》，光緒《順天府志》等地方志，對《大清通禮》皆多有援引和轉載，此處不再一一贅述。

三、對私家著述的史料參考作用

　　乾嘉年間經學家梁章鉅在其所著《退庵隨筆》一書中，對地方社會於服喪期間薙發的違禮現象有如下論述：

　　　　《大清通禮》載，凡喪三年者，百日薙發。期之喪，二月薙發。九月、五月者，踰月薙發。三月者，踰旬薙發。八旗官在京者，百日後薙發。……是滿漢制雖稍異，而自期以下各限以薙發之日則同。今滿洲猶恪守此制，而漢人則服期以降，鮮有講及薙發者。吾鄉惟孫爲祖父母六旬薙發，與《通禮》合，此外期功以下服，若不知有此事者，故不得不正告之。②

　　梁氏此處以《大清通禮》所載禮制作爲參考標準，認爲滿人尚且能守服喪期間不薙發之禮制，漢人卻多有違背，故必須予以告知，並舉其家鄉違禮現象爲例，以正禮俗風氣。

　　乾嘉年間著名畫家、藏書家余集在爲學者吳長元所著《宸垣識略》一書所作序言中講到，該書所涉典禮部分，參考了《大清會典》和《大清通禮》，"其援據典禮，則《會典》《通禮》之屬也"③。

　　嘉道年間文人林伯桐在其所著《士人家儀考》一書中論及民間婚禮陋俗，

---

　　①　多壽修，羅玲漢纂：同治《恩施縣志·凡例二十四則》，《中國地方志集成·湖北府縣志輯56》，江蘇古籍出版社2001年版，第356頁。

　　②　梁章鉅：《退庵隨筆》卷九，《近代中國史料叢刊》第四十四輯，文海出版社1969年版，第492~493頁。

　　③　余集：《秋室學古録》卷五，《清代詩文集彙編》第395冊，上海古籍出版社2010年版，第56頁。

是時由於民間婚嫁攀比之風盛行，導致婚禮不能依時舉行，林伯桐就此問題闡述了自己的見解，原文如下：

> 合二姓之好，何等敬愛，男家不必責奩具，女家不必責聘物，隨時豐歉，稱家有無，用之以禮，簡則易從，必可昏姻以時矣。敬讀《大清通禮》曰："凡禮物豐儉，各如其品，不得踰越。"謹按讀此數言，則雖有力者亦不當僭侈，力不能具者聽其量力備物。昏禮蓋禮順人情，期於人人易行也。世俗專欲誇多鬥靡，自不免有怨女曠夫。考北魏太和詔書有云："昏聘過禮，則嫁娶有失時之弊。"蓋自古以此爲輕，而世俗以此爲重，誤事甚矣。又考《湯溪志》云："富者厚其奩，貧者亦以薄裝爲恥，故民不舉女，而伉儷爲難。"①

由以上引文可見，由於民風不淳，無論富貴抑或貧賤之家，於婚姻之事皆互相攀比，力求奢華，如此便導致婚配不能及時促成。林伯桐援引《大清通禮》禮制規定，認爲婚姻禮物，應當"豐儉各如其品，不得踰越"。即使財力雄厚，亦不可僭越禮法，窮奢極侈。可見當時學人論著援引官修禮書以正風俗的學術取向，以及官方禮書內容借助私人著述向社會普及之軌跡。此外，作者還在該書《居喪衣冠不當沿舊考》一文中闡述道：

> 鄉俗喪服向用大領衣，麻布巾，是古時衣冠矣。近則衣不用大領而仍用麻巾，則更爲不古不今，殊無依據。香山黃香石考此最確，曰："居喪用麻布巾加三梁冠，麻衣亦用大領，是前代式也，生今反古可乎?"謹按《大清通禮》官員以及士庶喪服之制，斬衰三年……誠以我朝定鼎即已易服色，天下咸遵，不必於喪服更言其制也。以今制準之，《通禮》所云服者，當用馬蹄袖，開衩袍，斬衰、齊衰分別用麻布爲之，功服以下分別用白布爲之。所云冠者，照時制冬夏帽胎，齊衰以上，當加麻布裹之，若功服以下，用白布裹之，或夏但用粗藤帽胎，冬但用素帽胎，服輕則從便，尚可。②

---

①　林伯桐撰：《士人家儀考》卷二，四川大學古籍整理研究所編：《儒藏·史部》第257冊，四川大學出版社2014年版，第434頁。

②　林伯桐撰：《士人家儀考》卷三，四川大學古籍整理研究所編：《儒藏·史部》第257冊，四川大學出版社2014年版，第448~449頁。

以上可見，作者認爲清朝改朝換代，更服易色，故喪服之制不必皆遵古禮，且當下鄉俗所着喪服不古不今，更應當以今制爲準，隨後作者援引了《大清通禮》相關服制規定作爲參考，詳述喪服具體形制標準。

道光年間，學人李元度在其所撰《天岳山館文鈔》中"家廟碑"一章，述及家廟建築規制以及祭器、祭品的陳列數目與方位時，將《大清會典》和《大清通禮》視爲重要的參考資料，原文如下：

> 今宗祠遍天下矣，然於時王之制則未協也。伏讀《大清會典》《通禮》，凡品官家祭，於居室之東立家廟，一品迄三品廟五間，中三間爲堂，左右各一間隔以牆，北爲夾室，南爲房堂，南檐三門房，南檐各一門，階五級，庭東西廡各三間，東藏遺衣物，西藏祭器，南爲中門，又南爲外門，左右設側門，堂四室，奉高曾祖禰四世，南向。高祖以上親盡則祧，藏主於夾室。歲以四仲月致祭，每案俎、鉶、敦各二，籩豆各六，牲用羊一、豕一，自四品迄九品，其制有差。①

此外，該書"風俗"一章在論及應當變革之陋俗時闡述道：

> 吾聞風俗與化移易，有不當變亦有必當變者，奢侈淫靡，盡人知其當革者也，而此外宜變者厥有數端：……一曰對柩嫁娶，《大清通禮》居喪不昏嫁，不飲酒，不食肉，不處内，不與吉事。《會典》云不娶妻納妾，門庭不換舊符。又律載，居父母及夫喪而身自嫁娶者，杖一百。若居祖父母、伯叔父母、姑兄姊喪而嫁娶者，杖八十，功令可謂嚴矣。乃陋俗應服喪爲日過久，遂及未成服時，苟且集事，以爲從權。烏乎！當飲水食粥、寢苦枕塊之時，而於爲此，吾不知其何以自安也，以理斷之，其受殃禍也必矣。送終爲人子之大事，昏禮亦人道之大原，而苟且若是，是不可爲子，即不可爲人，此陋俗之宜變者二也。②

以上李氏論及當時陋俗宜變者之一端，即對"居喪不婚嫁"之禮的僭越現象的抨擊，作者援引《大清通禮》《大清會典》所載禮制儀文，陳述居喪期間的禁忌，闡述該陋俗之危害，以此批判其時人心不古的失禮現象，呼籲"陋俗宜變"。

咸豐年間，學人顧廣譽在其所著《四禮權疑》一書自序中，述及著書緣由時講道：

> 禮之端起於微渺，而冠昏喪祭所以篤人事之治終，不由其道，則百度無稟承，而放僻邪侈隨之，風俗人心日益以不古。昔方君子春嘗屢與廣譽言之，是時廣譽適究心《大清通禮》，旁及徐氏、秦氏禮書，遂諾任此事，不辭積年餘之力，成《家行四禮》一書，其體皆先儀節，各繫集說，而以附論終焉。①

以上可見，顧氏撰寫《家行四禮》一書時"究心《大清通禮》"，不難推斷，《大清通禮》對其書體例與內容無疑產生了重要影響。可見《大清通禮》成書後，後世學人仍有研究者，並據其內容，撰成新禮書，以爲民生日用。

同治朝學人文元輔在其所著《宜民錄》一書序言中講到，《大清會典》和《大清通禮》作爲一代禮典，堪稱世法世則，宏綱巨目，"官民服飾及昏喪祭儀"具載其中，理應爲臣民所一體遵循，然而由於二書"卷帙重大，義又極精深"，民間鄉里難以家喻戶曉，這就導致民間遇婚喪嫁娶之事，多仍前明舊禮，或有"鄙夫撰編，自用自專，僭妄在所不免"。鑒於"嫁娶爲人道伊始，萬福之原，追遠慎終，民德斯厚，而踰越範圍若此，其關係人心風俗，非淺鮮也"，作者採擇《大清通禮》士庶一門中易知易行的禮制儀節，"敬謹鈔撮，都爲一編"，名曰《宜民錄》，期望以此書"爲窮鄉僻壤不知行典禮者導夫先路，而正其循習之訛"。該書具體編纂體例爲："首昏儀，次喪儀，次祭儀。持服制度、律例服圖亦恭錄於喪儀之前，用昭遵守。通論一卷，則節錄先正論禮格言，間亦竊附鄙見，補所未備。"②以上可見，清代文人士紳對《大清通禮》去粗取精，改作私家禮書，以向地方社會普及，頗有建樹。

除上述所列私家著述外，清代還有很多對《大清通禮》等官修禮書進行參

---

① 顧廣譽：《四禮權疑·目錄》，《儒藏·史部》第 257 册，四川大學出版社 2008 年版，第 719 頁。

② 陳鯤修，劉謙纂：民國《醴陵縣志·藝文志》，湖南人民出版社 2009 年版，第 479 頁。

考、改撰的著述問世，用以匡正今俗，它們對官方禮制在地方社會的普及起到了重要的傳播媒介作用，這部分内容將在本書第六章詳細展開論述。

第二節　《欽定大清通禮》對後世官私典籍修纂理念的影響

一、對"清三通""禮類"修纂體例及其所載内容的影響

（一）對《清通典·禮典》的影響

《大清通禮》對《清通典·禮典》修纂體例的影響很大，此處僅以該書吉禮和軍禮所載内容爲例。在論述吉禮一門時，《清通典·禮典》載："杜典以巡狩入吉禮，亦於義理未協，茲謹從《大清通禮》之例，凡巡幸盛典，恭載於嘉禮門内。"①此處可見，纂修官認爲杜佑《通典》將巡守之禮列於吉禮一門頗爲不妥，因此以《大清通禮》修纂體例爲準，將巡幸盛典禮儀歸入嘉禮一門。又載臨雍之禮曰："杜典於吉禮釋奠之前立太學一門，凡臨雍典禮悉入之。今從《大清通禮》之例，以臨雍入嘉禮。"②本來在杜佑《通典》中臨雍典禮是歸於吉禮之中的，《清通典》則參考《大清通禮》分類標準，將其列入嘉禮一門。

在論述軍禮一門在五禮中的排序問題時，《清通典》也没有遵循杜佑《通典》以吉、嘉、賓、軍爲次，而是參考《大清通禮》編排體例，將軍禮移至賓禮之前，原文爲："杜佑禮典以吉嘉賓軍爲次，今從《大清通禮》之例，以軍禮移於賓禮之前。"③又載大閲之禮曰："臣等謹按杜典有出師儀制一條，以揚兵講武附焉。夫所謂出師儀制者即親征是也，考杜典此條所載亦只各代閲兵講武之典而已，今從《大清通禮》之例，改爲大閲，並移於軍禮之首。"④以上可見，

---

① 《欽定皇朝通典》卷四十九，《景印文淵閣四庫全書》第 642 册，臺灣"商務印書館"1983 年版，第 674 頁。

② 《欽定皇朝通典》卷五十六，《景印文淵閣四庫全書》第 643 册，臺灣"商務印書館"1983 年版，第 152 頁。

③ 《欽定皇朝通典》卷五十八，《景印文淵閣四庫全書》第 643 册，臺灣"商務印書館"1983 年版，第 209 頁。

④ 《欽定皇朝通典》卷五十八，《景印文淵閣四庫全書》第 643 册，臺灣"商務印書館"1983 年版，第 209 頁。

杜佑《通典》本有"出師儀制"一項禮制，實際上即是《大清通禮》中的"大閱之禮"，《清通典》遂參考《大清通禮》，以大閱之名記載之，彰顯了與時俱進的修纂理念。

（二）對《清通志·禮略》的影響

《清通志·禮略》載：

> 臣等謹按，自古帝王經國治世之典，莫大於禮，禮也者，事神理人，班朝治軍，由仁孝誠敬之思，以達於盡倫盡制之實，治法所由大備也。……洪惟我皇朝聖聖相承，監古定制，典章鴻懿，超越萬代……其儀節之精詳，已載於《大清會典》《大清通禮》中，茲纂輯《皇朝通志·禮略》，惟謹繹規制之大者，倣鄭樵《通志》體例，登於卷中。謹考鄭樵《禮略》，以吉嘉賓軍凶爲序，而所載皆漢唐以後之彌文……皆一時所行之制，不足垂爲定範。茲謹遵《大清通禮》成式，五禮首吉，次嘉，次軍，次賓，次凶，凡諸治神人而和邦國，定損益而酌古今，宏綱鉅目，皆前代未有之隆儀，爲百王之矩範。而於鄭志諸目之庫陋無稽，爲聖朝已經裁革者，則皆刪去。①

《清通志·禮略》視鄭樵《通志》所載五禮諸目"庫陋無稽"，皆一時所行之制，不足以爲後世垂範，因此該書的五禮編排次序和具體儀注内容一遵《大清通禮》而行。鄭志諸目"爲聖朝已經裁革者，則皆刪去"，可見《大清通禮》修成後，後世官修典籍的修纂多參考其書體例和内容，像《清通志》這樣的典章制度體史書，其"禮略"部分並未完全因循《通志》體例，而是參考《大清通禮》，以爲治世之用。

軍禮方面，《清通志》纂修官查"鄭樵《通志》列軍禮於賓禮之後"，認爲有所不妥，理由是"恭查軍禮中有天子親征、大閱、大狩諸大典，不應後於賓禮"②，因此該書遵從《大清通禮》編排體例，將軍禮列於賓禮之前。"謹稽《大清會典》《通禮》述大閱、大狩二篇，以志軍禮之整嚴詳備，景爍前古，昭示方

---

① 《欽定皇朝通志》（一）卷三十六《禮略》，《景印文淵閣四庫全書》第 644 冊，臺灣"商務印書館"1983 年版，第 386~387 頁。

② 《欽定皇朝通志》（一）卷四十四《禮略》，《景印文淵閣四庫全書》第 644 冊，臺灣"商務印書館"1983 年版，第 543 頁。

來焉。"①

此外，《清通志·禮略》所載賓禮一門，也是依照《大清通禮》體例編纂而成的，《清通志》卷四十六載："我國家聲教暨訖，四荒來賓，徼外山海諸國，典之禮部，百餘年來敕封燕賓諸典，儀文詳洽，爰遵《大清通禮》之例，輯爲賓禮。"②

(三)對《清文獻通考》的影響

《清文獻通考》一書中《郊社考》《群祀考》《王禮考》所載儀注類別及其内容皆遵照《大清通禮》一書登載之，詳參表4-1。

表 4-1　《欽定大清通禮》對《清文獻通考》修纂體例的影響

《郊社考》	古者制禮，聖者作之，明者述焉。作則立其宏綱，述乃臻於美備也。考儀於今日，以《通禮》爲定。蓋自立制以來，儀節遞有損益。今則禮明樂備，釐定精詳，昭之方策，永爲法守。兹編纂輯，一遵盛典，庶無參差焉。③
《群祀考》	謹依《會典》所列群祀，並據《通禮》所載，別爲《群祀考》。④
《王禮考》	"上尊號、徽號"之禮："若夫尊封太妃，列代厥有故事，國朝定制，尊封太妃、太嬪或遣官將事，或至尊親自行禮，悉據《會典》《通禮》所述儀注，附列於後，以垂億萬年之定制焉。"⑤ "册立、册封"之禮："今據本朝《會典》《通禮》所述大婚册立之儀，載於《王禮考》，而册封妃嬪儀注以次附見焉。"⑥

①　《欽定皇朝通志》(一)卷四十五《禮略》，《景印文淵閣四庫全書》第 644 册，臺灣"商務印書館"1983 年版，第 556 頁。

②　《欽定皇朝通志》(一)卷四十六《禮略》，《景印文淵閣四庫全書》第 644 册，臺灣"商務印書館"1983 年版，第 571 頁。

③　《欽定皇朝文獻通考》卷九十四《郊社考》，《景印文淵閣四庫全書》第 634 册，臺灣"商務印書館"1983 年版，第 106 頁。

④　《欽定皇朝文獻通考》卷一百零五《群祀考》，《景印文淵閣四庫全書》第 634 册，臺灣"商務印書館"1983 年版，第 336 頁。

⑤　《欽定皇朝文獻通考》卷一百三十一《王禮考》，《景印文淵閣四庫全書》第 634 册，臺灣"商務印書館"1983 年版，第 839 頁。

⑥　《欽定皇朝文獻通考》卷一百三十三《王禮考》，《景印文淵閣四庫全書》第 634 册，臺灣"商務印書館"1983 年版，第 895 頁。

《王禮考》	"皇子親王以下婚儀、公主以下下嫁儀":"馬氏《帝系考》于公主門載下嫁儀,而皇子門不及婚禮,今考唐《開元禮》有親王納妃儀,宋政和中儀禮局上皇子納夫人儀,而馬氏俱未收入,似嫌缺略。今據《大清會典》《通禮》所述皇子親王以下婚儀,公主以下下嫁儀,著于《王禮考》皇子婚儀。"① "謁陵、祭陵"之禮:"禮雖相因,義各有當,謹遵《大清會典》及《通禮》之例,叙次謁陵、祭陵禮儀,別爲二卷,以備掌故焉。"②

二、對地方志修纂理念的影響

《大清通禮》除了對後世官修典籍修纂有巨大影響外,還對各地方志中所載禮制內容有廣泛影響,反映了官方禮制下移的一股趨勢,以下列舉兩例説明。

道光《重修平度州志·建置志》序言載:

> 君子將營宮室,宗廟爲先,則神人之叙,尤烏容混。舊志所載,或紊其次第,壇廟之稱,又往往與《大清通禮》不合。蓋康熙時初訂《會典》多依明舊,而舊志又因萬曆時舊本,李志未能正其失也,今悉依時置,博古義而分次之。③

以上可見,該志作者以《大清通禮》作爲考量壇廟禮制的標準,准敲出舊志不合禮法之處,並加以修改完善,可見《大清通禮》對地方志的修纂理念起到了重要參考作用。

該志《典禮志》序言又載:

---

① 《欽定皇朝文獻通考》卷一百三十五《王禮考》,《景印文淵閣四庫全書》第 635 册,臺灣"商務印書館"1983 年版,第 1 頁。

② 《欽定皇朝文獻通考》卷一百五十三《王禮考》,《景印文淵閣四庫全書》第 635 册,臺灣"商務印書館"1983 年版,第 368 頁。

③ 保忠、吳慈修、李圖、王大鏞纂:道光《重修平度州志》卷九,《中國地方志集成·山東府縣志輯 43》,鳳凰出版社 2004 年版,第 100 頁。

禮時爲大，稱次之，宜次之，古聖之言，豈非萬世規則乎？歷代正史莫不有《禮樂志》，明因革損益之數。國家定鼎燕京，禮制多因明舊，其後漸損益之。故乾隆時訂《大清通禮》，與康熙間《大清會典》時有同異矣。其頒行於州縣者，憲皇帝增封孔子五代皆王，而定劉猛將軍之祀，除昆蟲之沴。《大清通禮》繼作，不列八蜡，以貓虎之祀爲不經，先農水庸已備於壇墠之祀，不宜復瀆也。①

由此條史料可知，清初國家禮儀制度多沿襲明朝舊制，康熙朝《大清會典》即爲其代表，其後有所損益，變革的標志即乾隆朝所修《大清通禮》。也正是這一緣故，使該志在多處考訂禮制源流時都參考了《大清通禮》。

道光《重修博興縣志·典禮志》所載序言曰：

舊志成於康熙五十六年，當時《會典》已成，而《通禮》未頒，故志中所載，往往因明舊，苟無改除之令則，皆遵而不廢，烏可施於今哉？姻兹《通禮》再修，典章袤輯，多前志未見者乎。謹按《大清通禮》載純皇帝諭旨謂："漢唐以後雖粗備郊廟朝廷之儀……"大哉王言，可以識爲政之要，隆禮由禮之極矣，在官者敢不與民恪守乎？第《通禮》以吉禮爲先，以有郊廟大祀也。州縣禮無大祀，故依舊志先嘉禮，首列三大節朝賀之禮，明尊君之義也，其他皆依《通禮》之序，摘其通行直省府縣者著爲篇，舊志所載不見《通禮》者刪之，是則《通禮》凡例所云："非皇朝成式，雖有古制，概不檢拾者也。"②

由以上史料可見，該縣舊志修纂時《大清通禮》尚未頒行，故該志《典禮志》的修纂內容多因循明朝舊制。至《大清通禮》成書後，則開有清一代禮制之新風，書中多有前代方志所未載之內容。該縣重修新志，將《大清通禮》卷首的高宗序言附上，以其爲方志《典禮志》的修纂宗旨，並摘取《通禮》中適宜通行於直省府縣者，載於方志之中，而"舊志所載不見於《通禮》者"則刪除，反映了《大清通禮》修纂意旨和內容在後世地方志修纂過程中的貫徹

---

① 保忠、吳慈修，李圖、王大鏞纂：道光《重修平度州志》卷十二，《中國地方志集成·山東府縣志輯43》，鳳凰出版社2004年版，第119頁。

② 周壬福修，李同纂：道光《重修博興縣志》卷六，清道光二十年刊本，第127頁。

與執行。

　　此外，道光《榮成縣志》載："《典禮》一篇本宇内通行條件，然榮海隅僻壤，國家制作或多未諧，兹於前志有未協者，一以《大清會典》《學政全書》《大清通禮》爲準。"①此處可見，《大清通禮》再次成爲地方志《典禮》内容修纂的軌則。

第三節　《皇朝禮器圖式》對後世官私典籍修纂的影響

一、對"清三通"修纂體例的影響

（一）對《清通典》的影響

　　《清通典》"禮典"所載嘉禮内容，凡涉及冠服、車輿、鹵簿等禮制規格，多參考、援引《皇朝禮器圖式》所載禮制規定，具體内容見表 4-2。

表 4-2　《皇朝禮器圖式》對《清通典》修纂體例的影響

禮制條目	修纂體例借鑒
皇太后、皇后冠服	杜典有后妃、命婦首飾制度、服章制度兩條，兹據《皇朝禮器圖式》，謹彙叙成篇，首大内冠服，次公主福晉以下及命婦冠服，列載於左。②
車輿	杜典車輿篇，先叙天子五輅，次詳車制，並自皇太后車以至主妃、命婦等車，一一載入，而輦輿之制，乃具於後。今變通其例，謹據《皇朝禮器圖式》，首載皇帝五輅輦輿，次皇太后輦輿，次皇后及皇貴妃、貴妃、妃嬪車輿，其餘公主以下等轎車之制，並見儀衛篇，兹不復載云。③

---

　　①　李天驚修，岳虔廷纂：道光《榮成縣志·凡例》，《中國地方志集成·山東府縣志輯 56》，鳳凰出版社 2004 年版，第 431 頁。
　　②　《欽定皇朝通典》卷五十四，《景印文淵閣四庫全書》第 643 册，臺灣"商務印書館"1983 年版，第 100~101 頁。
　　③　《欽定皇朝通典》卷五十五，《景印文淵閣四庫全書》第 643 册，臺灣"商務印書館"1983 年版，第 124 頁。

续表

禮制條目	修纂體例借鑒
皇帝鹵簿	臣等謹案杜典分旌旗、鹵簿爲兩門，然旌旗即在鹵簿之內，自不必分門別載，以免互復。……伏考國朝定制，皇帝大駕、法駕、鑾駕、騎駕鹵簿，凡有四等，皇太后、皇后前陳設者曰儀駕，皇貴妃、貴妃陳設者曰儀仗，妃嬪陳設者曰采仗，至親王以下及品官，公主、福晉以下及命婦，俱稱儀衛。謹據《皇朝禮器圖式》，以次詳載如左。①

由表 4-2 可見，《清通典》"禮典"記載皇太后、皇后冠服、車輿以及皇帝鹵簿禮制規格時，在杜佑《通典》整體框架基礎之上，其撰述體例有所變革，而變革的參考依據正是官修圖典《皇朝禮器圖式》。

(二)對《清通志》的影響

《清通志》延續了鄭樵《通志》的修纂體例，在書中的"器服畧"一門，修纂者於篇首即言明，該門內容是根據《皇朝禮器圖式》和《大清會典》纂輯而成的，原文摘錄如下：

聖人南面而治天下，器服爲典禮攸關，王政之大者也。洪惟我國家創制顯庸，列聖相承，隨時損益，等威以辨，物采以彰，皇上憲古宜今……今纂《皇朝通志》，恭依《皇朝禮器圖式》《大清會典》，撮舉大要，輯器服畧六卷，仰見聖天子制作之精心，所以斟酌乎百王而垂型於奕世者，迥非前代可及，而我國家文物典章之盛，亦可於是焉觀其備矣。……祀，國之大事也，故《周官》《戴記》所載祭器特詳。鄭樵作《通志》謂祭器出於禮圖，於《器服畧》中首列尊彝爵斝之制，亦以重祀事也。本朝舊制，圜丘用蒼玉爵，乾隆十三年，欽定祭器，皇天上帝、列聖配位俱用匏爵，下逮羣祀，美報並崇，一物一名，悉經睿斷，令遵《皇朝禮器圖式》，以類叙次，並詳其規模形製，凡器之爲玉、爲金、爲陶、爲木，以至色有互異，用有不同，皆敬謹備識，其一器疊見者，則不復贅列，以歸簡約云。②

---

① 《欽定皇朝通典》卷五十五，《景印文淵閣四庫全書》第 643 冊，臺灣"商務印書館"1983 年版，第 130 頁。

② 《欽定皇朝通志》(一)卷五十六《器服畧》，《景印文淵閣四庫全書》第 644 冊，臺灣"商務印書館"1983 年版，第 699 頁。

經筆者查閱,《清通志·器服署》所載儀器、冠服、車輿、鹵簿諸內容,確如上述引文所言,皆依據《皇朝禮器圖式》修纂體例及內容,分門別類記載之,具體內容參見表 4-3。

表 4-3 《皇朝禮器圖式》對《清通志》修纂體例的影響

禮制條目	修纂體例借鑒
儀器	儀器之作,所以授時成憲,體天運而布歲功,蓋綦鉅也。我聖祖仁皇帝學貫天人,洞達象數,既成《數理精蘊》一書,並鑄觀象臺六儀、簡平三辰半圓諸儀,以昭萬世成法。皇上敬天法祖,集占測之大成,示聲教於無外,御製璣衡撫辰儀、地球儀以至西法諸器。萬里來航,莫不仰承聖裁,扞衷而酌用之,皆足以佐參稽、供步算,而推策之法,益詳且備。……今據《皇朝禮器圖式》,自天文、測量及鐘錶諸器,謹載於篇,以彰聖朝欽若之盛。①
冠服	禮之大者,昭名分,辨等威,莫備乎冠服。自虞廷觀象,文明漸啟,夏收殷冔,損益不同,所以成一代之制度,而垂法守也。我朝冠服之制,夏涼冬燠,各因其時,而品節燦然,觀瞻有秩,蓋列聖相承,準宜增定,美矣備矣。皇上慎守成憲,治協垂裳,萬國衣冠,會歸有極。洵乎放之四海而大同,昭茲來許而弗替者也。茲輯《器服署》,恭載皇帝冠服、朝珠、佩帶,下至品官、軍民,無不備具,各有等差,並附以雨冠、雨衣及行營冠服,咸著于篇,皆據《皇朝禮器圖式》,以類敘次,於以彰我國家服物采章之盛。②
車輅	周制玉輅以祀;金輅以賓,以封同姓;象輅以朝,以封異姓;革輅以即戎,以封四衛;木輅以田,以封藩國,此五輅之別也。國初定制,有玉輅、大輅、大馬輦、小馬輦、香步輦,乾隆八年改大輅曰金輅,大馬輦曰象輅,小馬輦曰革輅,香步輦曰木輅,與玉輅為五,以符五輅之制。十三年始造二輦三輿,而制度益詳。考鄭樵《通志·器服署》車輅之後,別載輦輿,今遵《皇朝禮器圖式》及《大清會典》,輯為車輅一門,而以輦輿附焉。③

---

① 《欽定皇朝通志》(一)卷五十七《器服署》,《景印文淵閣四庫全書》第 644 冊,臺灣"商務印書館"1983 年版,第 719~720 頁。

② 《欽定皇朝通志》(一)卷五十八《器服署》,《景印文淵閣四庫全書》第 644 冊,臺灣"商務印書館"1983 年版,第 736 頁。

③ 《欽定皇朝通志》(一)卷六十《器服署》,《景印文淵閣四庫全書》第 644 冊,臺灣"商務印書館"1983 年版,第 765 頁。

续表

禮制條目	修纂體例借鑒
鹵簿	國初定制，鹵簿、儀仗參用宋明之舊，而旂章麾蓋視前倍簡焉。乾隆十三年，皇上憲古宜今，釐正典禮，更定法駕、鑾駕、騎駕鹵簿，合三者則爲大駕鹵簿，凡旌旆、麾幢、旗纛之屬，靡不折衷盡善，用以隆郊祀而著朝儀，備軌物而光羽衛，典綦重也。至若皇太后、皇后儀駕及皇貴妃以下儀仗、采仗，悉經睿定，詳載《皇朝禮器圖式》，兹並敬謹編輯爲鹵簿一門，而旌旗則以次附見焉。①

（三）對《清文獻通考》的影響

《清文獻通考·王禮考》述及皇帝、皇子、親王以下至臣工冠服制度時，有如下論述：

> 蓋古今之時不同，毋庸相襲，宋儒邵雍亦有今人不敢服古衣之説，洵有得乎禮從宜之旨已。我國家龍興東土，風尚樸淳，衣冠多從儉約，吉服、燕服各隨所宜，列聖相承，世守罔替。臣等恭讀皇上《欽定皇朝禮器圖式》御製序文……至矣哉，聖人之恪守家法，防微杜漸，如是洵足爲億萬禩之全鑑矣。歷代史與服志，備載冠服制度，馬氏《王禮考》有君臣冠冕服章一門，《五朝考》亦從其例。兹據《皇朝禮器圖式》，以類叙次，恭載至尊朝祭冠服、朝珠、佩帶，以至皇子、諸王公、品官，各有等差，咸著於篇。②

以上可見，《清文獻通考》延續馬端臨《文獻通考》之例，於王禮考一門中設"君臣冠冕服"一項內容，而具體撰述主旨，則貫徹了高宗皇帝爲《皇朝禮器圖式》所作序文之主旨。序文中凸顯了清統治者對保持滿洲衣冠服飾的堅決態度和政治考量，因此《清文獻通考》對這部分內容的記載，一遵《皇朝禮器圖

---

① 《欽定皇朝通志》（一）卷六十一《器服署》，《景印文淵閣四庫全書》第 644 册，臺灣"商務印書館"1983 年版，第 775～776 頁。

② 《欽定皇朝文獻通考》卷一百四十一《王禮考》，《景印文淵閣四庫全書》第 635 册，臺灣"商務印書館"1983 年版，第 110～111 頁。

式》的修纂體例。

此外，《清文獻通考》所載皇太后、皇后、妃嬪首飾服章制戞、車輿儀仗規格等内容也以《皇朝禮器圖式》爲範本，其文曰：

> 國朝定制，皇太后、皇后冠服有朝服、吉服、二等金約、領約、朝珠、綵帨，皆有制度，皇貴妃以下及公主、諸王福晉、命婦，各以品秩爲差等，今據《皇朝禮器圖式》，具載於左。[1]
>
> 國初定皇太后、皇后前陳設者曰儀駕，皇貴妃、貴妃所陳設者曰儀仗，妃嬪陳設者曰采仗。兹按《皇朝禮器圖式》，敬謹編次，標題不云鹵簿者，遵今制也。公主、王妃、命婦車輿儀從，則別見於後云。[2]

二、對《大清會典圖》修纂體例的影響

嘉慶朝重修《大清會典》，並初修《大清會典圖》，至光緒朝又續修《大清會典圖》，其所增條目着重參考了《皇朝禮器圖式》一書所載内容，光緒朝《大清會典圖》卷首奏折載：

> 查嘉慶《會典》"輿衛圖"原本十卷，爲圖一百八十有二，先爲"皇帝鹵簿"，次"皇后儀駕"及皇貴妃以下儀仗、采仗。恭查《欽定皇朝禮器圖式》《欽定皇朝通典》《通考》，均恭載皇太后儀駕，臣等謹遵此例，先恭著皇太后儀駕於皇后之前。
>
> 乾隆《會典》有服制一門，舊圖無之。又樂律無約分，則刱器難工，樂圖無舞譜，則節文未備。又冠服一門，《欽定皇朝禮器圖式》《通典》《通考》《通禮》諸書均有"皇太后、皇子、皇子福晉冠服圖"，輿衛一門有"皇太后儀駕圖"，武備一門有"御製槍礟諸圖"，均應據增。
>
> 查嘉慶《會典》"武備圖"，原本十二卷，爲圖二百四十有八，先列皇帝大閱甲胄、韀鞴、弓箭、侯鵠、佩刀及旗纛、幄營之屬，彙爲兩卷，皆但題甲胄等字，而某器作何用，均用小字旁注。謹案《欽定皇朝禮器圖

---

① 《欽定皇朝文獻通考》卷一百四十二《王禮考》，《景印文淵閣四庫全書》第 635 册，臺灣"商務印書館"1983 年版，第 129 頁。

② 《欽定皇朝文獻通考》卷一百四十五《王禮考》，《景印文淵閣四庫全書》第 635 册，臺灣"商務印書館"1983 年版，第 197~198 頁。

式》，皇帝御用甲胄等類，每器皆用大書，敬謹署名，現在臣館纂辦"武備圖"……冠首每器標題謹遵《欽定皇朝禮器圖式》大書署名之例，期於等威有辨，叙次不紊。

再嘉慶《會典》"甲胄圖"皆只繪正面，臣館前纂辦冠服圖，多兩面全繪。今甲胄一類仍循其例，以成一律，其嘉慶《會典》武備各類圖説所漏畧及繪刻有失真者，今皆謹據《欽定皇朝禮器圖式》《通典》《通考》諸書及舊進呈本、刻本，參互考訂，務衷一是。①

從以上引文可見，光緒朝續修《大清會典圖》，參考《皇朝禮器圖式》《清通典》《清文獻通考》等書，增補了服制圖、樂律圖、舞譜圖，皇太后、皇子、皇子福晉冠服圖，皇太后儀駕圖，且武備圖每器冠首標題介紹不再沿用嘉慶《大清會典》小字，而是遵循《皇朝禮器圖式》修纂體例，改用大字，以實現"等威有辨，叙次不紊"的修纂目的。對嘉慶《大清會典》武備各類圖説中繪刻有漏略或失真情況的，也參照《皇朝禮器圖式》《清通典》《清文獻通考》進行修改完善，可見《皇朝禮器圖式》對光緒朝續修《大清會典圖》所起到的重要參考作用。

三、對其他官私典籍修纂的影響

《國子監志》載，乾隆十四年（1749）頒布於國子監的新造祭器規格和形制，"廟中祭器，凡經欽定者，業遵《皇朝禮器圖式》恭載於前"②。例如，在介紹"登簠"形制時，按語曰："謹案以下各器均於乾隆十三年欽定，十四年頒發國子監，春秋釋奠，永爲法守，謹遵《皇朝禮器圖式》及《大清會典》，繪錄於篇。"③可見《國子監志》所載祭器形制皆遵《皇朝禮器圖式》和《大清會典》繪錄。

《國朝宮史·典禮》記載"冠服"規制曰：

《周官》追師掌王后之首服，内司服掌王后之六服，凡朝祭令典，各準其式，用之我朝，彤闈灤服，定制詳明，具載《前編宮史》，兹臣等參

---

① 以上引文皆出自崑岡等修，劉啓端等纂：《欽定大清會典圖》卷首，《續修四庫全書》第 795 册，上海古籍出版社 2002 年版，第 4~6 頁，第 8 頁。

② 文慶、李宗昉等纂修，郭亞南等點校：《國子監志》（上册）卷三十四《禮志十》，北京古籍出版社 1998 年版，第 506 頁。

③ 文慶、李宗昉等纂修，郭亞南等點校：《國子監志》（上册）卷三十四《禮志十》，北京古籍出版社 1998 年版，第 494 頁。

致《皇朝禮器圖式》及《欽定宮中現行則例》，與《前編》所載小異者，謹續
於後，以一儀式焉。①

以上可見，清廷續修《國朝宮史》，參考了《皇朝禮器圖式》和《欽定宮中現
行則例》，以實現冠服規格劃一的目的。

另據《清實錄》載，道光二十三年(1843)十一月，宣宗皇帝曾翻閱《皇朝禮
器圖式》一書，參照對比之下，發現宗人府及《禮部則例》記載之訛誤，並下令
參照《皇朝禮器圖式》修改之，其文曰：

　　丙戌諭內閣，朕閱《禮器圖》內載固倫額駙腰帶用石青色或藍色，而
宗人府及禮部則例內，俱載有用金黃色字樣，殊屬錯誤，嗣後固倫額駙腰
帶，著遵照《禮器圖》辦理。所有宗人府、禮部則例內錯誤之處，均著即
行更正。②

除了官修典籍外，私家著述對《皇朝禮器圖式》也多有參考和援引。乾嘉
時期詩人凌揚藻在其所撰《蠡勺編》一書第十八卷《國朝冠服之制》一文中，述
及皇帝四季冠服形制，就援引了《皇朝禮器圖式》相關規定。③ 至晚清，著名
藏書家、金石學家陸心源在其所著《儀顧堂集》一書中撰有一篇《補服考》，
追溯歷代補服發展之源流，敘述至"本朝"補服時，也援引了《皇朝禮器圖式》以
爲證，原文如下：

　　案《皇朝禮器圖式》親王補服，前後正龍，兩肩行龍。郡王前後皆行
龍，貝勒四爪正蟒，貝子、固倫額駙四爪行蟒，鎮國、輔國公、和碩額駙
四爪正蟒方補。愚案漢以前群臣朝祭之服，皆以九章、七章、五章爲別，
其常服大抵以裳之元素黃雜爲別，唐宋祭服仍古制，朝服概用絳紗，而以
佩綬爲別，其常服之別，三品以上紫，五品以上朱，七品以上綠，九品
以上青。明制朝祭之服，參酌唐宋舊制，常服以繡補爲別，則自太祖始也，

---

① 　慶桂等編纂，左步青校點：《國朝宮史續編》(上冊)卷四十九《典禮四十三》，北京
古籍出版社 1994 年版，第 379 頁。
② 　《清宣宗實錄》卷三百九十九，道光二十三年十一月丙戌，中華書局 1986 年版，
第 1145 頁。
③ 　凌揚藻：《蠡勺編》卷十八，中華書局 1985 年版，第 293 頁。

但明人施之於袍，我朝用之於褂，爲小異耳。①

清人陳徽言所撰《武昌紀事》，記載了太平軍攻克武昌和漢陽事件始末，書中探討火礮的軍事作用時，援引了《皇朝禮器圖式》中所載火礮形制内容，原文摘引如下：

> 古今軍中利器，異時殊宜，近惟火礮最擅制勝，我朝開國及平定西域，征兩金川前後，大小戰功，皆賴其猛烈之力，《欽定皇朝禮器圖式》詳載諸礮名式，如天聰五年造紅夷大礮，名曰天佑助威大將軍，其後復造神威大將軍，神威無敵大將軍，武成永固大將軍皆是。此次賊寇武昌城土，置大礮自七八百斤至千斤者，轟擊皆不能踰江，約計礮子所及僅三五里而止，令人憤懣，僉咎鑄法不精，弗如登州之礮可擊四十里，東粵之礮可穿土尋丈，爲能得力，竊謂此乃火藥未盡，善礮不任過也。《武備志》詳載造火藥法，以研極細，置手心然之不熱手爲佳，近又見勞司馬光泰所著《礮藥説》，亦極明白精當，爰節録之，以備采擇。②

由此條史料可見，《皇朝禮器圖式》詳載火礮名式，對後世軍事作戰時探究武器形制發揮了重要參考作用。可見《皇朝禮器圖式》一書雖然未在民間廣泛流傳，但在學者著述中卻被參考和引用。

第四節　《欽定滿洲祭神祭天典禮》對後世典籍修纂的影響

一、對官私典籍修纂的影響

由於《欽定滿洲祭神祭天典禮》篇幅短小，故一些官修典籍常常將其全文載入，以備查考和流傳。例如在《欽定八旗通志》一書所載"典禮志"中，就將

---

① 陸心源：《儀顧堂集》卷二，《清代詩文集彙編》第 727 册，上海古籍出版社 2010 年版，第 22 頁。

② 劍川、陳徽言、炯齋：《武昌紀事》卷二，載羅惇曧：《太平天國戰紀》，北京古籍出版社 1998 年版，第 252 頁。

此書全文收錄。① 更多情況下，官修典籍是在史料查考、修纂體例等方面參考此書。《清通典》修纂者就是在查閱了此書後，才得以追述清朝堂子祭祀的歷史沿革，其文曰：

> 臣等謹按《欽定滿洲祭神祭天典禮》一書，知堂子之祭爲我聖朝敬事天神之令典，凡遇大事及每歲元旦、春秋二季，有祈有報，又凡大出征必告凱旋，則列纛而拜，皆親詣行禮，祀典尊崇，敬誠懇著。謹考典文與郊社，以義相從，大內之祀即以類載，儀節備詳，永垂億禩焉。②

《欽定大清會典事例》所載內務府祀典述及"坤寧宮祭神之制"時，同樣援引了《滿洲祭神祭天典禮》所載禮制儀文：

> 坤寧宮廣九楹，內西大炕供朝祭神位，北炕供夕祭神位。謹案《欽定滿洲祭神祭天典禮》，朝祭神爲釋迦牟尼佛、觀世音菩薩、關聖帝君，夕祭神爲穆哩罕神、畫像神、蒙古神。而祝辭所稱，乃有阿琿年錫、安春阿雅喇、穆哩穆哩哈、納丹岱琿、納爾琿軒初、恩都哩僧固、拜滿章京、納丹威瑚哩、恩都蒙鄂樂、喀屯諾延諸號，中惟納丹岱琿即七星之祀，其喀屯諾延即蒙古神，以先世有德而祀，其餘均無可考。又樹柳枝求福之神，稱爲佛立佛多鄂謨錫瑪瑪者，爲保嬰而祀。③

以上可見，《大清會典事例》援引《滿洲祭神祭天典禮》所載內容，得以確認坤寧宮朝夕祭祀神祇以及相關祝辭，並查考樹柳枝求福之神是爲了保嬰而設祭。

《滿洲祭神祭天典禮》還爲私家著述的撰寫提供了史料參考，清人吳振棫在其所著《養吉齋叢錄》一書中追述堂子祭祀源流時寫道：

> 順治元年，建堂子於長安左門外玉河橋東，元旦必先致祭於此，其祭

① 《欽定八旗通志》(二)卷八十九至卷九十三，《景印文淵閣四庫全書》第565冊，臺灣"商務印書館"1983年版，第618~699頁。

② 《欽定皇朝通典》卷四十三，《景印文淵閣四庫全書》第642冊，臺灣"商務印書館"1983年版，第526頁。

③ 崑岡等修，劉啓端等纂：《欽定大清會典事例》卷一千一百八十三，《續修四庫全書》第814冊，上海古籍出版社2002年版，第391頁。

爲國朝循用舊制，歷代祀典所無。又康熙年間，定祭堂子，漢官不隨往，故漢官無知者詢之，滿洲官亦不能言其詳，惟《會典》諸書所載，自掛紙錢以至司祝擎神刀，禱祝歌鄂囉囉，始末畢陳，並無神異之說。祭神殿南向，拜天圜殿北向，上神殿南向。上神殿即尚錫神亭，按《滿洲祭神祭天典禮》，尚錫之神即田苗神，其圜殿祝辭所稱鈕歡台吉、武篤本貝子，皆不得其緣起。①

以上可見，吳振棫在書中根據《滿洲祭神祭天典禮》所載内容，考證了入關後清廷堂子祭祀典禮的時間、地點、與祭人員限制、所祭諸神等事。

二、爲滿洲家祭禮儀文本輸送史料

如前所述，《滿洲祭神祭天典禮》（以下簡稱《典禮》）修纂人員廣泛搜羅八旗王公貴胄家祭神辭以及從前司祝舊存祝禱辭章，以糾正内廷司祝所述祝贊之辭的謬誤，由纂修官“敬謹覆核，訂誤補闕，删複去冗，又各就所見粘簽，恭呈御覽，伏候欽定”。該書修纂完成後，又使其在滿人群體中普及流傳，“請自王以下，宗室覺羅以及奉祭覺羅神之滿洲人等，有情願鈔録者，俱准其鈔録，庶爲臣僕者仰沐皇仁，滿洲舊俗不致湮没而永遠奉行矣”②。可見清廷先是通過《典禮》一書的修纂，來整合民間薩滿祭祀，使其規範化、宫廷化，修纂成書後又將該書向滿洲人普及，准其自行鈔録，這一做法無疑起到了保存和普及滿洲舊俗的作用。

四庫全書版《典禮》頒布後曾流傳至民間，但如今已難覓民間“坊刻本”《典禮》蹤跡，反而是滿文本得以改撰流傳，至今可考。道光八年（1828），賞戴藍翎加二級、京察一等堂主事覺羅普年對滿文本《典禮》進行翻譯、摘編，撰成《滿洲跳神還願典例》一書，該書内容簡練，與四庫全書本《典禮》相比，更爲忠實滿文本原文。③ 可見滿文本《典禮》相較於漢文本，對滿洲家祭禮儀文本的修纂發揮了更大的史料輸送作用。

---

① 吳振棫：《養吉齋叢録》卷七，浙江古籍出版社 1985 年版，第 67 頁。

② 允禄等撰，阿桂、于敏中等漢譯：《欽定滿洲祭神祭天典禮》卷一《祭神祭天議》，《景印文淵閣四庫全書》第 657 册，臺灣“商務印書館”1983 年版，第 625 頁。

③ 劉厚生、陳思玲：《〈欽定滿洲祭神祭天典禮〉評析》，《清史研究》1994 年第 2 期。

第五章　清代官修禮書在宮廷禮儀
實踐中的行用

正如本書以上四章內容所述，包括清朝在內的歷代王朝統治者無不重視禮制建設，其根本原因在於官方禮制具有不可替代的權威性與神聖性。權威性在於統治者擁有溝通神人兩界的無上權力，神聖性則源自中國"巫史傳統"中"天道"與"人道"相貫通的理念，以及官方禮儀所營造的盛大莊嚴、神秘肅穆的儀式氣氛。統治者的文化理念與政治訴求正是通過官方禮儀的展演而得以神聖化、合法化。除前述清代官修禮書的修纂背景、修纂經過、內容特色及其學術影響外，通過考察禮書的實際行用情況，我們可以更爲深入地探究清朝統治者的文化理念及其政治訴求的具體導向和根本意圖。反之，官修禮書的經世致用功能也可以得到論證。總體而言，禮儀實踐具有兩個主要功能，第一是彰顯權力合法性的政治功能，第二是作爲權威信條的社會道德控制功能。政治功能來源於儀式的象徵性，社會功能源自儀式所包含的社會文化記憶。正是由於儀式具有上述兩種重要功能，統治者才極爲重視對官方禮制的利用和改造，以此構建自身權力的合法性，並維護社會秩序。官修禮書的行用分別在宮廷與地方社會展開，本章首先考察官修禮書在宮廷禮儀實踐中的行用情況。

需要指出的是，由於清代官修禮書修纂時間較晚（乾隆朝已是清代中期鼎盛階段），故宮廷禮儀實踐與禮書修纂二者之間並無嚴格意義上的因果關係和時間先後順序，有些禮儀是先經過了長期的宮廷禮儀實踐（其參考文本或爲本朝《會典》，或爲前代禮書），後被整合、纂入官修禮書之中，而有些宮廷禮儀實踐則是在官修禮書纂成後，以更爲完備的形式付諸實施的。

第一節　滿漢禮儀兼顧並行

清廷舉行各種國家典禮，並大力編纂、推廣禮制之書，使士民學習禮義，目的都在於向朝廷和全社會彰顯、普及儒家倫理道德規範，統一思想文化，維護統治秩序。下文將對清代官修禮書的宮廷禮儀實踐活動進行考察，探究清統治者如何通過國家典禮的形式，實現滿漢禮儀兼顧並行，彰顯滿漢文化認同。

一、尊孔崇儒、標榜漢文化

（一）祭孔典禮之隆重遠超前代

正如本書首章所述，清前期統治者極爲重視維護儒家思想的正統地位，將儒家政治學説和綱常倫理視爲經國理政的指導思想，把崇儒重道看作清政權"正統"地位的文化象徵。因此，清統治者對儒家的代表和最高象徵——孔子尊崇備至，通過加隆祭孔典禮來彰顯清廷崇儒重道的文治理念，統一社會思想。清代祭孔典禮不僅規模之隆重和禮儀制度記載之詳備爲前代所不逮，甚至皇帝本人也親赴孔廟祭拜孔子，並以"天子"之尊行三跪九叩大禮，對孔子優禮之隆遠超前代，以下詳述之。

早在崇德元年（1636），清朝既於盛京建廟，行釋奠禮祭祀孔子。世祖定鼎中原後，於國子監立文廟，祭祀孔子的禮儀建築規制初備，配享、從祀之先賢共計二十八人。清廷還以表彰孔子後人的形式推崇孔子。順治九年（1652），"世祖視學，釋奠先師，王公百官，齋戒陪祀。前期，衍聖公率孔、顏、曾、孟、仲五氏世襲五經博士，孔氏族五人，顏、曾、孟、仲族各二人赴都，暨五氏子孫居京秩者咸與祭。是歲授孔氏南宗博士一人，奉西安祀"。順治十四年（1657），朝廷採納給事中張文光的建議，改題孔子尊號"大成文宣"爲"至聖先師"。康熙六年（1667），於太學頒中和韶樂，完善祭典内容，後又御書"萬世師表"匾額，懸於大成殿，頒布直省學宫，並御製孔子贊序、顏曾思孟四贊，勒石並頒文直省。①

康熙二十三年（1684），聖祖在平定三藩之亂、收復臺灣，完成國家一統之後，進行首次南巡，返程時，他專門前往曲阜祭祀孔子，於詩禮堂聆聽講筵，並觀覽孔林及孔廟諸殿。此次赴闕里致祭，清廷在舉行祭孔典禮之前，對相關禮儀程式、從祀人員安排、樂章選用等事宜都做了精心準備。例如，關於皇帝跪拜孔子的禮儀，太常寺官員原本擬定依照"視學""釋奠"行禮先例，行兩跪六叩之禮，不用樂。聖祖皇帝卻表示："尊禮先師應行三跪九拜禮，亦應用樂。"考之前代禮典，帝王親赴闕里致祭，並行三跪九叩大禮極爲罕見，聖

---

① 趙爾巽等：《清史稿》卷八十四，中華書局 1977 年版，第 2534 頁。

祖對孔子之服膺與優禮可見一斑。

在典禮的樂章準備方面，聖祖也力求盡善盡美。他交代相關人員：“闕里所用樂章雖與國學小異，亦皆尊崇師道之辭，應即用此樂章致祭，但恐樂工未諳禮儀，應令太常寺酌委司樂及樂舞生先期馳驛前往，指示肄習，至樂工袍服，亦應將太學所用樂工袍服攜往備用，以光盛典。”此外，聖祖還通過賞賜詩文、錢物，光耀孔廟及孔子後裔，他說：“（孔子）至聖之德，與天地日月同，其高明廣大，無可指稱。朕向來研求經義，體思至道，欲加贊頌，莫能名言，特書‘萬世師表’四字，懸額殿中，非云闡揚聖教，亦以垂示將來。”“又特命以御前曲柄黃蓋留設廟庭，又御製碑文及闕里詩，賜衍聖公以下、陪祀五經博士等銀幣有差。”①對孔子及其後裔之優禮，既是聖祖本人對儒學鼻祖孔子的崇拜，也意在彰顯清政權已接續儒學道統，具有統治中原的合法性。

爲紀念這次史無前例的祭孔盛典，康熙二十四年（1685），孔子第六十七代孫、衍聖公孔毓圻等人疏請修纂《幸魯盛典》一書（共四十卷），記載聖祖巡幸曲阜的來去經過，以及進行祭孔、經筵、賞賚等詳細過程。書成之後，聖祖親自作序曰：

> 朕惟自古帝王，聲教翔洽，風俗茂美，莫不由於崇儒重道，典學右文……惟我至聖先師孔子，配天地，參陰陽，模範百王，師表萬禩……遂過闕里親行釋奠，得瞻廟貌，仰聖容，以爲德盛功隆，欽崇宜極，凡厥典禮，有加前代。又親制文辭，手寫以樹之貞石，務用導揚至教，風示來茲！②

以上可見，清廷通過加隆祭孔典禮，弘揚崇儒重道之風，意在其中矣。世宗繼承其父尊孔意旨，他講道：“我皇考崇儒重道，超軼千古，凡尊崇孔子典禮，無不備至。朕蒙皇考教育，自幼讀書，心切景仰，欲再加尊崇，更無可增之處，故敕部追封孔子先世五代。”③雍正元年（1723），“詔追封孔子五代王

---

① 上述引文參見《欽定大清會典則例》卷八十二《闕里祀典》，《景印文淵閣四庫全書》第 622 册，臺灣“商務印書館”1983 年版，第 583~584 頁。

② 孔毓圻、金居敬等：《幸魯盛典·序》，《景印文淵閣四庫全書》第 652 册，臺灣“商務印書館”1983 年版，第 3 頁。

③ 《欽定皇朝通典》卷四十八，《景印文淵閣四庫全書》第 642 册，臺灣“商務印書館”1983 年版，第 641~642 頁。

爵",對孔子後世加官進爵。雍正四年(1726)八月,世宗還親自行釋奠之禮。①

乾隆朝大興文治,加之高宗本人自幼接受儒學熏染,因此對孔子更加尊崇,也曾多次親詣孔廟,優待孔子後裔,並借朝廷修纂禮書契機,以國家禮制的形式將祭孔典禮纂入禮書之中。縱觀清以前歷代官修禮書,對祭孔典禮的記載大多較爲簡略、趨同,如《大唐開元禮》在"吉禮"部分僅載"皇太子釋奠於孔宣父""國子釋奠於孔宣父"以及"州縣釋奠於孔宣父"之禮,《政和五禮新儀》僅增加了"皇帝釋奠文宣王儀"和"辟雍釋菜儀",《明集禮》也只記載遣官"釋奠文宣王"之禮。② 相比之下,《大清通禮》所載祭祀先師孔子之禮,無論在祭祀種類和内容體量上,還是朝廷的重視程度上都遠超前代。具體禮儀條目包括"春秋釋奠先師孔子之禮"、"崇聖祠遣官致祭之禮"(主祭孔子之父叔梁紇)、"每歲遣官釋奠於先師之禮"、"皇帝臨雍講學,親釋奠於先師之禮"、"月朔釋菜之禮"、"望日上香之禮"、"賓興釋褐之禮"、"因事祇告之禮"、"皇帝東巡,詣闕里,親釋奠先師孔子之禮"、"謁孔林之禮"、"遇慶典,遣官致祭之禮"、"直省、府、州、縣廟祀先師孔子之禮"等。③

由以上祭祀條目可見,從皇帝親謁、親祭到遣官致祭,從中央祭祀到地方直省、府、州、縣祭祀,從歲祭到春秋朔望祭祀,清代祭孔典禮極爲系統完備,前代罕有其匹。此外,清以前禮書所載祭孔典禮大多是遣官致祭,皇帝很少親力親爲,而從《大清通禮》中可見,清帝往往親自出席祭孔大典,甚至親赴闕里致祭,這對於一個少數民族政權來講尤爲難能可貴。《大清通禮》還記載了對周公、孔子後學(顏回、曾子、子思、孟子)以及名宦鄉賢的祭祀典禮,同樣是前代王朝無法與之相比的。此外,清初沿襲明代舊制,壇廟的祭品皆遵古制,惟祭器用瓷,雍正時,改用範銅。乾隆十三年(1748),高宗命廷臣集議,自此不同祭祀儀式的祭器規格有了詳細的製作和劃分標準,這都是清廷尊孔崇儒的明證。

乾隆十三年(1748)二月,高宗皇帝第一次親赴闕里致祭孔子,將禮書所載祭孔禮儀付諸實踐。據《清實録》載,是年二月己卯,"上詣先師廟釋奠,至

① 趙爾巽等:《清史稿》卷八十四,中華書局1977年版,第2534頁。

② 參見《大唐開元禮》卷五十三、卷五十四,卷六十九至卷七十二,《明集禮》(一)卷十六目録部分,以及《政和五禮新儀》卷一百二十一、卷一百二十三,《景印文淵閣四庫全書》第647册,臺灣"商務印書館"1983年版,第613、621頁。

③ 參見來保、李玉鳴等:《欽定大清通禮》卷十一,《景印文淵閣四庫全書》第655册,臺灣"商務印書館"1983年版,第174~197頁。

大成門降輿，步入，行三跪九拜禮，遣顯親王衍潢致祭啓聖祠、崇聖祠，遣官分獻四配十哲兩廡"。高宗皇帝還親謁孔林，至墓門降輿，步行進入，以示尊重。"墓前北面跪，三酹酒，畢，行三拜禮。"①在此後高宗在位的幾十年内，他先後七次親赴闕里致祭，每次祭拜皆以天子之尊行三跪九叩大禮，其他具體禮制儀節也都嚴格執行。② 可見祭孔典禮載入《大清通禮》後，在乾隆朝宮廷禮儀實踐中被認真履行，而非一紙空文。

光緒三十二年（1906），先師之爵改用玉，再次提升了孔子祭祀的規格。其他祭器陳設較之乾隆朝規制也有所增加，"增先師正位籩、豆爲十二，崇聖祠籩、豆爲十，闕里、直省文廟暨崇聖祠祭器視太學"③。光緒末年，清廷又將孔子祭祀由中祀升格爲大祀。④

除了《欽定大清通禮》這樣延續中原王朝漢文化傳統的官修禮書外，甚至作爲滿洲禮典的《欽定滿洲祭神祭天典禮》也融入了尊孔崇儒理念。例如，該書中對於所崇祀的神祇有不能考證其緣起的，則參考儒家經典《禮記》成例，不著姓名；而對於祝辭、贊辭有聲無詞的問題，也參考漢樂府鐸舞曲有音無義之例，傳信闕疑。可見，此書的修纂體例受到了傳統禮學的影響，⑤ 於祭祀典禮儀節中融合了中原傳統禮文化的諸多元素，反映了清統治者對漢文化的尊崇和吸收。

（二）重視關帝祭祀

如果説清廷提升祭孔典禮規格是服膺孔子儒學理論的話，那麽重視關帝祭祀則是爲了表彰其踐行了儒家倫理道德所宣揚的忠義品格。關帝祭祀自北宋以來在官方和民間都有實行，早在入關前，清廷就在盛京修建關帝廟，並賜"義高千古"匾額。順治元年（1644），清廷初定關帝祭祀的相關儀注，於每年五月

①　《清高宗實録》卷三百零九，乾隆十三年二月己卯，中華書局1986年版，第51頁。

②　具體禮儀實踐内容與首次祭孔典禮大同小異，參見《清高宗實録》卷五百零八、卷五百三十六、卷六百五十九、卷八百零八、卷一千零五、卷一千一百九十八、卷一千三百五十，中華書局1986年版。

③　趙爾巽等：《清史稿》卷八十二，中華書局1977年版，第2493頁。

④　趙爾巽等：《清史稿》卷八十二，中華書局1977年版，第2485頁。

⑤　原文爲："於崇祀諸神不知其緣起者，引《禮記》舍菜先師，鄭元注不著先師名姓之例爲證，於祝詞、贊詞僅傳其聲者，引漢樂府鐸舞曲有音無義之例爲證，並以傳信闕疑，見聖心之敬慎。"參見永瑢等：《四庫全書總目》卷八十二《史部‧政書類二》，中華書局1965年版，第707頁。

十三日遣官致祭於地安門外之西白馬關帝廟，並屢次"加崇修廟"。順治九年（1652），敕封關羽爲"忠義神武關聖大帝"。雍正三年（1725），"敕封關帝三代公爵，定春秋祭"。① 乾隆朝修《大清通禮》，將關帝祭祀正式納入國家禮典，《大清通禮》卷十五詳細記載了"致祭關帝之禮"，包括每年春秋仲月致祭關帝廟之禮，以及每年五月十三日於京師和直省、府、州、縣致祭關帝廟之禮。祭祀祝辭中屢現"扶植綱常正，浩氣昭日星""英風正氣""大節純心""亮節成仁，允文允武""完大節以篤忠貞"②這樣的贊美之詞，以表彰關羽的英武、忠義品格。此後歷朝都對關羽屢加封號，尊崇備至，咸豐朝還將關帝祭祀由群祀升至中祀，③ 反映了清廷對關羽的褒揚和尊崇。

關帝祭祀在乾隆朝被載入《大清通禮》後，清廷繼續對相關禮制進行完善。據《清史稿·禮志》載，乾隆三十三年（1768），"以壯繆原諡，未孚定論，更命神勇，加號靈佑。殿及大門，易綠瓦爲黃"。乾隆四十一年（1776），下詔言曰："關帝力扶炎漢，志節懍然，陳壽撰志，多存私見。正史存諡，猶寓譏評，曷由傳信？今方錄四庫書，改曰忠義。武英殿可刊此旨傳末，用彰大公。"嘉慶十八年（1813），以林清擾禁城，關帝顯靈翊衛，遂命皇子報祀如儀，並加"仁勇"封號。道光中，加"威顯"封號。咸豐二年（1852），加"護國"封號。咸豐三年（1853），加"保民"封號，躋列中祀，行禮三跪九叩，樂六奏，舞八佾，如帝王廟儀。"五月告祭，承祭官前一日齋，不作樂，不徹饌，供鹿、兔、果、酒。旋追封三代王爵，祭品視崇聖祠。加精誠綏靖封號，御書'萬世人極'額，摹勒頒行。"同治九年（1870），加號"翊贊"。光緒五年（1879），加號"宣德"。④

此外，在《滿洲祭神祭天典禮》一書中也有崇祀關羽的記載。例如，坤寧宮祭祀本是帝王家祭，在其朝祭諸神中，除"上天之子佛及菩薩、大君先師"外，還包括"三軍之帥關聖帝君"。⑤ 如果説作爲官修禮書的《大清通禮》所載關帝祭祀之禮更多體現的是清廷的政治文化取向，那麼《滿洲祭神祭天典禮》

① 《欽定皇朝通志》卷四十一，《景印文淵閣四庫全書》第 644 册，臺灣"商務印書館"1983 年版，第 497 頁。

② 來保、李玉鳴等撰：《欽定大清通禮》卷十五，《景印文淵閣四庫全書》第 655 册，臺灣"商務印書館"1983 年版，第 233~235 頁。

③ 趙爾巽等：《清史稿》卷八十二，中華書局 1977 年版，第 2485 頁。

④ 趙爾巽等：《清史稿》卷八十四，中華書局 1977 年版，第 2541 頁。

⑤ 允祿等撰，阿桂、于敏中等漢譯：《欽定滿洲祭神祭天典禮》卷一，《景印文淵閣四庫全書》第 657 册，臺灣"商務印書館"1983 年版，第 642 頁。

中作爲帝王家祭的坤寧宮祭祀之禮對關羽的崇祀，則真正反映了清統治者作爲滿洲人，在宗教信仰上的"漢化"傾向以及對儒家忠義品格的推崇。

（三）重啓經筵、日講與臨雍講學之禮

經筵是爲儒臣向皇帝講論經史而設立的御前講席，漢唐以來早已有之，經筵形成正式制度，如常設講官，固定講期和場所等，則始於北宋。① 明代又設日講，規模小於經筵，儀式規模也稍遜。② 順治十四年（1657），清廷首次舉行經筵大典，並開日講，後經筵、日講中斷多年，清廷於康熙九年（1670）重開日講，次年又舉行了經筵典禮，此後經筵、日講成爲定制，賡續不斷。較之前代，清朝有關經筵、日講的禮儀制度更加完備，相關内容在官修禮書中有詳細記載。例如，《大清通禮》卷三十三記載"皇帝經筵之禮"，規定每年"春秋仲月，皇帝將舉經筵，禮部承旨，諏吉奏聞。豫期，翰林院奏定滿漢講官各二人直講經書，掌院學士暨直講官擬篇目，撰講章，豫進御覽欽定，翰林院恭繕以俟"。此外，書中還記載行禮前對講所文華殿的潔掃、鋪陳等事宜，以及講官、侍儀及執事官等人員在揖讓進退方面的相關禮節，此不贅述。③ 作爲少數民族掌權的清王朝重啓經筵、日講，除了便於清帝聆聽儒臣講授經史知識，作爲理政之資外，宏大莊嚴的典禮也將統治者崇儒重道的"文治"理念昭示天下。

清朝除了重開經筵、日講外，還恢復了臨雍講學之禮。辟雍本是周朝爲天子所設大學之名，作爲朝廟大典，古代帝王行臨雍講學之禮，象徵着"儒道"與"治術"相結合的爲政理念。周、漢兩代都有辟雍建制，行天子講學之禮，後世則時建時廢。元、明兩代皆建太學，不設辟雍，不行天子講學之禮。④ 清代則重開臨雍講學之禮，典禮於太學舉行，相關儀注載入《大清通禮》，其具體儀節爲：

---

① 有關經筵、日講的歷史沿革，參見秦蕙田：《五禮通考》卷一百七十二《經筵日講》，《景印文淵閣四庫全書》第 139 册，臺灣"商務印書館"1983 年版，第 145~159 頁。

② 有關明代宮廷經筵、日講思想與實踐特點，詳參謝貴安、謝盛：《明代宮廷教育史》，故宮出版社 2015 年版。

③ 參見來保、李玉鳴等：《欽定大清通禮》卷三十三《皇帝經筵之禮》，《景印文淵閣四庫全書》第 655 册，臺灣"商務印書館"1983 年版，第 356 頁；《欽定禮部則例二種》（第一册）卷二十三《經筵》，海南出版社 2000 年版，第 135 頁。

④ 張壽安：《十八世紀禮學考證的思想活力——禮教論争與禮秩重省》，北京大學出版社 2005 年版，第 74 頁。

豫期，行取衍聖公、五經博士、孔氏裔俊秀五人，東野氏、孔氏、顏氏、曾氏、孟氏、仲氏、閔氏、冉氏、言氏、卜氏、顓孫氏、端木氏、有氏裔各二人，乘傳赴京，及各氏子孫見列朝官者，直省在京之進士、舉人、貢監生、各學教習、肄業諸生咸詣太學觀禮。國子監祭酒、司業擬經書篇目，撰講章，豫進御覽欽定，恭繕以俟。

臨雍講學的對象以孔子及孔子著名弟子後裔為主，在京士子則前來觀禮，臨雍禮成後，"衍聖公率五經博士、各氏後裔，祭酒、司業率屬暨各學教習、進士、舉人、貢監、肄業諸生各具表，送禮部"。次日，皇帝於太和殿接受百官和諸生進表謝恩，整個禮儀流程至此結束。①

自元、明以來，歷朝皆不建辟雍，為使臨雍講學之禮付諸實踐，名副其實，高宗皇帝於乾隆四十八年(1783)下詔，"據古義，建璧雍於集賢門內"，並於次年竣工。乾隆五十年(1785)春二月，高宗祭祀孔廟後親臨新建之辟雍，行帝王講學之禮。此後，"嘉慶三年二月，仁宗奉高宗敕旨，臨雍講學。道光三年二月，宣宗臨雍講學，是日聽講者三千四百餘人"。② 廢置千餘年的臨雍講學之禮在清統治者的推動下，先是載入官修禮書，之後又付諸禮儀實踐，向天下昭示清廷崇儒重禮的文治理念，作為引領社會思想文化的表率，可謂意義深遠。

清帝提升祭孔、祭關帝的禮儀規格，並重啓經筵、日講與臨雍講學之禮(圖5-1、圖5-2)，其目的在於通過禮制建設來彰顯清廷對儒學道統的尊崇與傳承，強調清朝作為"正統"，是儒家文化的繼承者和代言人。此處雖然蘊含着清統治者的政治考量，即以皇權獨尊之勢掌控儒學道統，但我們仍不能忽視其依靠政治權威的號召力，為弘揚儒學所作出的文化貢獻。

二、通過禮儀實踐強化"滿洲"認同

下文試圖通過對乾隆朝官修禮書內容及其實踐情況的考察，探討清統治者如何通過禮制建設來強化"滿洲"認同，其中包括強化滿洲自身的民族認同和滿漢文化的融合兩個方面。通過論證其統治的合法性，進而加强對內地與邊

---

① 以上引文參見來保、李玉鳴等：《欽定大清通禮》卷三十四《皇帝臨雍之禮》，《景印文淵閣四庫全書》第 655 冊，臺灣"商務印書館"1983 年版，第 359~362 頁；薩迎阿等纂：《欽定禮部則例二種》(第一冊)卷二十四《臨雍》，海南出版社 2000 年版，第 138 頁。

② 吳振棫：《養吉齋叢錄》卷五，浙江古籍出版社 1985 年版，第 55 頁。

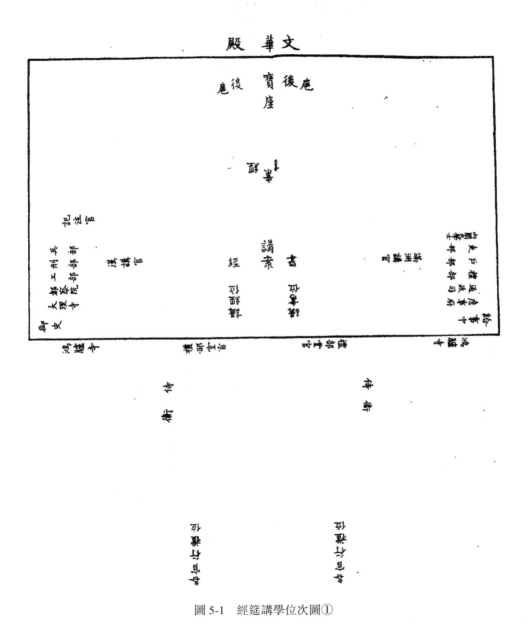

圖 5-1　經筵講學位次圖①

① 　圖片出自崑岡等修，劉啓端等纂：《欽定大清會典圖》卷二十七，《續修四庫全書》
第 795 冊，上海古籍出版社 2002 年版，第 293～294 頁。

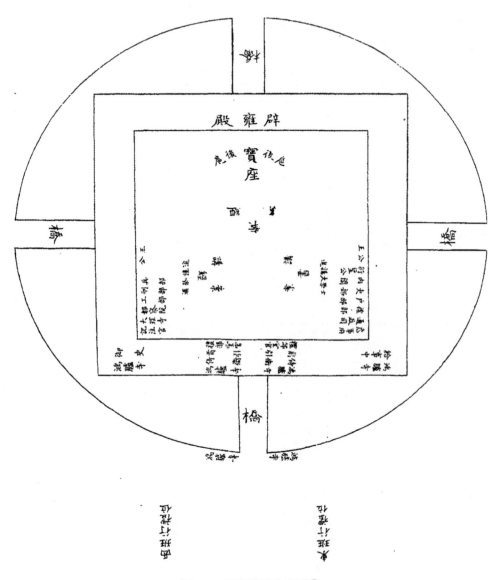

图 5-2　臨雍講學位次圖①

① 　圖片出自崑岡等修，劉啓端等纂：《欽定大清會典圖》卷二十七，《續修四庫全書》第 795 册，上海古籍出版社 2002 年版，第 293~294 頁。

疆地區的控制，這一政治訴求促進了漢族與滿、蒙諸少數民族之間的民族融合。

（一）首崇滿洲、重拾滿語

1. 宮廷薩滿祭祀的完善

眾所周知，清統治者從入關後直至清末，始終堅持"首崇滿洲""國語騎射"的國策，試圖以此保持滿洲民族特質，維護政權穩固，這一政策在清代前中期取得了良好效果。《欽定滿洲祭神祭天典禮》（以下簡稱《典禮》）正是在"首崇滿洲"思想的指導下誕生的，是書的纂成，促使清代宮廷薩滿祭祀得以典章制度化。事實上，薩滿祭祀不惟愛新覺羅家族所獨有，而是滿洲諸姓氏甚至是北方諸少數民族共同擁有的宗教信仰，"按跳神之俗，松花、黑龍、烏蘇里三江至東北海口皆然"①。然而即使是女真諸部之間，其薩滿信仰也是各具特色，互不統屬，高宗皇帝也承認這一點，他曾言："我滿洲秉性篤敬，立念肫誠，恭祀佛與神，厥禮均重。惟姓氏各殊，禮皆隨俗，凡祭神祭天、背鐙諸祭，雖微有不同，而大端不甚相遠。"②《典禮》則試圖以官方禮書的形式完善宮廷薩滿祭祀，完成清統治者早在關外時期就已經開始進行的滿族薩滿信仰整合。

清代宮廷薩滿祭祀可以追溯至滿族先民靺鞨、女真人所建立的渤海國以及金朝統治時期，明末滿洲人入關前的後金與清政權所進行的宮廷薩滿祭祀也都有史可考。③ 入關後，宮廷薩滿祭祀歷經數朝演變，至乾隆朝《典禮》的修纂與頒布，終於以官方禮書的形式整合、保存了滿族宗教信仰的核心與精華，如堂子祭天、坤寧宮祭祀中對滿族信奉的諸多自然神、祖先神的祭祀等內容皆載於其中。祭祀儀式也保留了滿族諸多傳統，如薩滿進行祈禱，眾人歌"鄂羅羅"以應和之等，這些滿族薩滿信仰的官方化、制度化，以及作爲宮廷禮儀的不斷"上演"，無疑能夠強化清統治集團的滿洲民族認同。

更重要的是，清廷通過《典禮》的修纂和頒行，確立了滿洲貴族與旗人在禮儀特權上的尊卑等差。以最爲重要的堂子祭祀之禮爲例，努爾哈赤統一女真

---

①　曹廷傑：《西伯利亞東偏紀要》，轉引自《黑龍江區域社會史研究（1644—1911續）》，黑龍江人民出版社 2004 年版，第 3 頁。

②　《清高宗實錄》卷二百九十四，乾隆十二年七月丁酉，中華書局 1985 年版，第 853 頁。

③　參見姜相順：《清宮薩滿祭祀及其歷史演變》，《清史研究》1994 年第 1 期。

各部時，便以愛新覺羅家族的堂子取代所征服各部的堂子，在建國之初即有謁拜堂子之禮，"凡每歲元旦及月朔，國有大事，則爲祈爲報，皆恭詣堂子行禮，大出入必告，出征凱旋則列纛而告，典至重也"。皇太極統治時期，出征前、凱旋後皆率諸貝勒大臣赴堂子拜天行禮。康熙朝堂子祭祀禮儀不斷完善，不僅漢官被排除在祭祀典禮之外，滿族王公也只有一品文官才有資格前往行禮。"康熙十一年元旦行禮，令鳴贊官贊禮。初制，皇帝親詣行禮，滿漢大臣皆從。康熙十二年，令漢官勿隨往，後惟王公滿大臣一品文武官隨往行禮。"此外，清廷對諸王、貝勒赴堂子祭祀時所立神杆數目，也作了更爲嚴格的規定，並且"凡官員、庶民等設立堂子致祭者，永行停止"。雍正、乾隆兩朝，凡涉及重大軍事出征、凱旋，必於堂子祭祀，其規模漸趨盛大，具體禮儀規程也多有完善。① 祭祀禮儀的逐步完善與祭祀規格的不斷提升，使得堂子祭祀的國祭地位日益凸顯，彰顯了滿洲統治集團的政治權威與國家認同。通過對皇室權貴堂子祭祀次數和所立神杆數目的規定，也規範了統治集團內部的等級秩序。《典禮》纂成後，清廷又對堂子祭祀相關儀注做了修改完善。乾隆十四年（1749），高宗下詔言曰：

> 堂子致祭，所祭即天神也，列祖御宇，稽古郊禋，燔柴鉅典，舉必以時。堂子則舊俗相承，凡遇大事，及春、秋季月上旬，必祭天祈報，歲首尤先展禮。定鼎以來，恪遵舊制，考經訓，祭天有郊有類，有祈穀、祈年，禮本不一。兵戎，國之大事，命將先禮堂子，正類祭遺意，禮蠹即禡也。或在行營別有征討，不及祭告堂子，則行望祭，其誠敬如此。夫出師告遣，凱旋即當告至。乃天地、宗社皆已祝冊致虔，且受成太學，而堂子則弗及，禮官疏略，如神貺何？其詳議以聞。尋奏凱旋、告祭之禮。報可。②

以上可見，乾隆年間，堂子祭祀之禮仍在不斷完善，酌定了凱旋、告祭之禮。

乾隆朝《典禮》的纂成，將宮廷薩滿祭祀的儀注、器用、祝贊之辭逐篇登載，使得包括堂子祭祀、坤寧宮祭祀在內的滿族薩滿信仰與禮儀典章規範化、

---

① 參見《欽定皇朝文獻通考》卷九十九《郊社考》，《景印文淵閣四庫全書》第 634 册，臺灣"商務印書館"1983 年版，第 216~227 頁。

② 趙爾巽等：《清史稿》卷八十五，中華書局 1977 年版，第 2558~2559 頁。

官方化。① 禮儀展演的象徵功能不僅有助於强化滿洲民族認同，凸顯清政權的神聖性與合法性，而且對清統治集團内部的團結和等級秩序的强化也起到了規範與整合的功效，這顯然是清廷"首崇滿洲"思想的政治訴求。

作爲滿洲少數民族自己的禮典，《典禮》纂成後，成爲清代宫廷禮儀實踐重要的參考依據。《清通典》就記載了乾隆年間清廷舉行堂子祭祀諸禮儀時，一遵《大清會典》和《典禮》而行的史實，其文曰：

> （乾隆）四十七年正月初四日，祭祈榖壇，仍於初一日親詣堂子行禮，先是定制，元旦行禮，值祈榖壇齋戒，將可否展期於初五日行禮之處具奏，得旨遵行。是年以元旦行禮，禮成還宫時，尚在未入齋戒以前，仍導迎作樂，用昭大典，凡儀節制度，詳具《大清會典》及《欽定滿洲祭神祭天典禮》。②

盛京清寧宫祭祀本是坤寧宫薩滿祭祀的前身，入關後，清廷仍賡續關外盛京清寧宫祭祀不輟，而其儀式展演的準則，一遵《典禮》而行。據《欽定大清會典事例》載，清廷於乾隆十九年（1754）奏准，凡遇清帝巡幸盛京，清寧宫祭祀應行事宜，均照乾隆八年（1743）之例舉行，"除所供神幔、墊褥、亭座、神杆、香碟外，所需器皿有應修理者，均由盛京内務府大臣修整，其司祝應令乾隆八年將事之司祝將事，如有事故，即於本處覺羅妻室内另行挑取"。清廷將在祭祀典禮舉行之前，派出司俎官，按《典禮》一書，預先教習祝贊之辭，演練貢獻、陳設諸禮儀流程。③ 可見《典禮》一書在清朝後世禮儀實踐過程中，發揮了重要的指導作用。

2. 重拾滿語

語言是民族文化的重要載體和表現形式，滿語無疑是滿洲民族認同的文化要素之一。《典禮》一書的刊刻頒行，除了有利於整合滿族薩滿祭祀典禮之外，

---

① 如行禮時間、場所的固定化，行禮儀注、祝辭、禱辭的規範化，對祭神祭天所用"禮器""禮物"的數目、形制的記載，對滿洲祭祀禮儀傳統的歷史回顧、考證和議論等，參見允禄等撰，阿桂、于敏中等漢譯：《欽定滿洲祭神祭天典禮》，《景印文淵閣四庫全書》第657 册，臺灣"商務印書館"1983 年版，第 622~623 頁。

② 《欽定皇朝通典》卷四十三，《景印文淵閣四庫全書》第 642 册，臺灣"商務印書館"1983 年版，第 529~530 頁。

③ 崑岡等修，劉啓端等纂：《欽定大清會典事例》卷一千一百八十四，《續修四庫全書》第 814 册，上海古籍出版社 2002 年版，第 406~407 頁。

還有一個重要作用，那就是重拾日漸衰敗的滿語。高宗皇帝在下令修纂該書的上諭中，表達了利用《典禮》修纂的契機，挽救滿語日漸消亡的趨勢。他講到，愛新覺羅家族祭神祭天典禮尤以祝辭爲重，祝辭多編爲吉祥之語，於祭祀典禮時禱祝之。老一輩的司祝之人"俱生於本處，幼習國語，凡祭神、祭天、背鐙、獻神、報祭、求福及以麨豬祭天去祟，祭田苗、祭馬神，無不斟酌事體，編爲吉祥之語，以禱祝之"，然而後繼司祝的滿語知識則多是"由學而能，互相授受，於贊祝之原字原音，漸致淆舛"，以致自大内以至王公貴族之家舉行典禮時所使用的祝辭，與滿語原字原韻多有不相吻合之處。爲了避免"訛漏滋甚"，急需修纂一部有關薩滿祭祀的禮制專書，以備查考。具體做法是，如遇祝辭中"字形""音韻"有出入者，需向"故老""土人"詢問考證，對於禮器名稱，原無滿語而以漢語讀念的，也依其含義譯成滿語。①

清統治集團入關後，滿語的不斷衰落是大勢所趨，然而《典禮》率先以滿文本問世，在實現清宮薩滿祭祀典章制度化的同時，也對滿語進行了一次全面、深入的考證與創新，至少在薩滿祭祀禮儀層面，《典禮》的修纂對於清統治集團重拾已經逐漸淡忘的滿語和强化族群認同發揮了重要作用。

（二）加隆長白山祭祀

長白山地處吉林省東南部，女真人及其後裔滿洲人均發祥於此，他們很早就對長白山萌生宗教性崇拜。據史料記載，早在金世宗大定年間，朝廷已爲長白山賜封號、建廟宇，定期祭祀之。② 清初滿洲人入主中原後，又不斷提升長白山的祭祀規格，將歷代王朝並不看重的長白山祭祀高度神聖化，其目的在於追本溯源，强化滿洲民族認同與國家認同。

據官方典籍記載，早在順治元年（1644），有關長白山的祭祀活動已經展開："定奉錦各屬鹽場歲辦供應陵寢、長白山祭祀所需白鹽，上用白鹽，皇莊、官莊鹽共六萬六千斤。"③康熙十六年（1677）九月，聖祖皇帝表示："長白山發祥重地，奇跡甚多，山靈宜加封號，永著祀典，以昭國家茂膺神貺之意，

---

① 上諭原文參見《清高宗實錄》卷二百九十四，乾隆十二年七月丁酉，中華書局 1985 年版，第 853～854 頁。

② 參見《大金集禮》卷三十五《長白山封册禮》，《景印文淵閣四庫全書》第 648 册，臺灣"商務印書館" 1983 年版，第 266～268 頁。

③ 《欽定大清會典則例》卷四十五，《景印文淵閣四庫全書》第 621 册，臺灣"商務印書館" 1983 年版，第 415 頁。

著禮部會同內閣詳議以聞。"①隨後清廷即敕封長白山之神，規定每年春秋二祭。由於長白山"民舍遼遠，不便建廟"，祭祀事宜遂由寧古塔官員"望祭"於烏喇地方，祭祀規格與中原五嶽同。② 雍正十年（1732），寧古塔將軍常德奏請於"烏喇之板山望祭處蓋造享殿，以肅祀典"③，得到了清廷允准，次年望祭殿即建成，長白山"望祭"之禮得以漸趨完善。

至乾隆朝修成《欽定大清通禮》一書，終於將長白山祭祀禮制載入典章。長白山祭祀大致可分爲常規祭祀、遣官祭祀和臨時性祭祀三類，常規祭祀包括月祭（朔、望兩日祭祀）和春、秋仲月二祭（二月和八月祭祀）。逢國家有大慶典，如皇帝登基，皇帝、皇太后萬壽節、册封儀式，軍事告捷等，則要遣官致祭，"祭東嶽泰山於泰安，西嶽華山於華陰，中嶽嵩山於登封，南嶽衡山於衡山，北嶽恒山於渾源……長白山於船廠"④。臨時性祭祀主要在皇帝出巡時舉行。除了祭祀規模的擴大與儀式內容的完善外，禮典所記載的祭祀樂章中對長白山的祝贊之辭，最能體現清統治者對滿洲龍興之地的緬懷與尊崇。例如，在裕祭太廟之禮的祝辭中，即可見對長白山的贊頌之辭："粵我先兮，肇俄朵。長白山兮，鵲銜果。綿瓜瓞兮，天所佐。明之侵兮，殲其左。混中外兮，逮乎我。奉太室兮，安以妥。"⑤事實上，在《大清通禮》成書前夕的乾隆十九年（1754），清廷已經製成長白山望祭樂章，其規格與祭祀泰山相同，爲中和韶樂，樂章內容如下：

　　《祈豐之章》（迎神）：天作高山兮作而康，鐘王氣兮應斯昌，巡豐沛兮來望，躬禋祀兮虔將。

　　《華豐之章》（奠帛初獻）：飶黃流兮進初觴，緬仙源兮心遄莊，靄佳氣兮鬱蒼蒼，欣來格兮惠無疆。

　　《興豐之章》（亞獻）：朱果兮實蕃，靈淵兮澤霶，清尊兮再獻，綿祚兮純常。

---

① 《清聖祖實錄》卷六十九，康熙十六年九月丙子，中華書局 1985 年版，第 880 頁。
② 《清聖祖實錄》卷七十，康熙十六年十一月庚子，中華書局 1985 年版，第 897 頁。
③ 王先謙、朱壽朋：《東華錄·東華續錄》（第 3 册），上海古籍出版社 2008 年版，第 474 頁。
④ 來保、李玉鳴等：《欽定大清通禮》卷十二，《景印文淵閣四庫全書》第 655 册，臺灣"商務印書館"1983 年版，第 213 頁。
⑤ 來保、李玉鳴等：《欽定大清通禮》卷三，《景印文淵閣四庫全書》第 655 册，臺灣"商務印書館"1983 年版，第 87 頁。

《儀豐之章》(終獻)：具薦兮玉饌，三酌兮瓊漿，思王迹兮彌欽，清
緝熙兮敢忘。

《和豐之章》(徹饌)：松花水兮湯湯，鴨綠波兮泱泱，神飫兮錫釐，
如川至兮莫量。

《錫豐之章》(送神)：祀事兮孔臧，昭假兮永明，邁周岐兮越殷土，
萬有千歲兮長發其祥。①

通過以上祭祀樂章的内容不難看出，清統治者利用禮儀展演過程中祝贊之
辭的唱贊，不斷追溯先祖隆興之地長白山，推崇其爲"王氣"所在之地，堪比
周岐殷土，以彰顯其神聖性。隨着乾隆朝《大清通禮》的纂成，長白山祭祀在
祭祀人員、祭祀時間、祭祀場所、禮儀制度、禮器陳設等方面又不斷完善，形
成定制，歲歲致祭，直至清亡。②

追溯歷史，長白山祭祀歷來不被中原王朝所看重，以封禪泰山爲首，祭祀
中原地區之嶽鎮海瀆，才是掌握正統王權和國家社稷的象徵。清統治者雖然仍
遵循漢族王朝傳統，繼續崇祀中原名山大川，然而較之前代，長白山祭祀的重
要性大大提高了，這是因爲龍興之地長白山對於清統治者來説有着非凡的意
義，可舉聖祖、高宗二帝的相關論説爲證。康熙四十八年(1709)十一月，聖
祖向幾位大學士詢問道："汝等知山東碣石等山脈，從何處來乎?"李光地答
曰："大約從陝西、河南來。"聖祖當即予以反駁曰："不然，山東登山從關東
長白山來，中系海套，凡泰岱諸山來脈，具從長白山來，來龍甚遠，不知里
數。"李光地只好附和説："皇上博通典籍，是以知之甚詳。"③顯然，李光地的
"龍脈"華夏源流説觸動了聖祖皇帝的敏感神經，間接對清政權的正統性、合
法性形成了挑戰，因此聖祖力證泰山龍脈緣起於長白山，而並非作爲"華夏"

---

① 崑岡等修，劉啓端等纂：《欽定大清會典事例》卷五百三十一，《續修四庫全書》第
806 册，上海古籍出版社 2002 年版，第 350~351 頁。

② 有關清代長白山祭祀的歷史演變及其影響等，參見宋抵：《祭山與滿族的長白山
祭禮》，《黑龍江民族叢刊》1986 年第 4 期；劉厚生：《長白山與滿族的祖先崇拜》，《清史
研究》1996 年第 3 期；李自然：《清代統治者祭祀長白山的實質是封禪》，《中央民族大學學
報》(社會科學版)1999 年第 3 期；李自然：《清代長白山封禪及其對滿族社會文化的影
響》，《内蒙古社會科學》(漢文版)2000 年第 4 期；李自然：《試談清代的長白山封禪及其
特點》，《内蒙古工業大學學報》(哲學社會科學版)2000 年第 1 期。

③ 《清聖祖實錄》卷二百四十，康熙四十八年十一月庚寅，中華書局 1985 年版，第
393 頁。

源頭的陝西、河南地區。聖祖爲論證此觀點，甚至作專論一篇，名爲"泰山山脈自長白山來"，專門論證五嶽之首的泰山之龍脈確實源起於長白山。① 乾隆四十二年（1777）八月，高宗在一條上諭中也提道："金世祖居完顔部，其地有白山黑水，白山即長白山，黑水即黑龍江。本朝肇興東土，山川鐘毓，與大金正同。"又云："我國家誕膺天眷，朱果發祥，亦如商之元鳥降生，周之高禖履武，紀以爲受命之符，要之仍係大金部族。且天女所浴之布勒瑚里池，即在長白山，原不外白山黑水之境也。"②與其皇祖一樣，高宗同樣是在緬懷、贊頌先祖龍興之地長白山，並將滿洲肇興與商周起源相提並論，顯然意在強調清朝統治中原的神聖性與合法性。

　　人類學家、考古學家張光直曾言："如果説祭祀及有關的物事如祖廟、牌位和禮器有加強和叮嚀的作用，並作爲氏族凝聚的象徵，神話則賦予氏族典章，以證明其存在的合理性。英雄神話幾乎總是千篇一律地講述宗族祖先的公德行爲，他們正因此而在祭祀時受人贊頌。"③這一觀點在一定程度上正可以解釋清統治者提升長白山祭祀規格的政治訴求。滿洲人作爲"異族"統治者，身處中原文化的汪洋大海之中，他們必須顯示出自己高人一等的民族特質與文化理念，避免被漢文化所侵蝕、同化，如此才能凸顯清政權的不可替代性。結合上文不難看出，清統治者入關後，提升長白山祭祀的規格、神化滿洲起源，其根本目的在於將滿洲統治集團神聖化、合法化。同爲祭祀名山大川，清統治者祭祀中原嶽鎮海瀆，旨在通過"漢化"贏得漢族士民的文化認同，而推崇長白山爲"龍脈"之源頭，則意在神化滿洲先祖，強化滿洲認同與民族優越性，進而論證其政權統治的合法性，以此達到鞏固清王朝統治的目的。

（三）促進滿漢文化融合

　　清統治者除了通過突顯滿洲民族特質，加強滿洲自身民族認同與國家認同，以此來強調清政權的正統性與合法性，還將諸多滿洲文化元素和理念融匯

---

　　① 參見杜家驥：《清代滿族皇帝對長白山的高度神化及其祭祀之禮》，《滿族研究》2010 年第 3 期。

　　② 《清高宗實録》卷一千零三十九，乾隆四十二年八月壬子，中華書局 1985 年版，第 918、920 頁。

　　③ 轉引自荆雲波：《文化記憶與儀式敍事：〈儀禮〉的文化闡釋》，南方日報出版社 2010 年版，第 8 頁。

於漢族傳統文化之中，爲中國古代王朝的延續注入了新鮮血液，① 這在清廷禮制建設過程中有突出反映。

1. 改換衣冠

受清廷文化政策影響，於漢文化中注入滿洲元素的最突出表現就是改換衣冠服飾。早在入關前，清統治者已經開始要求漢人"薙髮易服"，統一全國後，清廷更是不惜採取强制措施和暴力手段，全面貫徹這一文化政策，延續兩千餘年的漢族衣冠服飾傳統在清代徹底被滿洲服飾所取代，直至清亡，這一點是北魏、遼、金、元等入主中原的少數民族政權都没有做到的，這一變化也體現在禮書修纂内容之中。

乾隆朝修纂的《皇朝禮器圖式》與前代禮器圖説最明顯的不同之處，正是對皇室成員、王公貴族以及各級政府官員参加朝會、典禮時所着衣冠服飾的圖文規定，其冠服裝束基本上被滿洲習俗所取代。如皇帝、皇子所穿袍服以及王公百官所穿補服，不再延續前代"寬衣大袖"的傳統樣式，更顯簡練、莊重，如箭袖、披肩等，頗具滿洲"騎射"風格，更有"外褂"的新樣式出現。冠帽爲圓形冠體，上有形制不同的結頂，也與前代大相徑庭。此外，如朝帶、朝珠以及各種裝飾物也各具滿洲特色，不一而足。相關内容前文已有詳細論述，此處不贅。② 高宗皇帝在《皇朝禮器圖式》序文中闡述了延續滿洲衣冠服飾的重要性，其言曰：

> 至於衣冠，乃一代昭度，夏收殷冔，本不相襲，朕則依我朝之舊而不敢改焉。恐後之人執朕此舉，而議及衣冠，則朕爲得罪祖宗之人矣，此大不可。且北魏、遼、金以及有元，凡改漢衣冠者，無不一再世而亡，後之子孫能以朕志爲志者，必不惑於流言，於以綿國祚、承天佑，於萬斯年勿替，引之可不慎乎，可不戒乎！③

此處高宗借爲《皇朝禮器圖式》作序之機，追溯歷史上的少數民族政權因

---

① 有關滿洲民族特質對漢文化的影響，參見李治亭：《清代滿（洲）族的崛起與中國社會的變遷》，《遼寧大學學報》（哲學社會科學版）2012 年第 3 期。

② 冠服、裝飾物具體形制頗爲繁複，參見《皇朝禮器圖式》"冠服"部分，允禄等撰，福隆安等校補：《皇朝禮器圖式》卷四至卷七，《景印文淵閣四庫全書》第 656 册，臺灣"商務印書館"1983 年版，第 193~442 頁。

③ 允禄等撰，福隆安等校補：《皇朝禮器圖式》，《景印文淵閣四庫全書》第 656 册，臺灣"商務印書館"1983 年版，第 2 頁。

放棄本民族衣冠、改從漢俗，導致國祚短促的歷史教訓，認爲衣冠服飾代表着一代昭度，各有不同，並引夏商服飾本"不相襲"爲證，闡明了保持滿洲衣冠服飾對於清王朝國祚綿長的重要意義。

另有一事可證明高宗對保持本民族衣冠服飾極爲重視。據《清實録》載，乾隆三十一年（1766），十一阿哥曾題贈十五阿哥折扇，落款爲"兄鏡泉"，這顯然是諸皇子受漢文化熏染，用字而不用名，附庸風雅之舉，高宗對此一舉動頗爲不滿，專門在上諭中予以申飭，原文如下：

　　皇子讀書，惟當講求大義，期有裨於立身行己，至於尋章摘句，已爲末務。矧以虚名相尚耶。……我國家世敦淳樸之風，所重在乎習國書、學騎射，凡我子孫，自當恪守前型，崇尚本務，以冀垂貽悠久。至於飾號美觀，何裨實濟，豈可效書愚陋，習流於虚謾，而不加察乎？設使不知省改，相習成風，其流弊必至。今羽林侍衛等官，咸以脱劍學書爲風雅，相率而入於無用。甚且改易衣冠，變更舊俗，所關於國運人心，良非淺鮮，不可不知儆惕……阿哥等誕育皇家，資性原非常人可及，其於讀書頗悟，自易見功。至若騎射行圍等事，則非身習勞苦不能精熟。人情好逸惡勞，往往趨於所便，若不深自提策，必致習爲文弱，而不能振作。久之將祖宗成憲亦罔識遵循，其患且無所底止，豈可不豫防其漸耶！阿哥等此時即善辭章，工書法，不過儒生一藝之長，朕初不以爲喜。若能熟諳國語，嫻習弓馬，乃國家創垂令緒，朕所嘉尚，實在此而不在彼，總師傅等須董率衆師傅教以正道，總諳達亦督令衆諳達時刻提撕勸勉，勿使阿哥等軏於便安。著將此諭實貼尚書房，俾諸皇子觸目警心，咸體朕意毋忽。①

高宗在上述大段訓諭中强調，愛新覺羅子孫要將國語騎射視爲本務，勤加練習，更要將衣冠舊俗的改易視作動摇國運人心的大事，遂將此上諭張貼於尚書房，使諸阿哥引以爲戒。上諭中還提到高宗曾命諸阿哥背誦《皇朝禮器圖式》序言，使其牢記保持滿族衣冠服飾的重要性，其文曰："朕前此御製《皇朝禮器圖·序》特暢申其旨，曾令阿哥等課誦，邇來批閲《通鑑輯覽》，於北魏、金、元諸朝，凡政事之守舊可法，變更宜戒者，無不諄切辨論，以資考鑒。將

① 《清高宗實録》卷七百六十，乾隆三十一年五月辛巳，中華書局 1986 年版，第 366～367 頁。

來書成時，亦必頒賜講習，益當仰體朕之思深計遠矣。"①可見高宗對保持滿洲特質之重視。

此外，高宗在批閱三通館所進呈的《嘉禮考》時曾發布上諭，認爲館臣未能將前代少數民族政權盡失衣冠傳統之過失記載明晰，並重提《皇朝禮器圖式》序言：

　　朕閱三通館進呈所纂《嘉禮考》內，於遼、金、元各代冠服之制，叙次殊未明晰。遼、金、元衣冠，初未嘗不循其國俗，後乃改用漢唐儀式，其因革次第，原非出於一時……自應詳考詮次，以徵蒰棄舊典之由，並酌入按語，俾後人知所鑒戒，於輯書關鍵，方爲有當。若遼及元，可例推矣。前因編訂《皇朝禮器圖》，曾親製序文，以衣冠必不可輕言改易，及批《通鑑輯覽》，又一一發明其義。誠以衣冠爲一代昭度，夏收殷冔，本不相沿襲，凡一朝所用，原各自有法程，所謂禮不忘其本也。自北魏始有易服之說，至遼、金、元諸君，浮慕好名，一再世輒改衣冠，盡失其淳樸素風，傳之未久，國勢寖弱，洊及淪胥。蓋變本忘先，而隱患中之，覆轍具在，甚可畏也。況揆其所以議改者，不過云袞冕備章，文物足觀耳，殊不知潤色彰身，即取其文，亦何必僅沿其式。如本朝所定朝祀之服，山龍藻火，燦然具列，悉皆義本禮經，更何通天、絳紗之足云耶？且祀莫尊於天祖，禮莫隆於郊廟，溯其昭格之本，要在乎誠敬感通，不在乎衣冠規制。夫萬物本乎天，人本乎祖，推原其義，實天遠而祖近，設使輕言改服，即已先忘祖宗，將何以上祀天地？經言仁人饗帝，孝子饗親，試問仁人孝子，豈二人乎，不能饗親，顧能饗帝乎？朕確然有見於此，是以不憚諄復教戒，俾後世子孫，知所法守，是創論，實格論也。所願奕葉子孫，深維根本之計，毋爲流言所惑，永永恪遵朕訓，庶幾不爲獲罪祖宗之人，方爲能享上帝之主，於以永綿國家億萬年無疆之景祚，實有厚望焉。……並將此申諭中外，仍錄一通，懸勒尚書房。②

高宗將自己堅守滿洲衣冠服飾的態度詮釋爲"禮不忘本"之舉，認爲不忘

---

①　《清高宗實錄》卷七百六十，乾隆三十一年五月辛巳，中華書局 1986 年版，第 367 頁。

②　《清高宗實錄》卷九百一十九·乾隆三十七年十月癸未，中華書局 1986 年版，第 320~321 頁。

祖宗方可祀天地，而將遼、金、元統治者主動放棄本民族服飾、改服漢人衣冠稱作"浮慕好名"，認爲尊崇中原禮樂文明，延續漢族服飾紋采雖理所應當，但大可不必拘泥服飾形式。此處可見，高宗維護本民族衣冠服飾的目的是保持滿洲特質，防止滿人漢化，沾染漢人柔弱氣質，失去滿人彪悍性格，根本目的是維護自身統治的合法性。但清朝畢竟繼承的是中原王朝統緒，遂不得不將這一需求披上尊祖、崇禮的外衣，這可謂是利用漢文化的權威性捍衛本民族特質的絕好托詞。高宗下令將上述兩則上諭張貼於尚書房，以資皇子皇孫法守，可見其對於保持滿洲衣冠服飾與滿洲特質的重視程度，記載冠服、禮器的《皇朝禮器圖式》的修纂意義也可見一斑。

綜上所述，不得不承認儒學素養甚高的高宗皇帝頗有洞見，衣冠服飾是漢族傳統文化中評斷"華夷之分"的重要標準之一。孔子曰："微管仲，吾其被髮左衽矣。"[1]歷史上所謂的三次"衣冠南渡"[2]，也將衣冠服飾的改換看作漢文化式微的標志，這是漢人延續兩千餘年的文化心理積淀，即認爲衣冠服飾之別是民族文化差異的外化表現。高宗皇帝正是看到了這一關節點，因此闡明延續本民族衣冠服飾的態度，以避免滿洲人被更爲發達的漢文化同化的危險，進而維護清政權的合法性與不可替代性。更重要的是，清廷强制性地向漢族士民推行"薙發易服"政策，漢人起初進行激烈抵抗，無奈之下被迫改換滿族髮型服飾。歷史證明，隨着時間推移，漢人從文化心理上逐漸接受了這一滿洲習俗，這對於消弭"華夷之分""滿漢之別"的思想以及贏得廣大漢族士民的文化認同大有裨益，從這個角度講，清統治者的"薙發易服"政策可謂深謀遠慮，對清朝的國祚綿長發揮了重要作用。

2. "大一統"觀念的重構

"大一統"觀念對於古代中國逐漸形成統一多民族國家意義重大，但是清以前的中原王朝始終受到"華夷之辨"觀念的影響和束縛，導致邊疆民族問題遲遲得不到根本解決，難以實現真正的"大一統"。作爲少數民族入主中原的清統治者提出了民族"大一統"的全新理念，它從根本上破除了"華夷之辨"的傳統觀念，並在政治實踐中改變了秦漢以來華夷分治的民族政策，着力加强對邊疆地區的實際控制，最終實現了滿族、蒙族、漢族、藏族、回族等多民族的

---

① 《論語註疏·憲問第十四》，載《十三經註疏》，中華書局 1980 年版，第 2512 頁。

② "衣冠南渡"一說始見於《史通·因習下》："晉氏之有天下也，自洛陽蕩覆，衣冠南渡……"參見劉知幾：《史通》卷五，《景印文淵閣四庫全書》第 685 册，臺灣"商務印書館" 1983 年版，第 42 頁。

空前一統。① 這一民族"大一統"理念除了通過政治、軍事手段貫徹實施以外，也經由禮制建設進行文化層面的教化和闡揚。

　　如前文所述，《欽定滿洲祭神祭天典禮》所載清宮祭祀禮儀是由薩滿信仰演化而來的，主要包括堂子祭祀和坤寧宮祭祀，祭祀對象分爲"天神"（自然神）、氏族守護神（人格神）以及祖先神等。坤寧宮祭祀本是帝王家祭，"昉自盛京，既建堂子祀天，復設神位清寧宮正寢。世祖定燕京，率循舊制，定坤寧宮祀神禮"。祭祀種類分爲元旦祭祀、常祭、月祭、朝夕祭等。其中，坤寧宮朝夕祭於"宮西供朝祭神位，北夕祭神位，廷樹杆以祀天。朝祭神爲佛、爲關聖，夕祭神爲穆哩罕諸神，祝辭所稱納丹岱琿爲七星之祀，喀屯諾延爲蒙古神，並以先世有功而祀者"。② 朝祭神祇爲佛祖釋迦牟尼、觀世音菩薩以及關聖帝君，含涉了以佛教與"儒教"爲代表的漢文化信仰，夕祭神祇則出現了蒙古神。由此可見，清宮薩滿祭祀除了主祭滿族諸神祇外，還照顧到了漢人和蒙古人的宗教信仰，反映了清統治者主張滿、蒙、漢一體的治國理念，其意圖在於樹立全新的民族"大一統"觀念，進而在意識形態領域加強對內地與邊疆的控制。即使對本民族神的祭祀也受到了漢文化的影響，如祭祀"神"，本是祭祀滿洲最高天神阿布凱恩都力，入關後受漢人祭祀昊天上帝的影響，其祭祀名稱也發生改變，滿語"尚錫"即爲上帝之意。③

　　此外，雖然滿族薩滿信仰與流行於北方諸少數民族之間的薩滿信仰多有不同之處，但終究是大同小異，多元一體。乾隆朝修成《欽定滿洲祭神祭天典禮》一書，將薩滿祭祀整合並提升爲國家祭祀規格，一定程度上能夠贏得北方擁有薩滿信仰的其他少數民族的文化共鳴與認同，"對薩滿教的推廣，加強了清朝對北方各部落統治的合法性"④。

　　除了在宗教信仰上爭取漢人與邊疆諸少數民族的認同外，清廷還通過完善與少數民族王公貴族的交往禮儀，強調清廷權威和等級秩序。下面以清代官修

_____

① 　關於清代民族"大一統"理念的相關研究，參見李治亭：《論清代"大一統"與避暑山莊》，《社會科學戰線》2003 年第 6 期；《清代民族"大一統"觀念的時代變革》，《社會科學輯刊》2006 年第 3 期；《論清代邊疆問題與"國家大一統"》，《雲南師範大學學報》（哲學社會科學版）2011 年第 1 期；《清帝"大一統"論》，《雲南師範大學學報》（哲學社會科學版）2015 年第 6 期。

② 　趙爾巽等：《清史稿》卷八十五，中華書局 1976 年版，第 2559 頁。

③ 　張亞輝：《清宮薩滿祭祀的儀式與神話研究》，《清史研究》2011 年第 4 期。

④ 　[美]羅友枝：《清代宮廷社會史》，周衛平譯，中國人民大學出版社 2009 年版，第 300 頁。

禮書中所載清廷與外藩蒙古王公的相見禮爲例論述之。縱觀唐宋以來歷代中原王朝所纂官修禮書，關於朝廷與藩國之間的交往禮儀大多只限於藩王、藩使來朝和朝廷遣使敕封藩國諸禮儀。① 時至清代，由於滿蒙之間由來已久的聯姻關係以及頻繁的政治、軍事互動，清廷對滿洲王公貴族與外藩蒙古王公會面時的相見禮儀作出了專門規定。《大清通禮》卷四十四的賓禮部分分別記載了"外藩親王見宗室親王之禮""外藩親王見宗室郡王之禮""外藩親王見宗室貝勒之禮"以及"外藩親王、郡王、貝勒見宗室貝子、公之禮"，② 其中揖讓、跪拜、升降等禮節一尊漢族禮儀傳統，尊卑等級分明。清統治者試圖通過漢族傳統禮制來規範滿蒙王公貴族之間的禮儀秩序，特別是滿蒙之間存在着複雜的姻親關係，使"相見禮"的規範化顯得更爲重要。隆重且尊卑有序的相見禮儀，既能使清廷拉近與蒙古藩王之間的友好關係，又可彰顯清統治者的政治權威。

清廷通過接納漢人與蒙古人的宗教信仰，來爭取漢、蒙民族認同，又通過對滿蒙王公貴族"相見禮"的規範化，強調等級秩序和清廷統治權威，二者都展現了清統治者試圖打破長久以來"華夷之分"的民族偏見，重構民族"大一統"理念的政治訴求，這無疑推動了各民族之間的融合以及內地與邊疆地區一體化的歷史進程。

（四）小結

在中國古代社會，統治政權是否具有合法性，是關係到民心向背、社會穩定與否的大問題，歷來受到統治者的高度重視，而政權的合法性往往通過神聖性（上承天命）來得以彰顯，此即中國傳統政治文化理念中的"正統觀"，符合"正統觀"的政權更能受到官僚士大夫和廣大士民的擁護。這一"正統觀"的標準主要包括統治者的出身（貴族、官紳、平民）、種族（"華夷之辨"）、取得政權的方式（正義與否），統治者是否有"德"、是否在政治和軍事上一統"天下"等。③ 不難看出，清政權一統中原後，其統治合法性主要在種族問題上遭遇了

---

① 如《明集禮》（二）卷三十至卷三十二記載了藩王、藩使朝貢和明朝遣使的禮儀，《景印文淵閣四庫全書》第 650 册，臺灣"商務印書館"1983 年版，第 18～74 頁；《政和五禮新儀》卷一百四十八至卷一百五十五記載了"藩國使來朝儀"，遼、西夏、高麗、交州、宜州、海外使"朝見儀"，第 669～696 頁。

② 來保、李玉鳴等：《欽定大清通禮》卷四十四，《景印文淵閣四庫全書》第 655 册，臺灣"商務印書館"1983 年版，第 434～435 頁。

③ 廖小東：《政治儀式與權力秩序——古代中國"國家祭祀"的政治分析》，中國社會科學出版社 2014 年版，第 106 頁，第 110～111 頁。

漢文化"華夷之辨"思想的巨大挑戰，因此清統治者既要通過全面、深入的"漢化"來彌合漢族傳統觀念中"非我族類"的偏見，緩和滿漢矛盾，並通過"漢化"提升自身文化素養和執政能力，又要強調"滿洲"認同，凸顯滿洲自身的民族特質，如此才能避免被漢文化徹底同化，彰顯清政權的不可替代性，塑造一個令漢人信服的"正統"王朝。而清統治者較爲開放包容的民族政策和統御邊疆的全新理念，更是促進了各民族的進一步融合，使清廷加強了對内地與邊疆遼闊疆土的掌控。

美國"新清史"學界代表人物羅友枝認爲，"讓臣民歸順並不僅僅是通過强制手段實現的"，禮儀的神聖性與象徵性恰恰能够"成功地説服臣民承認其政治統治結構的道德正確性和種族正確性"。① 政治學家王海洲認爲："象徵在名詞意義上是權力形貌的載體，在動詞意義上是權力行爲的表達。象徵不僅是一種能够直接影響政治生活的權威性資源，它還滲透進社會生活的内部，塑造文化及其價值，甚至能够掌控心靈和身體，通過其内在的生成動力，主宰人們的行爲和思維。政治儀式作爲一種以處理政治生活中的權力關係爲主要職責的象徵系統，圍繞象徵展開的争奪、塑造、呈現和生成是其基本行動策略。因此，理解象徵是把握政治儀式中的權力關係的關鍵所在。"②就本書而言，清統治者正是利用禮儀的象徵性功能，通過禮書修纂和禮儀實踐，在主動漢化以赢得中原士民擁護的同時，彰顯滿洲人獨有的民族特質。他們神話滿洲起源，並通過禮儀的官方化，保留滿族衣冠服飾傳統，接納漢、蒙、藏、回諸民族的宗教信仰，以此樹立政治權威。正是由於成功實施了上述"禮治"策略，作爲"異族"政權的清王朝才得以保證政權的合法性和社會控制力，實現了國家、民族"大一統"，延續了近三百年的王朝統治。

第二節 實施邊疆"禮治"以構建多元統治秩序
——以蒙古年班朝覲禮儀爲例

上一節已提及清廷運用漢族禮儀同化邊疆諸藩部的"禮治"策略，及其對

---

① ［美］羅友枝：《清代宮廷社會史》，周衛平譯，中國人民大學出版社 2009 年版，第 11 頁。

② 王海洲：《政治儀式：權力生産和再生産的政治文化分析》，江蘇人民出版社 2016年版，第 21~22 頁。

促進民族融合以及內地與邊疆一體化進程所起到的巨大作用。本節將對這一“禮治”策略在宮廷朝覲禮儀中的實施情況做一個案研究。

一、新視角的引入

中國古代宮廷禮儀展演的目的，在於通過一整套象徵系統展示天人宇宙圖式，進而明辨尊卑等級秩序，彰顯統治政權的合法性，實現權力整合。正如歷史學家葛兆光所言，儀式其實是一套象徵，這種象徵具有對人間秩序的傳遞、暗示與規範意味。① 如前所述，與前代不同，清統治者打破了兩千餘年的“華夷之別”的民族偏見，將全新的“大一統”理念通過儒家禮儀展演傳遞給邊疆諸藩部。本書試圖將“儀式”“權力”“象徵”等概念及其相互作用關係納入清代年班朝覲禮儀的具體歷史場景之中加以闡釋，以探明朝覲禮儀展演對於清政權合法性的構建與清代邊疆秩序的穩固所發揮的重要作用。

受中國古代“天下觀”與“華夷之辨”思想的影響，清朝對於處理國與國之間關係的朝貢體制建設，基本沿襲前代，並無更多創建，甚至規模大爲萎縮。相比之下，出於對邊疆安定問題的考量，以及試圖將蒙古族、藏族、回族等邊疆少數民族地區真正納入大清版圖，針對邊疆民族首領的朝覲制度受到了清統治者更多的關注。② 近年來，東亞視角下的藩屬國朝貢體制研究成爲熱點，而針對邊疆少數民族地區的年班朝覲制度研究則尚顯不足。③ 相關研究大多局限於論述藩部首領進京朝覲的沿途支應、貢品與賞賜以及清廷相關管理機構的設置與運行等規章制度問題，對朝覲禮儀展演與實踐的政治意涵尚缺乏深入的解讀與剖析，這也正是本節的關注點所在。

---

① 葛兆光：《中國思想史》(第一卷)，復旦大學出版社 2013 年版，第 53 頁。

② 有關清代皇帝的“中國觀”以及清帝對於邊疆可控領土範圍的理解，參見郭成康：《清朝皇帝的中國觀》，《清史研究》2005 年第 4 期。有關清代朝貢體制較之明代由盛而衰的轉變，參見祁美琴：《對清代朝貢體制地位的再認識》，《中國邊疆史地研究》2006 年第 1 期。有關清代藩屬國朝貢體制與藩部年班朝覲制度的區別、境外外藩與內屬外藩的區別，參見張雙智：《清朝外藩體制內的朝覲年班與朝貢制度》，《清史研究》2010 年第 3 期。

③ 參見張雙智：《清代朝覲制度研究》，學苑出版社 2010 年版；李治國：《清代藩部賓禮研究——以蒙古爲中心》，內蒙古大學出版社 2014 年版；趙雲田：《清代的“年班”制度》，《故宮博物院院刊》1984 年第 1 期；蘇紅彥：《試析清代蒙古王公年班的創立與發展》，《內蒙古大學學報》(人文社會科學版)2007 年第 2 期；郝時遠：《清代臺灣原住民赴大陸賀壽朝覲事蹟考》，《中國社會科學》2008 年第 1 期；張亞輝：《六世班禪朝覲事件中的空間與禮儀》，《中國藏學》2013 年第 1 期；柳森：《六世班禪朝覲路綫考》，《中國邊疆史地研究》2015 年第 1 期。

　　本節首先通過梳理清代官修禮書相關內容，考察清代蒙古年班朝覲禮儀的具體內容，着重對禮儀展演過程中的身體規訓、儀式氣氛的渲染，以及特定時間節點和空間場景的設置等儀式的象徵手段進行解讀。並查考朝鮮燕行使者和馬嘎爾尼使團成員來華的見聞記錄，從周邊視角進一步了解清代宮廷禮儀的實際展演效果。最後，適當引用人類學儀式理論，分析年班朝覲禮儀之所以能夠行之有效的運作機制，探討清廷如何通過禮儀展演實現政治權力的合法化，並促成邊疆少數民族地區的國家認同，最終得以將邊疆秩序納入整個"天下"秩序之中。由於清初政局不穩，朝覲制度尚處草創階段，而清代中晚期又因國祚風雨飄搖，無暇經理邊疆朝覲事宜。因此，本節論述的時間節點界定於乾隆"盛世"尾聲，此時清朝基本實現了邊疆一統，年班朝覲制度臻於完備，禮書製作也已完成，便於考察清廷官修禮書的實踐效果，以及禮儀展演對經理邊疆所起到的實際作用。

二、清代官修禮書所載年班朝覲禮儀

　　不同於前代以羈縻政策爲主的治邊方略，清朝對邊疆少數民族地區進行了積極的軍事開拓，並增加行政建置，促進邊疆經濟開發。爲了進一步加強對邊疆地區的教化和籠絡，針對邊疆民族首領的朝覲制度經順治、康熙兩朝初步形成，雍正、乾隆時期，年班朝覲制度得以創立並趨於完備。所謂"年班"，最初只是針對漠南蒙古王公貴族制定的進京朝覲制度，清廷對應覲見的王公貴族進行分班，他們需親自或派人於年底輪班進京朝覲清帝，慶賀元旦。隨着清朝對邊疆地區的不斷統一，年班朝覲制度逐步擴展至外蒙古、新疆和西藏等邊疆少數民族地區，相關制度規定也更加完善，對班次、朝覲人數及品級、獎懲制度等都有了更爲嚴格的規定，① 這與清朝藩屬國朝貢體制的萎縮形成了鮮明對比。年班朝覲制度的創立，對於清廷加強對藩部王公貴族的管控與懷柔極爲重要，其中，年班朝覲禮儀展演則是重中之重，相關典禮爲外藩蒙古王公貴族確立了在清廷"天下"秩序中所處的位置，爲了使這一政治秩序爲蒙古王公所接受和認同，清廷在禮儀展演進程中可謂恩威並施。下文將根據清代官修禮書的記載，對元旦朝賀與筵宴禮儀進行詳細解讀。

（一）元旦朝賀禮儀

　　元旦是清廷最爲重視的三大節之一（其餘爲冬至和萬壽節），每年正月初

---

① 　有關清代年班朝覲制度創立與完善的歷史進程，參見張雙智：《清代朝覲制度研究》，學苑出版社 2010 年版，第 17~22 頁。

一日，清帝都會在太和殿舉行大朝會，接受文武百官、藩部王公以及藩屬國使節的朝賀，參加元旦朝賀之禮也是蒙古王公赴京年班朝覲的主要任務。首先來看朝賀典禮的舉行場所太和殿，太和殿處於紫禁城中軸綫上，是紫禁城最高、最雄偉的建築。紫禁城是皇城的中心，皇城是北京城的中心，北京城又是全國的政治中心，①“這(北京城)是一個有中心的、對稱的布局。它象徵地表現了一種儒家思想，即神聖的皇帝、天子，位於宇宙的中心，使‘天’道與地上的人間秩序相協調”②。如此一來，端坐於太和殿金鑾寶座上的清帝在政治與空間概念上就處在了宇宙中心的制高點上，遂得以俯視“天下”，加之太和殿本身的雄偉壯麗，儀式展演地點的政治象徵意義便顯而易見：清帝於“天下”的中心接受群臣朝正月，頒布正朔，象徵着天下共主對宇宙時間和空間的絕對掌控，對政治秩序的絕對主宰。而元旦朝賀禮儀在此上演的目的，正在於展示並強化這種權力。清帝需要利用這一重要的政治儀式場域，向蒙古王公展示清廷權威，整合邊疆秩序。具體禮儀流程如下：

(1)行禮前的準備。正月初一日黎明時分，赴京年班朝覲的外藩王公、台吉、伯克、土司等身穿朝服，於午門外東西兩側分班等候。③ 隨着午門鐘鼓齊鳴，皇帝身着禮服於乾清門出發，乘輿出宮，禮部尚書、侍郎在前導引，後扈內大臣於後跟從，皇帝途經保和殿，至中和殿稍作休息，做典禮前的最後準備。

(2)百官朝賀禮儀。隨着皇帝起駕太和殿號令的發出，中和韶樂大作，奏“元平之章”，辭曰：“維天眷我皇，四海升平泰運昌。歲首肇三陽，萬國朝正拜帝閶。雲物奏嘉祥，乘鸞輅，建太常。時和化日長，重九譯，壵梯航。”皇帝至太和殿升座後，樂止。鑾儀衛官進至中階之右，三傳鳴鞭，丹墀內三鳴鞭，之後丹陛樂作，奏“慶平之章”，辭曰：“鳳凰在藪，麒麟在郊垌，不如國士充陛廷。野無遺賢宗有英，夙夜在公，在公明明。”隨後，鴻臚寺官分引王公各就拜位，分東西兩班朝北面序立，並隨鳴贊官的指令按序進退、跪叩、宣讀表文，恭賀元旦(圖5-2)。之後樂作，王公百官隨鳴贊官號令，向皇帝行三跪九叩大禮。

---

① 有關太和殿的敘述，參見杜家驥：《杜家驥講清代制度》，天津古籍出版社2014年版，第9~11頁。

② 朱劍飛：《中國空間策略：帝都北京(1420—1911)》，諸葛淨譯，生活·讀書·新知三聯書店2017年版，第30頁。

③ 《欽定理藩院則例》(第一冊)卷十六《朝覲》，《故宮珍本叢刊》第299冊，海南出版社2000年版，第345頁。

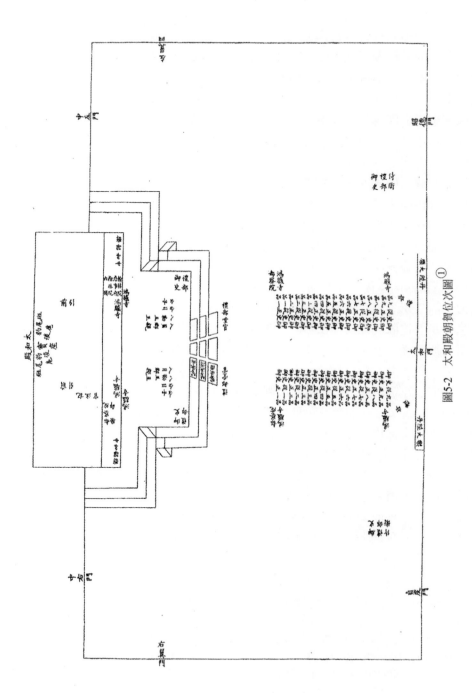

圖5-2 太和殿朝賀位次圖①

① 圖片出自崑岡等修，劉啓端等纂：《欽定大清會典圖》卷二十六，《續修四庫全書》第795冊，上海古籍出版社2002年版，第280頁。

（3）皇帝賜坐、賜茶禮儀。皇帝接受朝賀後，賜群臣及外國陪臣坐，王公由殿左右門入位東西楹後，參加年班朝覲的外藩王公在内地王公之下，皆跪，行一叩禮。隨後皇帝賜群臣茶，受茶及坐飲畢，群臣百官皆需跪謝皇帝。

（4）禮畢回鑾。隨着鑾儀衛官傳鳴鞭，衆人皆起身，階下三鳴鞭，皇帝鑾駕起，中和韶樂作，奏"和平之章"，辭曰："聖人延俊英，鈞天樂奏繞彤廷，華夷一統寧，士庶懽忻樂太平。寶鼎御香盈，祥煙裊，瑞靄生。簫韶喜九成，齊慶祝，萬年齡。"隨後皇帝還宫，樂止，鴻臚寺官分引王公百官按次序退下，禮部儀制司官將朝賀表文送至午門外亭内，禮畢。①

以上可見，元旦朝賀禮儀的整個流程展示出了各種象徵元素，如皇帝和群臣必須在特定的時間節點抵達特定的空間場所，不同禮儀環節銜接轉換時鳴鐘鼓、鳴鞭的指令信號，群臣固定的拜位、坐位，整齊有序的排班、進退，都象徵着儀式進程與宇宙有序的時空流轉相契合，昭示着清王朝一整年的風調雨順、國泰民安。宏大深沉的樂章爲朝賀儀式渲染了一種神聖莊嚴的氣氛，樂辭表達出清統治者對華夷一統、天下太平的祈盼，典禮進行中群臣頻繁跪拜端坐於御座上的清帝，則象徵着群臣賓服於天下共主的至上權威。這些内涵豐富的象徵元素依循高度標準化的禮儀程式，年復一年地在紫禁城上演，重復性的禮儀流程看似繁冗，但其中的象徵元素正是引導參與者情緒，使之形成權力認同，以及接受身心規訓的重要手段。"參與者的身份、身體和情感是政治儀式中的參與者所能夠提供的基本資源。如果説身份是一種權力標志，身體是一種權力工具，那麼情感才是權力的真正目標。"②就本書來看，清廷正是通過元旦朝賀禮儀的反復展演，來塑造蒙古王公對清帝的敬仰和忠誠之心以及對清廷的權力認同。

（二）筵宴禮儀

蒙古王公遠道而來，除了參加最爲重要的元旦朝會之外，從十二月中旬抵京至正月十五日左右離京期間，還會多次參加清廷所賜的宴會。其中，皇帝的親臨、賜宴場所的選定，相關設施的陳列，以及禮儀程式的精心安排等，都藴含着深層的政治寓意，下面以中正殿與紫光閣筵宴爲例，加以解讀。

---

① 禮儀流程原文參見來保、李玉鳴等：《欽定大清通禮》卷十七《皇帝三大節朝賀之禮》，《景印文淵閣四庫全書》第655册，臺灣"商務印書館"1983年版，第261~264頁。

② 王海洲：《政治儀式：權力生産和再生産的政治文化分析》，江蘇人民出版社2016年版，第50頁。

1. 中正殿筵宴

十二月中旬，應到蒙古王公陸續抵京，清廷於十二月二十三日在中正殿西場子張設大蒙古包，賜宴蒙古王公貴族，汗、王、貝勒、貝子、公、台吉、塔布囊、額駙、呼圖克圖喇嘛等皆准入坐。① 先來看設宴地點中正殿，中正殿位於紫禁城西北隅建福宮花園南，以它爲中心自南向北還建有十座藏傳佛教建築，中正殿區域是紫禁城內唯一一處全部由佛堂組成的建築群，也是清廷舉行藏傳佛教活動的中心。② 衆所周知，清代蒙古地區篤信藏傳佛教，宗教領袖哲布尊丹巴呼圖克圖甚至能夠左右喀爾喀蒙古各部的政治態度，於中正殿款待初到北京的蒙古王公，體現了清廷對其宗教信仰的尊重和認同，也是政治籠絡的一種手段。而在西場子設蒙古包賜宴，又可喚起蒙古王公貴族與滿洲人相似的文化習俗共鳴，因爲關外初興的滿洲人在漁獵、行軍時也像蒙古遊牧民族一樣，喜歡住在帷帳之中，正如乾隆朝來華的馬嘎爾尼使團成員斯當東所言："在大幄裏而不在宮殿中接見的理由還不止於是帳篷可以臨時搭蓋在可以容納多數人參加的寬闊廣場上。更大的理由是本朝是韃靼王朝，他們雖然征服了人數衆多的文化更高的漢人，採用了漢人許多制度和禮節，但在若干地方他們還願意保留對他們原有習慣的偏好。過去的韃靼君主喜愛住活動帳篷甚於木石建成的宮殿。"③可見，清統治者在繼承中原禮制傳統的同時，在具體的禮儀象徵符號上又適當加以變通與創新，以此彰顯滿洲民族特色，並用於爭取蒙古王公的文化認同。

在座次安排方面，西場子衆蒙古包中央最爲尊貴的位置是皇帝御座，稍後安設宗教領袖呼圖克圖之矮床，兩旁安設朝廷欽派入坐王等坐褥，其餘王公貴族列坐於大蒙古包外，東西相向，呼圖克圖喇嘛等則列坐於院內東西支搭的蒙古包內。④ 可以看到，宴會坐席以皇帝爲中心，按照蒙古地區的宗教等級、王公貴族的爵位等級，層層有序地鋪排開來，整個宴會的坐次排列仿佛是清廷與邊疆蒙古之間，以及蒙古內部的權力秩序在儀式場景中的展演與確認。

宴會禮儀流程簡述如下，先由理藩院相關負責人員帶領應入坐之蒙古王公

---

① 《欽定理藩院則例》卷十八《宴賚上》，《故宮珍本叢刊》第 299 冊，海南出版社 2000 年版，第 373 頁。

② 王家鵬：《中正殿與清宮藏傳佛教》，《故宮博物院院刊》1991 年第 3 期。

③ ［英］斯當東：《英使謁見乾隆紀實》，葉篤義譯，上海書店出版社 2005 年版，第 344 頁。

④ 《欽定理藩院則例》卷十八《宴賚上》，《故宮珍本叢刊》第 299 冊，海南出版社 2000 年版，第 373 頁。

貴族於中正殿齊集，皆身着常服，按品排座。隨着皇帝駕臨、用茶、賜茶、賜饌、還宮等一系列禮儀流程的進行，蒙古王公皆要頻繁行跪拜禮，領取皇帝賞賜後還要於乾清門外行三跪九叩大禮。此外，筵宴過程中還安排了內外札薩克、熱河額魯特及杜爾伯特善撲人進行相撲表演，頗具蒙古特色。① 清廷通過宴飲、賞賜和觀賞具有蒙古特色的娛樂節目，加深與蒙古王公的情感交流，以顯示"皇恩浩蕩"，又運用强制性的身體規訓——跪拜禮，明辨君臣之間的尊卑等級關係，可謂恩威並施。

2. 紫光閣筵宴

自雍正年間始，清廷於正月宴請來京的外藩王公貴族。乾隆二十五年（1760）以前，清帝皆於西苑豐澤園設大幄次肆宴頒賞，平定伊犁回部後，高宗皇帝下令整修紫光閣武成殿，移外藩筵宴於閣下。② 紫光閣位於西苑中海西岸，原本是明清時期皇帝觀賞騎射，進行武舉考試的場所，乾隆朝歷經兩次改建後，轉用於紀念清廷平定西域、金川武功的建築，③ 進一步將紫光閣的軍事用途與滿洲尚武精神相結合。重建後的紫光閣富麗堂皇，內部陳列大量與清朝武功相關的紀念物品與圖畫，例如功臣像、功勳戰圖、得勝靈纛以及繳獲兵器等。④ 蒙古王公每年來京朝覲，都要在元旦朝賀後於紫光閣參加筵宴。通過參觀紫光閣內的戰圖繪畫和具有紀念意義的武器陳設，感受清廷武功之盛，無疑對於威懾蒙古王公，使之忠順清廷，有着重要的政治意義。高宗皇帝於歷年紫光閣賜宴外藩時所作大量詩篇，也顯露出清統治者賜宴的政治意圖，茲列數條如下："勒壁畫圖思偉績，開筵酒禮款嘉賓。呼韓位在侯王上，漢室偏誇服遠人。""紫閣猶然戰圖繪，旌功益切奠遐懷。""圖畫詩詞焕崇閣，幾番迴憶惕予情。""和樂不忘詰戎意，戰圖兩壁繪金川。"⑤由以上詩篇可見，高宗在宴會上賦詩緬懷清軍平定西北戰功，事實上意在展示軍威，以震懾外藩王公，這顯然是清廷舉行紫光閣筵宴禮儀背後的一個重要政治目的。

宴會禮儀流程簡述如下："鴻臚寺卿、理藩院尚書等引大學士以下至丹陛

① 有關中正殿筵宴禮儀流程的原文叙述，參見《欽定理藩院則例》卷十八《宴賚上》，《故宮珍本叢刊》第 299 册，海南出版社 2000 年版，第 373~374 頁。

② 慶桂等編纂：《國朝宮史續編》（上册）卷四十四《筵宴八》，左步青校點，北京古籍出版社 1994 年版，第 341 頁。

③ 林家維：《乾隆朝紫光閣賜宴圖研究》，《故宮博物院院刊》2015 年第 4 期。

④ 胡建中：《清宮兵器研究》，《故宮博物院院刊》1990 年第 1 期。

⑤ 慶桂等編纂：《國朝宮史續編》（上册）卷四十四《筵宴八》，左步青校點，北京古籍出版社 1994 年版，第 342~345 頁。

下左右分翼序立。皇帝吉服，乘輿出宮，設鹵簿，涖宴次。"皇帝駕臨時，應入坐人等均於坐處跪迎，行一叩首禮。與中正殿筵宴之禮大體相同，蒙古王公貴族仍以皇帝坐位爲中心，按爵位等級，由近及遠，依序排開。除蒙古王公外，金川土司、臺灣生番覲見者也位列筵席之中，此外還有朝鮮、越南、暹羅乃至荷蘭等外國使節陪臣觀禮。其中，座次安排反映出外藩蒙古王公地位之高，回疆伯克、外國來使和朝鮮來使皆在其下。① 進茶大臣向皇帝進茶、進酒、進饌，以及皇帝賜王公大臣茶、酒、饌及飲畢時，與宴群臣都要屢次起身行跪拜禮。相比於中正殿筵宴，紫光閣筵宴要更爲正式、隆重，王公們改穿蟒袍補服而非常服，在筵宴進行過程中還要演奏不同的樂章。皇帝升座時，中和韶樂作，奏"隆平之章"；進茶時，丹陛清樂作，奏"海宇昇平日之章"；進酒時，丹陛清樂作，奏"玉殿雲開之章"；進饌時，中和清樂作，奏"萬象清寧之章"；皇帝還宮時，中和韶樂作，奏"顯平之章"。樂章主題均爲對天下太平的祝願之辭，象徵着清統治者對邊疆安寧的祈盼，也是對蒙古王公保衛邊疆的期許。此外，如中正殿筵宴一樣，紫光閣筵宴過程中還有蒙古樂人演奏蒙古樂曲，善撲人進行相撲表演，② 體現了清廷對蒙古文化習俗的包容與認同。

通過以上對中正殿和紫光閣筵宴禮儀的叙述與解讀，我們可以看到，筵宴禮儀的空間場景布置與娛樂節目的設定，體現了清統治者對蒙古地區宗教信仰和文化習俗的尊重與認同。宴會上的交流以及賜酒、賜食、賜物等環節，則拉近了滿蒙貴族之間的情感距離，禮儀的懷柔之意盡在其中。而穿插於筵宴禮儀各個環節之間的頻繁跪拜和軍威展示，又時刻提醒蒙古王公要絕對服從清帝權威，認同清廷與邊疆蒙古地區的主從權力關係。

三、外國使節眼中的清宮禮儀

上文根據清朝官修禮書，大致梳理了蒙古王公貴族進京年班朝覲時的元旦朝賀與筵宴禮儀進程，並對儀式中的象徵元素進行了分析與解讀。然而由於清代官方史料偏重於對禮儀程式的記載，難以從中了解到儀式展演場景的具體細節，且清廷爲宣揚天朝上國威風，對朝覲禮儀內容的記載難免有過度粉飾之

---

① 《欽定理藩院則例》卷十八《宴賚下》，《故宮珍本叢刊》第 299 冊，海南出版社 2000 年版，第 386 頁。

② 有關紫光閣筵宴禮儀流程的原文叙述，參見鄂爾泰、張廷玉等編纂：《國朝宮史》（上冊）卷七《紫光閣錫宴儀》，左步青校點，北京古籍出版社 1994 年版，第 135～137 頁；《欽定理藩院則例》卷十九《宴賚下》，《故宮珍本叢刊》第 299 冊，海南出版社 2000 年版，第 386～387 頁。

處。若想進一步了解朝覲禮儀的展演過程和效果，可以從外國來華使節的記述中，以旁觀者的視角獲取更多的歷史信息。作爲與清朝關係最爲密切的藩屬國，朝鮮每年都要派出使節進京慶賀元旦，相比於身在清廷權力關係網之中的滿漢臣工和外藩王公，作爲異國人的朝鮮使節對禮儀場景的觀察與記載要更爲客觀。此外，乾隆朝馬嘎爾尼使團來華人員的相關記述，雖然無關紫禁城內的元旦朝賀禮儀，但他們對熱河覲見高宗皇帝、參加宮廷宴會以及萬壽節慶典多有記載和評論，相關資料同樣值得借鑒，有助於我們進一步了解清代宮廷禮儀的展演效果。當然，由於中外文化差異，外國使節的記述難免誇大或略帶偏見，這是在史料選用時需要加以分辨的。

（一）朝鮮使節眼中的元旦朝賀禮儀

朝鮮來華使團按規定由正使、副使、書狀官等三十多人組成，實際出使總人數則達到二百至五百人不等，① 這些燕行使者的來華見聞多記載於《燕行錄》之中。其中，有關朝鮮使節在參加元旦朝賀典禮前的準備工作，以及對禮儀展演場景的細緻描寫，都是從清代官方典籍中所看不到的珍貴資料，以下詳述之。

燕行使者徐有聞所著《戊午燕行錄》，記載了嘉慶三年（1798）朝鮮燕行使者參加元旦朝賀禮前，於臘月二十八日在禮部近處的鴻臚寺學習、演練禮儀的情況，習禮內容如下：

> 通官引三使立於東側一列，其後正官廿七人立三列，暹羅國立於西側，按序列立三使臣，無正官。右側有一領官高呼 BERE（朝鮮語發音），這意同於我國"出來"之語，便隨牌整列隊伍，左側又高呼 YAKURE（朝鮮語發音），這意同於我國"跪拜"之語，便一齊跪下，後有左右 MY-ENGCHAN（朝鮮語發音）交替高呼三遍 HENBIRE（朝鮮語發音），這意同於我國"叩頭"之語，大國之叩頭不是彎腰，而將兩臂伸長，頭點地，如此這般三次，後起立，按照號令連跪三回，叩頭九次，此稱作三跪九叩頭。最後又高呼 BEDRE（朝鮮語發音），這意同於我國"退下"之語，便起立向後退兩步，轉身依次退下……②

---

① ［韓］韓東洙：《18 世紀朝鮮燕行使與北京紫禁城——以儀禮空間之分析爲中心》，《紫禁城》2011 年第 3 期。

② 轉引自［韓］韓東洙：《18 世紀朝鮮燕行使與北京紫禁城——以儀禮空間之分析爲中心》，《紫禁城》2011 年第 3 期。

　　從習禮内容來看，清廷對朝鮮使節行跪拜禮以及揖讓進退的禮儀秩序等要求嚴格，與前述清修禮典中的記載並無太大出入，可見清廷對於元旦朝賀禮儀行禮過程中的身體規訓極爲重視。

　　再來看其他燕行使者的記述，李宜顯在《庚子燕行雜識》中對朝賀地點太和殿進行描述，原文如下：

　　　　殿作二層，極其雄壯，設三陛，陛高各二丈許，三陛左右各置丈餘鍮香爐。陛中設御路，廣二間許，百餘步，皆以白玉石刻雙龍形排立左右，雕琢又極工巧。殿陛三級及御路東西邊圍白玉石欄杆，每一間許豎以柱石，無慮累千雙，高各丈餘，内外面皆刻雲龍。①

　　李滉在《燕途紀行》中描寫元旦朝賀之禮舉行時太和殿的壯觀場景時寫道："俄而禮官分班引入，蒙王從太和夾門入，東方使命從貞度門入。瞻望太和殿，十丈黄屋，三級石欄，臺是三層，高又五丈，日射金碧，光耀奪目，煙浮曲欄，香氣襲人，殆非塵裏世界。"②對於遠道而來的朝鮮使節而言，可能終其一生也難得一次於紫禁城朝覲清帝的機會，太和殿在他們眼中顯得浩渺神秘、莊嚴神聖，其背後也蘊含着對大清國的敬畏與臣服。"太和殿的各種建築語彙，不論是屋頂正脊兩端高達三米的龍頭正吻，還是富麗堂皇的龍形雕飾，抑或最高貴的合璽式彩畫，無不以無聲的語言昭示、渲染和神化至高無上的皇權。"③相比之下，外藩蒙古王公輪班來京朝覲，少則兩三年輪班一次，多則八九年輪班一次，他們頻繁到訪紫禁城，元旦朝賀禮儀上太和殿的雄偉壯麗所帶給他們的震撼與感慨亦可想見。

　　李滉在《燕途紀行》中還對元旦朝賀典禮進行了詳細描寫：

　　　　庭列天子旌旗，門排梨園雅樂，門即太和也。禮官引副貳以下列立庭中，鹵簿下導余從蒙王后登御橋西夾橋，使坐臺西，從者只徐孝男也。臺上鹵簿是清制，臺邊安十二古銅大香爐，高亦過丈，殿簷亦設簫鼓，威儀

----

　　①　李宜顯：《庚子燕行雜識》，載《韓國漢文燕行文獻選編》（第十一册），復旦大學出版社 2011 年版，第 231~232 頁。

　　②　李滉：《燕途紀行》，載《韓國漢文燕行文獻選編》（第八册），復旦大學出版社 2011 年版，第 146 頁。

　　③　徐東日：《朝鮮使臣眼中的中國形象——以〈燕行録〉〈朝天録〉爲中心》，中華書局 2010 年版，第 101 頁。

肅敬。長安門内，渾是黃屋，日華浮動，地皆布磚，塵沙不起。鐘鼓和
鳴，笙簧齊奏，警蹕聲高。清主高坐，蕃漢侍臣鵠立成班，行朝謁禮。蒙
王三人先行，余從後行禮，副貳以下亦行禮於庭中，拜叩既畢，余從蒙王
入坐殿西。……殿制東西十一間，南北五間，總鋪華氍毹，四翼巍巍，簷
用層屋，高際雲霄。副貳以下亦許上殿，副貳行臺中使坐余後，正官十三
坐簷外。……率副貳以下從貞度門午門出，憩曲城傍，鹵簿紛紛罷出，具
鞍象，駕鑾輿，駟馬御鑾駕，鑾鈴齊鳴。小國管見，來見天子威儀，可謂
盛哉，而恨不得瞻望。①

　　從上述描寫來看，朝堂内旌旗、香爐、簫鼓等陳設"威儀肅敬"，藩部首
領、屬國使節按班依序排列、跪拜，禮儀樂章縈繞在巍峨的宫殿周圍，這一切
禮儀元素爲整個儀式空間營造出神秘、威嚴的氣氛，使得元旦朝賀禮儀更顯神
聖、莊重，亦可再次證實清宫禮儀實踐基本上是依循官修禮書來嚴格執行的。

(二)馬嘎爾尼使團成員眼中的宫廷禮儀

　　歷史上著名的馬嘎爾尼(也翻譯作"馬戛爾尼")使團於乾隆五十八年
(1793)來華，在北京和熱河，英使馬嘎爾尼親歷了清朝宫廷禮儀的嚴整有序
和肅穆氣氛，他在回憶熱河避暑山莊御前宴會時講道：

此御前宴會自始至終，秩序異常整肅，執事官按序進饌，既恭謹萬
狀，與宴者亦都沉默不喧，全殿上下人等不下數十，而側耳聽之，静寂無
聲息，足可見東方人對於帝王所具之敬禮，直與吾西人對於宗教上所具敬
禮相若也……宴會時，有韃濟(譯音)之貢使三人及中國西南回族部落咯爾
麥克(譯音)所派使臣六人均在座。然皇帝藐視之，各華官亦不甚加以敬禮。
余觀察諸使臣神情亦卑謙萬狀，惴惴然唯恐儀節有虧，致陷於刑戮也。②
　　上席和撤席的順序和規則驚人的精確，儀式的每一步都安静和莊重地
進行，在某些方面像宗教儀式的慶典。③

　　①　李滰：《燕途紀行》，載《韓國漢文燕行文獻選編》(第八册)，復旦大學出版社
2011年版，第146~148頁。
　　②　[英]馬戛爾尼：《乾隆英使觀見記》，李廣生整理，劉半農譯，百花文藝出版社
2010年版，第103~105頁。
　　③　[英]馬戛爾尼、[英]約翰·巴羅：《馬戛爾尼使團使華觀感》，何高濟、何毓寧
譯，商務印書館2013年版，第227頁。

宴會後，馬嘎爾尼感慨道："並今乃得見現世之所羅門大帝矣，蓋吾幼年讀所羅門大帝故事，每歎其極人世之尊榮，非後世人主所能及。而今之乾隆皇帝，則較之所羅門大帝有過無不及也。"①在記録群臣於熱河避暑山莊萬樹園爲高宗皇帝慶祝壽辰的禮儀時，他更是慨嘆整個宴會氛圍的嚴肅莊重，群臣百官"叩首之遲速以樂節爲律，樂聲一揚則無數之紅頂子一齊撲地，樂聲一舒則又同時而起，凡三跪九叩而禮畢。嗟夫！余畢生所見各種宗教上之禮拜亦多矣，即不以余所見者爲限，而復求諸史乘，凡往古來今，各種宗教信徒之拜其教主若教王者，其儀式之隆重，殆均不能與此中國臣民之拜其乾隆大帝相比倫也"②。

由上文可見，宴會中群臣的肅靜恭謹，西南土司的謹小慎微，上席撤席順序和規則之精確，朝賀時跪拜禮儀的整齊劃一，都令馬嘎爾尼驚歎不已，如此神聖肅穆的儀式氛圍也烘托出高宗皇帝至高無上的權力地位。由於西方神權與王權兩分，馬嘎爾尼驚嘆於中國臣民對清帝的頂禮膜拜可與西方宗教禮儀相比倫，殊不知中國古代帝王兼有世俗王權與溝通天人之神權，是替天行道的"天子"，清代宮廷禮儀正是通過營造嚴肅、神聖的儀式氛圍，來彰顯這一至高無上的皇權的。

再來看馬嘎爾尼的秘書巴羅在其所著《巴羅中國行紀》中，對高宗皇帝壽辰慶典期間禮儀展演所作的描述：

> 我不知道每天主持各部事務的大臣是否有時會輕鬆一下，避免正式場合規定的生硬和形式上的禮節，但他們上朝的時候必定要遵行不變的一套禮儀，做作和煩瑣到好像他們從未謀面，我們十分好笑地看到，我們的兩位官員朋友王大人和喬大人，在宮内相遇時彼此都按國家規定行那種屈膝禮。……無數朝廷大臣及其扈從都穿最華貴的衣袍，繡上極絢麗的色彩，用金銀絲編織，他們上朝的次序、安靜和莊嚴，是這種場合最亮麗的風景綫。③

---

① ［英］馬戛爾尼：《乾隆英使覲見記》，李廣生整理，劉半農譯，百花文藝出版社 2010 年版，第 105 頁。

② ［英］馬戛爾尼：《乾隆英使覲見記》，李廣生整理，劉半農譯，百花文藝出版社 2010 年版，第 116~117 頁。

③ ［英］馬戛爾尼、［英］約翰·巴羅：《馬戛爾尼使團使華觀感》，何高濟、何毓寧譯，商務印書館 2013 年版，第 223~224 頁。

在巴羅看來，中國官員上朝時的肅穆有序值得稱道，循規蹈矩地行禮則顯得滑稽可笑。然而無論英使的評價是否中肯，我們至少從他的描述中看到了清宮禮儀規範要求之嚴格。

最後來看馬嘎爾尼的副手斯當東回憶在熱河覲見高宗皇帝時的場景：

> 這些高貴人物每個人都有自己的大批隨從人員，都自覺尊貴得了不得，但到了這裏，自己夾在人群當中，在皇帝的面前失去他們所有的尊嚴。大家須要作長時間的等候來表示對皇帝的尊敬。……皇帝進大幄以後，立即走至只許他一個人用的御座前面的階梯，拾級而上，升至寶座。……各王公大臣和外藩使節都有一定的位置，各就各位。……使團其餘人員和大批較低級中國官員都站在大幄口外，從那裏可以看到帳篷以內一切禮儀。……除了禮節上的繁重而外，還使人感到一種相當於宗教上的敬畏肅靜氣氛。典禮進行當中，自始至終沒有人竊竊私語，聽不到一點雜聲。這種肅靜莊嚴的偉大氣氛是東方的特色，歐洲文明還沒有達到這點。①

與馬嘎爾尼的感觸一樣，斯當東同樣在"清帝國"的宮廷禮儀中感受到了神聖的宗教氣氛，而對群臣覲見時的肅靜有序以及位次安排的描述，也證實了清廷禮儀展演對官修禮書內容的有效踐行。此外，斯當東還對高宗皇帝的壽辰慶典進行了詳細記載：

> 同前次謁見不同，慶祝典禮不在帳篷內舉行，也不舉行宴會。參加典禮的各王公大臣藩王和外國使節都先集中在一個大廳裏，聽候召喚，然後被引到一個廟宇形狀的大殿裏面。殿內布置了許多樂器，有一套懸掛在雕刻木架上的圓柱體的編鐘，一連串由小到大個個不同；另有三角形叫編磬的金屬樂器，大小的差別同編鐘一樣。在奏樂的同時，一排太監用緩慢嚴肅的聲調朗誦贊美皇帝盛德的詩歌，他們的聲調訓練有素，能同金石樂器互相配合。整個音樂節奏由一種尖銳而響亮的鏡鈸聲音來指揮，使節團中懂音樂的人對於他們的演奏非常喜愛。全體祝壽的人根據指揮舉行了三跪九叩禮。特使及其隨從行深鞠躬禮。大家同朝一個方向叩拜，而皇帝本

---

① ［英］斯當東：《英使謁見乾隆紀實》，葉篤義譯，上海書店出版社 2005 年版，第 344~345 頁，第 350 頁。

人，則如天神一樣，自始至終没有露面。……對於一個活人崇拜尊敬到這
樣地步，以致在人們心裏產生一種敬畏森嚴的情緒，到了次日舉行歡樂遊
藝節目時還不能忘懷。①

以上引文將典禮過程中演奏樂章、頌讀祝辭、行跪拜禮的場景細緻生動地
描述出來，近乎令人恐懼的儀式氣氛給英使斯當東留下了深刻印象，他敏鋭地
察覺到："對皇帝所行的這樣繁重的敬禮並不只是表面上的形式，它的目的在
向人民灌輸敬畏皇帝的觀念。在皇帝陛下壽辰的當天，全體在北京的大官們都
聚集在莊嚴偉大的皇宫，穿着禮服對着御座行三跪九叩禮。焚燒檀香，獻肉獻
酒等一切禮節無一不備。皇帝雖然不在，似乎仍然認爲他能來享受。"②如前所
述，中國古代帝王集宗教與世俗權力於一身，因此皇帝在政治儀式展演過程中
往往被神聖化，其無上權威也因此得以合法化。

由於異國文化的差異和隔閡，朝鮮燕行使者和馬嘎爾尼使團成員的來華見
聞記録難免有誇張和理解偏頗之處，但通過他們的記載和評述，我們至少可以
推斷清代宮廷禮儀展演實踐具有神聖性、規範性和嚴格的等級秩序性等鮮明特
徵。來華使節細緻入微的描述正可與清代官修禮書相互印證，有助於下文更加
準確地解讀清廷政治儀式展演背後對權力合法性與國家認同的建構過程。

四、權力合法性與國家認同的建構

上文通過考察朝鮮燕行使者以及馬嘎爾尼使團成員的來華見聞記録，使我
們得以從周邊視角了解到清代宮廷禮儀實踐的實際展演效果。下文將深入探討
如下幾個重要問題：作爲政治儀式的年班朝覲禮儀何以能够成爲有效處理清廷
與邊疆地區之間權力關係的象徵系統？清統治者如何通過禮儀展演實現權力的
神聖化、合法化，並使邊疆蒙古地區形成以清帝爲天下共主、多元一體的國家
認同？

（一）禮儀展演的文化與政治制度支撑

年班朝覲禮儀之所以能够展示、整合清廷與邊疆的權力關係，與清朝全面

---

①　［英］斯當東：《英使謁見乾隆紀實》，葉篤義譯，上海書店出版社 2005 年版，第
357 頁。

②　［英］斯當東：《英使謁見乾隆紀實》，葉篤義譯，上海書店出版社 2005 年版，第
377 頁。

承襲漢文化的文治舉措以及對邊疆地區的空前開拓這一歷史背景密不可分。具體言之，在文化方面，儒家政治文化傳統中的天人宇宙圖式以及“天下觀”“王正月”“大一統”等思想，①為清廷構建內地與邊疆一體化的統治秩序提供了底蘊深厚的文化環境和豐富的理論支持。體系龐雜、嚴謹的禮儀制度，使清廷得以通過禮儀展演展示這一“天下”秩序，舉凡儀式中的禮儀程式、禮器陳設、禮儀建築、身體規訓、典禮氛圍諸要素，都源自中原傳統禮文化的深厚積澱。在政治制度方面，由於清朝加強了對蒙古族、藏族、回族等少數民族邊疆地區的實際控制，邊疆民族政策逐漸由傳統的羈縻朝貢轉向依靠軍事打擊使外藩內屬，並增加邊疆行政建置，真正將邊疆地區納入清朝版圖。如此一來，在朝覲禮儀中，清帝對邊疆少數民族首領便擁有了絕對的話語權。

總之，得益於傳統禮制以及其他有形或無形的漢文化遺產，清統治者得以在年班朝覲禮儀中充分展示出一整套權力的象徵系統。重新構築起來的邊疆政治體制，則使儀式中的象徵符號能夠與已經制度化的邊疆權力等級秩序相對照，而非流於空洞虛文。一言以蔽之，清朝文治武功之盛，使得年班朝覲制度得以創建並有效實施。

(二)禮儀展演與權力合法性的建構

在人類歷史發展長河中，生存本能使人類不斷建構兼具神聖性與系統性的宇宙圖式，自成一體的抽象宇宙圖式能夠幫助人們理解、概括甚至美化紛繁複雜、難以預測的流變世界，而儀式又將這一抽象宇宙圖式通過象徵手法展示出來，將關於宇宙的特殊形象和對於這種形象的強烈情感融合在一起。②中國古代王朝統治者正是利用了人們對宇宙秩序的宗教性情感，通過政治儀式的展演，將政治權力投射到一個宇宙論的層面上，使人們心甘情願屈服於統治權威。在這一過程中，統治者成功地將人們對強權的屈服轉換為對神聖的尊崇，從而實現了權力的合法性建構。正如歷史學家葛兆光所言，在種種充滿象徵的儀式中，它在人們心理上暗示着秩序的存在和秩序的神聖，儘管這秩序本來是一種歷史的產物，並不具有天然合理性，但在象徵性的儀式暗示之下，秩序便

---

① 另外還包括“華夷之辨”“華夷一體”“厚往薄來”“恩威並行”等思想，參見程妮娜：《從“天下”到“大一統”——邊疆朝貢制度的理論依據與思想特徵》，《社會科學戰綫》2016年第1期。

② [美]大衛·科澤：《儀式、政治與權力》，王海洲譯，江蘇人民出版社2014年版，第49頁。

擁有了事實的權威性。人們接受了自己創造出來的儀式和象徵，卻反而將這套象徵認作是宇宙間合理性的依據，"人被人自己的創造制約住了"。①

具體而言，在元旦朝賀儀式中，清帝安坐於太和殿金鑾寶座之上，俯視匍匐在地的群臣百官，即象徵着"天子"位居天下中心，溝通天人。群臣於新年伊始朝賀清帝，清帝頒布正朔，則象徵着皇帝對時令法則的掌控權。如此一來，作爲上天統轄人間的代表，清帝對宇宙時間與空間便擁有了合法的支配權力。此外，禮儀程式的井然有序、整齊劃一與宇宙有序運行的合理性、永恒性也若合符節，神秘肅穆的儀式氛圍，則象徵着宇宙秩序的神聖和無可置疑。"禮儀是社會行爲規範和等級秩序觀念的集中體現，所以它必然包括了時空觀和陰陽五行觀所代表的秩序，且最能體現這套法則並通過儀式的反復舉行將之變成人們的社會意識和行動準則。禮儀中的許多細節都在模仿、强調這套基於自然又被修改引申到社會領域的秩序法則。"②總之，借助年班朝覲禮儀展演，蒙古王公服從清帝權威便不再是一種權力壓迫，而更像是爲宇宙秩序的合理運行履行自己應盡的義務，即服從天道。因此，皇權以及從屬於其下的國家權力系統遂得以神聖化、合法化，邊疆秩序也被納入整個"天下"秩序之中。

（三）禮儀展演與邊疆蒙古的國家認同

在理性思維並不發達的古代社會，與複雜抽象的權力關係相比，政治儀式更便於人們理解與服從，也更容易在情感上爭取人們的認同。在人類學家看來，政治儀式中的象徵元素之所以具有影響社會整合或國族認同的力量，是因爲象徵擁有一種抽象的想象力，這種想象力正是權力表達的一種重要形態。③

對於野心勃勃的清統治者而言，想要真正實現包括蒙古族、藏族、回族在內的邊疆一統，除了軍事和經濟手段之外，還需要通過朝覲禮儀的展演使邊疆民族首領認同以清帝爲共主的統一多民族國家。這種政治理念的灌輸並非可有可無，時至清代，蒙元帝國雖然已經消亡近三個世紀，然而蒙古人仍舊在心底崇拜他們的英雄先祖，正如法國入華遣使會會士古伯察所言："他們（蒙古人）

①　葛兆光：《中國思想史》（第一卷），復旦大學出版社 2013 年版，第 56 頁。
②　荆雲波：《文化記憶與儀式叙事——〈儀禮〉的文化闡釋》，南方日報出版社 2010 年版，第 10 頁。
③　王海洲：《政治儀式的權力策略——基於象徵理論與實踐的政治學分析》，《浙江社會科學》2009 年第 7 期。

自兩個多世紀以來所享受到的和平似乎使他們那好戰的性格變得軟弱無力了，但大家還可以發現他們並沒有完全喪失對戰爭冒險的愛好。成吉思汗率領他們征服世界的大戰尚未完全從其記憶中喪失。他們在遊牧生活的長期閒暇中，非常喜歡談論這件事，喜歡實現他們設想出的含糊的入侵計劃。”①蒙古人懷念蒙元昔日榮光，始終是清朝北疆的潛在威脅，若想使蒙古人真正臣服於清朝，對其進行國家認同理念的灌輸是必不可少的。在清統治者看來，蒙古人心目中的英雄領袖形象必須通過朝覲禮儀的反復上演，由蒙古汗王轉變爲清朝皇帝。顯然，清廷通過朝覲禮儀過程中的恩威並施，實現了這一轉變。古伯察記錄了清廷舉行祭祀太廟典禮時，赴京年班朝覲的蒙古王公於路旁跪迎、跪送清帝的場景，可以作爲證明：

> 一旦當皇帝到達太廟時，當他把腳踏上通向藩部王公們所在的柱廊的第 1 個臺階時，走在前面的傳令官就呼叫：“所有人都跪下，天地之主到了。”200 名藩部王公立即異口同聲地山呼“萬歲”。他們在向皇帝拜年之後又都面向地而跪，天子於是就從他們的行列中間經過，進入了太廟中。在皇帝參拜皇室先祖之靈位時，那 200 名藩部王公則始終跪在地上。只有當皇帝重新經過他們的行列中之後，他們方可站立起來。他們於是便各自乘轎返回自己的行宮……這些遠離故鄉和在橫穿沙漠的長途危險中忍受了各種辛苦的頭人們長期等待的一切到此爲止了。他們爲能在皇帝逼過的地方跪拜而感到榮幸。我們不明白爲什麼一方表現得如此卑微，而另一方卻又如此高傲。在亞洲民族中，這卻是世界上最簡單的事，皇帝認真使用其高於一切的權力，韃靼王公們以崇拜他而感到幸運和榮耀。②

政治權力體現爲對現實的構建，儘管清朝在邊疆地區實施武力征服，增加行政建置，實行經濟開發，然而由於地理、宗教、文化習俗等因素的制約，清廷的政治權威事實上無法真正下達到遙遠的邊疆地區。因此，對邊疆民族首領的同化與懷柔便顯得尤爲重要，他們對清政權合法性的認同與否，關係到邊疆秩序的穩定。通過本節對蒙古年班朝覲禮儀的解讀與分析可以看到，清廷全面

①　[法]古伯察：《韃靼西藏旅行記》，耿昇譯，中國藏學出版社 1991 年版，第 156 頁。

②　[法]古伯察：《韃靼西藏旅行記》，耿昇譯，中國藏學出版社 1991 年版，第 273~274 頁。

繼承了中原王朝的禮制傳統，以官修禮書爲指南，利用儀式的象徵性功能，通過跪拜禮儀的身體規訓、禮儀時間節點與空間場景的設定、禮儀程式的標準化等象徵元素，來彰顯清帝與蒙古王公之間的主從權力關係；並通過禮儀展演呈現具有漢族文化傳統的天人宇宙圖式，以實現權力的合法性建構，使外藩蒙古王公自願尊奉"替天行道"的清帝爲天下共主，認同"天下觀"理念下的尊卑等級秩序。此外，清廷還通過儀式中具有蒙古民族特色的場景布置和娛樂節目安排，拉近與外藩蒙古王公之間的宗教感情，謀求文化共鳴，可謂恩威並施。總之，清代年班朝覲禮儀展演的最終目的在於樹立清帝權威和整合新的邊疆秩序，打破以長城作爲華夷藩籬的傳統政治格局，實現對外藩蒙古前所未有的政治一統。

受篇幅及能力所限，本節討論範圍僅限於蒙古地區的年班朝覲禮儀，事實上，清代邊疆朝覲制度還涉及新疆、西藏、西南土司，以及臺灣原住民等少數民族地區。[①] 如能進一步運用有關政治儀式的理論，對其他邊疆各少數民族地區的朝覲禮儀進行比較研究，並從中國與周邊兩個視角對清代邊疆朝覲禮儀進行解讀與剖析，清代禮制建設對清朝邊疆政治一統與經營所發揮的巨大作用，定能更清晰地展現在我們眼前。

第三節 官修禮書在其他宮廷禮儀實踐中的行用

一、成爲朝廷議禮的權威參考文本：以增祀歷代帝王廟爲例

自秦漢以降，歷代王朝對前代帝王的祭祀綿延不絕，分別於歷代帝王"肇跡之處"建廟立祠，予以祭祀。唐朝在前代基礎上有所創新，認爲"三皇五帝，創物垂範，永言龜鏡，宜有欽崇"[②]，於玄宗天寶六年(747)，在京城敕建三皇廟和五帝廟，於春秋二季以少牢之禮祭祀之。天寶七年(748)，又在京城立廟合祭"三皇以前帝王"。至明代，帝王廟祭又有新的突破，朱元璋於洪武六年(1373)下令建造歷代帝王廟，一廟群祀的形式至此奠基。清代對帝王廟祭進一步發展完善，與前代相比，在祭祀禮儀的文化理念和政治訴求上都有實質

---

① 參見張雙智：《清代朝覲制度研究》第三章、第四章，學苑出版社 2010 年版，第 109、171 頁。

② 馬端臨：《文獻通考》卷一百零三《宗廟考十三》，中華書局 1986 年版，第 938 頁。

性變化。例如，明代帝王廟入祀的歷代帝王僅限於開國創業之君，清初順治帝始增守成有爲之主，但人數有限，不成規模，且未能前後接續。至康熙帝晚年，集數十年統治之經驗，對歷朝歷代帝王的統治體系有了更爲深刻的認識。在他看來，自三皇五帝以下，歷朝歷代帝王的統治是一個完整的、前後相承的統緒，不僅歷代開基創業之帝王應享廟祭，守成有爲之君主亦當予以祭祀。①至乾隆朝文治武功臻於極盛，高宗開始以中外一家的全新"大一統"觀念作爲前代帝王的入祀標準，歷代帝王廟入祀標準及規模也在乾隆朝得以最終確立。其中，官修禮書對於高宗闡發歷代帝王廟祭發揮了重要參考作用。

高宗即位後，曾屢次致祭歷代帝王廟，並對廟宇加以修繕。乾隆元年（1736）九月，下詔追謚前明建文皇帝爲恭閔惠皇帝，入祀歷代帝王廟。乾隆三年（1738）九月和九年（1744）二月，兩次親祭歷代帝王廟。乾隆二十九年（1764），重修歷代帝王廟，下詔改蓋黃瓦，以崇典禮，竣工後，高宗再次親自前往致祭。此後，乾隆四十年（1775）三月和四十八年（1783）三月，高宗皆親祭歷代帝王廟，可見他對歷代帝王廟祭祀的重視程度。②

乾隆朝率先對歷代帝王廟入祀帝王和名臣人選提出異議的是時任禮書館行走陶正靖。乾隆四年（1739）八月，他在《考祀典正禮俗疏》中講道：

> 歷代帝王自唐始立廟，於京城惟祀三皇五帝，其餘則建廟於所都之地，各以其臣配享。明洪武初祀三皇五帝三王，並漢以後創業之君，以歷代名臣從祀。本朝順治二年增祀遼、金、元、明五帝，從祀名臣三十九人。康熙六十一年，增祀歷代諸帝一百四十有三名，臣四十，加隆先代，甚盛典也。惟是當日禮臣，未能詳繹聖祖仁皇帝諭旨，故所增祀者，尚未有當，亦多缺略。若夏王孔甲、商王祖甲，《史記》譏其淫亂，周悼王見害於子朝，西漢之業衰於元成，東漢之祚傾於桓靈，以至唐宋之季，太阿旁落，無復綱紀。及明之武宗荒淫失德，所當以明之神宗、泰昌、天啟三君爲比，聖祖所謂不應入祠者也。唐之憲宗雖不克正終，然有中興之功，當以明愍帝爲比，聖祖謂不可與亡國例論者也。又如魏之孝文，周之世宗，卓然爲一代令主，國家每遇大典，專官祭告而廟祀缺焉，無乃自相謬戾乎？……應敕部集議，稽諸經史，核諸祭法，詳加參定，庶幾永垂法

---

① 黃愛平：《清代的帝王廟祭與國家政治文化認同》，《清史研究》2011 年第 1 期。
② 《欽定皇朝通志》（一）卷四十《禮略》，《景印文淵閣四庫全書》第 644 冊，臺灣"商務印書館"1983 年版，第 476 頁。

守，無俾後來擬議。①

以上可見，陶正靖借乾隆朝初年修纂禮書之便，追溯歷代帝王廟祭的歷史沿革，認爲聖祖皇帝諭旨中所認爲不應入祠者如桓靈二帝依然享祀。雖"不克正終"，但有中興之功如唐憲宗等聖祖認爲不可以亡國之君論者，卻"至今"在廟祀時付之闕如，因此他認爲歷代帝王廟祭有待完善，"應敕部集議，稽諸經史，核諸祭法，詳加參定"。然而這一建議直至乾隆四十九年(1784)才引起高宗的重視，這一年七月，高宗在上諭中説：

> 朕因覽《四庫全書》内《大清通禮》一書所列廟祀，歷代帝王位號乃依舊《會典》所定，有所弗愜於心。敬憶皇祖《實錄》，有勅議增祀之諭……爾時諸臣不能仰體聖懷，詳細討論，未免因陋就簡，我皇祖諭旨以凡帝王曾在位者，除無道被弑亡國之主，此外盡應入廟，即一二年者，亦應崇祀。……乃會議疏内，聲明偏安、亡弑，不入祀典，而仍入遼金二朝，不入東西晉、元魏、前後五代，未免意有偏向，視若仰承聖意，而實顯與聖諭相背。②

高宗在上諭中談到東西晉、元魏、前後五代之主是否應入祀歷代帝王廟的問題，他認爲《大清通禮》仍遵循舊《會典》，有不妥之處，既然遼金之主可入廟，同屬偏安政權的東西晉、元魏、前後五代之主亦當入祀。高宗認爲聖祖皇帝早已定下基調，"凡帝王曾在位者，除無道被弑亡國之主，此外盡應入廟"。只是朝臣未能貫徹執行。此處高宗通過討論《大清通禮》一書，抒發自己對歷代帝王入祀的見解，其背後自有深層的政治用意，以下詳述之。

乾隆五十年(1785)二月辛丑，高宗親祭歷代帝王廟，在祭文中，他追述了增祀歷代帝王廟的緣由：

> 五十年二月辛丑，皇上親祭歷代帝王廟，時以增祀兩晉、後五代、南北朝各主，親詣行禮，祭文曰：……予小子既敬遵皇祖聖訓，增祀歷代帝

① 賀長齡輯：《皇朝經世文編》(第39册)卷五十五《禮政二》，光緒二十九年癸卯石印本，第51~52頁。

② 《欽定皇朝通志》(一)卷四十《禮略》，《景印文淵閣四庫全書》第644册，臺灣"商務印書館"1983年版，第476頁。

王。以今年二月春祭之吉，奉神主入廟……夫歷代者，自開闢以來君王者
之通稱，非如配享先師孔子有所旌別彰癉於其間也。夫有所旌別彰癉於其
間，則必有所進退，而是非好惡紛然起矣。入者主之，出者奴之，將無所
底止。且以旌別彰癉言之，湯武即有慚德，則歷代開創之君，湯武且不若
審如是，三皇五帝之外，其宜入廟者有幾？是非祭歷代帝王之義也。故我
皇祖謂非無道亡國被弒之君，皆宜入廟者，義在此，但引而未發，予小子
敢不敬申其義乎？①

祭文接着叙述道，雖然明代自洪武朝已於南京建廟，北京祖之，然而卻
"祀者寥寥"。② 待到清軍入關、定鼎中原，面對這一失禮狀況，歷代帝王廟
祭又幾經議論，高宗皇帝對此回顧道：

及我世祖定鼎燕京，幼齡即位，百度畢舉，爾時議禮之臣於議歷代帝
王廟位次，亦頗有所出入。我世祖定鼎燕京，因明代祀典，順治元年增祀
遼太祖、金太祖、世宗、元太祖、明太祖凡五帝。而我皇祖之諭亦因近大
事之際，在康熙六十一年十一月，諸臣未能仰遵聖意，其出入亦頗不倫。
《會典》載康熙六十一年皇祖諭旨，凡帝王在位，除無道被弒、亡國之主
外，盡宜入廟崇祀。爾時廷臣不能仰體聖意，詳細討論，且疏奏在十一月
大事前數日，所議增祀夏商以來帝王一百四十三位，並漢之桓靈皆入之，
實不倫矣。③

高宗有意承續其皇祖遺志，即"非無道亡國被弒之君，皆宜入廟"。他在
閱覽《大清通禮》時發現廷臣未能"仰遵"聖祖皇帝"聖意"，漢朝雖是一統王

---

① 《欽定皇朝文獻通考》卷一百一十九《群廟考》，《景印文淵閣四庫全書》第 634 冊，
臺灣"商務印書館"1983 年版，第 613~614 頁。
② 原文曰："蓋自洪武建廟南京以來，北京祖之，而祀者寥寥。明洪武六年始建歷
代帝王廟於南京，崇祀者三皇五帝、夏禹王、商湯王、周文王、武王、漢高祖、光武帝、
隋高祖、唐太宗、宋太祖、元世祖十九帝，而罷周文王、隋高祖、唐高祖之祀。嘉靖九年，
罷南京廟祀，建歷代帝王廟於北京。二十四年，又罷元世祖之祀。"參見《欽定皇朝文獻通
考》卷一百一十九《群廟考》，《景印文淵閣四庫全書》第 634 冊，臺灣"商務印書館"1983 年
版，第 614 頁。
③ 《欽定皇朝文獻通考》卷一百一十九《群廟考》，《景印文淵閣四庫全書》第 634 冊，
臺灣"商務印書館"1983 年版，第 614~615 頁。

朝，然而桓靈二帝屬無道亡國之君，入廟崇祀，已屬"不倫"，而兩晉、前後五代、南北朝雖屬偏安，其英主則當入祀，事實上卻"全未議及"，更是不妥。因此"命大學士九卿更議增祀晉元帝以來二十五帝，而於桓靈則撤出之"①。以上是高宗皇帝在閱覽了《大清通禮》，發現歷代有爲之君未能入祀的不"合禮"之處後，才命廷臣對相關禮制加以修改完善並付諸實施的，可見《大清通禮》對於皇帝的政治文化決策和清廷禮制建設有重要影響。

　　除了打破以統治疆域或一統、或偏安來片面評價一代君主外，高宗還反對對少數民族統治者的偏見看法，其言曰：

　　　　予小子於昨歲閱《大清通禮》，始悉其事，因命大學士九卿更議增祀，而以仲春躬祀，入所增神主於廟。予嘗論之，洪武之去遼金而祀元世祖，猶有一統帝系之公，至嘉靖之去元世祖，則是狃於中外之見，而置一統帝繫於不問矣。若順治初之入遼金而去前五代，則爾時議禮諸臣，亦未免有左袒之意。孰若我皇祖之大公至明，昭示千古，爲一定不易之善舉哉！夫天下者，天下人之天下也，非南北中外所得私，舜東夷，文王西夷，豈可以東西別之乎？②

　　高宗因閱覽《大清通禮》一書，認爲嘉靖皇帝將元世祖移出歷代帝王廟是心存華夷之辨，順治初年入遼金而去五代亦有失公允。他認爲，舜是東夷，文王爲西夷，歷史上卻未將他們看作夷狄，正所謂"天下者天下人之天下也，非南北中外所得私"。只要遵循春秋大義，繼承正統，取得民心，就應該承認其正統地位，而不應心存中外之別。正如高宗所言："以維楨所辨正統在宋不在遼金之説，爲是所以存《春秋》綱目之義，見人心天命之攸歸。"③從高宗上述言論不難看出其打破長久以來一直存在的華夷之辨偏見，主張中外一家的全新"大一統"觀念。他認爲不應該以地域之別和種族之分來劃定"正統"與否，"對包括歷史上各少數民族王朝在內的歷朝歷代帝王的奉祀，既表明了清統治者以正統自居的立場和不分華夷、天下一家的觀念，也反映出一代王朝對自古相傳

---

　　① 《欽定皇朝文獻通考》卷一百一十九《群廟考》，《景印文淵閣四庫全書》第 634 冊，臺灣"商務印書館"1983 年版，第 615 頁。

　　② 《清高宗實錄》卷一千二百一十，乾隆四十九年七月乙卯，中華書局 1986 年版，第 219 頁。

　　③ 《欽定大清會典則例》(三)卷八十二《禮部》，《景印文淵閣四庫全書》第 622 冊，臺灣"商務印書館"1983 年版，第 555 頁。

的中華統緒的認同和接續"①。

　　綜上所述，歷代帝王廟祭祀對象的黜陟問題，本在乾隆朝初年即已引起陶正靖等禮書纂修官的注意，並提出相應增祀方案，本該引起清統治集團的注意，然而直至禮書修纂完成二十餘年後編入《四庫全書》時，清廷方才着手修改相關禮制條文，並落實到具體禮儀實踐中去。不過我們依然可以從中看到《大清通禮》作爲官修禮書，對清統治者進行禮制建設和禮儀實踐所發揮的指導性作用。

二、成爲其他宮廷禮儀實踐的重要參考文本

　　除了上述清廷議論歷代帝王廟祭增祀問題時，以官修禮書作爲權威參考文本外，有清一代涉及各種大小宮廷禮儀實踐，往往都將官修禮書視爲必不可少的儀式"手册"。以下詳述之。

　　康熙五年（1666）二月，兵部尚書、河道總督朱之錫逝於任上。康熙十二年（1673），河道總督王光裕上疏請求賜封朱氏爲河神，其言曰："公（朱之錫）生而盡瘁，歿爲河神，江淮兩河商民追思惠政弗諼，邳州、宿遷、中牟、陽武、曹單等縣，皆建廟、塑像、尸祝，漕艘運丁每涉險有禱輒驗，謹據輿情，籲請錫封。"疏下禮部，禮部以河臣封神前無成例，寢其議。乾隆四十五年（1780），高宗巡視河工，始允大學士阿桂之請，"以公歿爲河神，屢著靈應，諭禮部賜封助順永寧侯，春秋致祭，後又敕加封號曰佑安。"清廷之所以封朱之錫爲河神，重要依據之一是相關祭祀已載於《大清通禮》，命所在守土官致祭"助順永寧佑安侯朱之錫於濱河各邑，皆載在祀典，歷加封號，紀在《大清通禮》，其人其地皆確鑿可稽"②。可見《大清通禮》對於清廷禮儀實踐的參考作用。

　　《清實録》載，乾隆二十四年（1759）八月，御史史茂奏稱："大朝之時，百官先於仗外齊集，每多站立參差，又或因隨同行禮之外國使臣，衣貌言語各別，趨視擁擠，請各按品級，標示定位。"對於這一有關朝儀班位失序、有違禮制的奏疏，經禮部查證，"《會典》及《通禮》，開載朝儀班位本屬嚴整，但未經標示，每有錯綜，應如所請，令鴻臚寺照常朝坐班例，於儀仗外設紅漆木

---

　　①　黄愛平：《清代的帝王廟祭與國家政治文化認同》，《清史研究》2011 年第 1 期。
　　②　李元度：《國朝先正事略》（上）卷三《名臣》，易孟醇校點，嶽麓書社 2008 年版，第 96~97 頁。

牌，先令按名排班，如有踰越者糸處"①。這一處理方案後得到高宗允准，可見在清代宮廷禮儀實踐過程中，《大清通禮》是常備的禮儀參考文本。

乾隆四十七年（1782）正月，高宗就舉行祈穀之禮發布上諭：

> 今年正月初四日上辛，朕以雍正七年皇考諭旨，因元旦朝賀不宜展祈穀之期，於次辛行禮，其乾隆己未、丙寅、戊寅、丁酉四次用次辛者，以詣東朝慶賀儀節，不宜有闕也。今非向年可比，宜謹遵皇考明諭，祈穀仍用上辛，自元旦即齋戒，其朝正慶賀，改用初五日行禮。②

《清通志》載："自皇上御極以來，郊天祈穀之典歲必躬親，儼恪將事，禮明樂備，萬世法守，其儀節並載《大清通禮》。"此時距離《大清通禮》成書已有二十餘年之久。可見《大清通禮》修纂完成後，確實付諸了宮廷禮儀實踐，而非粉飾乾隆"盛世"的一紙空文。

直至晚清，《大清通禮》作爲官修禮書，對於宮廷禮儀的實踐和糾錯，仍然發揮着重要作用。光緒二十年（1894），給事中徐樹鈞奏稱，元旦令節所舉行太和殿筵宴的設宴地點錯亂，排班就位失序，"是日丹墀下宴卓，皆設於青幕之外，顯與《通禮》所載不符。……鴻臚寺、理藩院官亦不分引三品以下與宴，各官及朝鮮使臣排班就位，行禮位次混淆，已覺草率，且丹墀與宴各官暨外國使臣皆未入宴，閒雜人等紛紜擾攘，任意攫取"。徐氏希望朝廷針對上述元旦太和殿筵燕之禮違禮之處予以整頓，禮部議復：

> 奉諭給事中徐樹鈞奏筵宴禮儀不肅，請飭整頓一摺，殿廷筵宴典禮攸關，承辦各衙門應如何恪恭將事，若如該給事中所奏，殊屬不成事體，嗣後筵宴事宜務當認真整頓，遵照禮部奏定禮節敬謹辦理，如有草率紛擾情事，即著該管大臣據實參辦，以重典禮。③

以上可見，禮部議復該奏疏，認爲筵宴典禮極爲重要，務必認真整頓，可

---

① 《清高宗實錄》卷五百九十四，乾隆二十四年八月壬午，中華書局 1986 年版，第615 頁。

② 《欽定皇朝通志》（一）卷三十六《禮略》，《景印文淵閣四庫全書》第 644 册，臺灣"商務印書館"1983 年版，第 395~396 頁。

③ 劉錦藻：《皇朝續文獻通考》卷一百七十《王禮考一》，《續修四庫全書》第 818 册，上海古籍出版社 2002 年版，第 62 頁。

見時至晚清，《大清通禮》仍發揮着指導、糾正宮廷禮儀實踐的功能。

由於晚清時期國內外局勢劇變，舊有軍禮已不能符合時代要求，因此相關禮制有了新的變化更張。據《東華續錄》載，光緒三十一年(1905)，練兵處奏：

> 古者軍禮介於賓嘉，鉅典鴻規，炳在經史。恭讀《皇朝通典》《大清通禮》，於軍禮一類皆列專門，凡治兵振旅，師征受成諸容節，燦然備載，鴻鑠淵懿，冠絕古今，所以養成武德，鼓舞軍人者至矣，然大綱固可宏賅，而常禮尚在簡略。方今海國大通，盟聘四至，周旋壇坫，軍禮爲先，考其梗概，各國相同，章制簡明，通行便利，不獨關乎戎政，抑且資以外交。故往往有此國之將能率彼國之師，或數國之兵共奉一將之令，禮無或異，斯情易相聯。而吾國則制度迴別，風氣自爲，縟節繁文，動貽非笑，不特與外人交際，無因應之規，即於本國敬上事長，亦多未嫻之義，非參仿各國通行軍禮，另行簡易禮節，不足以資循守，便交通。①

由以上史料可見，晚清國門被迫打開後，開眼看世界的開明大臣重申軍禮的重要性，認爲軍禮有助於武德的養成和鼓舞軍隊士氣。在查考了《清通典》和《大清通禮》後，認爲其中所載軍禮一門，雖大綱宏賅，但常禮簡略。隨着大清國與西方列強的接觸日趨頻繁，本國軍禮顯得繁縟過時，不便施行，且與西方軍禮多有衝突，不利於開展外交。因此主張對相關行禮儀節進行改革，具體舉措如下：

> 除朝覲、公謁、跪拜禮節悉遵《會典》儀制外，另訂行營禮節，分爲官兵見官，兵相遇，軍隊相遇，軍隊操演暨注目、立正、舉手、舉刀、舉鎗各禮節，專爲陸軍官兵中外交通而設，凡著軍衣者，悉照遵行。禮簡則易曉，法立則易循，無折腰致敬之繁，守介胄不拜之義，情誼交孚，猜嫌悉泯，庶幾士卒忠愛之悃油然而自生，軍營卑靡之習不除而自去。②

此奏議後得到了清廷批准，並下令通行於各省陸軍，可見隨着時代變遷，

---

① 王先謙、朱壽朋：《東華録·東華續錄》(第 17 册)，上海古籍出版社 2008 年版，第 487 頁。

② 王先謙、朱壽朋：《東華録·東華續錄》(第 17 册)，上海古籍出版社 2008 年版，第 487 頁。

面對着數千年未有之變局，清廷不再一味心懷内諸夏而外夷狄的偏見，看到了西方軍禮的優點，並以其爲參考，修改清朝禮制，以利於軍隊和外交建設。而從另一個側面也可以看到，時至晚清，官修禮書的内容框架仍是清廷變革禮制儀節的總綱。事實上，直至清末新政對軍禮進行改革時，對相關禮制的查考仍要追溯至《大清通禮》。據《清續文獻通考》載，宣統三年（1911），外務部奏請設勳章局一事曰：

> 各國勳章局大率隸於内閣，見在我國官制尚未釐訂，此項勳章局擬暫設於外務部，俟官制訂定後，再遵照定制辦理。陸軍部、海軍部查《通禮》内載從征將士飲至策勳，國家原設有酬庸之典，嗣後遇有國際戰事，如有能搴旗斬將，奮不顧身，以及制勝出奇者，自應寵以殊榮，俾勵忠勇，此項勳章應由陸海軍部詳細擬訂，繪具圖式，分列條目，另行具奏，恭請欽定，以彰戰績，而示褒榮。①

由此條史料可見，朝臣將《大清通禮》所載嘉獎將士戰功的"飲至策勳"之禮與勳章製作相關聯，以便繪製勳章圖式，可見清末軍禮改革在吸收西方新禮儀的同時，也從官修禮書中借鑒了傳統文化元素。

光緒三十四年（1908），宣統皇帝沖齡踐祚，不能躬親實踐壇廟祭祀典禮，因此清廷商討由監國攝政王代行壇廟祭祀之禮事宜，相關禮制儀文的制定依然參考了《大清通禮》，《宣統政紀》載：

> 壇廟祭祀由攝政王代詣行禮。……今皇上沖齡踐祚，未能躬親祀事，而以監國攝政王代詣行禮，與周公居攝之禮，正復相同。……臣等謹徵之經籍遺文，按諸《通禮》，將應行妥議之處，分晰條列，繕呈聖鑒。②

此事在《清續文獻通考》一書"郊社考"中有更爲詳細的記載，原文如下：

> 祭祀之禮，駿奔對越以答帝天，隆孝享，非以明君道，乃所以明臣子之道也。故君在廟中則全爲臣子，臣子一例，《春秋》之義，即禮之經也。

---

① 劉錦藻：《皇朝續文獻通考》卷一百八十二《王禮考十三》，《續修四庫全書》第818册，上海古籍出版社2002年版，第151頁。

② 《宣統政紀》卷三，光緒三十四年十一月丙午，中華書局1987年版，第50~52頁。

監國攝政王代詣行禮，既攝祭主在壇廟之中，明臣子之道，升降拜跪之位，而祭主之位與殿廷寶座尊君臨之位，義固不同，郊壇拜位在二成，宗廟拜位在門內，均不爲嫌。《周禮·大宗伯》所謂若王不與祭，則攝位也，臣等謹徵之經籍遺文，按諸《通禮》，將應行妥議之處，分晰條列，另單繕呈，恭候命下，欽遵辦理。①

以上可見，時至清末，清廷在議禮、制禮以及進行禮儀實踐時，除查考、引用禮學經典外，依然注重參考《大清通禮》等官修禮書內容規定。

關於"監國攝政王冠服體制"，清廷也參考了《皇朝禮器圖式》等禮書進行製作：

　　查順治元年所定攝政睿親王冠服等制，事在國初，典章文物尚多草創，故其傳諸記載者亦闕焉不詳。臣等謹據所可考見各節，復稽之《皇朝禮器圖式》《皇朝通志》及《欽定大清會典》各書，悉心參酌，將遵擬監國攝政王應用冠服，比照親王體制應行加隆之處，分條臚列，繕具清單，恭呈御覽，伏候訓示遵行。②

宣統二年(1910)，清廷將孔子祭祀由中祀升爲大祀，御史松廷建議更改京師文廟建置，以崇隆典禮。針對這一建議，禮部會奏稱：

　　至殿宇階墀爲神所憑依，當敬謹典守，似不宜輕易更張，蓋改作固足以示隆重，而沿舊亦所以妥神靈。……雖敬考《會典》《通禮》諸書，並無大祀必須正殿九楹明文，即就該御史原奏所稱九楹而論，其數亦適相符。殿前階陛原係一成三陛，若改建三成五陛，必須拓展地基，有礙行樹，原奏慮及或有損折，於心未安，亦係實情，若仍一成舊制，但改五陛，則祭時鋪設櫻薦外，地勢較狹，樂懸佾舞，亦恐不敷分布，似可毋庸更改。③

① 劉錦藻：《皇朝續文獻通考》卷一百四十八《郊社考二》，《續修四庫全書》第817冊，上海古籍出版社2002年版，第609~610頁。
② 《大清新法令》(第四卷)，洪佳期等點校，商務印書館2011年版，第513頁。
③ 劉錦藻：《皇朝續文獻通考》卷九十八《學校考五》，《續修四庫全書》第817冊，上海古籍出版社2002年版，第132頁。

以上可見，鑒於改建文廟工程於周邊所植樹木有所損折，且對於行禮多有不便之處，禮部在參考《大清會典》《大清通禮》諸禮書後，認爲即使祭孔典禮升至大祀，亦不必更改正殿楹數和殿前階陛之數。可見直至清末，朝廷遇到此類禮制變更事宜，禮臣們仍舊參考《大清會典》《大清通禮》，官修禮書仍然在宮廷禮儀實踐中發揮着重要的參考作用。

除《大清通禮》外，《皇朝禮器圖式》一書在指導宮廷禮儀實踐上也由乾隆朝沿用至清末。據《清實錄》載，禮部、内務府遵旨置辦公主冠服，"查《會典》載固倫公主冠服、儀衛視親王福晉，和碩公主視親王、世子福晉。再恭查《欽定皇朝禮器圖式》所載公主朝冠、金約等制甚詳，謹繕單進呈，請嗣後照《禮器圖》制辦"①。可見禮部和内務府在制定公主冠服之制時，皆依《大清會典》《皇朝禮器圖式》而行之。

直至清末編練新軍，其旗纛樣式仍參考《皇朝禮器圖式》來製作。光緒三十一年(1905)，練兵處奏：

> 上年奏定新軍章制，《標旗制略》内載步馬各隊，每標應有標旗一，而平時設專弁奉持之戰時，標統擁以偕行，進退攻守，視爲標準。各國標旗向由國主頒發，將士見之，儀如謁君，我亦宜略仿其意，由練兵處擬定式樣，請旨頒發。旗到軍中，統將以下列隊虔迎，敬謹供奉等語。見在各省軍隊已按照奏定新章以次改編，所有此項步馬隊標旗自應由臣處擬就式樣，恭候欽定，以備頒發。又臣等恭閱《大清會典》所載武備各圖，如八旗自都統以至護軍校，綠營自督撫以至什長，莫不定有旗纛之制，繪列簡編，凡所以肅觀瞻而別等威者，鉅典鴻規，至爲詳備。方今各省所練新軍一經編定，均應奏請簡員校閱，所有派出之大臣，體制較崇，責任較重，亦應請旨頒發旗纛，如古者大臣假節之例，方足以振軍氣而壯國威，臣等查照《皇朝禮器圖式》内所載旗、綠各營纛制，參互考訂，分別擬就陸軍標旗及閲兵大臣旗等項旗式，繪具圖説，恭呈御覽。如蒙俞允，即由臣處恭照製備，敬謹存儲。②

---

① 《清高宗純皇帝實錄》卷一千二百六十一，乾隆五十一年閏七月癸巳，中華書局1986年版，第970頁。

② 劉錦藻：《皇朝續文獻通考》卷二百三十九《兵考三十八》，《續修四庫全書》第818册，上海古籍出版社2002年版，第676頁。

　　以上可見，清末順應時代變遷，編練新軍，但相關建制仍援引軍禮傳統，根據《大清會典》所載"武備各圖"以及《皇朝禮器圖式》所載"各營纛制"製作旗纛，以達到肅觀瞻、別等威、振軍氣、壯國威的目的。可見官修禮書在多事之秋的清朝末年，仍有其時代價值。

　　綜上所述，本章對清代官修禮書在宮廷禮儀實踐中的行用情況進行了系統考察，揭示了清代禮制建設背後所展現的兩方面政治訴求：第一，清統治者既標榜"崇儒重道"，又強調"滿洲認同"，二者並行不悖，其目的在於強化自身統治的合法性以及維護社會秩序的穩定。第二，運用中原儒家禮儀同化邊疆諸藩部，以加強對邊疆地區的實際統治，這在客觀上也促進了滿、蒙、漢之間的民族融合以及"大一統"民族觀念的重構。此外，通過考察清代宮廷禮儀實踐以及朝廷議禮的具體史實，也證實了清代官修禮書自乾隆朝修纂頒布以後直至清末，對於宮廷禮儀實踐一直發揮着重要的權威參考作用，對清代禮制建設影響深巨。

第六章　清代官修禮書的社會實踐與民間應用

　　正如本書首章所言，清初主張復興傳統禮學研究的學者和禮教主義實踐派借助清廷整理和修纂文化典籍的契機，鼓動清統治者修纂禮制專書，以此重塑儒家傳統禮制綱常，並建構清朝統治的合法性。與此同時，在地方社會，學者和士紳階層也試圖通過踐行官方禮儀，重塑宗族共同體，並以宗族爲載體，提升個體成員的倫理道德修養，進而重整社會秩序，提升地方社會的凝聚力。本章將就地方官府、士紳、學者以及邊疆地區對官修禮書內容的普及、借鑒與行用情況做一具體考察，以此評估清代官修禮書對地方社會所產生的實際影響。

第一節　地方官府與科舉考試對官修禮書的援引和行用

一、地方官府對官修禮書的援引和行用

　　據《清實錄》載，乾隆十年（1745）七月，吏部郎中金洪銓上奏清廷，請求黜奢崇儉，"各處地方官及仕宦之家，宜遵照欽定《禮書》，首先節儉，以爲齊民表率，其地方隨時奉到上諭，應於每月朔望，宣講《聖諭廣訓》之後，一體講解，俾愚民共知感化"①。這一建議得到户部等衙門議準。此時《大清通禮》尚未修纂完成，但從上述史料可以推斷，禮書的相關內容已經被清廷應用於淳化地方社會風俗事宜。

　　直至晚清，清廷仍力圖將官修禮書推廣至民間，以維護禮制綱常，化民成俗。光緒元年（1875）十一月，鑒於此前御史梅啓熙上折奏請朝廷整飭風俗，

---

① 《清高宗實錄》卷二百四十五，乾隆十年七月丙申，中華書局 1985 年版，第 167 頁。

以嚴杜僭越，清廷命禮部："將《會典》《通禮》內有關民間吉凶禮節者，刊布通行。"又恐"民間狃於積習，仍復奢侈相沿，僭禮越分，漫無限制"，故"著各省督撫及府尹等，即將該部前頒各條通行曉諭，實力奉行，俾閭里咸知品節，其有任意僭越者，該地方官即行禁止，以昭崇儉去奢之意"①。

同治二年(1863)四月，內閣給事中王憲成曾就地方孔廟先賢先儒位次混亂問題上奏清廷曰："各直省府、廳、州、縣兩廡先賢、先儒位次每多陵躐，並有奉旨准從祀者神牌尚未敬製入廟。"清廷針對此事命禮部將祀典次序繪圖，頒發各直省督撫學政，並轉飭府、廳、州、縣等官遵照辦理，"其神牌未經製造入廟者，迅即製造供奉"。後禮部奏稱：

> 遵查兩廡位次，乾隆十八年曾經釐定，載在《會典》《通禮》諸書，嗣後先賢中增祀公孫僑、公明儀二人，擬移公孫僑爲東廡第一位，在林放之前。蘧瑗爲西廡第一位，在澹臺滅明之前。牧皮爲東廡第三十五位，公明儀爲西廡第三十五位，其餘先賢位次，悉仍其舊。先儒增祀者凡十五人，擬合原定從祀之儒，各就時代，按其生年，一東一西，以次排列，俾免陵躐之弊，謹繕單繪圖，恭呈欽定，刊刻頒發各直省，謹遵辦理。②

以上可見，禮部草擬整飭孔廟先賢先儒位次的具體實施辦法，以乾隆十八年(1753)所釐定位次爲基礎，核定增祀人數，整合排序，"繕單繪圖"，"刊刻頒發各直省，謹遵辦理"。而當時的位次排列正是根據《大清會典》《大清通禮》等書所載相關禮制制定而成的，可見清代官修禮書在晚清地方社會禮制建設中所發揮的重要作用。

據民國年間所修《杭州府志》載，同治三年(1864)二月，清軍攻克太平軍所占據的杭州，地方官擬重新修葺因戰亂而損毀的學校，並於杭州府學舉行釋奠禮，目的在於崇禮教以正人心，原文如下：

> 杭州爲東南都會，十郡之士於是觀禮，疆臣惴惴不敢暇逸，大懼禮樂未舉，儀制不備，以貽多士羞。爰屬丁紳丙選美材，考良工，一遵《皇朝禮器圖式》《御纂律呂正義》《御纂律呂正義後編》，形模度數，積算審音，無毫釐絫黍之差。更稽《欽定大清會典》《欽定大清通禮》，凡跪拜、祝獻、

---

① 《清德宗實錄》卷二十一，光緒元年十一月乙未，中華書局1987年版，第325頁。
② 《清穆宗實錄》卷六十四，同治二年四月甲午，中華書局1987年版，第273頁。

升歌、下舞之節，罔敢或紊。經始於九年六月，告成於十年七月。時當仲秋，舉上丁之典，生徒畢至，秩秩焉，洋洋焉，禮成而樂和，志肅而情豫。環而觀者，咸拱竢致敬，嘖嘖稱盛事，謂是禮之不講，歲星且一周繼，自今庶足消亢屬之氣，而迓和平之福。……今運際中興，偃武修文，禮樂復成。①

從以上史料可見，由於江浙一帶自古名士衆多，杭州又是東南都會，十郡之士都來此觀禮，地方大員自然不敢怠慢，唯恐因失禮有辱清廷威嚴，故對儀器、祭器諸端的準備儘量考良工、選美材。"形模度數，積算審音"，參考《皇朝禮器圖式》《御纂律吕正義》《御纂律吕正義後編》，"跪拜、祝獻、升歌、下舞之節"則參考《大清會典》《大清通禮》諸禮書，細緻的準備工作使最終的釋奠典禮展演取得了非常好的效果。其時杭州城戰亂剛剛平息，釋奠典禮隆重舉行，成功塑造了清廷"偃武修文，禮樂復成"的"中興"氣象，雖然此舉不能解除清王朝統治的根本危機，但地方官紳通過查考官修禮書，進行禮儀實踐，至少取得了穩定民心的效果。

宣統二年(1910)，御史松廷奏稱，直省府、廳、州、縣文廟供奉、禮器、樂舞諸禮制儀節應與太學有所區別，禮部會奏此事曰："恭查《欽定大清通禮》，直省、府、廳、州、縣文廟祭祀陳設器數與京師無異，其祝詞、樂章均與太學不同，是已有所區別，應請毋庸另議。"②禮部在查考《大清通禮》後，發現各級地方的文廟祭祀陳設與京師無異，而祝詞、樂章本就與太學不同，因此"毋庸另議"，可見直至清末，清廷對地方文廟祭祀之禮變革與否，在議禮時仍以《大清通禮》所載禮制爲依據。

綜上所述，《大清通禮》《皇朝禮器圖式》等官修禮書在乾隆朝修纂完成以後，一定程度上得到了地方官府的援引和行用，對官方禮儀制度在民間的普及和淳化風俗發揮了一定作用，且這一影響一直延續至晚清乃至清末。

二、官修禮書內容被納入科舉考試之中

除了地方官府的援引和行用之外，官修禮書還成爲廣大士子研習的重要典

---

① 陳璚修，王棻纂：民國《杭州府志》(一)卷十四，《中國地方志集成·浙江府縣志輯1》，上海書店出版社 2011 年版，第 415 頁。

② 劉錦藻：《皇朝續文獻通考》卷九十八《學校考五》，《續修四庫全書》第 817 册，上海古籍出版社 2002 年版，第 132 頁。

籍之一，原因是清廷將官修禮書内容納入了科舉考試之中。乾隆四十三年（1778）辛亥，清廷策試天下貢士一百五十五人於太和殿前，題曰：

> 《會典》《通禮》所以别貴賤、辨等威，防奢僭。顧服食之違制，得以法繩之，人工物力之糜費，不能以法繩也。賓祭之過侈，得以禮節之，飲食器用之瑣屑，不能以禮節也。使事事爲之屬禁則擾，聽其紛華以耗本業，又豈藏富之道乎？其何以還淳返樸，用有節而民不煩，事有制而法可久歟？爾多士稽古力學，於學問之要，政治之本，講求熟矣，其籌之策之，引之伸之，推之古昔，證之當今，悉言無隱，朕將親覽焉。①

高宗皇帝殿試士子時提出，國家承平日久，百姓由儉入奢，如何合理利用禮和法來調節化導，才能使"用有節而民不煩，事有制而法可久"。高宗向士子們提出此問題，可見在其心中，進入盛世的清王朝，如何能令百姓"倉廩實而知禮節"、保證社會安定有序，成爲重要政務，官修禮書自然就成爲重要的考察文本。

道光年間學者王鎏撰有《富教論》一文，討論地方書院應改革完善之處，包括山長的合理篩選、經費的募集和使用等問題，其中講到了令諸生習禮以實現自我約束，其言曰：

> 於是又從而約束之，約束之者莫善於習禮，竊謂《欽定大清通禮》宜每生各給一部，其中士庶人禮有未備，更增補之，使冠昏喪祭依此而行。凡貧不能如禮者聽之，富而過於禮者罰之，士不遵禮者教官責之，蓋使爲士者心術正，品行端，學問博，禮節嫻，以之入仕，則官方必肅，以之化民，則觀感必速，善政善教，道無有過於此者矣。②

以上可見，晚清學人指導地方書院教育内容時，極爲重視生徒習禮，目的在於正其心術、端其品行，其中《大清通禮》是推薦士子必讀之書，且鑒於《大清通禮》一書於士庶之禮未備，還加以增補之，使冠婚喪祭之禮皆依此書而行。

---

① 《清高宗實録》卷一千零五十五，乾隆四十三年辛亥，中華書局 1985 年版，第 99~100 頁。

② 盛康輯：《皇朝經世文續編》，《近代中國史料叢刊》第八十四輯，文海出版社 1972 年版，第 1315~1316 頁。

梁啓超在其所作《變法通議・科舉》一文中講道："《通禮》一科，以能讀皇朝"三通"、《大清會典》、《大清通禮》，諳習掌故者爲及格。"①可見即使到了清朝末年維新人士倡言變法，在科舉改革內容中，仍重視對士子進行官修禮書內容的考核。

第二節　地方文人士紳對官修禮書的援引和行用

一、清代文人士紳對禮儀教化的重視

清初統治者完成軍事一統，在中原地區站穩腳跟後，陸續通過恢復科舉考試制度、重整官僚體系以及向地方社會士紳放權等舉措，來挽救晚明諸多社會問題，重整社會秩序。在這一時代背景下，作爲地方社會教化責無旁貸的主力軍，文人士紳群體的價值觀和教化理念就顯得至關重要。正如本書首章所述，由於明末清初社會道德失序，價值觀念混亂，導致清代士紳和學者痛詆陽明心學，不再注重民間講學和向社會灌輸本體論、形而上學式的思想觀念，轉而致力於宣傳和躬行儒家禮教，更加看重忠君、孝道和貞節等儒家倫理道德價值。他們試圖借助禮儀的規範性和權威性，使倫理綱常不容辯駁，且更爲廣泛、深入地向地方社會普及和傳播，進而達到維護社會秩序的目的。正如美國學者周啓榮所言："有清一代，全社會對'族規'的解釋日趨嚴厲而苛刻，家族內部的'法庭'對違反儒家禮教的族人的懲處也日漸嚴酷。"②

與此同時，地方士紳和學者群體也漸漸興起了一股復興傳統禮教的學術思潮，注重通過考據方法去僞存真，以恢復禮學經典的原貌，並通過身體力行，實踐禮儀教條，以此達到宣揚儒家倫理綱常、重整社會秩序的目的。清代社會研習、踐行傳統禮教的學者，着力製作一整套嚴格的禮儀流程，以便社會成員遵守，他們相信禮儀教條的重復性和規範性，將促使綱常倫理逐漸內化爲社會成員的行爲習慣和思想觀念，因此，禮儀教條對倫理道德的普及和社會行爲規範的養成，具有至關重要、不可替代的作用。

---

① 求是齋校輯：《皇朝經世文編五集》卷四，沈雲龍主編：《近代中國史料叢刊三編》第二十八輯，文海出版社 1987 年版，第 146 頁。

② ［美］周啓榮：《清代儒家禮教主義的興起——以倫理道德、儒學經典和宗族爲切入點的考察》，毛立坤譯，天津人民出版社 2017 年版，第 11 頁。

　　清初學人作爲借助宗族組織向基層社會灌輸禮教觀念和知識的先行者，首先從自家禮儀實踐入手，變通、改造《朱子家禮》，如孫奇逢就曾撰寫《家規》《蘇門會約》《家禮酌》以及《家祭儀注》。陸世儀撰《陸氏宗祭禮》，並仿照《周禮》撰成《治鄉三約》。①　此後，清代文人士紳群體以身作則，設立家規、族約，對地方社會進行禮儀教化者，前赴後繼，屢見不鮮。

　　時至乾隆朝，《大清通禮》《皇朝禮器圖式》等官方禮書陸續修纂完成後，由於其整體框架和内容源自於先秦兩漢禮學經典著作，相比脱胎於《朱子家禮》的私人撰著禮儀文本，少有佛道思想觀念和禮儀摻雜其中（這也正是清代漢學家指斥宋學的關鍵所在），於是後世文人士紳出現了援引、改撰官修禮書，並於本宗族、家族内進行禮儀實踐的趨勢。可以説，士紳階層對於官修禮書和禮制儀節在地方社會的普及起到了承上啓下的樞紐作用。

二、引述官修禮書内容以抨擊社會陋俗

　　嘉道年間的著名文史學家姚瑩在其所撰《聖廟朔望香鐙説》一文中，論及太學以及各直省地方官學釋菜之禮時，援引了《大清通禮》一書所載禮制儀文：

　　　　謹按《大清通禮》太學月朔釋菜，其日夙興，國子監典簿啓門，率廟戶潔掃内外，展幄、拂拭神案，每案陳菜、棗、栗各一，豆鑪一，鐙二。設案於殿内，陳香盤七，尊一，每位爵一。東西廡設案，各陳香盤三，尊一，每位爵一。質明，祭酒率屬朝服，諸生吉服，行三跪禮，祭酒詣先師位前三上香，獻爵，次詣四配位，如之。分獻官二人詣十二哲位前，二人詣兩廡先賢先儒位前，如之，復位，行三跪九叩禮。望日上香，典簿拂案然鐙，設香盤於殿内及兩廡各案，惟設洗於階東，不設豆及尊爵。司業詣先師位前三上香，四配位同。助教二人分詣十二哲，學正二人分詣兩廡，上香儀俱同釋菜。其直省月朔釋菜，望日上香，教諭、訓導行禮與太學同，此定制也。今直省、府、州、縣學多失此禮，而省自督撫以下，郡自道府以下，州縣自知州、知縣以下文武官咸同，行三跪九叩禮，餘皆無之，非制也，附識於此。②

---

①　吳麗娛主編：《禮與中國古代社會》（明清卷），中國社會科學出版社 2016 年版，第 293~294 頁。

②　姚瑩：《東溟文集・文後集》卷一，道光十三年刻本。

以上可見，姚瑩在查考《大清通禮》所載太學月朔釋菜之禮後，認爲關於月朔釋菜、望日上香的禮制，"直省、府、州、縣學多失此禮"，可見當時地方禮制實踐多有荒廢，而姚瑩在該文中予以指出，並載入其所著《東溟文集》一書之中。

道光《永州府志·風俗志》論及服喪禮制，引郡人葉向時著《喪禮論》，陳述當地居喪違禮陋習十一條，文中先是引孔孟之言，申明居喪期間嚴守禮制的重要性："孔子論禮之本曰：'喪與其易也，寧戚。'文戒人之居喪不哀者。曾子曰：'吾聞諸夫子人未有自致者也，必也親喪乎？'又曰：'慎終追遠，民德歸厚。'孟子曰：'惟送死可以當大事。'……蓋喪主于哀，哀則居處不安，食旨不甘，聞樂不樂，營葬以安，親既葬，乃卒哭。忌日必有追慕，邪説不得相淆，唯自盡其喪禮也。"而如今當地出現違禮陋習十一條，皆是由於不致哀的緣故。

在論及違禮條目"早入内寢"時，作者言曰："古者父母之喪，斬衰居倚廬寢苫枕塊，大祥後而復寢，期、大功者卒哭後而復寢。"且"《大清通禮》喪三年者，不飲酒，不食肉，不處内。聞閩省中尚嚴三年不内寢之禮，今我邑有於百日外或四十九日外遂入内寢者，獨不思大祥以前，禮猶當執杖也，良心何在？自犯嚴律"。此處顯然將官修禮書《大清通禮》所載居喪禮制作爲評判當地違禮現象的依據和標準。

在述及當地喪禮中用樂鼓吹這一違禮現象時，作者言曰：

> 考古"三禮"及《通禮》，喪禮無用樂者，《欽定儀禮》論俗用喪樂，原爲軍樂，足以震蕩亡魂，則當禁止。温公論失禮之甚者，初喪以樂娛尸，及葬以樂導軸車，而號泣亦隨之，亦有乘喪即嫁娶者，而慨習俗之難變，愚夫之難曉也。今吾郡之喪，入棺成服，開弔送葬，皆用樂鼓吹，燕樂賓客。且於夜中，鄰人環集柩旁，鼓鑼震響，歌唱争喧，謂之鬧喪，不尤可慨乎？

此處作者以《大清通禮》和《欽定儀禮》所載内容，論證喪禮不應用樂，進而抨擊當地喪禮用樂鼓吹、宴飲賓客、"歌唱争喧"的鬧喪陋習。

對停柩多年不葬、卒哭違制和祭日缺禮的陋習，作者仍援引《大清通禮》所載禮制規定予以申飭，其文曰：

> 四曰停柩多年，《通禮》士三月而葬，庶人踰月而葬，倘難卒辦，亦

不可以久延。蓋死者以歸土爲安，停柩不葬，禮律各有明禁。今乃有望後人富貴，惑於風水之説停柩多年者，不惟忘親，而且犯律。……五曰卒哭違制，哀親而哭，人子之至情也，古者未葬不卒哭，後世過朞者多，故唐開元中有百日之制，《通禮》因之，百日薙髮，百日卒哭。……我邑固有停柩多年，亦有月内即葬及數月始葬……百日薙髮卒哭者少，四十九日薙髮卒哭者多，嗟乎！子欲養，親今則何在，忍不百日卒哭耶？六曰祭日缺禮……《通禮》忌日有奠禮，孝子追慕之志也。……今人於己生日，與親友燕樂，值父母忌日反缺奠禮，獨何心與？①

以上《永州府志》所列當地違禮諸條目，如"早入內寢""用樂鼓吹""停柩多年""卒哭違制""祭日缺禮"等，皆引《大清通禮》禮制規定來抨擊喪禮中的違禮陋俗，可見官修禮書經由文人援引，對抨擊地方社會陋俗和違禮現象發揮了重要作用。

三、將官修禮書内容付諸社會實踐

文人士紳對官修禮書的重視還落實到了身體力行上。嘉慶年間官至湖廣總督的吳榮光在其所撰《南海吳氏方伯家廟記》一文中寫道：

道光乙酉秋，榮光備藩黔省，以先通奉府君年屆七十五，榮光違侍十有六年，告於長官，援京官給假四月之例，陳請歸省。越月，奉命護理巡撫，復具摺申奏，得旨俞允。十二月廿六日抵家省觀，府君欣慰交集，既復進榮光與諸弟而詔之曰："……吾聞守其宗廟，爲卿大夫之孝，佛山居人稠密，未易得地，汝生祖妣易太夫人爲汝祖側室，族議不祔翰林家廟，歲時止祭於寢，吾心歉然，宅西家塾外爲澹和堂，寢室、饗堂之基已備，仍其式廓而修葺之。……"榮光等謹泣而志之。蓋榮光不肖，不能長侍膝下，府君以簡書可畏，將勉其復出，遂不覺其言之詳且盡也。於戲！不料其言之既詳且盡也。越兩載，戊子夏，榮光在福建藩使任内，倉卒奉諱歸，大事既畢，合諸弟而謀之曰："先人遺命，不可緩也。"遂以己丑六月經始，以家塾作寢室，以澹和堂作饗堂……遵《大清通禮》二品蒲春夏秋冬四祭，以四仲月初吉舉行。……若夫國朝品官家廟定制，二品得用五間

---

① 呂恩湛修，宗績辰纂：道光《永州府志》卷五上《風俗志》，嶽麓書社 2008 年版，第 373 頁。

三門，兹爲地所限，廓而大之，以俟來日。其祭産及一切章程，另泐於石。①

以上史料記載了吴榮光遵其父遺志，進行家廟建置的具體情况，包括家廟各室用途安排、修葺規格以及先人神主的擺放位置等事宜。其中可見，家廟祭祀的具體禮制規格嚴格遵照《大清通禮》所載禮制儀文來施行。

姚瑩在《考定焚黄儀制書後》一文中講道：

瑩方服官海外，不克躬焚黄於家，閲朱子集，見其爲先世焚黄文有感焉，遍考《禮經》及唐《開元禮》、司馬公《書儀》、《朱子家禮》，準以《大清通禮》，參定儀制，撰告祝文，遣兄子濟光歸，從伯兄朔敬成其禮，嗚呼！是可愴也。②

此處"焚黄"指古代祭告祖先時焚燒祝文，此文載姚瑩服官在外，無法躬親行禮，於是遍考禮經以及唐《開元禮》、司馬光所撰《書儀》、《朱子家禮》和《大清通禮》，考訂焚黄儀制，並遣家族成員"敬成其禮"。

在清人錢泰吉所撰《湯溪縣學教諭沈君行狀》一文中載：

君(沈寶麟)初至湯溪，即修灑掃職，殿庭無積塵，雨則周省視，有漏痕則芻皇若無所措，曰："我室完而廟屋敝漏，我何衣食於此！"繕完乃即安。邑人聞之皆感奮，相率新兩廡及名宦、鄉賢、忠孝、節義四祠，並及先農、神祇壇，君倡之也。尊經閣藏書殘闕者，借鈔購補多精整，撰《文廟祀事考》，上稽《大清通禮》諸書，以正湯溪沿習之誤。兩廡位次及釋奠儀節、器數考定惟謹，前期必變食，及祭必潔必虔。其辭職也，自謂精力衰，恐跪起或失儀，爲大不敬云。③

此條史料爲清代名儒錢儀吉之從弟錢泰吉爲湯溪縣學教諭沈寶麟所作行

---

① 吴榮光：《石雲山人文集》卷二，《清代詩文集彙編》第 510 册，上海古籍出版社 2010 年版，第 518~519 頁。

② 姚瑩：《東溟文後集》卷十，《清代詩文集彙編》第 549 册，上海古籍出版社 2010 年版，第 524 頁。

③ 錢泰吉：《甘泉鄉人稿》卷十九，《清代詩文集彙編》第 572 册，上海古籍出版社 2010 年版，第 238 頁。

狀，此君卒於道光二十五年（1845），身爲縣學教諭，他對於文廟修繕、書籍
整理諸事盡職盡責，對禮制儀節詳加考訂，並身體力行之，當地百姓受其感染
和鼓舞，紛紛爲翻新壇廟、祠堂貢獻力量。值得注意的是，他參考《大清通
禮》諸禮書，修正了湯溪縣一直以來在廟祀禮儀方面的"沿習之誤"。可見通過
禮學之士的傳承，《大清通禮》等清代官修禮書的禮制儀文在地方社會得到了
一定程度的普及和實踐，匡正了民間的失禮現象。

　　晚清名儒陳澧在其所撰《誥贈光禄大夫建威將軍張公神道碑銘》一文中寫
道：

　　　　誥贈光禄大夫、建威將軍張公之墓，布政使銜、前四川按察使方君爲
　　之表。公長子樹聲今官兩廣總督，以《大清通禮》一品官墓，當立螭首，
　　碑高八尺有奇，命陳澧爲銘，澧以方表讚述詳實。①

　　在這則碑銘中我們看到，由於逝者張蔭穀誥贈光禄大夫、建威將軍，參照
《大清通禮》一書對一品官的立碑規格，"當立螭首，碑高八尺有奇"。這位朝
廷一品大員去世之時已是光緒十年（1884），此時地方士紳依然參照《大清通
禮》來決定已故大臣碑銘的具體規格尺寸，可見《大清通禮》的政治與社會影響
之久遠。

　　晚清桐城派名家方宗誠在其所著《柏堂師友言行記》一書中，回顧咸同年
間著名目録學家、藏書家蘇源生的治學之道，其言曰：

　　　　菊村之學務守《禮經》，咸豐壬子，丁母王太孺人憂，哀痛號泣，不
　　飲酒，不食肉，不輕出廬户，不爲詩文，不與燕會，如是者三年。嘗深慨
　　禮亡俗壞，喪葬之儀違古彌甚，乃參酌《儀禮》、温公《書儀》、文公《家
　　禮》、《大清通禮》等書，自初終至葬，一切禮節悉合於古。如葬日不用音
　　樂，題主於墓次，及題主不請顯官，不點朱，葬後三虞，皆近世所不行
　　者，菊村毅然行之，不稍徇流俗。②

---

　　①　陳澧：《東塾集》卷五，《近代中國史料叢刊》第四十七輯，文海出版社 1970 年版，
第 353 頁。

　　②　方宗誠編撰：《柏堂師友言行記》卷四，四川大學古籍整理研究所編：《儒藏·史
部》第 163 册，四川大學出版社 2008 年版，第 243 頁。

蘇源生治學"務守《禮經》"，在丁母憂期間，守孝三年，一遵古禮。蘇氏深感當時"禮亡俗壞"，喪葬之禮"違古彌甚"的不良社會風俗，因此參考《儀禮》、司馬溫公《書儀》、《朱子家禮》和《大清通禮》等禮書，身體力行，踐行喪葬古禮，不徇流俗，可見《大清通禮》等官私禮典所載禮制，通過後世文人士大夫在地方社會的傳播與實踐，一定程度上起到了化民成俗的作用。

此外，晚清名宦黃彭年爲文人王振綱所撰墓表言曰：

　　同治中，先生母杜太宜人百歲，五世同堂，得旌於朝，人以是爲國家之祥，稱先生之孝。孰知其竭力致誠，侍父病衣不褫帶，目不交睫，嘗藥餌，滌廁牏。侍母病，晝則舁肩輿遊園里，夜則説書史，以博歡心。臨喪，哀毀骨立，葬祭皆遵《通禮》，有非人所能及者。是時樂亭史先生夢蘭同以奉親，家居設教，同以五世同堂見旌。於是京畿東南學者，翕然向風，浸浸乎仁孝之行，遍庠序間矣。①

以上可見，同治年間文人王振綱以身作則，踐行禮儀，展現了仁孝之風，特別是在踐行父母葬祭諸禮儀時，嚴格遵循《大清通禮》禮制儀文，使仁孝之風遍及庠序之間，對於淳化地方風俗起到了表率作用。

綜上所述，乾隆朝《大清通禮》等官修禮書修成之後，雖然受官方宣傳普及不力、百姓接受能力有限，以及舊俗行之已久、不易更化等諸多因素所限，導致官方禮制下移受阻，民間失禮與陋俗等現象較爲普遍。然而地方文人士紳還是積極從本家族所遇到的相關禮制問題入手，參考歷代官私禮典，制定相關禮制儀文，身體力行，以期匡正禮法，化民成俗。可以説，這一文人群體是在地方社會踐行官方禮制的主要實踐者。

四、改撰官修禮書以匡正今俗

除了在著述中援引官修禮書內容來抨擊社會陋俗，以及將官修禮書內容付諸社會實踐外，文人士紳還對官修禮書進行改撰，形成新的禮儀文本，以適用於當時的社會實際，具有一定的創新性，以下舉例詳述之。

江蘇無錫人孫爾準於嘉道年間曾任職軍機處，後擢升爲廣西巡撫，其所撰《趙氏祠規·叙》載：

---

①　黃彭年：《陶樓文鈔·雜著》卷七，《近代中國史料叢刊》第三十六輯，文海出版社1969 年版，第 567~568 頁。

吳興趙氏遷自新安，累傳益大，爲郡著姓……下車甫數月，政聲流聞，驚其循化之速，方致書詢其治譜，太守書適來示以祠規，而屬爲之叙。其説原本《禮經》，一衷於《皇朝會典》《通禮》。儀節之小者，參以《書儀》《家禮》，因宜合俗，俾共可行，不爲泥經執古，而出於人心之所同然者。①

以上可見，嘉道年間吳興趙氏祠規主要參照《儀禮》《大清會典》《大清通禮》《書儀》《家禮》來進行修訂。

又如嘉慶年間學人馬樹華在其所著《可久處齋文鈔》一書中所撰《祠堂記》一文論及祠堂祭祀儀節時，也參考了《大清通禮》中的"家祭"禮制內容，原文如下：

謹按《大清通禮》家祭吉禮，主人朝服，子弟執事者盛服，今定有服制者不與祭，與祭者皆吉服著靴，夏秋緯帽。《通禮》家祭及時節薦新、朔望獻茶，均行一跪三叩禮，不揖，不四拜，四拜係相沿舊禮，今不可。《通禮》家祭之期，歲以春夏秋冬仲月擇吉致祭，蓋祭四親廟也，今祠始祖以下謹定春秋二仲朔日，恪遵典禮而敬行之。②

此處論及家祭時節、所着服飾、貢獻祭品以及跪拜之禮，顯然是在《大清通禮》所載禮制內容基礎之上略加變革而成。

道光年間學者蔣彤爲其師李兆洛所撰《年譜》載："（嘉慶）二十一年丙子，先生年四十有八……討究喪祭諸禮，因發徐氏《讀禮通考》諸書及《大清通禮》'品官士庶儀'合參之，定其可行於今而無悖於古者。"③可見李氏對《大清通禮》和徐乾學所撰《讀禮通考》一書進行過比對刪削，以爲今用。

道光年間文人李德騫，湖南常寧人，光緒《湖南通志》載："李德騫字補堂，諸生，承父命勷平猺亂，加六品銜，事親養志，居喪恪守典禮，時祭必誠

① 孫爾準：《泰雲堂集·文集》卷一，《清代詩文集彙編》第497冊，上海古籍出版社2010年版，第7頁。

② 馬樹華：《可久處齋文鈔》卷八，北京師範大學圖書館編：《稀見清人別集叢刊》第17冊，廣西師範大學出版社2007年版，第143頁。

③ 蔣彤編：《武進李先生年譜》卷二，四川大學古籍整理研究所編：《儒藏·史部》第94冊，四川大學出版社2007年版，第2頁。

必敬，縣人交推孝行。"①李德騫在其所撰《士庶昏喪遵制正俗議》一文中講道：

> 考《儀禮》昏喪之禮，尚存士昏、士喪、既夕、士虞諸篇，然士爲有
> 爵之士，其禮不下庶人。後如溫公《書儀》《朱子家禮》，皆有爵位時所作，
> 其儀節猶繁亦難，概於人庶也。恭讀《大清通禮》，酌古準今，於品官禮
> 外更制庶士禮、庶民禮。俾家家知禮而講之，人人循禮而行之，典盡善
> 矣。但藏在官府，民間罕見，故閭里雖窮而奢風究莫能挽，等威未辨而僭
> 分實不自知。其有志世道者，援《儀禮》《書禮》《家禮》諸書，欲以矯時而
> 未免反古。茲議謹遵《大清通禮》及《大清會典》《大清律例》所制士庶之昏
> 喪，以正邑俗之僭侈，庶幾率由有準，而民德歸厚，民俗還淳云。②

依李氏以上所論，由於"禮不下庶人"，故無論是《儀禮》還是後世《朱子家
禮》、溫公《書儀》等禮書，所載禮儀都只限於有爵位的官僚、貴族階層，且所
載行禮儀節繁委複雜，難以普及到普通民眾階層中去。而《大清通禮》增加了
庶士禮、庶民禮，這無疑是與前代禮書相比的進步之處。然而《大清通禮》雖
然明文記載庶士禮、庶民禮等禮制儀節，但由於是書藏在官府，民間罕見，導
致民間"等威未辨""僭分實不自知"。有志於世道之人，往往援引《儀禮》《書
禮》《家禮》諸書，欲矯時弊，卻又難免泥古。有鑒於此，李氏根據《大清通禮》
及《大清會典》《大清律例》中所涉及的士庶婚喪之禮，作《士庶昏喪遵制正俗
議》一文，以糾正陋俗，淳化民風。如此既避免了參照《儀禮》、《朱子家禮》、
溫公《書儀》等禮書不適用於士庶階層，且年代久遠不適合當下行用的弊端，
又彌補了《大清通禮》雖載士庶禮儀，卻"藏在官府，民間罕見"的缺憾。可見
像李德騫這樣的地方文人士紳，通過借鑒《大清通禮》等官修禮書內容，撰著
士庶禮儀文本，一定程度上實現了經世致用、以禮化俗的目的。

嘉道年間學人吳榮光在其所撰《吾學錄初編》叙言中講道：

> 國家制作大備，垂二百年同軌同倫，而荒陬辟壤，於冠婚喪祭之禮，
> 尚有沿前明之舊，徇時俗之陋者。蓋以官民禮制具載《大清會典》，而卷

---

① 李翰章、裕禄等編纂：光緒《湖南通志》（五）卷一百八十五《人物二十六》，嶽麓書
社 2017 年版，第 3622 頁。

② 盛康輯：《皇朝經世文編續編》卷七十《禮政九》，《近代中國史料叢刊》第八十五
輯，文海出版社 1972 年版，第 953 頁。

帙浩繁，不能家有其書，以爲率循之準。道光四年，增輯《大清通禮》，
頒發直省，刊刻流布，八年，復命内外各衙門將民間應用服飾及婚喪儀
制，查照《會典》，刊刻簡明規條，務使家喻户曉，則有所率循矣。然條
教之式，或久而輒忘，《通禮》全書，或讀而未能全會，蓋有待於學者也。
榮光年二十奉母諱，先資政公取世所傳《家禮》，辨定授之，芸書作於宋，
辨於明，竊意國朝制度，未必盡如此。迨二十六歲通籍，官中外者三十
年，三度蒙恩歸省，鄉人以四禮來質者，必舉《會典》所載應之，質者往
往於字句内疑信參半，未能盡行，益歎舊俗之錮人已深，一時驟難轉移。

吳榮光談道，國家禮典製作雖然早已大備，但偏遠地區於冠婚喪祭諸禮仍
然沿襲明代舊制。官民禮制雖然在《大清會典》中有明確記載，但由於《大清會
典》卷帙浩繁，民間往往不能家有其書，以作爲行禮之準則。之後道光四年
（1824）又有續修《大清通禮》刊刻流布於民間，道光八年（1828）再命"内外各
衙門將民間應用服飾及婚喪儀制查照會典，刊刻簡明規條"，以期禮制條文能
够家喻户曉，但百姓或是由於不能完全領會《大清通禮》内禮制儀文之意義，
或是日久遺忘，因此對於《大清會典》《大清通禮》所載禮制儀文將信將疑，不
能完全踐行其禮，最終導致舊俗根深蒂固，一時難以扭轉。可見清廷官方雖然
試圖通過製作、普及官修禮書來實現以禮化俗之目的，但無奈官修禮書内容難
以被平民百姓理解和接受，民間舊俗亦難以更化。針對這一社會現象，吳氏認
爲亟須對當代典禮中"切於人生日用者"詳考深繹，這也正是他撰寫這部《吾學
録初編》的初衷：

　　道光戊子，奉父諱，既葬廬墓於白雲山之北，敬取《大清會典》《通
禮》《刑部律例》《五部則例》《學政全書》等書，於人心風俗之所關，政教
倫常之衆著者，手自節録，兩載遂竟其業。庚寅服闋入都，蒙恩授湖南布
政使，不數月升本省巡撫，因延寧鄉舉人黃君本驥至署，公餘之暇，出所
録者，相與攷訂論次，以及門陳子傳均、家弟彌光任校讐之事，一載有
餘，遂成此書。歷代以來，所因者宜遵，所革者宜改，悉以官書爲定。凡
乘輿服物，郊廟大祀，不敢載入，蓋專爲官民法守而言，謹分別門類，各
加案語。首典制，尊朝廷也。其餘照功令所頒，以事之大小重輕爲序。次
政術，次風教，次學校，次貢舉，次戎政，次仕進，次制度，次祀典，次
賓禮，次昏禮，次祭禮，次喪禮。禮以齊民，法以防民也，以律例終焉。

以上可見，吳榮光結合《大清會典》《大清通禮》《刑部律例》《五部則例》《學政全書》等書，撰著《吾學録初編》這樣一部用於民生日用的禮書，以扭轉社會不良風氣，化民成俗。其書禮法結合、政教結合的編排體例獨具特色，體現了清代地方文人士紳以改作官修禮書爲手段、以"禮"經世的務實思想，正如吳氏所言：

> 榮光之録此《初編》者，竊以生今之世，爲今之人，使居官行事，先有以自立，而於里俗之趨向，夫婦之知能，或不無少裨焉，冀以上佐國家道一風同之治云爾。孔子曰："不學禮，無以立。"又曰："吾學《周禮》，今用之，吾從周。"①

此外，咸豐年間學人鄒漢勛在其所著《敩藝齋文存》一書中，述及其父鄒文蘇改作《大清會典》《大清通禮》，勒成禮文，以匡正鄉里陋俗事蹟時説道：

> 府君受性，端律身嚴，壯季應試長沙，友人誘之青樓，既至而知之，輒正色責之而去。不妄取予，能勤苦。新化風俗，喪祭多不如禮，初喪之夕，宗族鄰里歌鼓於喪側，或延浮屠作佛事，有至四十九日者。昏禮輒於合巹夕，群從姻亞，諧謔於新婦房中，恬不知怪，又不敬事其先人，而好巫覡。府君毅然更之，率子弟講求《會典》《通禮》之品制，采古禮之儀文，勒爲成規，奉而行之，以故鄉里頗知禮意，斥浮屠、巫覡，即昏禮亦不至於嬉戲，此其行教於家之徵也。②

可見時至咸豐年間，面對地方社會失禮現象，文人士大夫仍堅守《大清會典》《大清通禮》所載禮制儀文，並着力加以改作，行於鄉里，以抵制惡俗。

第三節　官修禮書與官方禮儀向邊疆地區的推廣

除了上章所述，在權力中心北京通過宮廷禮儀展演來争取邊疆少數民族首

---

① 以上引文皆出自吳榮光：《石雲山人文集》卷三，《清代詩文集彙編》第 510 册，上海古籍出版社 2010 年版，第 536~537 頁。

② 鄒漢勛：《敩藝齋文存》卷六，《清代詩文集彙編》第 616 册，上海古籍出版社 2010 年版，第 585 頁。

領的文化認同和彰顯統治權力外，清廷還將官修禮書頒發至邊疆各地區，以推廣官方禮儀；並通過地方官學、書院等教育機構定時舉行儒家禮儀展演，向邊疆士子灌輸儒家禮教綱常。

一、官修禮書向邊疆地區的推廣

在西南地區，據道光《長寧縣志》載，今隸屬於四川省宜賓市的長寧縣，當地社稷壇祭祀祝辭內容全文抄録了《大清通禮》直省、府、州、縣祭祀社稷的祝辭內容，其文曰：

> 維某年月日，某官某致祭於社稷之神曰："維神奠安，九土粒食，萬邦分五色以表封圻，育三農而蕃稼穡，恭承守土，肅展明禋。時屆仲春秋，敬修祀典，庶丸丸松柏，鞏磐石於無疆，翼翼黍苗，佐神倉於不匱。尚饗！"據《大清通禮》修。①

該方志所載祭先農之禮的祝辭內容也完全抄録於《大清通禮》"直省、府、州、縣先農壇"之禮，祭先農之祝辭曰：

> 維某年月日，某官某致祭於先農之神曰："維神肇興稼穡，立我烝民，頌思文之德，克配彼天，念率育之功，陳常時夏，茲當東作，咸服先疇。洪惟九五之尊，歲舉三推之典，恭膺守土，敢忘勞民，謹奉彝章，聿修祀事，惟願五風十雨，嘉祥恒沐神庥，庶幾九穗雙歧，上瑞頻書大有。尚饗！"據《大清通禮》修。②

此外，該方志所載"春秋釋奠先師孔子之禮"也是"據《大清會典》《續纂大清通禮》參修"。"學宮建修考"有關大成殿先師位、四配位、東西兩廡先賢先儒、配享先賢先儒位，皆參考《大清通禮》記載之。③ 可見晚清時期官修禮書在西南邊疆地區已經廣泛普及流傳。

---

① 高炳文修，馮蘭纂：道光《長寧縣志》卷二，《中國地方志集成·廣東府縣志輯4》，上海書店出版社 2013 年版，第 171 頁。

② 高炳文修，馮蘭纂：道光《長寧縣志》卷二，《中國地方志集成·廣東府縣志輯4》，上海書店出版社 2013 年版，第 172 頁。

③ 高炳文修，馮蘭纂：道光《長寧縣志》卷四，《中國地方志集成·廣東府縣志輯4》，上海書店出版社 2013 年版，第 197~199 頁。

在東北地區，嘉慶十四年（1809），清廷下令頒發書籍至盛京各學，内容涵蓋經史子集等諸多經典著作，其中就包括《聖祖仁皇帝文集》《世祖憲皇帝文集》《聖諭廣訓》《欽定大清通禮》《皇朝禮器圖式》等書，顯然清廷此舉意在將帝王爲政思想和官方禮制儀文向邊疆地區普及。①

在西北邊疆，晚清時期邊疆大吏曾主動向清廷請頒儒家經典和禮制之書，並納入科舉考試内容之中，左宗棠就是其中代表。據《清實錄》記載，光緒二年（1876）三月，"左宗棠奏甘肅鄉試闈中應用書籍，請飭頒發《周易折中》《書經傳説彙纂》《詩經傳説彙纂》"等書。清廷遂命武英殿查明"現在有無此書，其各項書板，是否尚存，並此外尚有何項書板，均著咨報軍機處"。經查明，左宗棠請領各書"尚存《硃批諭旨》《高宗純皇帝聖訓》《御批通鑑輯覽》……《皇朝通典》《通志》《通考》《禮器圖式》"等書。② 此處可見，左宗棠所建議甘肅鄉試應用書籍中有《皇朝禮器圖式》一書，據此推斷，清代官修禮書極有可能在邊疆科舉士子群體中得到了傳閲和普及。

二、官方禮儀在邊疆地區的展演效果：以丁祭爲例

清廷除了通過向邊疆地方官學和書院頒發官修禮書，以鼓勵士子研習禮學、禮制經典之外，還在邊疆地方官學等地每年定時舉行禮儀展演，以這種方式向邊疆士民進行倫理道德教化，普及中原禮樂文明，禮儀文本則從中起到了重要的指導作用。如地方府州縣學和書院舉行的釋奠、釋菜、祭祀名宦鄉賢等典禮，通過具體時空場景中的禮儀展演，實現了對"表演者"和"觀衆"的儒家文化熏陶。相較於灌輸儒學文本知識，禮儀展演過程中的儀式場景布置、禮器陳設、揖讓跪拜、祝辭樂章等諸多象徵元素，能够更爲直觀有效地使參與者對中原儒家文化産生信仰和認同。這些禮儀展演活動除了有地方官和知識精英主持、參與外，普通民衆同樣有機會前去觀禮，相比於學校教育更爲開放，受衆範圍更廣。

於文廟祭祀以孔子爲首的儒學先聖先師、先賢先儒、名宦鄉賢自古有之，這些祭祀對象凝聚了儒家文化的核心價值觀念。在祠廟中舉行的祭祀典禮，通過一整套場景布置和儀式流程，凸顯對塑像、畫像和木主的崇拜，他們所倡導

---

① 劉錦藻撰：《皇朝續文獻通考》卷一百零一《學校考八》，《續修四庫全書》第 817 册，上海古籍出版社 2002 年版，第 145 頁。

② 《清德宗實録》卷二十七，光緒二年三月壬寅，中華書局 1987 年版，第 410~411 頁。

的學說思想以及所代表的儒家倫理道德品格也因此得以彰顯。儀式的反復上演形成文化記憶，士子對儒學與禮教的信仰和認同也逐漸形成。時至清代，學校與書院祭祀禮儀在祭祀場所、禮器陳設、儀式流程等方面不斷完善，提升了儀式展演效果，其禮儀實踐的步驟、禮儀樂章內容等整體框架與清代官修禮書《大清通禮》的祭孔禮儀大同小異。下面以邊疆地區學校舉行的丁祭爲例，闡述祭祀禮儀的展演效果。

　　丁祭是祭奠以孔子爲首的儒家先哲的祀典，由府州縣學長吏主持，在文廟舉行。順治二年（1645）定制，每年春、秋二祭，皆在仲月上丁，故稱丁祭。隨着邊疆一統和清廷大興禮治，丁祭典禮也逐步在邊疆地區推廣開來，成效顯著，以下詳述之。首先來看祭祀典禮前的準備事宜，據雲南《霑益州志》記載，當地在舉行丁祭前兩日，獻官、陪祭官與其他陪祭人等皆需齋戒，“沐浴更衣，散齋一日。不弔喪問疾，不聽樂、燕會，不行刑，不與穢惡之事”①。上述齋戒禁忌，營造出一種嚴肅氛圍，促使與祭者將精神貫注於對祭祀對象的追思之中，爲他們在祭祀典禮中與祭祀對象的精神交流和溝通做好了心理準備。除齋戒外，祭祀前的準備工作還包括陳設祭品與禮器，灑掃、布置祭祀場所等事宜。祭品與禮器的形制規格和擺放位置需嚴格按照所祭對象的地位品級進行排列，如“先師位”“四配位”“十哲位”等相關陳設皆有等級差別。② 以上的祭祀準備工作，體現了與祭者對祭祀典禮的重視，象徵着邊疆士子對儒家先哲的崇拜以及對儒學道統的服膺。

　　祭祀典禮正式開始後，由主祭、陪祭、分獻各官主持典禮，具體儀式流程主要包括迎神、獻祭、送神三個部分。現將雲南《宜良縣志》所載祭孔典禮中的初獻之禮儀制摘錄如下：

> 　　迎神，樂生執麾者唱樂，奏昭平之曲，引贊生二人由東西腳門出至欞星門外，向西一揖，由欞星門至泮橋，進大成門，由甬路進大殿神位前，向上一揖，通贊贊三跪九叩禮。贊奠帛，行初獻禮，樂生執麾者唱樂，奏宣平之曲，執節者唱樂，奏宣平之舞，引贊生詣主祭官面前，引行初獻禮，至丹墀東階，贊詣盥洗所，勺水進巾。詣至聖先師孔子神位前，跪奠

①　故宮博物院編：《雲南府州縣志》（第二冊），海南出版社 2001 年版，第 131～132 頁。

②　詳參“陳設圖”，故宮博物院編：《雲南府州縣志》（第二冊），海南出版社 2001 年版，第 132 頁。

帛，初獻爵，叩首，起，詣讀祝位跪，通贊贊衆官皆跪，引贊贊讀祝文，執麾者唱樂生讀祝，畢，引贊贊叩首，通贊亦贊叩首，一叩禮，起，執麾者唱樂作。①

以上可見，與祭者在司儀的引導下向祭祀對象鞠躬、跪拜、行獻禮（奠帛獻爵）、頌讀祝文、演奏樂曲和樂舞，整個行禮過程相當繁複，包含大量俯伏、鞠躬、跪拜等身體動作，通過一整套規定性的禮儀動作，行禮者由外而内生發出一種對於祭祀對象的崇敬之情，即《禮記·祭統》所謂："賢者之祭也，致其誠信與其忠敬。""夫祭者，非特自外至者，自中出，生於心也，心怵而奉之以禮。是故唯賢者能盡祭之義。"②總之，祭拜儒學先哲塑像或牌位的目的在於將儒家文化内化到廣大士子心中，使他們受到先聖先師、先賢先儒事蹟的感召，作爲自己學習奮鬥的目標和楷模。③

在祭祀典禮的迎神、獻祭、送神各儀式環節皆配有不同的樂章和祝辭，其内容不僅表達了對儒家先哲的贊美與緬懷之情，也蘊含着對祭祀對象所代表的學術理念和道德品格的認同。祝辭的念誦配合祭品、禮器等儀式符號，輔之以悠揚的音樂伴奏，便形成了一種近乎宗教性的神聖氛圍。如雲南《新興州志》所載贊頌先師孔子的祝文，其迎神辭曰："大哉至聖，峻德弘功，敷文衍化，百王是崇，典則有常，照茲辟雍。"初獻辭曰："覺我生民，陶鑄前聖，魏巍泰山，實予景行。"亞獻辭曰："至哉聖師，天授明德，木鐸萬世，式是群辟。"終獻辭曰："猗歟素王，示予物軌，瞻之在前，神其寧止。"送神辭曰："煌煌學宮，四方來宗，甄陶胄子，暨予微躬。"④這些祝文講述了先師孔子之所以受到崇祀的原因，使祭祀的意義超越了對祭祀對象本身的崇拜，而上升爲對儒學理念和儒家道德準則的信仰與認同。"儀式語言共同預設了某種態度——信任和尊敬、服從、悔悟或感激，從而要求儀式參與者應該具有共同的情感和一致的行爲。在儀式中，通過不斷重復帶來凝聚力的代詞時，共同體也就此形成。"⑤

綜上所述，通過丁祭祀典儀式展演，儒家先哲得以跨越時空，同與祭者實

---

① 詳參文廟祭儀，故宮博物院編：《雲南府州縣志》（第二册），海南出版社 2001 年版，第 248~249 頁。

② 《十三經註疏》，北京大學出版社 1999 年版，第 1345~1346 頁。

③ 蔡志榮、王瑜：《清代湖北書院的祭祀特點及意義》，《教育評論》2009 年第 1 期。

④ 故宮博物院編：《雲南府州縣志》（第三册），海南出版社 2001 年版，第 297 頁。

⑤ 馬敏：《政治象徵/符號的文化功能淺析》，《華南師範大學學報》（社會科學版）2007 年第 4 期。

現精神上的對接。儀式符號所承載的文化象徵意義，爲一代代邊疆士民祭拜者提供了豐富的文化養料，明確了他們的精神信仰，最終促進了儒家文化在邊疆地區的傳播。

三、官方禮儀向邊疆地區推廣的成效

如上所述，清廷通過推動禮儀文本知識傳授和禮儀展演，來爭取邊疆士民對儒家文化的認同，其中尤爲重視祭孔典禮。清廷試圖借助祭祀禮儀展演氛圍的營造，烘托出對儒家文化"代言人"的敬仰之情，將他們視爲榜樣和典範，圍繞他們形成學術認同與社會教化。在清廷和邊疆地方官吏的共同努力之下，儒家禮儀在邊疆地區的推廣成效顯著。

在南部邊疆，據《詩山書院志》記載，在清末該書院的祭祀儀式中，除地方官員擔當正獻、分獻官等角色外，當地其他文武官員亦可參與陪祭："陪祭可用二人或三人，大約五貢以上，均得陪祭。……武科甲與武員禮宜陪祭。"① 在詩山書院落成後所舉行的釋菜禮中，"憑欄觀者以千計，踵堂與課者以數百計"②。地方士紳也有機會參加書院的祭祀活動，如建於清末的四川黔江縣墨香書院舉行祀典時，"每歲八月二十七日，士紳咸集，襄祀兩旁"③。

在東北地區，當地府州縣學舉行的文廟祭祀皆採用儒家禮儀程式。據《欽定盛京通志》記載，奉天府學每年春秋仲月上丁，皆於文廟舉行釋奠典禮，"齋戒省牲……薦帛奠爵、豆、登、簠、簋、鉶、籩……陳犧牲，設舞樂，悉如《會典》儀。"各州縣儒學亦於每月朔望令"該教官率諸生於先師神位前，上香焚帛，俱用常儀"。④《吉林通志》亦可見吉林府州縣儒學祀典儀式的相關記載，其禮器陳設、儀式流程等內容與奉天府學大同小異，⑤ 此處不贅。

在西北地區，雍乾兩朝兩度赴任西寧道的楊應琚曰："初蒞兹郡，即以學

---

① 《詩山書院志》卷六，四川大學古籍整理研究所編：《儒藏·史部》第242冊，四川大學出版社2010年版，第418頁。

② 《詩山書院志》卷七，四川大學古籍整理研究所編：《儒藏·史部》第242冊，四川大學出版社2010年版，第426頁。

③ 張九章修，陳潘垣、陶祖謙等纂：光緒《黔江縣志》卷三，《中國地方志集成·重慶府縣志輯22》，上海書店2016年版，第645頁。

④ 阿桂、劉謹之等：《欽定盛京通志》（二）卷四十四《學校二》，《景印文淵閣四庫全書》第502冊，臺灣"商務印書館"1983年版，第146頁。

⑤ 詳見長順等修，李桂林、顧雲纂：《吉林通志》卷四十六《學校志三》，《續修四庫全書》第647冊，上海古籍出版社2002年版，第788頁。

校爲首務，重建澤宫，廣立社學，延遠方博雅之士……修四禮鄉飲之儀，布樂
舞源流之制，舉賓興之典，嚴考課之法，多年陶染，不惜心力。"①楊應琚鑒於
"寧郡祀典闕畧，延浙儒周兆白至教弟子員，俎豆樂舞之儀，刊示廣布……承
祭之晨，琴瑟旗章，金鼓析羽，俯仰節奏。殿廷之上，士民蹌蹌翼翼，觀禮識
古於戟門、泮池之間，咸歎息前所未有"②。據相關方志記載，清代西寧諸府
縣廳皆依官方禮制興建文廟、文昌宫、鄉賢祠、關帝廟等祠廟，並定期舉行祭
祀儀式。除地方官員依照國家禮制建立祠廟外，各地官紳百姓也修建了衆多祠
廟、牌坊，定期舉行祭祀，反映了清廷以"禮"治世的政治文化理念在西北边
疆所產生的影響。③

第四節　官修禮書在民間推行的局限性

由於官修禮書所載行禮儀節內容繁複，且宫廷禮儀和官僚士紳階層禮儀占
據了其主要篇幅，民間不易通曉，普通百姓也不易購藏卷帙浩繁的大部頭禮制
典籍，加之地方官府宣傳不力等因素，導致官修禮書在民間推廣和普及的效果
未能實現清廷的修纂初衷，以下詳述之。

乾隆年間朝廷大員王昶在其所作《與汪容甫書》一文中論述清代禮制曰：

> 本朝制度，六官沿明之舊，實本之《周禮》，圜丘、方澤之祭，亦法
> 之《春官》，朝踐爲祫，移之於歲暮，饋食爲禘，用之於升祔，祀綸烝嘗，
> 四時之祭，定於四孟，不復筮日，其餘隨運會之變，而稍加損益焉，是猶
> 周監二代之意耳。士民之禮，著於《會典》，詳於《大清通禮》，頒在禮部，
> 未及通行各省，則禮臣之咎也。④

王昶在這篇寫給漢學名家汪中的書信中講到，清朝中央六部的設置雖然承

---

① 楊應琚撰：《西寧府新志》卷十一《建置志三》，崔永紅校注，青海人民出版社 2015
年版，第 180 頁。

② 楊應琚撰：《西寧府新志》卷三十五《藝文志》，崔永紅校注，青海人民出版社 2015
年版，第 741 頁。

③ 謝佐主編：《中國地域文化通覽》(青海卷)，中華書局 2013 年版，第 212~213 頁。

④ 賀長齡輯：《皇朝經世文編》(第一册)卷二《學術二》，光緒二十九年癸卯石印本，
第 11 頁。

襲明制，其源頭還是要上溯至《周禮》，"圜丘、方澤之祭"亦然。"士民之禮"則著於《大清會典》，詳細記載於《大清通禮》，然而禮部雖然頒布了這部官修禮書，卻没能在各省廣泛推行，他認爲這是禮臣之過。可見《大清通禮》修纂頒布之後，並没能像高宗預想的那樣在全國順利地普及開來。

晚清學人俞樾在爲顧廣譽《四禮榷疑》所作序文中講道：

> 顧訪溪先生篤學敦行，粹然爲當代儒者，其所著書皆有體有用，有裨世道，而《四禮榷疑》八卷則其晚年所手定之藁也。四禮者，冠昏喪祭也。……國朝秦氏蕙田著《五禮通考》，本徐氏《讀禮通考》而推廣之，吉、凶、軍、賓、嘉，燦然羅列，所謂冠昏喪祭者，無不包舉乎其中，誠説禮者之淵藪也。然其書浩如煙海，學者未易推尋，殆又不免乎或失則煩之弊。今先生此書約而能精，辯而不煩，信乎好學深思，通知其意者矣。然愚竊謂自乾隆中敕撰《大清通禮》，凡等威之隆殺，節文之次第，固已秩然大備，而士大夫家或囿於鄉隅，習於世俗，不能一一如禮，亦無以禮繩之者，率以從俗從宜。爲解先生初定是書，實具儀節，各繫以説，而以附論終焉，後乃專取附論損益之，成此八卷，則儀節不復存矣。先生所定儀節必有宜乎今不鑿乎古者，惜乎其不復存也。雖然，世之君子誠有志乎復禮，得先生此書而推求夫古人制禮之意，則冠昏喪祭諸大端雖不能悉如古禮，吾知其必有合矣。①

俞氏認爲，秦蕙田所著《五禮通考》一書於吉、凶、軍、賓、嘉五禮，燦然羅列，但其書浩如煙海，學者不易推尋，而顧廣譽所著《四禮榷疑》一書則"約而能精，辯而不煩"，大體可推求古人制禮之意。序文中還提到，儘管乾隆朝所修《大清通禮》"等威之隆殺，節文之次第"已經"秩然大備"，但士大夫之家往往受本地習俗的制約，於冠婚喪祭等不能一一如禮，可見民間舊俗根深蒂固，一時難以更化。而文人士紳除非是深諳禮學且有責任心匡正禮法者，否則順應舊俗者亦不在少數。

晚清詩人、漢學家周壽昌在其所著《思益堂日札》一書中講道："士民之禮，著於《會典》，詳於《大清通禮》，頒在禮部，未及通行各省，則禮臣之咎

---

① 俞樾：《春在堂雜文（三編）》卷三《顧訪溪四禮榷疑序》，《清代詩文集彙編》第685冊，上海古籍出版社2010年版，第513頁。

也……今人於《會典》《通禮》《律例》等書視爲俗學，不知所謂不俗者何學也？"①時至晚清，《大清會典》《大清通禮》《大清律例》等書竟被視爲俗學，可見清中後期官修禮書在地方社會普及之不力。

光緒元年(1875)六月，工科給事中陳彝奏稱：

> 近年直省亦有演聖諭爲歌謠以導愚民者，伏祈皇上渙發德音，以重其事，俾官吏士庶，敬謹奉行，未必異日不收其效也。一禮教宜亟講也，夫吉凶之道，不得相兼，所從來者遠矣。京師首善，四方所瞻，而每有三年之制未終，已辦嫁娶者。至如功令，假期之外照例趨公，因而若無其事，良由《會典》《通禮》不能家有其書，愚者不知，賢者亦牽於俗，而不能自立也。擬請飭令禮臣將通行婚禮、祭禮之類，準今酌古，定爲簡明禮書，請旨刊布遵行，似亦善俗之一術。②

以上可見，光緒朝地方社會於冠婚喪祭之禮多有違制現象出現，究其原因，主要是由於《會典》《通禮》不能家有其書，導致"愚者不知，賢者亦牽於俗，而不能自立也"。有鑒於此，陳氏建議修定簡明禮書以化民俗，可見直至晚清，清代官修禮書向地方社會傳播不力的問題仍然存在。

光緒元年(1875)十一月，御史梅啓熙上奏清廷，認爲"易俗移風，禮教爲重，令行禁止，法制宜嚴"。他講道：

> 臣前見禮部於八月間遵奉諭旨，申明舊例，查照《大清會典》及《通禮》內，開載官民吉凶禮節十九條，刊刻頒發，固已纖細靡遺矣。惟是民間狃於積習，仍復競爲美觀，有司視爲具文，未必認真查禁。臣竊思今日之患，患在貧耳，其所以貧者，由鮮衣美食，漫無限制之故，其所以漫無限制者，由僭禮越分，並無懲責之故。③

由於地方官不能實心用事，且民間舊俗頑固，難以短時間內更化，導致即

---

① 周壽昌撰：《思益堂日札》卷九，許逸民點校，中華書局 2007 年版，第 191 頁。
② 王先謙、朱壽朋：《東華錄·東華續錄》(第 15 冊)，上海古籍出版社 2008 年版，第 39 頁。
③ 王先謙、朱壽朋：《東華錄·東華續錄》(第 15 冊)，上海古籍出版社 2008 年版，第 63 頁。

使清廷將《大清通禮》簡化修定，製成簡明禮儀條款，刊刻發布於地方，仍難以達到以禮化俗的目的。

　　綜合本章所述，在清廷、地方官府與士紳的共同努力之下，官修禮書在地方社會得到了一定程度的普及和行用。其中，地方官府主要是以官修禮書作爲官方禮儀實踐的參考依據，並通過權力手段糾正民間陋俗和禮儀失序現象，清廷還將官修禮書内容納入科舉考試之中，以敦促士子習禮。文人士紳則通過援引、改作官方禮儀文本，抨擊地方社會陋俗，並身體力行，進行禮儀實踐。此外，清廷還通過向邊疆地區學校和書院推廣官修禮書文本，進行儒家禮儀實踐，將崇儒重道的文治理念貫徹到邊疆地區，促使邊疆士民形成對中原儒家文化的認同，並通過地方知識精英的宣講與勸導，實現對普通百姓的儒家倫理教化。雖然清代官修禮書向地方社會普及的實際效果有多方面的局限性，但清朝作爲中國古代最後一個大一統王朝，大力向中原和邊疆地區推廣儒學與禮教，還是爲我國統一多民族國家的最終形成和各民族國家認同的最終確立，奠定了堅實基礎。

結　語

　　本書對清代官修禮書《欽定大清通禮》《皇朝禮器圖式》《欽定滿洲祭神祭天典禮》的修纂背景、修纂主旨、修纂過程、史料源流及其學術、政治與社會影響等問題進行了系統研究，並對禮書所載儀式展演内容作了微觀解析，以評估其文本價值和實踐效果。具體言之：

　　首先是禮書的文本價值。清代一改前代王朝開國即修纂禮制專書的傳統，在經過順治、康熙、雍正三朝君臣議禮、制禮、行禮的長期積累與沉澱後，直至文治武功臻於"極盛"的乾隆朝才啓動禮書修纂工程。與前代相比，其修纂主旨也多有變革，力求精簡、上下通達，以便於官民行用，並極爲注重在禮書中彰顯滿洲民族特質，縱觀禮書修纂體例和内容特色也的確貫徹了這一修纂理念。從《欽定大清通禮》的力求精簡實用、博古通今，到《皇朝禮器圖式》通過嚴密考證，以圖文並茂、"循器明禮"來張大"禮"之精意，再到《欽定滿洲祭神祭天典禮》滿漢文本的相繼問世，以期保存本民族語言和宗教信仰，我們能够清楚地看到，以高宗皇帝爲首的清統治集團對禮書修纂堅持經世致用、因時而變的務實理念，極爲看重官修禮書的實踐效果和實際功用。而對本民族的語言特色和宗教信仰則儘量保持原貌，以此強化滿洲民族認同。總之，這三部官修禮書與前代同類禮書相比具有鮮明的時代特色，三部禮書與清代其他類型的禮儀文本相比較也兼具獨特性和互補性，展現了清代禮制建設的全面、系統和務實作風，並對後世官私禮典的修纂理念、修纂體例和史料借鑒産生了深遠影響。

　　其次是禮書修纂與行用對清政權合法性建構的價值。作爲少數民族的清政權入主中原後，其統治合法性長期受到士紳階層"華夷之辨"思想的挑戰，而"讓臣民歸順並不僅僅是通過強制手段實現的"，禮儀的神聖性與象徵性恰恰能够"成功地説服臣民承認其政治統治結構的道德正確性和種族正確性"。①

---

　　①　［美］羅友枝：《清代宮廷社會史》，周衛平譯，中國人民大學出版社 2009 年版，第 11 頁。

清統治者正是利用禮儀的這一功能，通過《欽定大清通禮》《皇朝禮器圖式》等代表漢文化傳統的禮書修纂和行用，全面、深入"漢化"，以此叕彌合漢族傳統觀念中"非我族類"的文化偏見，彌合滿漢矛盾，爭取漢人認同清朝統治的合法性。又通過修纂《欽定滿洲祭神祭天典禮》這樣一部彰顯滿洲民族特色的禮書，來强調"滿洲"認同，凸顯滿洲自身的民族特質，以避免被漢文化徹底同化，彰顯清政權的不可替代性，塑造一個令漢人信服的"正統"王朝。

　　最後是禮書在地方社會的行用對化民成俗所發揮的作用。禮書刊刻頒布後，在清代地方官府、士紳的查考和援引之下，對地方禮儀實踐發揮了重要參考作用。如地方府、州、縣學和書院舉行祭孔、祭祀名宦鄉賢等典禮時，士紳往往援引或改撰官修禮書内容以作爲儀式展演流程的文本參考。此外，文人士紳還將改造後的官方禮儀應用於自家喪祭禮儀實踐之中，通過具體時空場景中揖讓跪拜、唱念祝辭樂章等禮儀展演，以及禮儀展演過程中的禮器陳設、儀式場所、祝辭樂章等諸多象徵元素的展示，實現了對"表演者"和"觀衆"的儒家文化熏陶。這些祭典活動除了有地方官和知識精英主持、參加外，普通民衆同樣可以前去觀禮，相比於學校教育要更加開放，影響範圍更廣。

　　從清初諸帝闡發崇儒重禮思想，下令製作簡易禮儀文本，並付諸禮儀實踐，到乾隆朝對禮制建設進行集大成式的理論總結，大規模修纂禮制專書，遂將以"禮"治世的文治舉措理論化、制度化、官方化，其目的在於通過德治、禮治來彰顯清廷對儒學道統的傳承，强調清朝作爲"正統"，是儒家文化的繼承者和代言人，其背後蘊含着清統治者的政治考量，即以皇權獨尊之勢掌控儒學道統，彌合華夷之别，進而建構清朝統治的合法性。清統治者還向包括邊疆地區在内的地方社會推廣官修禮書，通過以禮化俗來整合邊疆與内地的社會思想，這對於打破中國歷史上長期以來的華夷之辨民族偏見，形成多元一體的文化認同與國家認同具有重大意義。與此同時我們也要看到，受時代局限、制度設計缺失、執行官吏失職以及國運轉衰等因素的影響，清代官修禮書的修纂和行用也存在許多局限性，例如在禮書修纂過程中剔除了一些對清朝統治不利的儒家傳統禮制内容，强制推行改換衣冠政策也在禮書修纂過程中多有體現，這些負面因素對於多民族文化融合顯然多有阻礙。此外，清代官修禮書在刊刻頒行後，在地方社會的傳播和普及也困難重重，化民成俗的禮書修纂初衷在許多方面未能真正實現。

主要參考文獻

一、古籍

1.（漢）班固：《漢書》，中華書局 1962 年版。

2.（漢）劉向撰，向宗魯校正：《說苑校證》，中華書局 2011 年版。

3.（漢）司馬遷：《史記》，中華書局 1959 年版。

4.（唐）蕭嵩等：《大唐開元禮》，《景印文淵閣四庫全書》第 646 冊，臺灣"商務印書館"1983 年版。

5.（宋）歐陽修、宋祁：《新唐書》，中華書局 1975 年版。

6.（宋）鄭居中等：《政和五禮新儀》，《景印文淵閣四庫全書》第 647 冊，臺灣"商務印書館"1983 年版。

7.（金）佚名：《大金集禮》，《景印文淵閣四庫全書》第 647 冊，臺灣"商務印書館"1983 年版。

8.（元）馬端臨：《文獻通考》，中華書局 2011 年版。

9.（元）脫脫等：《宋史》，中華書局 1977 年版。

10.（明）徐一夔等：《明集禮》，《景印文淵閣四庫全書》第 649~650 冊，臺灣"商務印書館"1983 年版。

11.（明）徐象梅：《兩浙名賢錄》，浙江古籍出版社 2012 年版。

12.（明）王圻撰，王思義輯：《三才圖會》，《續修四庫全書》第 1234 冊，上海古籍出版社 1996 年版。

13.（清）阿桂等：《八旬萬壽盛典》，《景印文淵閣四庫全書》第 660~661 冊，臺灣"商務印書館"1983 年版。

14.（清）阿桂、于敏中等：《欽定滿洲源流考》，《景印文淵閣四庫全書》

第 499 册，臺灣"商務印書館"1983 年版。

　　15.（清）阿桂、劉謹之等：《欽定盛京通志》，《景印文淵閣四庫全書》第501～502 册，臺灣"商務印書館"1983 年版。

　　16.（清）保忠、吳慈修，李圖、王大鏞纂：道光《重修平度州志》，《中國地方志集成·山東府縣志輯 43》，鳳凰出版社 2004 年版。

　　17.（清）鄧顯鶴：《南村草堂文鈔》，嶽麓書社 2008 年版。

　　18.（清）鄂爾泰、張廷玉等編纂：《國朝宮史》（上、下册），左步青校點，北京古籍出版社 1994 年版。

　　19.（清）高宗御製：《御製樂善堂全集定本》，《景印文淵閣四庫全書》第1300 册，臺灣"商務印書館"1983 年版。

　　20.（清）高宗御製：《御製文集》，《景印文淵閣四庫全書》第 1301 册，臺灣"商務印書館"1983 年版。

　　21.（清）高晉等初編，薩載等續編，阿桂等合編：《欽定南巡盛典》，《景印文淵閣四庫全書》第 658～659 册，臺灣"商務印書館"1983 年版。

　　22.（清）高炳文修，馮蘭纂：道光《長寧縣志》，《中國地方志集成·廣東府縣志輯 4》，上海書店出版社 2013 年版。

　　23.（清）賀長齡輯：《皇朝經世文編》，清光緒二十九年刻本。

　　24.（清）會典館編：《大清會典事例》，趙雲田點校，上海書店出版社2006 年版。

　　25.（清）蔣良騏：《東華録》，廣西人民出版社 2001 年版。

　　26.（清）稽璜等：《欽定皇朝文獻通考》，《景印文淵閣四庫全書》第 632～638 册，臺灣"商務印書館"1983 年版。

　　27.（清）稽璜等：《欽定皇朝通典》，《景印文淵閣四庫全書》第 642～643册，臺灣"商務印書館"1983 年版。

　　28.（清）稽璜等：《欽定皇朝通志》，《景印文淵閣四庫全書》第 644～645册，臺灣"商務印書館"1983 年版。

　　29.（清）崑崗等修，吳樹梅等纂：光緒朝《大清會典》，《續修四庫全書》第 794 册，上海古籍出版社 2002 年版。

　　30.（清）孔毓圻、金居敬等：《幸魯盛典》，《景印文淵閣四庫全書》第

652 冊，臺灣"商務印書館"1983 年版。

31．（清）來保、李玉鳴等：《欽定大清通禮》，《景印文淵閣四庫全書》第 655 冊，臺灣"商務印書館"1983 年版。

32．（清）劉錦藻：《皇朝續文獻通考》，《續修四庫全書》第 819 冊，上海古籍出版社 2002 年版。

33．（清）梁章鉅：《退庵詩存》，《續修四庫全書》第 1499 冊，上海古籍出版社 2002 年版。

34．（清）梁章鉅：《退庵隨筆》，《續修四庫全書》第 1197 冊，上海古籍出版社 2002 年版。

35．（清）林伯桐：《士人家儀考》，《續修四庫全書》第 826 冊，上海古籍出版社 2002 年版。

36．（清）陸心源：《皕宋樓藏書志》，光緒八年壬午冬月十萬卷樓藏版。

37．（清）李蔚、王峻修，吳康霖等纂：同治《六安州志》，《中國地方志集成·安徽府縣志輯 18》，鳳凰出版社 2010 年版。

38．（清）李銘皖、譚鈞培修，馮桂芬纂：同治《蘇州府志》，《中國地方志集成·江蘇府縣志輯 8》，鳳凰出版社 2008 年版。

39．（清）李翰章、裕祿等：光緒《湖南通志》，嶽麓書社 2017 年版。

40．（清）李元度撰：《天岳山館文鈔》，王澧華校點，嶽麓書社 2009 年版。

41．（清）李元度：《國朝先正事略》，嶽麓書社 2008 年版。

42．（清）呂恩湛修，宗績辰纂：道光《永州府志》，嶽麓書社 2008 年版。

43．（清）凌揚藻：《蠡勺編》，中華書局 1985 年版。

44．（清）慶桂等編纂：《國朝宮史續編》（上、下冊），左步青校點，北京古籍出版社 1994 年版。

45．《欽定大清會典則例》，《景印文淵閣四庫全書》第 620～625 冊，臺灣"商務印書館"1983 年版。

46．（清）乾隆五十一年敕撰：《欽定八旗通志》，《景印文淵閣四庫全書》第 664～671 冊，臺灣"商務印書館"1983 年版。

47．（清）清聖祖頒諭，清世宗繹釋：《聖諭廣訓》，《景印文淵閣四庫全書》第 717 冊，臺灣"商務印書館"1983 年版。

48.（清）秦蕙田：《五禮通考》，《景印文淵閣四庫全書》第 135～142 冊，臺灣"商務印書館"1983 年版。

49.（清）崑岡等修，劉啓端等纂：《欽定大清會典圖》，《續修四庫全書》第 795 冊，上海古籍出版社 2002 年版。

50.（清）阮元校刻：《十三經註疏》，中華書局 1980 年版。

51.（清）阮元輯：《太常因革禮》，江蘇古籍出版社 1988 年版。

52.（清）宋瑛等修，彭啓瑞等纂：同治《泰和縣志》，《中國地方志集成·江西府縣志輯 64》，鳳凰出版社 2013 年版。

53.（清）聖祖御製：《聖祖仁皇帝御製文集》（共 4 集），《景印文淵閣四庫全書》第 1298～1299 冊，臺灣"商務印書館"1983 版。

54.（清）世宗御製：《世宗憲皇帝御製文集》，《景印文淵閣四庫全書》第 1300 冊，臺灣"商務印書館"1983 版。

55.（清）邵之棠輯：《皇朝經世文統編》，文海出版社 1980 年版。

56.（清）托津等：嘉慶朝《大清會典》，《近代中國史料叢刊三編》，文海出版社 1991 年版。

57.（清）托津等：嘉慶朝《大清會典圖》，《近代中國史料叢刊三編》，文海出版社 1992 年版。

58.（清）托津等：嘉慶朝《大清會典事例》，《近代中國史料叢刊三編》，文海出版社 1991—1992 年版。

59.（清）文慶、李宗昉等纂修：《國子監志》，郭亞南等點校，北京古籍出版社 1998 年版。

60.（清）王掞監修，王原祁、王奕清等奉敕撰：《萬壽盛典初集》，《景印文淵閣四庫全書》第 653～654 冊，臺灣"商務印書館"1983 年版。

61.（清）王先謙、朱壽朋：《東華録東華續録》，上海古籍出版社 2008 年版。

62.（清）王贈芳、王鎮修，成瓘、冷烜纂：道光《濟南府志》，《中國地方志集成·山東府縣志輯 1》，鳳凰出版社 2004 年版。

63.（清）吳振棫撰：《養吉齋叢録》，童正倫點校，中華書局 2005 年版。

64.（清）永瑢等：《四庫全書總目》，中華書局 1965 年版。

65.（清）允禄等撰，福隆安等校補：《皇朝禮器圖式》，《景印文淵閣四庫全書》第 656 册，臺灣"商務印書館" 1983 年版。

66.（清）允禄等撰：《皇朝禮器圖式》，牧東點校，廣陵書社 2004 年版。

67.（清）允禄等奉敕撰，阿桂、于敏中等漢譯：《欽定滿洲祭神祭天典禮》，《景印文淵閣四庫全書》第 657 册，臺灣"商務印書館" 1983 年版。

68.（清）允禄等：雍正朝《大清會典》，《近代中國史料叢刊三編》，文海出版社 1994 年版。

69.（清）允祹等：乾隆朝《欽定大清會典》，《景印文淵閣四庫全書》第 619 册，臺灣"商務印書館" 1983 年版。

70.（清）伊桑阿等：康熙朝《大清會典》，《近代中國史料叢刊三編》，文海出版社 1992 年版。

71.（清）于敏中等：《日下舊聞考》，北京古籍出版社 1983 年版。

72.（清）楊應琚撰：《西寧府新志》，崔永紅校注，青海人民出版社 2015 年版。

73.（清）章學誠：《文史通義校注》，葉瑛校注，中華書局 1985 年版。

74.（清）朱彬撰：《禮記訓纂》，饒欽農點校，中華書局 2007 年版。

75.（清）昭槤撰：《嘯亭雜録、續録》，冬青校點，上海古籍出版社 2012 年版。

76.（清）張之洞：《書目答問》，臺灣"商務印書館" 1986 年版。

77.（清）張九章修，陳潘垣、陶祖謙等纂：光緒《黔江縣志》，《中國地方志集成·重慶府縣志輯 22》，上海書店 2016 年版。

78.（清）張廷玉等：《明史》，中華書局 1974 年版。

79.（清）周壽昌撰：《思益堂日札》，許逸民點校，中華書局 2007 年版。

80.（清）周中孚：《鄭堂讀書記》，商務印書館 1959 年版。

81.（清）周壬福修，李同纂：道光《重修博興縣志》，清道光二十年刊本。

82.（民國）陳璚修，王棻纂：民國《杭州府志》，《中國地方志集成·浙江府縣志輯 1》，上海書店出版社 2011 年版。

83.（民國）陳鯤修，劉謙纂：民國《醴陵縣志》，湖南人民出版 2009 年版。

84. （民國）趙爾巽等：《清史稿》，中華書局 1976 年版。

85. 復旦大學文史研究院、越南漢喃研究院合編：《越南漢文燕行文獻集成》（越南所藏編，共 25 册），復旦大學出版社 2010 年版。

86. 復旦大學文史研究院、韓國成均館東亞學術院大東文化研究院合編：《韓國漢文燕行文獻選編》（共 30 册），復旦大學出版社 2011 年版。

87. 故宮博物院編：《欽定理藩院則例》，海南出版社 2000 年版。

88. 故宮博物院編：《雲南府州縣志》（共 7 册），海南出版社 2001 年版。

89. 弘華文主編：《燕行録全編》（共 4 輯），廣西師範大學出版社 2010 年版。

90. 金毓黻輯：《遼海叢書·欽定滿洲祭神祭天典禮》，遼瀋書社 1985 年版。

91.《近代中國史料叢刊》，文海出版社 1970 年版。

92.《清實録》，中華書局 1985—1987 年版。

93.《清代詩文集彙編》，上海古籍出版社 2010 年版。

94. 求是齋校輯：《皇朝經世文編五集》，沈雲龍主編：《近代中國史料叢刊三編》第二十八輯，文海出版社 1987 年版。

95. 四川大學古籍整理研究所編：《儒藏·史部》，四川大學出版社 2008 年版。

96. 北京師範大學圖書館編：《稀見清人別集叢刊》，廣西師範大學出版社 2007 年版。

97. 中國第一歷史檔案館編：《乾隆朝上諭檔》，檔案出版社 1991 年版。

98. 趙之恒、牛耕、巴圖主編：《大清十朝聖訓》，北京燕山出版社 1998 年版。

二、著作

1. 白壽彝主編：《中國史學史》（共六卷），上海人民出版社 2006 年版。

2. 蔡尚思：《中國禮教思想史》，上海古籍出版社 2006 年版。

3. 陳其泰等編：《二十世紀中國禮學研究論集》，學苑出版社 1998 年版。

4. 陳來：《古代宗教與倫理：儒家思想的根源》，三聯書店 1996 年版。

5. 陳戍國：《中國禮制史》（共六卷），湖南教育出版社 2000 年版。

6. 戴逸：《乾隆帝及其時代》，中國人民大學出版社 1992 年版。

7. 馮天瑜：《明清文化史散論》，華中工學院出版社 1984 年版。

8. 承德避暑山莊研究會編：《避暑山莊論叢》，紫禁城出版社 1986 年版。

9. 葛兆光、徐文堪、王榮祖、姚大力等：《殊方未遠——古代中國的疆域、民族與認同》，中華書局 2016 年版。

10. 葛兆光：《中國思想史》（三卷本），復旦大學出版社 2013 年版。

11. 葛荃：《權力宰制理性——士人、傳統政治文化與中國社會》，南開大學出版社 2003 年版。

12. 高翔：《康雍乾三帝統治思想研究》，中國人民大學出版社 1995 年版。

13. 龔建平：《意義的生成與實現——〈禮記〉哲學思想》，商務印書館 2005 年版。

14. 甘懷真：《皇權、禮儀與經典詮釋：中國古代政治史研究》，華東師範大學出版社 2008 年版。

15. 故宮博物院、中國旅遊出版社編：《紫禁城帝后生活：1644—1911》，中國旅遊出版社 1981 年版。

16. 金毓黻：《中國史學史》，上海古籍出版社 2013 年版。

17. 荊雲波：《文化記憶與儀式敘事：〈儀禮〉的文化闡釋》，南方日報出版社 2010 年版。

18. 梁啓超：《中國近三百年學術史》，上海三聯書店 2006 年版。

19. 劉澤華主編：《中國政治思想通史》（明清卷），中國人民大學出版社 2014 年版。

20. 劉澤華主編：《中國傳統政治哲學與社會整合》，中國社會科學出版社 2001 年版。

21. 劉鳳雲、董建中、劉文鵬主編：《清代政治與國家認同》（上、下冊），社會科學文獻出版社 2012 年版。

22. 李安宅：《〈儀禮〉與〈禮記〉之社會學的研究》，上海人民出版社 2005 年版。

23. 林存陽：《清初三禮學》，社會科學文獻出版社 2002 年版。

24. 廖小東：《政治儀式與權力秩序——古代中國"國家祭祀"的政治分析》，中國社會科學出版社 2014 年版。

25. 李澤厚：《中國古代思想史論》，三聯書店 2008 年版。

26. 李澤厚：《歷史本體論·己卯五説》，三聯書店 2008 年版。

27. 李澤厚：《由巫到禮釋禮歸仁》，三聯書店 2015 年版。

28. 李治亭：《清康乾盛世》，江蘇教育出版社 2005 年版。

29. 李治國：《清代藩部賓禮研究——以蒙古爲中心》，内蒙古大學出版社 2014 年版。

30. 柳肅：《禮的精神——禮樂文化與中國政治》，吉林教育出版社 1990 年版。

31. 林存陽：《三禮館：清代學術與政治互動的鏈環》，社會科學出版社 2008 年版。

32. 孟森：《明清史講義》，中華書局 1981 年版。

33. 彭兆榮：《人類學儀式的理論與實踐》，民族出版社 2007 年版。

34. 彭林：《中國古代禮儀文明》，中華書局 2013 年版。

35. 潘斌：《二十世紀中國三禮學史》（全二册），南京大學出版社 2016 年版。

36. 喬治忠：《中國史學史》，中國人民大學出版社 2011 年版。

37. 邱源媛：《清前期宫廷禮樂文化》，社會科學出版社 2012 年版。

38. 錢玄、錢興奇編著：《三禮辭典》，江蘇古籍出版社 1998 年版。

39. 孫隆基：《中國文化的深層結構》，中信出版社 2015 年版。

40. 孫長江主編，胡戟撰：《中華文化通志·禮儀志》，上海人民出版社 1998 年版。

41. 孫静：《"滿洲"民族共同體形成歷程》，遼寧民族出版社 2008 年版。

42. 唐啓翠：《禮制文明與神話編碼：〈禮記〉的文化闡釋》，南方日報出版社 2010 年版。

43. 湯勤福主編：《中國禮制變遷及其現代價值研究》（東南卷、東北卷、西北卷），上海三聯書店 2015 年、2016 年、2017 年版。

44. 王國維：《觀堂集林》，中華書局 1961 年版。

45. 王記録：《清代史館與清代政治》，人民出版社 2009 年版。

46. 王海洲：《政治儀式：權力生産和再生産的政治文化分析》，江蘇人民出版社 2016 年版。

47. 王汎森：《權力的毛細管作用：清代的思想、學術與心態》，北京大學出版社 2015 年版。

48. 汪榮祖主編：《清帝國性質的再商榷：回應新清史》，臺灣中央大學出版中心 2014 年版。

49. 王霄冰、迪木拉提·奧邁爾主編：《文字、儀式與文化記憶》，民族出版社 2007 年版。

50. 王美華：《禮制下移與唐宋社會變遷》，中國社會科學出版社 2015 年版。

51. 謝貴安：《中國史學史》，武漢大學出版社 2012 年版。

52. 謝貴安：《中國傳統史學研究》，商務印書館 2016 年版。

53. 謝敏聰：《明清北京的城垣與宮闕之研究》，花木蘭文化出版社 2011 年版。

54. 吳懷祺：《中國史學思想史》，北京師範大學出版社 2016 年版。

55. 吳洪澤：《略談〈明集禮〉的纂修》，載舒大剛主編：《儒藏論壇》（第 6 輯），四川大學出版社 2012 年版。

56. 吳麗娛主編：《禮與中國古代社會》（全四卷），中國社會科學出版社 2016 年版。

57. 徐凱：《滿洲認同"法典"與部族雙重構建——十六世紀以來滿洲民族的歷史嬗變》，中國社會科學出版社 2015 年版。

58. 楊志剛：《中國禮儀制度研究》，華東師範大學出版社 2000 年版。

59. 鄒昌林：《中國古禮研究》，文津出版社 1992 年版。

60. 鄒昌林：《中國禮文化》，社會科學文獻出版社 2000 年版。

61. 朱維錚：《中國史學史講義稿》，廖梅、姜鵬整理，復旦大學出版社 2015 年版。

62. 朱筱新：《中國古代的禮儀制度》，商務印書館 1997 年版。

63. 張壽安：《十八世紀禮學考證的思想活力》，北京大學出版社 2005 年版。

64. 周世輔、周文湘：《周禮的政治思想》，臺灣東大圖書股份有限公司 1981 年版。

65. 鄭天挺：《探微集》，中華書局 2009 年版。

66. 張光直：《美術、神話與祭祀》，遼寧教育出版社 1988 年版。

67. 張雙智：《清代朝覲制度研究》，學苑出版社 2010 年版。

68. 浙江大學古籍研究所編：《禮學與中國傳統文化：慶祝沈文倬先生九十華誕國際學術研討會論文集》，中華書局 2006 年版。

69. ［法］古伯察：《韃靼西藏旅行記》，耿昇譯，上海書店出版社 1991 年版。

70. ［美］本尼迪克特·安德森：《想象的共同體：民族主義的起源與散布》，吳叡人譯，上海人民出版社 2016 年版。

71. ［美］大衛·科澤：《儀式、政治與權力》，王海洲譯，江蘇人民出版社 2014 年版。

72. ［美］何偉亞：《懷柔遠人：馬嘎爾尼使華的中英禮儀衝突》，鄧長春譯，社會科學文獻出版社 2015 年版。

73. ［美］韓書瑞、羅友枝：《十八世紀中國社會》，陳仲丹譯，江蘇人民出版社 2008 年版。

74. ［美］克利福德·格爾茨：《文化的解釋》，韓莉譯，譯林出版社 1999 年版。

75. ［美］羅威廉：《中國最後的帝國——大清王朝》，李仁淵、張遠譯，臺大出版中心 2013 年版。

76. ［美］路康樂：《滿與漢：清末民初的族群關係與政治權力》，王琴、劉潤堂譯，中國人民大學出版社 2010 年版。

77. ［美］羅友枝：《清代宮廷社會史》，周衛平譯，中國人民大學出版社 2009 年版。

78. ［美］楊聯陞：《中國制度史研究》，彭剛、程剛譯，江蘇人民出版社 2007 年版。

79. ［美］司徒安：《身體與筆——18 世紀中國作爲文本／表演的大祀》，李晉譯，北京大學出版社 2014 年版。

80. ［美］司徒琳主編：《世界時間與東亞時間中的明清變遷》（上、下卷），趙世玲譯，趙世瑜審校，三聯書店 2009 年版。

81. ［美］周啓榮：《清代儒家禮教主義的興起——以倫理道德、儒學經典和宗族爲切入點的考察》，毛立坤譯，天津人民出版社 2017 年版。

82. ［日］内藤湖南：《中國史學史》，馬彪譯，上海古籍出版社 2008 年版。

83. ［英］喬治·馬戞爾尼：《乾隆英使覲見記》，劉半農譯，百花文藝出版社 2010 年版。

84. ［英］喬治·馬戞爾尼、［英］約翰·巴羅：《馬戞爾尼使團使華觀感》，何高濟、何毓寧譯，商務印書館 2013 年版。

85. ［英］斯當東：《英使謁見乾隆紀實》，葉篤義譯，上海書店出版社 2005 年版。

86. ［英］維克多·特納：《儀式過程：結構與反結構》，黄劍波、柳博贇譯，中國人民大學出版社 2006 年版。

87. ［以色列］尤瓦爾·赫拉利：《人類簡史·從動物到上帝》，林俊宏譯，中信出版集團 2017 年版。

三、論文

（一）期刊論文

1. 班曉悦：《從清代紫禁城的復建看統治者的漢化》，《紫禁城》2014 年第 A1 期。

2. 陳戌國：《大金祭祀與相關問題》，《湖南師範大學社會科學學報》2000 年第 3 期。

3. 陳力：《清初"首崇滿洲"述論》，《西南大學學報》（社會科學版）2015 年第 1 期。

4. 崔岩：《從乾隆詩看清帝國的漢化》，《雲南社會科學》2012 年第 5 期。

5. 陳戍國：《〈大清律〉與清朝禮制》，《湖南大學學報》（社會科學版）2001年第 4 期。

6. 杜家驥：《清代滿族皇帝對長白山的高度神化及其祭祀之禮》，《滿族研究》2010 年第 3 期。

7. 郭淑雲：《滿洲祭神祭天典禮論析》，《社會科學輯刊》1992 年第 5 期。

8. 葛兆光：《朝貢、禮儀與衣冠——從乾隆五十五年安南國三熱河祝壽及請改易服色説起》，《復旦學報》（社會科學版）2012 年第 2 期。

9. 郭成康：《清朝皇帝的中國觀》，《清史研究》2005 年第 4 期。

10. 胡新生：《禮制的特性與中國文化的禮制印記》，《文史哲》2014 年第 3 期。

11. 何星亮：《中國傳統文化的象徵體系》，《中南民族大學學報》（人文社會科學版）2003 年第 6 期。

12. 黃興濤：《清代滿人的"中國認同"》，《清史研究》2011 年第 1 期。

13. 黃愛平：《清代的帝王廟祭與國家政治文化認同》，《清史研究》2011 年第 1 期。

14. 劉永青：《清代禮學研究的特點》，《齊魯學刊》2008 年第 3 期。

15. 郝時遠：《清代臺灣原住民赴大陸賀壽朝覲事蹟考》，《中國社會科學》2008 年第 1 期。

16. 李治亭：《論清代邊疆問題與"國家大一統"》，《雲南師範大學學報》（哲學社會科學版）2011 年第 1 期。

17. 李治亭：《清代滿（洲）族的崛起與中國社會的變遷》，《遼寧大學學報》（哲學社會科學版）2012 年第 3 期。

18. 李治亭：《清帝"大一統"論》，《雲南師範大學學報》（哲學社會科學版）2015 年第 6 期。

19. 李治亭：《清代滿漢民族認同與"互化"的歷史考察》，《雲南師範大學》（哲學社會科學版）2016 年第 3 期。

20. 李治亭：《清代民族"大一統"觀念的時代變革》，《社會科學輯刊》2006 年第 3 期。

21. 李昭勇：《強調"滿洲之道"的"新清史"芻議》，《滿族研究》2014 年第

2 期。

22. 李月新：《遼朝禮典編修鈎沉》，《史志學刊》2018 年第 1 期。

23. 李技文：《中國儀式象徵研究綜論》，《社會科學論壇》2010 年第 5 期。

24. 李雲霞：《試論清代的禮治》，《滿族研究》2004 年第 2 期。

25. 李自然：《清代統治者祭祀長白山的實質是封禪》，《中央民族大學學報》(社會科學版)1999 年第 3 期。

26. 李自然：《清代長白山封禪及其對滿族社會文化的影響》，《内蒙古社會科學》(漢文版)2000 年第 4 期。

27. 劉中平：《論清代祭典制度》，《遼寧大學學報》(哲學社會科學版)2008 年第 6 期。

28. 劉安志：《關於〈大唐開元禮〉的性質及行用問題》，《中國史研究》2005 年第 3 期。

29. 劉厚生：《長白山與滿族的祖先崇拜》，《清史研究》1996 年第 3 期。

30. 劉桂騰：《清代乾隆朝宮廷禮樂探微》，《中國音樂學》2001 年第 3 期。

31. 劉厚生、陳思玲：《〈欽定滿洲祭神祭天典禮〉評析》，《清史研究》1994 年第 2 期。

32. 林存陽：《禮樂百年而後興——禮與清代前期政治文化秩序建構》(上、下)，《井岡山大學學報》(社會科學版)2010 年第 2、3 期。

33. 林存陽：《清代禮學研究散論》，《社會科學管理與評論》2003 年第 4 期。

34. 吕麗、張金平：《〈大清通禮〉的法律地位》，《當代法學》2014 年第 4 期。

35. 劉潞：《一部規範清代社會成員行爲的圖譜——有關〈皇朝禮器圖式〉的幾個問題》，《故宮博物院院刊》2003 年第 2 期。

36. 羅志田：《十八世紀清代"多主制"與〈賓禮〉的關聯與牴牾》，《清史研究》2001 年第 4 期。

37. 柳森：《六世班禪朝覲路綫考》，《中國邊疆史地研究》2015 年第 1 期。

38. 金景芳：《談禮》，《歷史研究》1996 年第 6 期。

39. 姜相順：《清宮薩滿祭祀及其歷史演變》，《清史研究》1994 年第 1 期。

40. 馬敏：《政治象徵/符號的文化功能淺析》，《華南師範大學學報》(社會科學版)2007 年第 4 期。

41. 梅珍生：《論禮器的文化意義與哲學意義》，《湖南大學學報》(社會科學版)2005 年第 5 期。

42. 彭華：《古禮探源——多維視角的綜合考察》，《吉林大學社會科學學報》2016 年第 1 期。

43. 祁美琴：《對清代朝貢體制地位的再認識》，《中國邊疆史地研究》2006 年第 1 期。

44. 蘇正道：《清代禮學研究的復盛和禮書編撰的興起》，《閩江學院學報》2015 年第 3 期。

45. 宋抵：《祭山與滿族的長白山祭禮》，《黑龍江民族叢刊》1986 年第 4 期。

46. 田君：《論"禮"的字源、起源、屬性與結構》，《四川大學學報》(哲學社會科學版)2014 年第 5 期。

47. 王家鵬：《中正殿與清宮藏傳佛教》，《故宮博物院院刊》1991 年第 3 期。

48. 王文東：《清代的文化政策與禮儀倫理建設》，《滿族研究》2005 年第 3 期。

49. 吳麗娛：《營造盛世：〈大唐開元禮〉的撰作緣起》，《中國史研究》2005 年第 3 期。

50. 謝貴安：《試論儒學思想在史學實踐中的貫徹》，《學習與實踐》2012 年第 5 期。

51. 徐泓：《"新清史"論爭：從何炳棣、羅友枝論戰説起》，《首都師範大學學報》(社會科學版)2016 年第 1 期。

52. 徐啓憲：《清宮舉行大典時午門前的鹵薄陳設》，《紫禁城》1983 年第 1 期。

53. 楊向奎：《禮的起源》，《孔子研究》1986 年第 1 期。

54. 楊華：《禮樂文化與古代東方社會》，《社會科學戰綫》1995 年第 5 期。

55. 楊華：《中國古代禮儀制度的幾個特徵》，《武漢大學學報》(人文科學版)2015 年第 1 期。

56. 楊華：《論〈開元禮〉對鄭玄和王肅禮學的擇從》，《中國史研究》2003年第 1 期。

57. 姚大力、孫静：《"滿洲"如何演變爲民族——論清中葉前"滿洲"認同的歷史變遷》，《社會科學》2006 年第 7 期。

58. 殷悦：《淺談滿文本〈欽定滿洲祭神祭天典禮〉》，《滿語研究》2015 年第 2 期。

59. 詹子慶：《禮學與中國傳統史學》，《史學史研究》1996 年第 2 期。

60. 張曉虎：《禮樂文化——制度與思想的雙重建構》，《深圳大學學報》(人文社會科學版)2009 年第 6 期。

61. 趙克生：《〈大明集禮〉的初修與刊布》，《史學史研究》2004 年第 3 期。

62. 趙雲田：《清代的"年班"制度》，《故宮博物院院刊》1984 年第 1 期。

63. 張珂：《〈皇朝禮器圖式〉中的樂器》，《歌海》2016 年第 5 期。

64. 張雙智：《清朝外藩體制内的朝覲年班與朝貢制度》，《清史研究》2010 年第 3 期。

65. 張亞輝：《清宮薩滿祭祀的儀式與神話研究》，《清史研究》2011 年第 4 期。

66. 張亞輝：《六世班禪朝覲事件中的空間與禮儀》，《中國藏學》2013 年第 1 期。

67. 章健：《滿族漢化：對新清史族群視角的質疑》，《深圳大學學報》(人文社會科學版)2013 年第 3 期。

68. 周啓榮：《儒家禮教思潮的興起與清代考證學》，《南京師大學報》(社會科學版)2011 年第 3 期。

69. 左步青：《滿洲貴族的尚武精神及其泯滅》，《故宮博物院院刊》1989年第 3 期。

70. ［韓］韓東洙：《18 世紀朝鮮燕行使與北京紫禁城——以儀禮空間之分析爲中心》，《紫禁城》2011 年第 3 期。

71. ［美］歐立德：《清代滿洲人的民族主體意識與滿洲人的中國統治》，華立譯，《清史研究》2002 年第 4 期。

（二）學位論文

1. 陳東：《清代經筵制度研究》，山東大學博士學位論文，2006 年。

2. 常貴想：《清代前期祀孔研究》，山東師範大學碩士學位論文，2009 年。

3. 劉芳：《從〈大清通禮〉看清代禮制》，湖北大學碩士學位論文，2011 年。

4. 束霞平：《清代皇家儀仗研究》，蘇州大學博士學位論文，2011 年。

5. 蘇鑫：《清朝服制對法律的調整和制約——以〈大清通禮〉和〈大清律例〉爲視角》，吉林大學碩士學位論文，2013 年。

6. 王美華：《唐宋禮制研究》，東北師範大學博士學位論文，2004 年。

7. 徐潔：《金代祭禮研究》，吉林大學博士學位論文，2012 年。

8. 肖金榮：《試論清代中前期禮制建設》，湖北大學碩士學位論文，2008 年。

9. 姚安：《清代北京祭壇建築與祭祀研究》，中央民族大學博士學位論文，2005 年。

10. 尹承：《太常因革禮研究》，山東大學博士學位論文，2015 年。

11. 張金平：《清代禮典與政典、律典的關係探討——以〈大清通禮〉爲視角》，吉林大學碩士學位論文，2014 年。

12. 張影：《〈通典·禮典·吉禮〉研究》，東北師範大學碩士學位論文，2006 年。

13. 趙維維：《中國古代祭祀制度的禮法規制——以〈大清通禮〉與〈大清律例〉爲研究視角》，吉林大學碩士學位論文，2013 年。

14. 趙衛東：《禮制禮儀禮俗的互動與中國傳統社會——以《儀禮》《唐開元禮》《文公家禮》喪葬祭禮爲中心的影響考察》，山西大學碩士學位論文，2011 年。

後　記

　　投身於禮學研究，既源自本人所好，又與求學各階段良師益友的指引息息相關。在攻讀碩士研究生之初，受困於禮學研究之古奧龐雜，難窺學術門徑，幸得導師衣長春教授引我入門，方得治學要領，也讓我初步領略了中國傳統禮樂文明的博大精深和獨特魅力，自此我與古禮研究結緣，一直未曾中斷。特別是讀研以來，筆者一直堅持點校《欽定大清通禮》一書，爲博士論文的撰寫打下了較爲堅實的基礎。本書正是在筆者博士論文基礎之上修改完成的。

　　進入武漢大學攻讀博士研究生後，在導師謝貴安教授的悉心指導下，我對中國古代禮制典籍的修纂情況及其背後的政治、文化意涵有了更加深入的理解和認識，遂將研究重點聚焦於官修禮儀文本的製作及其政治與社會功用諸問題，博士論文選題也最終定爲《清代官修禮書研究》。在論文撰寫期間，筆者得到了李治亭、楊華、聶長順、姜海龍諸師的悉心指導，受益良多。答辯委員會成員郭培貴、張越、汪高鑫、陳鋒、張建民、歐陽禎人諸位專家的評閱和審核，也對論文的後期修改多有助益。在珞珈山求學四載，還有許多師友給予過我幫助，在此一並致謝！謹以本書獻給他們。

　　由於筆者在學術訓練、知識積累等方面多有欠缺，加之禮學研究博大精深，因此本書在撰寫過程中難免多有錯漏，懇請專家學者批評指正！

彭孝軍

2021 年 3 月於貴陽花溪斗室

圖書在版編目(CIP)數據

清代官修禮書研究/彭孝軍著.—武漢：武漢大學出版社,2023.3
"禮學新論"叢書/楊華主編
國家出版基金項目
ISBN 978-7-307-22932-7

Ⅰ.清…　Ⅱ.彭…　Ⅲ.禮儀—研究—中國—清代　Ⅳ.K892.26

中國版本圖書館 CIP 數據核字(2022)第 036974 號

責任編輯:程牧原　　　責任校對:汪欣怡　　　版式設計:馬　佳

出版發行:**武漢大學出版社**　　(430072　武昌　珞珈山)
　　　　　(電子郵箱:cbs22@whu.edu.cn　網址:www.wdp.com.cn)
印刷:武漢精一佳印刷有限公司
開本:720×1000　1/16　印張:19　字數:351 千字　插頁:1
版次:2023 年 3 月第 1 版　　2023 年 3 月第 1 次印刷
ISBN 978-7-307-22932-7　　定價:79.00 元